CB121318

Andreia A. Adour da Camarc
Cesar Maia Buscacio
Virgínia A. C. Buarque

SONORIDADES HISTÓRICAS DE MINAS COLONIAL E IMPERIAL

VERMELHO MARINHO

2022

Copyright desta edição © 2022 Editora Vermelho Marinho

Autores
Andreia A. Adour da Camara
Cesar Maia Buscacio
Virgínia A. C. Buarque

Editor-chefe
Tomaz Adour

Revisão
Equipe Vermelho Marinho

Diagramação
Marcelo Amado

Capa
Elvia Buscacio

Dados Internacionais de Catalogação na Publicação (CIP)
Fabio Osmar de Oliveira Maciel – CRB-7 6284

S699

Sonoridades históricas de Minas colonial e imperial / Andreia A. Adour da Camara, Cesar Maia Buscacio, Virgínia A. C. Buarque. – 1. ed. – Rio de Janeiro : Vermelho Marinho, 2022.
336 p. ; 21 cm.

ISBN 978-65-86082-71-5

1. Música - Minas Gerais (MG) - História e crítica. 2. Brasil - História - Período colonial, 1500-1822. 3. Brasil - História - Império, 1822-1889. I. Camara, Andreia A. Adour da. II. Buscacio, Cesar Maia. III. Buarque, Virgínia A. C. I. Título.

698-043-22 CDD : 780.98151

Índice para catálogo sistemático:

1. Música - Minas Gerais (MG) - História e crítica 780.98151
2. Brasil - História - Período colonial, 1500-1822 981.03
3. Brasil - História - Império, 1822-1889 981.04

VERMELHO MARINHO

EDITORA VERMELHO MARINHO
Avenida Gilka Machado, 315 – bloco 2 – casa 6
Recreio dos Bandeirantes - CEP: 22795-570
Rio de Janeiro – RJ

Apoio

Universidade Federal de Ouro Preto
Reitora: Profa. Dra. Cláudia Aparecida Marliére de Lima
Instituto de Filosofia, Arte e Cultura
Diretor: Frederick Magalhães Hunzicker
Departamento de Música:
Chefe de Departamento: Barbara Luiza Alves Pereira
Programa de Pós-Graduação em História
Coordenador: Prof. Dr. Marcelo dos Santos Abreu

Universidade Federal do Rio de Janeiro
Reitora: Profa. Dra. Denise Pires de Carvalho
Escola de Música e Programa de Pós-Graduação em Música
Diretor: Prof. Dr. Ronal Silveira

Universidade Federal Fluminense
Reitor: Prof. Dr. Antonio Claudio
Instituto de História
Diretora: Profa. Dra. Laura Antunes Maciel
Programa de Pós-Graduação em História
Coordenador: Prof. Dr. Alexandre Carneiro Cerqueira Lima

Equipe Técnica
Cibele Aparecida Viana
Clara Maria Macedo Abreu
Isaías Gabriel Franco
Paulo André Nascimento de Jesus Maria
Marcone de Souza Guedes
Mariana Bicalho Camelo

Financiamento

FAPERJ – Fundação de Amparo à Pesquisa do Rio de Janeiro

O fazer do melro

Simone de Andrade Neves

A gradual escava do prego
desfaz do melro a parede

No trabalho de descama
a graúna acessa tijolos
completando o rodeio
à amarra da gaiola que a prende.
Há silêncio?

Nova voz ecoa da tribuna
ao sopé do morro
mãos
suspendem o sustenido
em quarenta e seis mil tons
projeta olvido canto
aves e fazeres

ah, as barricadas invisíveis
e o agir do silêncio.

(Simone Andrade Neves, Terrário, 2020.
Esse poema foi dedicado à Marielle Franco)

Sumário

Agradecimentos

"Este livro não teria sido possível sem o apoio...". Tal reconhecimento, ainda que não exatamente com estas mesmas palavras, é elemento imprescindível à apresentação das condições – acadêmicas e intersubjetivas – que viabilizaram a publicação de uma pesquisa. Não há nenhum traço de formalismo em tal dizer, muito pelo contrário. Ele combina preciosos afetos com a postura ético-política defensora da nominação de pessoas e instâncias que se mostram parceiras na publicização do saber, ainda mais em épocas tão desafiantes (para dizer o mínimo) à produção científica. E o aporte que nos foi dado por elas mostrou-se ainda mais importante se considerarmos que este estudo foi realizado em pouco mais de um ano, tempo de efetivação de um estágio pós-doutoral, por sua vez elaborado sob uma abordagem ainda inovadora para os autores.

Dessa maneira, gostaríamos de agradecer, inicialmente, àqueles que nos incentivaram a trilhar por esta senda investigativa, a despeito do prazo limitado para apresentação de "resultados", desafio que então se fez acompanhar por hesitações (por vezes angustiadas) quanto à possibilidade de chegarmos a bom termo. Aos familiares, sobretudo a Marilza Albuquerque de Castro, e aos amigos que confiaram num desdobrar positivo de nossa iniciativa, em especial aos professores Maria Manuela Ramos Silva, Nara Rúbia de Carvalho Cunha e Antônio José Augusto (*in memoriam*), deixamos nosso penhorado abraço.

Uma menção particular deve ser feita à professora Martha Campos Abreu, titular de História Moderna e integrante do PPGH da Universidade Federal Fluminense. Atuando como supervisora do estágio pós-doutoral de uma das autoras, Virgínia Buarque, contribuiu imensamente para o deslanchar da interpretação e, bem mais do que isso, Martha tornou-se um esteio para o diálogo sobre a validade da reflexão promovida, que se configura bastante interdisciplinar e, justamente por isso, fricciona critérios de legitimação já consagrados pelos distintos campos de saber. Nos momentos em que as dúvidas assomavam (e não foram poucos), era reconfortante lembrar que uma conversa com a Martha possibilitaria que continuássemos a tentar atravessar fronteiras, procedendo a "escutas" diferenciadas das sonoridades históricas mineiras. Agradecemos também a ela por tão gentilmente atender nosso convite e escrever a Apresentação deste livro.

Outro professor que se mostrou extremamente solícito foi o pesquisador Marco Antônio Silveira, da Universidade Federal de Ouro Preto, especialista em História de Minas, que procedeu à leitura da Introdução e do Capítulo 1, fornecendo relevantes sugestões. E como esquecer dos préstimos do então coordenador do PPGH-UFF, professor Alexandre Carneiro Cerqueira Lima?

Outro registro não pode deixar de ser promovido: aos estudantes de graduação em Música – Mariana Camelo Bicalho, Laura I. Ribeiro – e de pós-graduação em História – Cibele Aparecida Viana, Isaías Gabriel Franco, Marcone de Souza Guedes – na Universidade Federal de Ouro Preto, que também se mostraram ouvintes assíduos e leitores empenhados. Dois novos integrantes vieram juntar-se à equipe, a graduanda em História Maria Clara Macedo Abreu, da Universidade Federal Fluminense, e o graduando em Música Paulo André Nascimento de Jesus Maria, da Universidade Federal do Rio de Janeiro. Em especial, o Índice dos Sujeitos Históricos, que aparece ao final deste livro para contextualizar as circunstâncias biográficas e político-culturais em que os mais diversos agentes atuaram na produção e/ou escuta das sonoridades mineiras, não poderia ter sido elaborado sem a sua indispensável ajuda.

Cabe ainda outro agradecimento de crucial importância: aos detentores dos direitos de algumas imagens, que muito generosamente nos autorizaram a reproduzi-las: os pesquisadores Paulo Henrique Pinto Coelho Rodrigues Alves e Vitor Gomes, bem como o fotógrafo Eduardo Tropia. Também deixamos um registro agradecido a Elvia Buscacio Agafonovas, artista plástica e art designer, que tão primorosamente elaborou a arte gráfica, e aos profissionais da Editora Vermelho Marinho envolvidos na revisão, diagramação e impressão deste livro, pelo esmero do trabalho.

Enfim, a todos que ao longo do biênio 2020-2021, marcados por experiências tão excruciantes no Brasil e no mundo, vinculadas à pandemia de Covid19, não se deixaram abater e somaram esforços conosco para que escutas e enunciações críticas pudessem continuar a acontecer, mais uma vez, nosso "muito obrigado".

Apresentação
Sonoridades Históricas de Minas Colonial e Imperial

Martha Abreu

Professora titular do Instituto de História, UFF

Um livro tem sempre muitas histórias para contar. Além das que dizem respeito ao tema da publicação, existem as histórias das motivações e dos desafios para sua concretização - da ideia inicial ao produto final. Quando a realização é coletiva, ainda podem ser vistas (e até mesmo ouvidas, em se tratando de um livro com muitos sons) as marcas da cumplicidade e do companheirismo. Sem dúvida, é o caso de "Sonoridades Históricas de Minas". Muitas histórias para contar.

Um motivo importante para a mobilização inicial foi a revoltante tragédia que abalou as terras e as gentes mineiras: O desastre de Mariana, em 2015, fruto da queda da Barragem do Fundão. A vontade de realizar um tributo acadêmico às comunidades atingidas, como declaram os autores, despertou o interesse por uma pesquisa e por uma proposta de intervenção no ensino e na história pública, iniciativas posteriormente apoiadas pela FAPEMIG. Os desafios não eram pequenos: Como pesquisadores e professores de história e música poderiam participar dos processos de reparação às vítimas do desastre e à coletividade mineira como um todo? Como poderiam contribuir para as ações de reconhecimento das perdas e, ao mesmo tempo, de fortalecimento real e imaginário das comunidades.

Com a certeza de que a história e a música são instrumentos poderosos para a construção e reconstrução de identidades, memórias, afetividades e empatias, o projeto buscou reconstruir, através de uma temática realmente inovadora e afetivamente envolvente - as sonoridades plurais - muitas histórias interrompidas ou perdidas. A partir da região mineradora, outros espaços e territórios das Minas Gerais foram também incorporados à narrativa.

Ao longo da trajetória do livro, a área de música deu o tom, com a busca das sonoridades; a área de história, por sua vez, entrou com a compreensão dos sentidos dos sons, das escutas e dos silêncios, no tempo e espaço. Quem não se reconheceria ao revisitar linguagens e tradições sonoras que lhe são familiares, que estabelecem vínculos com o passado e que conferem novos sentidos ao presente? Sentir-se pertencer a uma história e a muitos sons pode possibilitar novas compreensões de si e dos outros, pode gerar expectativas e planos para o futuro. Como já disse a liderança negra jongueira Fatinha de Pinheiral, estado do Rio de Janeiro, o "povo que conhece a sua história, é bem mais feliz".

"Sonoridades Históricas de Minas" é também o resultado do comprometimento da Universidade Pública com o tempo presente, com as histórias que não podem deixar de ser contadas e que não devem ser esquecidas. O futuro depende de uma escrita da história competente que possa reconhecer e legitimar, com justiça e orgulho, o passado e o seu conhecimento. Se o silêncio muitas vezes ocupa o espaço da destruição e dos vencidos, esse livro mostra o quanto as linguagens sonoras e as memórias musicais do passado, sempre plurais e diversas, podem preencher os espaços com a afirmação de muitas vidas, vozes e sons do passado, referências para novas identidades e sentimentos de pertencimento.

Pela sua ampla, densa e inovadora pesquisa, o livro empolgante que tenho a honra e a alegria de apresentar só poderia ter sido produzido a partir de um trabalho de fôlego de uma equipe interdisciplinar original, formada por historiadores, musicólogos e educadores de diferentes universidades: do Departamento de Música da UFOP, Cesar Maia Buscacio e Virginia Buarque (também do PPGHIS da mesma universidade); da Escola de Música da UFRJ, Andreia Adour da Camara. Com uma discussão teórica sofisticada, a obra oferece um impressionante levantamento de fontes e a construção de um especial acervo para futuras pesquisas. O leitor terá acesso a significativo conjunto de mapas, imagens, relatos de viajantes, memórias históricas, registros de folcloristas e literatos.

O encontro entra a história e a música tem sido mais recorrente nos últimos anos, mas esse livro se propõe a ir mais longe. Traz à tona novos problemas e novos caminhos interpretativos, ao pensar nos significados dos sons como sonoridades, ou seja, como produção e escuta, com suas apropriações, consumos diversos e silêncios. Como será possível contar uma história de Minas, através dos sons, se do período colonial ao século XIX não havia nenhum tipo de gravação ou registro fonográfico?

A medida que a leitura avança, o leitor é provocado a pensar e a perceber o quanto os sons da natureza e das agências humanas são quase infinitos. Sons dos rios, das matas e dos pássaros; sons dos viajantes, exploradores, caixeiros, mineiros, trabalhadores dos aluviões, das roças e das enxadas; sons das cidades, sons dos sinos, das missas e procissões, dos lutos, dos saraus e dos teatros; sons dos batuques, das devoções, das festas, dos congados, dos vissungos, das folias de reis; sons das dores, das violências e das insurgências; sons das máquinas, das transformações urbanas e das modernidades...

Mas vale o aviso! O leitor não encontrará aqui apenas uma história pitoresca e amorfa dos sons. As sonoridades, com diferentes vozes, sons, barulhos, escutas e silêncios, são caminhos e suportes de muitas histórias de controle, de fortalecimento de hierarquias, conflitos, resistências e violências. Existem sons de revoltas contra os portugueses e contra os impostos; sons da insubordinação dos batuques proibidos; sons das modinhas sofisticadas e dos lundus das ruas. Ainda existem também os sons do silêncio nos toques de recolher e nas proibições de encontros noturnos. Os sons têm sua contrapartida nas escutas e apropriações autoritárias, preconceituosas e impertinentes – para os autores, "os regimes de escuta". Há muitas boas surpresas no livro, mas, entre as que mais gostei, destaco a ideia da existência de "brechas sonoras", ou seja, os sons que representavam a desordem, a transgressão e a insubordinação de escravizados, índios, libertos e trabalhadores pobres.

"Sonoridades Históricas de Minas" tem um corte temporal delimitado no "período colonial e imperial". Os próprios autores declaram que não foi possível levar o presente livro até os dias de hoje – por enquanto. Os leitores podem aguardar, pois encontrei em suas páginas a promessa de um segundo volume das "Sonoridades".

Boa leitura a tod@s e boa imaginação para as muitas sonoridades das Minas!!!

Introdução

Este livro é uma instigação a que você, leitor(a), permita-se deslocar: empregando seu raciocínio, sua empatia e sua imaginação, sinta-se convidado a transitar tanto no espaço, indo até as terras de Minas, como no tempo, recuando até finais do século XVII e daí seguindo por aproximadamente duzentos anos, até o findar do século XIX. Mais ainda: nessa movência, você é chamado a deixar-se conduzir prioritariamente por evocações do que era audível naquelas épocas, efetivando uma viagem histórico-sonora.

Naquela ocasião, sucederam-se as expedições que cruzavam os sertões das matas do centro-sul mineiro, avançando através de áreas rurais (com suas roças e locais de extração mineral) e povoados, alguns dos quais vieram a tornar-se arraiais, vilas e cidades. Não havia fronteiras rígidas e, por caminhos e picadas, logo intensificou-se o ir e vir de homens e mulheres, livres, forros e escravizados, das mais diferentes procedências, etnias e atividades, além de inúmeras mercadorias. Tratava-se, portanto, de uma espacialidade perpassada por grande "[...] cacofonia de sons [...]: o barulho das trombetas, dos sinos, dos tambores, das vozes e dos gritos [...]. Esses sons muitas vezes permitiam aproximar o Velho Mundo, trazendo para mais perto as imagens da sociabilidade europeia [...] noutras vezes refletiam a alteridade que caracterizava o 'viver em colônias'" (FURTADO, 2008, p. 12) e, posteriormente, em um Império nos trópicos.

•

O que nos motivou a lançar o convite para essa viagem histórico-sonora? Vários fatores confluíram para que tal proposta viesse a formalizar-se, estando um deles diretamente associado à trajetória intelectual que percorremos na última década. Assim, Virgínia Buarque, formada em História e participante do PPGHIS da Universidade Federal de Ouro

Preto, integra o Departamento de Música, em esforço colegiado com a equipe de docentes para aprofundar o diálogo do Curso de Licenciatura em Música da UFOP com as Ciências Humanas. Por sua vez, Cesar Maia Buscacio, formado em Música e professor do mesmo Departamento, mantém grande interesse pelo saber histórico, área que elegeu para produzir sua tese de doutorado. Como nossas reflexões acadêmicas convergiam nesses contornos interdisciplinares, ao surgir a oportunidade de realizarmos um estágio pós-doutoral em 2020,[1] optamos por fazê-lo em parceria, elencando como temática central de nossas análises a configuração histórica das sonoridades mineiras. A este esforço somou-se a participação de Andreia Adour da Camara, antiga professora da UFOP e atualmente pesquisadora da Escola de Música da UFRJ, onde, inclusive, atua como supervisora de Cesar no pós-doutorado; com formação em Canto e Educação, logo tornou-se companheira de pesquisa.

Outro importante incentivo à efetivação desta pesquisa foi a aprovação para financiamento, pela Fundação de Amparo à Pesquisa do Estado de Minas Gerais – FAPEMIG, do projeto multidisciplinar de pesquisa aplicada, por nós submetido a essa agência de fomento.[2] O objetivo de tal projeto, voltado à divulgação científica e ao subsídio de práticas educativas, é a identificação, interpretação e transposição para a linguagem cartográfica e para módulos didáticos das sonoridades históricas ecoantes na região atingida pela queda da Barragem de Fundão, em 2015.[3] Consideramos crucial que essa produção, perpassada por um explícito comprometimento ético-social, fosse acompanhada por uma reflexão de cunho historiográfico e musicológico, teórico e conceitual, que a subsidiasse, e por isso decidimos articulá-la ao nosso estágio pós-doutoral, de forma a que as duas práticas de produção de saber, resguardadas suas especificidades, dialogassem mutuamente.

Todavia, se o projeto aprovado pela Fapemig abarca uma extensa temporalidade – do período precedente à ocupação colonial até o tempo presente

1 Este livro consiste, portanto, no resultado de nossas pesquisas pós-doutorais, efetivadas junto ao Programa de Pós-Graduação em História da Universidade Federal Fluminense, sob a supervisão da Profa. Dra. Martha Abreu, a quem somos muito gratos pelas leituras críticas, sugestões e carinhoso apoio, e do Programa de Pós-Graduação em Música da Universidade Federal do Rio de Janeiro. Também expressamos nossos agradecimentos à Universidade Federal de Ouro Preto por nossa liberação dos encargos didáticos em 2020 para capacitação docente em pós-doutorado, bem como aos bolsistas de iniciação científica Mariana Bicalho Camelo (UFOP), Maria Clara Macedo Abreu (UFF) e Paulo André Nascimento de Jesus Maria (UFRJ). Registramos também nosso "muito obrigado" a Marilza Albuquerque de Castro, por sua leitura atenta das fontes, com levantamento das referências às sonoridades mineiras nas mesmas.

2 Trata-se do projeto "Cartografias Histórico-Sensoriais de Bento Rodrigues, Paracatu de Baixo e Gesteira", registrado sob o número APQ-05426-18.

3 As produções desta pesquisa podem ser acompanhadas pela plataforma digital gualaxovivo.com.br.

–, decidimos circunscrever a viagem histórico-sonora narrada neste livro ao recorte cronológico compreendido entre o final do século XVII e o final do século XIX. Essa periodização abarca, na antiga Colônia portuguesa na América, depois Império brasileiro, algumas importantes e similares disposições sociais e de poder (especialmente a escravidão e o regime monárquico sob a dinastia de Bragança), as quais inseriram a região mineira nas cadeias de mercado e de capital instituídas a partir dos tempos modernos. Além disso, a escuta sociocultural das sonoridades naquela época, embora viesse a incorporar, paulatinamente, certa acústica da modernidade, apenas ao final do século XIX o fez de maneira mais incisiva.[4] Assim procedemos por considerar que o prazo de um ano para o estágio pós-doutoral inviabilizava um estudo temporalmente mais dilatado das sonoridades mineiras, decisão que, em contrapartida, leva-nos a acalentar o propósito de retomar a interpretação apresentada neste livro em um segundo volume, voltado aos séculos XX e XXI.

No tocante à espacialidade, procedemos de forma inversa: alargamos a região mineira estudada pelo projeto aprovado pela FAPEMIG, embora continuemos a privilegiar a área associada aos descobrimentos auríferos, na qual, ao final do século XVII, foram erguidos precários arraiais conjugados aos locais de extração de ouro e plantio de roças, ponto de morada e de comércio de víveres, geralmente dotados de uma capela ou de uma ermida. Muitos deles, inclusive, deslocavam-se geograficamente conforme a exiguidade ou a abundância do metal encontrado. Não obstante, já nos primeiros anos do século XVIII, parcela desses povoados fixou-se junto às áreas mais rentáveis da mineração, e os mais prósperos dentre eles foram elevados à categoria de vilas, as quais comportavam, em seu termo,[5] o núcleo urbano, arraiais menores e as zonas rurais dispersas.

Da intensidade dessa ocupação territorial e incremento populacional "resultou uma sociedade organizada em bandos fortemente armados, à mercê dos potentados locais [...] a violência alastrava-se frequentemente" (ROMEIRO, 2008, p. 81), inclusive no âmbito sonoro: aos sons dos tiros mesclavam-se os gritos de dor, de insurgência, os apupos cotidianos... Tudo isso tornava a região mineira, no dizer do historiador Diogo de Vasconcelos, "o mais barulhento lugar da antiguidade"

4 Agradecemos ao professor Marco Antônio Silveira a menção às prensas, como exemplo de sonoridades da modernidade ecoantes no território mineiro no século XX. Também em estudo sobre os sons e a paisagem fabril, Cristiane Maria Magalhães (2008, p. 131) informa ter sido a partir da década 1870 que "na Minas oitocentista, o campo foi invadido pelos "sons dos teares [...]; pelo apito da caldeira [...], sons da modernidade industrial [que] interagiam com os do mundo rural".

5 Cf. CHAVES, 2013, p. 818: "Nas colônias [portuguesas], a denominação termo de vila foi utilizada em detrimento da de município. No caso do Brasil no período imperial, ambas as denominações foram utilizadas indistintamente". Havia também o julgado, "que era outro tipo de circunscrição judiciária com autonomia judiciária parcial e sem autonomia administrativa, subordinada a uma câmara".

(VASCONCELOS, 1974 [1902], v. 1, p. 181). Mas, paulatinamente, foi sendo implementada uma "domesticação dos sons [...] fundamental para efetivar o processo civilizatório empreendido pelos portugueses nas Minas Gerais. [...] O viajante deveria estar atento e ser capaz de reconhecer os sons que de longe prenunciavam o mundo que os colonizadores construíram" (FURTADO, 2008, p. 30).

Foram três as primeiras vilas mineiras: Vila Rica,[6] Nossa Senhora do Ribeirão do Carmo e Nossa Senhora da Conceição de Sabará, criadas em 1711 e que assim passavam a dispor, além da câmara[7] com seus oficiais (juiz, vereadores e procurador), corpos de milícia (CHAVES, 2013, p. 825-826). Outras seis novas vilas foram estabelecidas até 1730,[8] quando já era perceptível a oposição dos governadores quanto à sua criação, devido às rebeliões que ocorriam contra a tributação régia, algumas das quais apoiadas pelas câmaras (CHAVES, 2013, p. 826). Dessa forma, somente entre 1789 e 1814 foram constituídas outras vilas,[9] em resposta "às políticas de expansão e consolidação das fronteiras da Capitania [mineira] e aos projetos de reforma fiscal da Coroa"; essas novas instâncias político-administrativas também operavam como barreira às tentativas de sedição e formas de aliança com as elites locais (COSTA, 2018, p. 162). De maneira geral, portanto, a espacialidade abarcada por esta pesquisa incluiu

> [...] ao sul os núcleos de São João e São José del Rey [atual Tiradentes], em campos também propícios, e já no primeiro momento, aproveitados para a agropecuária; a oeste os descobertos de Pitangui, já em meio aos prados curraleiros; mais ao centro os principais núcleos auríferos, nas cristas da Serra do Espinhaço, marcando a paisagem montanhosa de Vila Rica [atual Ouro Preto] e Mariana e também Sabará e Vila Nova da Rainha (Caeté) no leito do Rio das Velhas. Mais ao norte, limitam-se essas minas com as áreas das descobertas de diamantes, onde está a Vila do Príncipe (Serro) e

---

6 Inicialmente chamada Vila Rica de Albuquerque, em referência ao capitão general Antônio de Albuquerque Coelho Carvalho, nomeado governador da Capitania de Minas e São Paulo. O rei D. João V retirou "Albuquerque", e adotou "Vila Rica de Nossa Senhora do Pilar", em homenagem à padroeira da localidade.

7 Cf. CHAVES, 2013, p. 819-820: As câmaras eram regidas pelas *Ordenações Filipinas* (1603), sendo dotadas de "[...] funções administrativas e [...] autonomia judiciária de primeira instância. [...] [seus integrantes] eram escolhidos entre os 'homens bons' das localidades, em sistema de eleição indireto". Tal legislação vigorou até 1828, quando nova normatização tornou a eleição de vereadores direta e censitária, bem como aboliu as funções judiciais até então exercidas pelas câmaras; em paralelo, juizados municipais e de órfãos foram instalados nas sedes dos termos das vilas e cidades.

8 São João del Rei, em 1713; Vila Nova da Rainha (Caeté) e do Príncipe (Serro) em 1714; Pitangui, em 1715; São José del Rei, 1718; Bom Sucesso das Minas Novas do Araçuaí, 1730 (FONSECA, 2012).

9 Tamanduá (Tapecerica), 1789; Queluz (Conselheiro Lafaiete), 1790; Barbacena, 1791; Campanha e Paracatu, 1798; Baependi e Jacuí, 1814 (FONSECA, 2012).

> acima o arraial do Tejuco (Diamantina), plantados entre o maciço do Espinhaço e já em outro clima e vegetação [...] A partir de 1744, data da descoberta oficial das jazidas, marcaria-se a meio caminho da picada para Goiás, as minas de Paracatu; e já a vários anos, a nordeste, no vale do rio Jequitinhonha, o bom sucesso das lavras de Minas Novas (CUNHA; GODÓI, 2003, p. 8; 29).

Por sua vez, duas dessas vilas receberam, de forma honorífica, o título de cidade, por exercerem funções de destaque em termos religiosos e políticos. Isso primeiramente ocorreu com a Vila de Nossa Senhora do Ribeirão do Carmo, elevada ao *status* de cidade com o nome de Mariana, ao tornar-se em 1745 sede do Bispado de mesma designação.[10] Posteriormente, Vila Rica, capital de comarca e da Capitania (depois Província) mineira, foi alçada à condição de Imperial Cidade de Ouro Preto em 1823.[11] Para ela, inclusive, convergia a maior parte das vias de comércio regional e ali estavam sediados importantes estabelecimentos de tributação e de controle militar metropolitanos.

De forma concomitante, vilas e cidades, com seus termos, integravam divisões judiciárias conhecidas como "comarcas", dispostas na Colônia sob a autoridade de um ouvidor-geral e, já no Império, de um juiz de direito. Em 1714, foram criadas três comarcas no território mineiro;[12] no início do período imperial, totalizavam seis,[13] e a partir daí seu número cresceu expressivamente, chegando a nove em 1830,[14] a dezesseis em 1850[15] e a vinte cinco em 1870.[16] As comarcas, por sua vez, integravam inicialmente a Capitania de São Paulo e Minas

10 Quando também recebeu o novo nome como tributo simbólico à rainha D. Mariana da Áustria, esposa do rei de Portugal D. João V. Na época, o centro urbano da nova cidade foi redesenhado com traçado retilíneo por José Fernandes Alpoim.

11 Conforme Carta de 20 de março de 1823, que tornava cidade todas as capitais de província. Em 1892, nova lei elevou à categoria de cidade todas as vilas que eram sedes de comarca (VAL *et. al.*, 2010, p. 17).

12 Vila Rica, com sede em Vila Rica; Rio das Velhas, com sede em Sabará; e Rio das Mortes, com sede em São João del Rei.

13 Em 1720, foi criada a comarca de Serro do Frio, seguida pela comarca de Paracatu, em 1815, e pela comarca do Rio de São Francisco, em 1820.

14 Ouro Preto, Rio Paraibuna, Rio das Mortes, Rio Sapucaí, Rio das Velhas, Serro, Rio Jequitinhonha, Rio Paracatu e Rio de São Francisco.

15 Ouro Preto, Rio das Velhas, Serro, Jequitinhonha, Rio de São Francisco, Paracatu, Paraná, Rio Grande, Sapucaí, Rio Verde, Rio das Mortes, Rio Pomba, Piracicaba, Pará, Paraibuna e Três Pontas, com um total de 50 municípios.

16 Em 1891, já no período republicano, quando foi refeita a divisão judiciária do novo estado de Minas Gerais, este passou a possuir 115 comarcas.

do Ouro, criada em 1709 em separação ao Rio de Janeiro,[17] a fim de assegurar maior controle da tributação sobre a extração aurífera e contenção das violentas disputas de poder na região, a exemplo da Guerra dos Emboabas.[18] Em 1720, Minas tornou-se uma capitania autônoma, em desmembramento à Capitania de São Paulo,[19] como uma das respostas à sedição então ocorrida.[20] Um século depois, em 1821, alguns anos após a instituição do Reino Unido de Portugal, Brasil e Algarves, as capitanias tornaram-se províncias. Já com a instauração do Império, foram criados numerosos municípios e novas vilas,[21] muitas vezes em associação ao avanço da fronteira agrária, principalmente na região da Zona da Mata, então dinamizada pela cafeicultura que se expandia.[22]

Com isso, nas últimas décadas do século XIX, Minas tornara-se província mais populosa do Império, o que nos levou a expandir pontualmente a circunscrição espacial de nossa pesquisa. Em paralelo, mantivemos o enfoque sobre as sedes urbanas da antiga região aurífera, as quais concentravam inúmeras sonoridades, como indicado pelo viajante inglês Richard Burton no tocante a Ouro Preto: "Aqui tivemos as visões e sons de uma capital, o belo sexo vestindo '*toilettes*' francesas [...] Oficiais homens uniformizados, civis e militares, ordenanças galopando a cavalo, sinos, sentinelas, sons de cornetas e música eclesiástica e militar, enquanto, talvez ouvindo a banda estão paradas algumas negras velhas vestindo sobretudos masculinos [...]" (BURTON, 1976 [1869], p. 296).

Os mapas apresentados a seguir, produzidos por Vitor Ottoni Pastore[23] para esta publicação, nos permitem apreender visualmente a configuração espacial e temporal dos espaços urbanos de Minas colonial e imperial, para a ela articularmos as sonoridades que pudemos identificar e buscamos interpretar nesta pesquisa.

---

17 A Vila de São Paulo de Piratininga foi escolhida como capital da nova Capitania.

18 Conflito travado entre 1707 e 1709 entre os paulistas, promotores das primeiras descobertas auríferas e que se consideravam no direito de explorá-las, e os "forasteiros" que se dirigiam para a região das Minas com o mesmo propósito. O governador do Rio de Janeiro, Antônio de Albuquerque, foi designado pela Coroa para controle da região.

19 Inicialmente o território da Capitania de Minas não incluía a região correspondente ao Sertão da Farinha Podre (atual Triângulo Mineiro, integrada em 1816) e a margem esquerda do Rio Sapucaí e Rio Grande (integrada em 1764).

20 Movimento de potentados de Minas, muitos dos quais portugueses, que se opunham à iniciativa do governador da Capitania, Conde de Assumar, em efetivar o poder político e tributário da Coroa na região.

21 Entre as décadas de 1830 e 1880, foram criados 104 municípios em Minas Gerais.

22 Podem assim ser citados Mar de Espanha, Além Paraíba, Leopoldina e Juiz de Fora, ao sul; Rio Novo, Rio Pomba, Cataguases, Ubá, Muriaé, Rio Branco, Viçosa e Carangola, ao centro; Manhuaçu, Abre Campo e Ponte Nova, localizadas na direção norte, mais ao final do Oitocentos (PINHEIRO; QUEIROZ, 2012, p. 2).

23 Expressamos nossos agradecimentos ao doutorando em Geografia e bacharel em Ciências Biológicas Vitor O. Pastore por sua dedicação e competência na produção dessas cartografias.

Capitania de Minas ao final do século XVIII

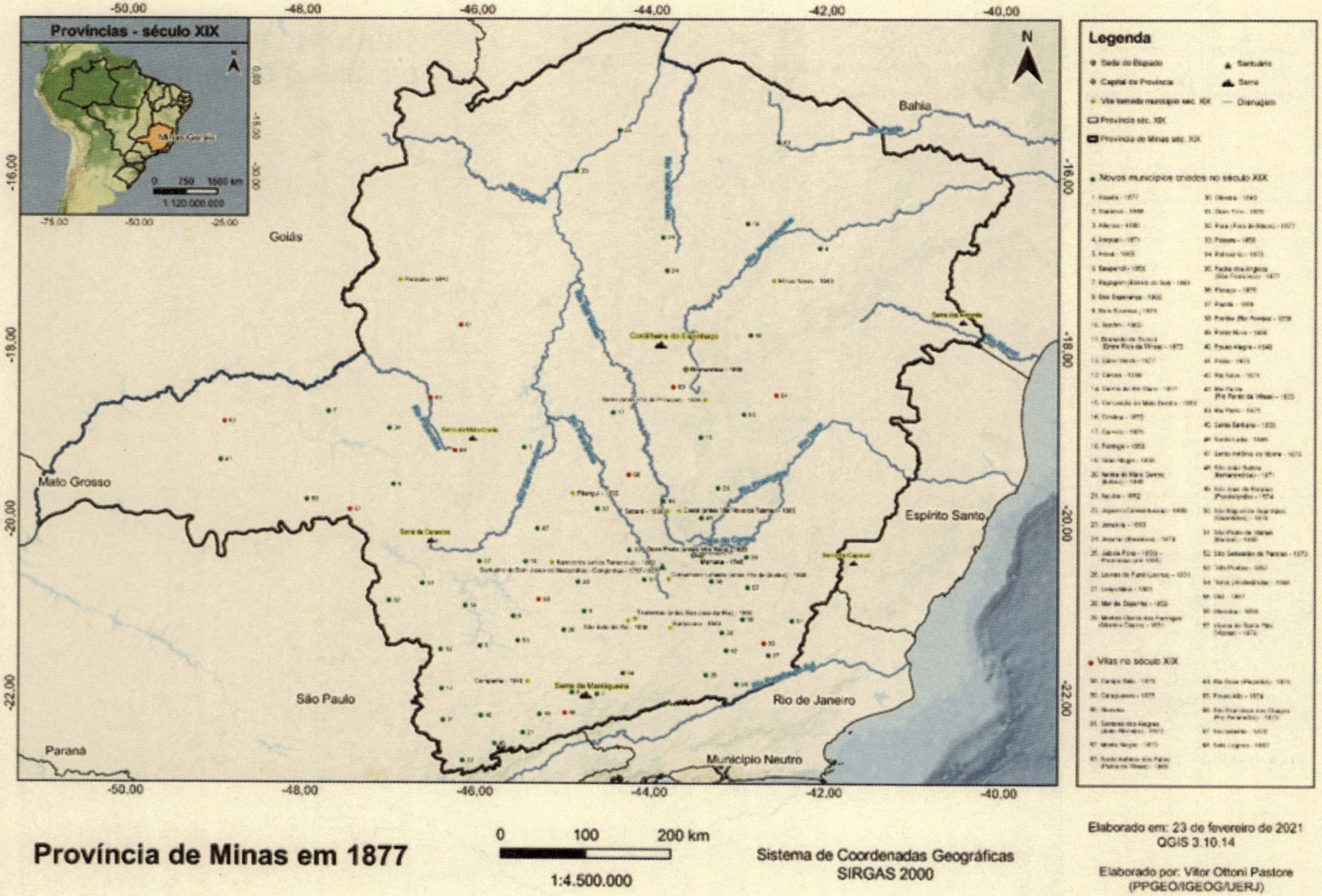

Províncias - século XIX
Legenda
Novos municípios criados no século XIX
Vilas no século XIX
Bahia
Goiás
Mato Grosso
Espírito Santo
São Paulo
Rio de Janeiro
Paraná
Município Neutro
Província de Minas em 1877
0 100 200 km
1:4.500.000
Sistema de Coordenadas Geográficas
SIRGAS 2000
Elaborado em: 23 de fevereiro de 2021
QGIS 3.10.14
Elaborado por: Vitor Ottoni Pastore
(PPGEO/IGEOG/UERJ)

As sonoridades apresentam-se como uma vertente de estudo relativamente recente no meio acadêmico, inclusive na área de Música. Uma das características mais recorrentes dessa expressão é sua imprecisão e polissemia semântica (CASTRO, s. d.).[24] Que sentidos, então, atribuímos ao termo nessa viagem histórico-sonora? Partimos da premissa de que "sonoridade" consiste em uma noção operatória, isto é, uma síntese teórico-conceitual formulada a partir das práticas investigadas. Por isso, dedicamo-nos a identificar as sonoridades mineiras em sua pluralidade; nas maneiras de serem emitidas ou produzidas; nas ações implicadas em sua difusão e acolhida; nas resistências a elas oferecidas. Dessa maneira, entendemos sonoridade como a gama de significados histórico-culturais atribuídos aos sons[25] produzidos e escutados (ou seja, diversamente apropriados e consumidos) no decorrer da existência social.[26]

Sons, por sua vez, são reconhecidos como manifestações físico-acústicas de cunho efêmero e evanescente; "vibração que se transmite para a atmosfera sob a forma de uma propagação ondulatória, que o nosso ouvido é capaz de capta[r] e que o cérebro [...] interpreta" (WISNIK *apud* REIS, s. d. p. 1).[27] Os sons comportam distintas e complexas propriedades, com suas variações de densidade, ritmo, intensidade, tom, cadência, timbre e direção, além de sua alternância com o silêncio (BORGES, 2013, p. 17).[28] As sonoridades, portanto, incidem sobre um conjunto extremamente variado de sons – os advindos dos ecossistemas, os que são promovidos por objetos e máquinas e aqueles produzidos por intervenções

24 O autor informa que "quando tentamos procurar por uma definição em textos referenciais, como no *Dicionário Grove de Música*, [...] o citado verbete nem consta em suas páginas, bem como no *Harvard Dictionary of Music*. Em dicionários comuns, o termo sonoridade (ou, em inglês, *sonority*) é definido como [...] 'Qualidade de sonoro. Propriedade de produzir ou formar sons' (*Michaelis On-line*, s/d); 'Qualidade ou fato de ser sonoro' (*Oxford Dictionaries*, s/d, trad. livre)" (CASTRO, s. d.).

25 Dessa maneira, a noção de sonoridade mantém pontos de afinidade da concepção de "símbolo sonoro" do musicólogo Murray Schafer, para quem "um evento sonoro é simbólico quando desperta em nós emoções e pensamentos, além de suas sensações mecânicas ou funções sinalizadoras, quando possui uma numinosidade ou reverberação que ressoa nos mais profundos recessos da psiquê" (SCHAFER, 2001, p. 239). Para associar símbolo sonoro e "profundos recessos da psiquê", Schafer recorreu à psicologia de Carl Gustav Jung (SCHAFER, 2001, p. 239), de forma distinta, portanto, da abordagem adotada por este livro.

26 "Quando falamos de escuta, de produção de escutas, falamos em produção de subjetividade e constituição de formas de vida. [...] A escuta como recepção já não se distingue do consumo. Escutar é um ato de criação e de produção" (OBICI, 2008, p. 127). Observe-se, de forma concomitante, que sonoridade e escuta apresentam-se como duas noções em interface indissociável.

27 O autor reporta-se à obra de WISNIK, J. Miguel. *O Som e o sentido*. Uma outra história das músicas. São Paulo: Companhia das Letras/Círculo do Livro, 1989. p. 15.

28 Tais propriedades, por sua vez, são histórica e culturalmente constituídas, ou seja, contingentes e plurais, sendo reelaboradas segundo as épocas e as sociedades.

humanas. Neste último caso, as sonoridades configuram-se em modalidades verbais (falas, gemidos, gritos, soluços, silêncios...), musicais (instrumentais e de canto) ou híbridas (numa mescla de diversos ou mesmo de todos esses elementos).

As sonoridades são constituídas mediante um envolvimento simultâneo da corporeidade, da sensibilidade afetiva, da inteligibilidade e de referências histórico-culturais. Assim, segundo a pianista e compositora de cartografias sonoras Lílian Nakahodo "[...] identificamos, significamos e ressignificamos os sons em conexões rizomáticas com o mundo" (NAKAHODO, 2014, p. 77-78). Em perspectiva similar, afirma o artista pesquisador Guiliano Obici:

> O som carrega a potência do intensivo que opera em nossa subjetividade de maneira muito particular, simultaneamente frágil e potente. Dizemos frágil porque o fluxo intensivo que o som atualiza em nossa subjetividade pode ser desfeito a qualquer momento por um evento que venha a interrompê-lo. Dizemos que o som é potente porque tem a capacidade de mobilizar com pouco. Pensemos em um canto, um lamento, um grito. Em termos acústicos, apenas sinais sonoros, mas que podem mover um mundo de afeto. A sonoridade é portadora dessa capacidade de mover forças da terra, do caos e do cosmo (OBICI, 2008, p. 99).

À medida em que sistematizávamos nosso entendimento acerca do termo "sonoridade", percebemos ser necessário também inquirir como se processaria sua escuta, na imbricação de sons e significações. Recorremos, então, à sugestão de Lílian Nakahodo, para quem, "se há 'regimes de visibilidade', seria [também] possível falar em 'regimes de escuta', os quais estabeleceriam socialmente aquilo que deve ser ouvido e como deve ser?" (NAKAHODO, 2014, p. 26). A expressão "regime de escuta"[29] remete aos estudos do filósofo Michel Foucault no âmbito da produção de um saber "arqueológico":

> Ao propor uma compreensão do campo do audível como um campo perpassado por diversos extratos, ou camadas de organização do material sonoro à disposição em determinada época e lugar, a arqueologia da escuta deve determinar não só os respectivos objetos de escuta socialmente produzidos e compartilhados em cada extrato histórico, mas também avaliar, a cada extrato, a dominância relativa que certos objetos exercem sobre os demais, seus diversos

29 Foi-nos sugerido renomear tal expressão como "regime de sonoridade". Mantivemos, porém, a proposta original, por considerar que a atribuição de significados aos sons, transmutando-os em sonoridades, ocorre justamente no ato de escuta, como analisado, de forma pioneira, por Pierre Schaeffer (1993).

> modos de enunciação característicos (gêneros, estilos e autores, por exemplo), os conceitos que suscita, as estratégias que provoca e os dispositivos que produz. Uma de suas primeiras funções é avaliar os diversos modos historicamente determinados de escuta (ou regimes de escuta), mapeando e precisando suas diferenças (CAPELLER, 2011, p. 9).[30]

Com base nos registros de época por nós consultados e cotejados com a bibliografia acadêmica que nos era disponível, nos foi possível identificar três hegemônicos regimes de escuta, de matriz europeia, incidentes sobre as sonoridades mineiras dos séculos XVIII e XIX: aquele pautado em premissas teológicas do catolicismo,[31] o orientado pelo pragmatismo das Luzes (com ênfase na classificação enciclopédica do mundo e na maximização da rentabilidade econômica)[32] e, por último, o configurado em afinidade ao ideário romântico, priorizando uma apreensão subjetiva da existência, de forma interligada à valorização da autoria nas artes. A configuração desses regimes de escuta em conformidade a tais ideários culturais hegemônicos não foi casual: sem desconsiderarmos os pluralismos, paradoxos e contradições internos a todos esses imaginários, inclusive em um âmbito político, também pressupomos que eles expressem, em sua inter-relação, o amálgama de sentido norteador da moderna cultura ocidental:

> Retomemos, porém, essa hipótese da especificidade da cultura ocidental moderna. É uma hipótese, uma ficção razoavelmente bem fundada, relativa à nossa identidade cultural. [...] Há diversas hipóteses para que a história das ideias ocidentais se organize segundo essas linhas de força. Eu as correlaciono justamente à nossa primeira ficção — a de que a cultura ocidental moderna existe —, e à segunda, de que a presença da ideologia do individualismo seja razoavelmente explicativa da singularidade daquela cultura. Em

30 Em perspectiva similar, o historiador Durval Muniz de Albuquerque comentou em uma entrevista: "Nós temos a audição, que é biológica, e também temos a escuta, que é algo socialmente produzido. Então a audição é a capacidade que temos do ponto físico de perceber sonoridades, agora a escuta é uma educação disso. Temos um indivíduo educado que gosta de determinadas coisas, que não gosta de determinados sons, que acha uns sons agradáveis e outros insuportáveis, e isso tem a ver com a educação, isso não é biológico" (ALBUQUERQUE, 2018). Cada regime de escuta, vigente em um dado período histórico, comporta valores, padrões, normativas e processos pedagógicos de incorporação de determinadas maneiras de escutar.

31 Segundo Foucault, trata-se de uma teologia que aloja, sob sonoridades, formas e movimentos, a expressão encoberta da Providência de Deus (FOUCAULT, 1999, p. 173).

32 Pautadas em um conhecimento científico que busca definir a autonomia da natureza, na transposição do primado da astronomia, da mecânica e da ótica à investigação do que pode haver de irredutível e de específico nos domínios da vida (FOUCAULT, 1999, p. 173).

> função dessas duas hipóteses, uma terceira — tão ficcional quanto as duas anteriores — propõe que a dinâmica, a tensão constitutiva dessa cultura se dá entre o individualismo originário, portado pelo modo epistemológico racionalista-empirista, ligado à linha central do desenvolvimento da ciência e da tecnologia, e a resistência romântica ao indivíduo e ao privilégio da Parte (em nome do Todo). [...] É fundamental compreender essas fontes, essas configurações originárias, para poder efetivamente dominar *a posteriori* — se não fundar *a priori,* o que é muito mais complicado — nossas escolhas, nossas opções epistemológicas, nossos rumos teóricos e práticos (DUARTE, 2004b, p. 35-36).

Tais regimes de escuta, na tríplice formulação acima descrita, por sua vez, não eram necessariamente excludentes, podendo enredar-se mutuamente, sobretudo quando acionados em favor de intentos compartilhados, como o fortalecimento do Estado. Ademais, o sonoro, o oral e o escrito também imiscuíam-se continuamente, criando, reforçando ou contestando as variadas ordenações sociais vinculadas à dinâmica mundial do capital e ao paradigma civilizatório vigentes no Setecentos e no Oitocentos.[33]

De forma concomitante, nos foi crucial reconhecer que performances sonoras e suas escutas podem indicar não apenas sensibilidades hegemônicas, mas também inúmeras condições de fragilidade sociocultural, simultâneas à modernidade ocidental. Aliás, a associação entre grupos "desclassificados" e sonoridades cotidianas, perpassadas de estranhamento e certo temor, mostrou-se recorrente no imaginário acerca do território mineiro dos séculos XVIII e XIX:

> Nas Minas, as fogueiras, em torno das quais se formavam as rodas de pretos, iluminavam e davam sentido a um passado roubado, cântigos eram refeitos sob 'cadências de engano', polifonias invulgares serpenteando sob o suporte de estruturas rítmicas seculares, estranhas sonoridades que intrigariam ainda mais músicos e estudiosos europeus, que no final do século XIX desconheciam tais estruturas poli-rítmicas. [...] Os descendentes de africanos no Brasil ainda hoje, na entrada do século XXI, são assaltados por sequências de cenas narradas por bisavós de pele azeviche. Senhoras arcadas, que por meio de 'causos de cativeiro', mantiveram as imagens de um tempo tenebroso, tendo o dom de nos fazer ouvir o burburinho das fiandeiras, sonoridades da senzala de uma fazenda qualquer do sudeste mineiro (SILVA, 2005, p. 163-165).

33 Agradecemos ao professor Marco Antônio Silveira por essas duas últimas ponderações.

Dessa maneira, o convite para esta viagem histórico-sonora implica igualmente em nos deixarmos afetar por essas subalternidades audíveis, entendidas como formas de linguagem comunitária, mediadoras de tantas experiências sociais e de suas relações com os poderes estabelecidos.[34]

•

No empenho por "ouvir" as singularidades das sonoridades mineiras, suas captações pelos distintos regimes de escuta, bem como as alternativas sonoras de resistência e reinvenção que emergiram nas negociações e embates com tais padrões culturais, elaboramos este livro em seis capítulos.

No Capítulo 1, abordamos as sonoridades ecoantes nos caminhos e sertões que davam acesso à região das Minas. Primeiro, indicamos como a natureza foi percebida ao longo de mais de dois séculos como uma alteridade sonora. A seguir, apontamos, sobretudo em termos do regime de escuta teológico-retórico, o papel ventríloquo atribuído à natureza, tida como polo de enunciação tanto da presença divina como do Mal. Logo depois, buscamos reconstituir, com base nos pressupostos de um saber iluminista-naturalista, a operatória de transformação da natureza em cultura mediante a elaboração de uma taxinomia sonora. Por fim, ressaltamos o duplo proceder da cultura romântica no tocante à natureza, que implicou na estetização e na subjetivação do sonoro, quer sob configurações de paisagens pitorescas e sublimes, quer pela atribuição de traços de caráter aos seres não humanos (principalmente aos animais) pela via das sonoridades. Simultaneamente, consideramos que o silenciamento poderia operar como brecha sonora à própria cultura ocidental hegemônica nos séculos XVIII e XIX, ao ser promovido de forma esvaziada de conotações morais, propósitos utilitários e até mesmo de uma qualificação afetiva do sujeito que dele fruía. Em paralelo, o silêncio constituía-se em elemento reintegrador das alteridades socioculturais subalternizadas – indígenas e afro – com sua corporeidade, o ambiente, a cosmologia e a ancestralidade.

No Capítulo 2, privilegiamos sonoridades ameríndias, africanas e afrodescendentes que reverberavam nos percursos para Minas, assim como nas áreas sucessivamente ocupadas pela colonização; alvo de grande temor, elas foram submetidas à contínua vigilância, à intensa repressão e mesmo ao extermínio. Em âmbito teológico-retórico, a demonização conferida às sonoridades ameríndias derivava do estranhamento perante uma cosmologia que pressupunha a transumância entre humanos e não humanos; ademais, entre alguns grupos indígenas, a própria sonoridade era concebida como um ente espiritual. No caso

34 Consideramos que tal atenção às práticas e escutas subalternizadas possa, simultaneamente, refinar nossa interpretação acerca do vivido histórico e oferecer elementos que porventura venham a reorientar nossas escolhas e modos de agir no tempo presente.

das sonoridades africanas e afrodescendentes, os batuques eram igualmente escutados como evocação diabólica, sobretudo no caso dos candombes, que com sua faceta religiosa constituíam-se como ato de louvor aos ancestrais, de atualização de narrativas comunitárias e até de incitação à subversão. A ilustração luso-brasileira também desqualificou as sonoridades ameríndias, africanas e afrodescendentes, escutando-as como expressão de selvageria e barbárie, por contraposição ao almejado ideal de civilidade. E se o movimento romântico procedeu a uma inclusão seletiva das práticas e culturas ameríndias, inclusive sonoras, na configuração do imaginário da nação, também as ressignificou sob o viés da excentricidade; já no caso das sonoridades negras, tal incorporação foi bem mais limitada, vindo a ocorrer de forma mais expressiva somente a partir da virada do século XX, devido à sua inserção à cultura urbana de entretenimento e aos estudos folclóricos sobre a música popular. Quanto às brechas, destacamos a resistência cultural – e sonora – dos povos ameríndios e afrodescendentes, ainda que muitas vezes só lhes fosse possível mantê-la mediante a prática de bricolagens e hibridismos.

No Capítulo 3, aludimos às sonoridades da "roça", que acompanhavam a lida diária dos que trabalhavam nas plantações, na criação de animais e nos variados ofícios promovidos nos sítios e fazendas, atividades que incidiram em grande medida na produção econômica da Capitania (depois Província) mineira. No âmbito de uma escuta teológico-retórica, ressaltamos a importância das sonoridades santorais, que possuíam forte matriz no catolicismo devocional leigo e eram geralmente toleradas (ao menos parcialmente e mesmo que sob certa relutância), pelo discurso eclesiástico. Na promoção de tais sonoridades, simultaneamente sagradas e profanas, destacavam-se as folias e outros festejos, como os juninos. O pensamento ilustrado, usando de maior rigor, costumeiramente desqualificava as sonoridades da vida rural por sua associação à rusticidade vinculada à faina manual e a um "linguajar caipira" oriundo da miscigenação, com críticas ao vocabulário e modos de falar de mestiços, no contexto de uma sociedade fundamentada no escravismo. Por sua vez, o movimento romântico procedeu a uma ambígua e parcial valorização das sonoridades caipiras e santorais, associando-as a uma tradição cultural constitutiva da nacionalidade. Assim, tais sonoridades foram relacionadas à autenticidade, à pujança e à comunhão com a natureza portadas por aqueles que viviam no campo, mas também à indolência, à ignorância e à incapacidade de efetivação, no país, do processo de modernização. No tocante às brechas sonoras, destacamos a importância de cantos e danças como o cateretê e o cururu, combinatórias de expressões culturais portuguesas, africanas e ameríndias, as quais chegaram a ser consideradas a uma versão mineira dos lundus e batuques, bem como o papel desempenhado pelos evangelizadores de viola.

No Capítulo 4, elegemos como temática principal as sonoridades da mineração e, de forma subsequente, aquelas oriundas do início da implementação da tecnologia industrial no território mineiro. Sob uma escuta em perspectiva teológico-retórica, os veios de ouro e as pedras preciosas estiveram vinculados a ruídos subterrâneos míticos; de forma paralela, foram incorporados ao imaginário da inconstância da Fortuna, tornando-se duplo objeto de suspeição por parte da Igreja Católica. Por sua vez, o regime de escuta ilustrado buscou proceder a uma domesticação das sonoridades dos espaços de mineração, prática considerada crucial para efetivar o processo civilizatório em Minas. Afinal, as sonoridades da mineração, particularmente aquelas de procedência africana, eram descritas como caóticas, barulhentas e potencialmente perigosas à ordem e à hierarquia sociais. Já no período romântico, emergiram tentativas de humanização da figura do escravizado, então considerado vítima de um sistema de extremada crueldade – daí que suas sonoridades, especialmente aquelas emitidas sob as péssimas condições de trabalho nas minas subterrâneas, fossem apresentadas como simultaneamente primitivas, lúgubres e exasperadas. Tal escuta contrapunha-se ao entusiasmo quanto às sonoridades da industrialização, ecoantes nos apitos das locomotivas, das novas siderurgias, do maquinário movido à eletricidade. Todavia, sonoridades negras irrompiam com sentidos próprios, como no canto dos vissungos ou nos festejos Congos, em grande parte promovidas pelas irmandades do Rosário. Tais manifestações das sonoridades afro dignificavam a condição de cativo, viabilizando sua sobrevivência simbólica e até mesmo certa contestação à condição de subalternidade que lhe foi imposta.

No Capítulo 5, a pesquisa voltou-se para as sonoridades vinculadas à fé católica e particularmente à música sacra promovidas nas terras de Minas. No domínio do teológico-retórico, refletimos que o toque dos sinos, a música litúrgica e aquela promovida em devoções cotidianas, vinculando-se à estética dos afetos barrocos e ao critério de decoro social, mostrou-se elemento valioso para a difusão e (ao menos parcial) aceitação da doutrina e da moralidade católicas, além de reforçar as hierarquias político-sociais. Em termos da ilustração luso-brasileira, abordamos a música sacra mineira em sua interface com as inspirações operísticas italianas e seu papel na formação do *honnête homme*. Já no âmbito da releitura romântica da religiosidade, sob o ideal de uma "civilização cristã", ponderamos que a música sacra retomou e subjetivou padrões medievais e tridentinos. Quanto às brechas oriundas das sonoridades sacras, buscamos ressaltar as tensões continuamente mantidas com as fronteiras (moventes, difíceis de precisar) do profano e, em especial, o reconhecimento da população como peculiar agente da música religiosa, em seus sonoros jeitos de louvar a Deus.

Por fim, no Capítulo 6, dedicado às sonoridades do cotidiano urbano, cogitamos que, na esfera do regime de escuta teológico-retórico, algumas práticas cênicas eram apreciadas justamente por reiterarem a efemeridade da vida e o sentido de teatralidade do mundo. Contudo, tal perspectiva foi sendo suplantada por um entendimento ilustrado acerca do potencial dos espetáculos como canal para constituição da civilidade social (através da exibição pedagógica de exemplos), bem como de incitação ao espírito público (endosso à ordem monárquica e às autoridades que a representavam e, posteriormente, à nacionalidade e ao patriotismo). Em torno de meados do século XIX, já no bojo do romantismo, mostrou-se possível perceber como as sonoridades foram deslocadas para a prática de entretenimentos de acesso privado (por serem realizados em salões de residências ou nos teatros) e, caso fossem promovidas nas ruas e praças, deveriam primar pela constituição de sociabilidades próximas àquelas da burguesia europeia (como na apreciação das bandas de música em coretos). Como brechas a esses regimes de escuta do urbano, ressaltamos a perenidade, apesar das proibições, de sonoridades perpassadas de expressões de espontaneidade, deboche e violência simbólica, como as que eclodiam por ocasião do entrudo e, tempos depois, dos desfiles do Zé Pereira.

•

Em termos metodológicos, refletir sobre as sonoridades e os regimes de escuta vigentes na história de Minas revelou-se grande desafio, a começar pelo estreito calendário de pesquisa, limitado ao ano de estágio pós-doutoral. Como agravante, foi preciso superar a parca (embora inovadora e consistente) reflexão acadêmica diretamente voltada para o tema de estudo,[35] bem como a ausência de uma catalogação prévia de fontes disponíveis, em sua diversidade de linguagens (manuscritas, impressas, iconográficas) – em suma, era necessário constituir todo um acervo bibliográfico-documental. Além disso, a pesquisa foi iniciada de forma praticamente simultânea à eclosão da pandemia de Covid19, o que implicou na impossibilidade de consulta presencial a instituições culturais como arquivos e bibliotecas. Outro dilema com que nos deparamos foi a escolha do recorte temporal da pesquisa, pois ele antecede aquele vinculado à maioria de nossas temáticas de estudo.[36] Contudo, optamos por fazê-lo em função da emergência de significativa produção sonora na espacialidade mineira justamente no

35 Ressaltamos a importância das pesquisas de Júnia Furtado (2008), Julio Cesar Oliveira (2008) e Fábio Henrique Viana (2011) sobre as sonoridades e paisagens sonoras mineiras.

36 Principalmente de Virgínia Buarque e Cesar Maia Buscacio, que priorizaram pesquisas sobre práticas históricas e musicais empreendidas no século XX. Já Andreia Camara formulou tese de doutorado sobre o canto vissungo, recuando na temporalidade até o século XVIII, embora também eleja, na maior parte de suas reflexões o final do século XIX em diante como sua delimitação temporal preferencial.

Setecentos e no Oitocentos, a qual, inclusive, vem sendo articulada a recentes debates sobre o patrimônio intangível da região. Assim, uma pesquisa sobre as sonoridades mineiras, em nosso entender, necessariamente teria que comportar tal dimensão retrospectiva.[37]

A partir da delimitação do período histórico e dos contornos geográficos abarcados pela pesquisa, passamos à seleção e à catalogação das fontes de investigação. Mostrava-se necessário encontrar relatos que permitissem "escutar" as sonoridades de um período em que a tecnologia para sua gravação não existia, "ou seja, antes da 'virada auditiva' do final século XIX". Como descreve o historiador José Geraldo Vinci de Moraes, "Isso requer um mergulho vertical profundo no mundo da cultura da época investigada para compreender e alcançar essas camadas sonoras e fazê-las ressoar novamente de algum modo" (MORAES, 2008, p. 131). De forma concomitante, na leitura desses documentos, foi preciso recorrer à imaginação histórica, com emprego de "certa sensibilidade para perceber e retirar do registro escrito um mundo sonoro ali silencioso, uma vez que não se escuta nele a estridência dos ruídos, a altura da fala, o volume do som, o barulho do vento, o grito da multidão ou do vizinho, a beleza da voz do cantor, o instrumento desafinado e assim por diante" (MORAES, 2008, p. 131).

Debruçamo-nos principalmente sobre uma tríplice modalidade de fontes históricas: corografias e memórias histórico-geográficas dos séculos XVIII e XIX; relatos de viagens produzidos por estrangeiros que percorreram o território mineiro no Oitocentos; compilações de folcloristas publicadas entre o final do século XIX e meados do XX. Todos esses textos destinavam-se, em geral, a um público letrado, sendo por vezes publicados em jornais ou revistas especializadas. Essas fontes foram selecionadas por portarem, a despeito de sua variedade de redação e enfoque, uma preocupação documental – buscavam registrar o "passado", sobretudo os eventos diretamente observados, a fim de que pudessem ser preservados de um possível desaparecimento futuro (REVEL; CERTEAU; JULIA, 1989). Além disso, em especial as corografias, as memórias e os relatos de viajantes encontravam-se também dotados de uma função pedagógica, buscando esclarecer os leitores sobre "lições" deixadas pela história dos lugares (MACEDO, 2007, p. 27-28). Uma síntese biográfica de cada autor e da conjuntura de produção dessas fontes é apresentada no "Índice dos sujeitos históricos citados", localizado ao final deste livro.

---

37 Dessa maneira, a reflexão adotada neste livro acabou por assumir um contorno ensaístico, ou seja, ela consiste na tentativa de interpretação de uma experiência histórica que até então nos era desconhecida. Para tanto, procedemos a uma mescla de múltiplas leituras, explicitação de um viés teórico que as articulasse e certa (intempestiva) ousadia intelectual. Reconhecendo não estarmos dotados de uma erudição construída ao longo de anos sobre a historiografia de Minas nos dois séculos abarcados por nossa investigação, antecipadamente agradecemos as sugestões que possam aprimorar nossa análise.

As geografias descritivas, corografias e memórias históricas consistem em um gênero de escrita que, a despeito de portarem diversas denominações, entrecruzavam a abordagem histórico-cronológica com a geográfico-espacial, a partir do enfoque ao local (lugar singularizado). Esses registros implicavam também na posse de um conhecimento prático, indissociável da experiência vivida por parte daquele que escreveu ou, ao menos, de quem lhe forneceu as informações que foram compiladas; a vivência direta era considerada, dessa forma, uma mediação indispensável entre a realidade empírica e sua reelaboração como conhecimento (KODAMA, 2008). Tais escritos tanto podiam reiterar a ordem político-econômica vigente, sendo inclusive dedicados a gestores administrativos (como os governadores da capitania ou da província) (ARAÚJO; SILVA, 2012, p. 43), como poderiam, por meandros retóricos, exprimir os descontentamentos da elite local com essa mesma ordem (FURTADO, 2009, p. 183).[38] Neste livro, foram interpretados os escritos de João Antonil (1711), José Joaquim da Rocha (1778), José Vieira Couto (1779), Diogo Pereira Ribeiro de Vasconcelos (1807), Raimundo José da Cunha Matos (1837) e José Joaquim da Silva (1877), além das "Notícias" setecentistas sobre as terras mineiras recolhidas por Afonso d'Escragnolle Taunay. Também consultamos a dissertação historiográfica de Karl Friedrich Philipp von Martius apresentada ao Instituto Histórico e Geográfico Brasileiro (1845).[39]

Quanto aos relatos de viagem a Minas, empreendidos principalmente por estrangeiros, consultamos as publicações de John Mawe (1812), Georg Wilhelm Freireyss (1814-1815), Wilhelm Ludwig von Eschwege (1815), Johann Emanuel Pohl (a partir de 1823), Johann Baptist von Spix e Karl Friedrich Philipp von Martius (a partir de 1824), Auguste de Saint-Hilaire (a partir de 1830), Charles James Fox Bunbury (1835), Ferdinand Denis (1837), George Gardner (1841), Richard Burton (1869), D. Pedro II (1881), Ernest de Courcy (1886). Também analisamos uma específica redação de viagem, pautada no propósito de exortação religiosa e moralizante, de autoria de Nuno Marques Pereira (1728).

Tais escritos, promovidos, em sua maior parte, a partir da segunda década do século XIX, em uma conjuntura de "redescoberta" do Novo Mundo, inserida no processo das emancipações políticas das Américas, consistiram em um importante auxiliar das atividades comerciais, bem como disponibilizaram aos estudos científicos acuradas descrições do meio natural, dos costumes e da política no Brasil. Estavam demarcados, sem dúvida, por perspectivas etnocêntricas, segundo

---

38 A autora cita, como exemplos, a simples menção da posse de um governador (sem maior explanação ou elogio a seus feitos), ou o não emprego de formas de tratamento dignificantes (como dom ou ilustríssimo).

39 As datas indicadas neste e nos parágrafos subsequentes referem-se ao ano da primeira publicação.

os ideários hierárquicos de civilização, civilidade e progresso. Algumas descrições estavam voltadas aos "muitos ruídos" que então reverberavam, como os das cerimônias católicas festivas e dos foguetórios a elas associados (LIMA, 2012, p. 68).

O terceiro aporte de fontes proveio de compilações de folcloristas atuantes no final do século XIX e primeira metade do século XX:[40] Mello Moraes Filho (1888), Aires da Mata Machado Filho (1943) e Luis Câmara Cascudo (1944), autores que visavam empreender o registro (na maior parte das vezes historicamente descontextualizado) de tradições regionais do mundo rural brasileiro, entendendo-as como sobrevivências culturais. Conforme indica Martha Abreu, os folcloristas e a disciplina que criaram surgiram na Europa na passagem do século XVIII para o XIX:[41] depois dos iluministas terem visto os camponeses e os "homens comuns" como incultos e carentes, muitos românticos, no século XIX, procuraram conhecer os costumes populares, elevando-os a marcas da nacionalidade, em contraposição ao estrangeiro; já as classes superiores seriam portadoras de uma cultura eminentemente cosmopolita (ABREU, 2003, p. 85-87). As contribuições dos folcloristas vêm sendo reinterpretadas na atualidade em função da valorização e do reconhecimento oficial do patrimônio imaterial das sociedades.[42]

Tais modalidades de fontes históricas foram cotejadas, por sua vez, a produções literárias em prosa – dois romances de Bernardo Guimarães (1872) – e a poesias de Joaquim José Lisboa (1804), juntamente a iconografias de época relacionadas à espacialidade sociocultural mineira. Essas fontes foram por nós entendidas como indícios sonoros: provinda do campo da semiótica, a noção de indício remete a algo efetivamente existente, porém não imediatamente presente ou capturável; ele consiste em uma evocação pela ausência (RIBEIRO, 2018, p. 61). [43] Ademais, como indica a pesquisadora Nara Rúbia de Carvalho Cunha,

40 Conforme sugestão da Profa. Dra. Martha Abreu, a quem muito agradecemos.

41 Os folcloristas passaram a ser conhecidos no meio acadêmico a partir de 1846, quando *folk* (que além de povo, expressava a ideia de nação) e *lore* (que significa saber, mas também educação e erudição) foram difundidos na revista inglesa *The Athenaeum* (ABREU, 2003, p. 86).

42 Sancionado no Brasil através do Decreto n. 3.551, em 4 de agosto de 2000 (ABREU, 2007): "Manifestações musicais, artísticas e religiosas populares [...] finalmente poderiam receber o reconhecimento de Patrimônios Culturais da Nação, pelo Instituto do Patrimônio Histórico e Artístico Nacional (IPHAN), e, inclusive, o título de obra-prima da humanidade, pela Unesco". Nesta perspectiva mais recente, as contribuições dos folcloristas têm sido articuladas com análises das relações de poder e resistência, em suas dimensões socioculturais.

43 Assim, "um índice é um signo que possui uma conexão direta com o seu objeto, sendo afetado por ele. Uma pegada na areia ou um termômetro são exemplos de índices que apontam para a existência de objetos (no caso, a passagem de um animal por aquele local ou a condição de temperatura de uma região). Índices estão relacionados com a ideia de rastros ou ruínas" (RIBEIRO, 2018, p. 61). Os índices, dessa maneira, indicam propriedades e "apontam para singularidades e ocorrências únicas no tempo" (RIBEIRO, 2018, p. 130).

o enlace da reflexão científica com as linguagens literária e das artes visuais possibilita a superação de uma interpretação instrumental desses registros, que assim deixam de ser percebidas por um viés ilustrativo ou no máximo supostamente comprobatório acerca de um saber previamente construído sobre o "real" (CUNHA, 2017).

Pareceu-nos importante mencionar, ao final desta Introdução, que no processo de elaboração dessa viagem histórico-sonoro em âmbito pós-doutoral percebemos estar inaugurando-se para nós um novo campo de estudos. Embora tal abertura possa parecer um tanto inusitada (afinal, estágios pós-doutorais costumam apresentar-se como culminância de uma proposta investigativa, ao invés de início dela), à medida em que caminhávamos com a pesquisa, percebemos nosso profundo envolvimento com as questões provindas da inter-relação entre sonoridades, historicidades e espacialidades, no desejo de dedicarmo-nos, a partir de então, a essa abordagem.

Por fim, retomamos nossos agradecimentos a todos que nos ajudaram na formulação deste livro, cuja produção mostrou-se tão gratificante, apesar dos dilemas com que nos defrontamos. Aspiramos que ele possa corresponder, em alguma medida, às expectativas dos(as) leitores(as), sobretudo daqueles(as) que, pela via do sonoro, não desistem de suas memórias, de suas lutas e de suas esperanças.

Capítulo 1
Travessias para Minas

No período colonial e mesmo em grande parte da época imperial, não era nada fácil chegar à região das Minas. Até a década de 1720, havia três caminhos principais, em grande parte abertos a partir de seculares trilhas indígenas (VENÂNCIO, 1999): Caminho Geral do Sertão, Caminho Velho e Caminho Novo. Todavia, a ação metropolitana buscou restringir, embora sem sucesso, a passagem para apenas um deles, inicialmente o Caminho Velho e, a seguir, o Caminho Novo, na tentativa de evitar o contrabando das riquezas minerais e até mesmo o esvaziamento populacional das capitanias, devido à intensidade do fluxo migratório para a região aurífera recém-descoberta (SHELLARD, 2015, p. 13).[44] A chancela oficial para o uso desses caminhos os constituía em "estradas reais".

A travessia do Caminho Velho,[45] mais demorada, permitia o acesso dos que provinham das vilas paulistas[46] e da cidade do Rio de Janeiro aos primeiros núcleos mineradores.[47] Tratava-se de um percurso de grandes perigos, seja em sua via marítima (face à possibilidade de naufrágio e de ataque de piratas), seja no atravessar das serras (com seus precipícios

---

44 Ordens régias determinaram o fechamento do Caminho da Bahia em 1701; no ano seguinte, foi proibida a circulação, por essa via, de qualquer mercadoria que não fosse gado. Entretanto, tais interdições mostraram-se inaplicáveis e foram revogadas (ROMEIRO; BOTELHO (org.), 2003, p. 64).

45 "As evidências históricas indicam que tenha sido a bandeira de Fernão Dias a expedição da qual resultou a abertura do Caminho Velho […] entre 1674 e 1681 […]. Com a descoberta das primeiras reservas de ouro de aluvião […] o Caminho [Velho] logo se tornou uma via larga e movimentada, percorrida incessantemente […]" (ROMEIRO; BOTELHO (org.), 2003, p. 61).

46 São Paulo de Piratininga, Mogi, Jacareí, Taubaté, Pindamonhangaba e Guaratinguetá.

47 Ela requeria, no final do século XVII, em torno de 90 dias de viagem para os que partiam do Rio de Janeiro e 50 a 60 dias para os que saíam de São Paulo (POLLIG, 2012, p. 92).

ladeados por picadas estreitas e enlameadas, sobretudo nas épocas de chuva). Para os que viessem do Rio de Janeiro, era necessário seguir de barco pela Baía de Guanabara até Parati [48] e daí transpor a Serra do Mar [49] até a vila de Taubaté. A partir daí, os viajantes passavam pelo entroncamento da Garganta do Embaú,[50] local de convergência com a rota que vinha da vila de São Paulo. Era preciso então seguir através da Serra da Mantiqueira até à região de Minas.

O Caminho Geral do Sertão ou Caminho dos Currais, por sua vez, apresentava-se bem menos íngreme. Ele partia da capitania da Bahia, margeando em grande parte o rio São Francisco ou o rio Verde e entrando nas promissoras terras mineiras pela barra do rio das Velhas.[51] Ao longo desse percurso, existiam grandes fazendas de gado, aproveitando-se da abundância da água e de depósitos de sal (FURTADO, 2008, p. 23). Extensa e bem menos povoada por colonos do que as outras duas vias ao longo dos séculos XVIII e XIX, esta rota mostrava-se bastante atrativa para os que desejavam escapar das taxações.

Já o Caminho Novo foi inaugurado em 1702, menos de uma década após a descoberta de ouro no futuro território mineiro,[52] reduzindo o tempo de viagem de quem partia do Rio de Janeiro para cerca de 25 dias. Ele iniciava-se com duas rotas possíveis: seguindo através de engenhos e atravessando o rio Irajá, o viajante poderia continuar por via fluvial até o rio Iguaçu e dele até o Porto do Pilar, ou escolher ir diretamente a pé até este porto. Daí a estrada continuava pela Serra do Mar, atravessando os rios Paraíba do Sul e Paraibuna, como retratado na pintura de Benjamin Mary. Atingia-se então a Serra da Mantiqueira, prosseguindo-se pela localidade de Borda do Campo (atual Barbacena),[53] perto da nascente do rio das

48 Povoação elevada à categoria de vila em 1677 e à cidade em 1844.

49 Especificamente do trecho da Serra dos Órgãos, último segmento de montanhas da Serra do Mar.

50 Na divisa dos atuais municípios de Cruzeiro, estado de São Paulo e Passa Quatro, estado de Minas Gerais.

51 "[...] permanece nebulosa sua origem – se teria sido obra de exploradores paulistas que avançaram pelo sul ou, por outro, resultado do deslocamento de criadores de gado baianos e pernambucanos [...]. O mais provável é que ambas as ondas exploradoras e povoadoras tenham ocorrido simultaneamente. [...] O Caminho da Bahia era ainda o descaminho do ouro. [...] evitava-se o pagamento dos quintos, direitos de entrada, direitos de passagem e todos os outros tributos que pesavam sobre a população envolvida pela mineração" (ROMEIRO; BOTELHO (org.), 2003, p. 63).

52 Para sua abertura, "foi contratado o sertanista Garcia Rodrigues [Pais], filho de Fernão Dias e um dos participantes da bandeira de 1674-81. [...] Em 1700, após muitas dificuldades, o sertanista conseguiu concluir a picada para pedestres, passando então a aprimorá-la para que desse trânsito também para animais de carga, com objetivo de explorar o promissor privilégio de uso exclusivo da via" (ROMEIRO; BOTELHO (org.), 2003, p. 62).

53 Surgido na década de 1720, de forma diretamente associada à abertura do Caminho Novo. Elevado à categoria de vila em 1791 com a denominação de Barbacena. Tornou-se cidade em 1840. (BARBOSA, 1971, p. 62).

Mortes. Nesse ponto, a estrada bifurcava-se: era possível tanto ir para São João del Rei[54] como optar pela direção de Congonhas[55] e chegar em Vila Rica. Todo esse trajeto, ao longo do qual foram sendo criados vários núcleos populacionais até hoje existentes, ficou conhecido como Caminho do Ouro (POLLIG, 2012, p. 98-100; NOVAES, 2008, p. 61-62). A litografia de von Martius ilustra uma dessas vias, no atual município de Itabirito.[56]

Fig. 1 - Estrada na Serra do Mar. Benjamin Mary. 1834/1838.[57]

54 Surgido em torno de 1702; tornou-se vila em 1713 e cidade em 1838 (BARBOSA, 1971, p. 459).

55 Núcleo de devoção religiosa ao Bom Jesus, já apresentava dinamismo em torno de 1730, década em que foi criada a freguesia eclesiástica. Em termos administrativos, fazia parte de Vila Rica (Ouro Preto a partir de 1823). O município de Congonhas do Campo (hoje Congonhas) só foi criado em 1938 (BARBOSA, 1971, p. 134-135).

56 PREFEITURA DE ITABIRITO. Disponível em: https://itabirito.mg.gov.br/descubra-itabirito/historia/. Acesso em 20 fev. 2021: "Segundo o historiador mineiro Augusto de Lima Júnior, a chegada do Capitão-mor Luiz de Figueiredo Monterroio e de Francisco Homem Del Rey à região do Pico de Itaubyra (atual Pico de Itabirito), em 1709, deu início aos primeiros núcleos fixos de habitantes e a intensificação da extração de ouro no atual distrito-sede de Itabirito. As minas de Cata Branca e Córrego Seco, situadas na localidade de Arêdes, são parte deste período".

57 Sépia sobre papel azulado. Museu Imperial de Petrópolis. Disponível em: https://www.scielo.br/scielo.php?script=sci_arttext&pid=S0101-47142015000100133&lng=en&nrm=iso&tlng=en. Acesso em: 11 ago. 2020.

Fig. 2 - Montanhas auríferas em Cata-Branca na Província de Minas. Carl. F. P. von Martius. c. 1856.[58]

Mesmo com o surgimento de povoados ao longo dos caminhos, os desafios do transpasse das serras perduravam – os cavalos e as tropas de muares só conseguiam passar descarregados, equilibrando-se entre as paredes de rocha e os abismos. Devido a isso, foi preciso melhorar as condições de transporte, sendo aberta uma variante, cujas obras foram concluídas em 1725.[59] Ela iniciava-se no Cais dos Mineiros,[60] na cidade do Rio de Janeiro, passando pelo Porto Estrela[61] e daí atravessando os rios Inhomirim e Piabanha e a Serra da Estrela. Tal roteiro, além de permitir aos viajantes evitar os percalços da Serra do Mar, encurtava ainda mais a viagem (POLLIG, 2012, p. 102). Sobretudo após tais melhoramentos, o Caminho Novo tornou-se a via preferida para chegada a Minas, o que provocou, em paralelo, um decisivo enfraquecimento da influência dos paulistas sobre a região aurífera. Em 1836, a província de Minas abriu contrato para seu alargamento, a fim de favorecer a comercialização do café na Zona da Mata (GUIMARÃES, s. d.). Esse percurso inspirou vários artistas, com a criação de iconografias que obtiveram ampla divulgação, como as apresentadas a seguir.

58 Litografia a duas cores (preto e sépia) sobre papel. Instituto Moreira Salles. Disponível em: https://www.brasilianaiconografica.art.br/obras/19132/montis-auriferi-ad-cata-branca-in-prov-minarum. Acesso em: 11 ago. 2020.

59 Essa via recebeu a denominação oficial de Atalho do Caminho Novo, embora fosse mais conhecida como Caminho de Inhomirim, Caminho da Estrela (POLLIG, 2012, p. 102) e, ainda, Caminho do Proença, "por ter sido aberto pelo sargento-mor Bernardo Soares de Proença" (ROMEIRO; BOTELHO (org.), 2003, p. 62).

60 O Cais dos Mineiros era também conhecido como Cais de Brás de Pina, hoje um bairro carioca. Ficava na antiga propriedade do visconde de Brás de Pina, importante comerciante do século XVIII. "Antes dos sucessivos aterros, suas terras alcançavam a Baía de Guanabara", sendo inicialmente muito utilizado para "transporte de açúcar, aguardente e derivados das baleias". Desde o século XVIII, tornou-se ponto crucial do comércio com os produtos de Minas Gerais (SANTOS, 2019).

61 Situado junto às margens do rio Inhomirim, na atual cidade de Magé, no estado do Rio de Janeiro.

Em paralelo, várias outras alternativas surgiram para ligação de Minas a distintas regiões da Colônia e do Império.[62] Uma delas fora aberta ainda no século XVIII para ligar a capitania mineira ao Espírito Santo, passando pela bacia do Rio Doce: de Vila Rica e Mariana, e daí seguindo por Ponte Nova[63] até a Ilha de Vitória.[64] Pouco depois, em 1736, mais uma via, atravessando a região das Minas, ganhou endosso oficial. Tratava-se da Picada de Goiás, também conhecida como Caminho dos Diamantes. Esse trecho, que começou a ser percorrido em torno de 1707, partia de São João del Rei,[65] atravessava a Cordilheira do Espinhaço e o rio São Francisco e chegava no arraial do Tijuco, em Serro Frio, onde em 1729 haviam sido encontradas as famosas pedras.

Fig. 3 - Porto Estrela. Thomas Ender. 1817.[66]

62 Como o Caminho de Terra Firme (também conhecida como Rodeio ou ainda Caminho Novo do Tinguá), aberto por volta de 1750. Ele começava na cidade do Rio de Janeiro, passava pelo atual município de Japeri (na região metropolitana do Rio de Janeiro), e subia a serra do Tinguá, até chegar ao Caminho Novo (NOVAES, 2008, p. 63).

63 Em termos administrativos, o povoado de Ponte Nova tornou-se vila em 1857 e cidade em 1866.

64 Vitória, erguida em torno de 1551 com o nome de Vila Nova do Espírito Santo, tornou-se município em 1823, já com seu novo nome.

65 Elevado à vila em 1713 e à cidade em 1838.

66 Disponível em: http://photos.wikimapia.org/p/00/00/71/67/97_big.jpg. Acesso em: 11 ago. 2020.

Fig. 4 - Rio Inhomirim na Baía do Rio de Janeiro. Johann Moritz Rugendas. 1820-1825.[67]

Fig. 5 - Subida da Serra da Estrela. Thomas Ender. 1817-1818.[68]

67 Disponível em: https://pt.wikipedia.org/wiki/Ficheiro:Rugendas_-_Rio_Inhomirim.jpg. Acesso em: 11 ago. 2020.

68 Aquarela sobre lápis. Disponível em: http://enciclopedia.itaucultural.org.br/obra59969/auf-der-serra-della-estrella-na-serra-da-estrela. Acesso em: 11 ago. 2020.

Fig. 6 - Estrada da Serra da Estrela. Henrique Kopke Júnior. 1875.[69]

Havia ainda caminhos de ligação local, como o de Sabarabuçu, entre Vila Rica e a Vila de Sabará, além das vias clandestinas. Durante a época colonial, as autoridades tentaram, sem sucesso, proibir a abertura e a passagem por essas picadas, no intuito de evitar o contrabando. Porém, a constante desobediência aos preceitos régios, paradoxalmente, acabou por favorecer os interesses da Coroa, pois conduziu, ainda que indiretamente, à descoberta de grandes jazidas minerais (FONSECA, 2011, p. 140).[70]

As terras ao longo das estradas e caminhos ou eram consideradas áreas devolutas pertencentes à Metrópole, ou foram repartidas em grandes sesmarias e doadas a particulares. As cartas de sesmarias informavam o tamanho do terreno, mas sua demarcação era muito precária, pois estabelecida com base no nome de outros sesmeiros, arraiais, rios ou rotas terrestres mais conhecidas. À medida em que as caravanas de viajantes e negociantes iam aproximando-se de povoados e vilas, elas cruzavam uma periferia rural, por vezes repartida em pequenos sítios particulares. Quanto mais próximas das áreas urbanizadas, mais as sesmarias ou as terras em que foram desdobradas tornavam-se valiosas. Em torno da década de 1740, já não havia mais terrenos devolutos na região aurífera, e o preço dos lotes era muito alto. Isso impulsionou os habitantes mineiros a procurar novas

69 Fotografia. Acervo do Museu Imperial. Disponível em: http://tremdaserradoriodejaneiro.blogspot.com/2016/07/estrada-de-ferro-principe-do-grao-para.html. Acesso em: 11 ago. 2020.

70 A exemplo daquelas encontradas nas localidades de Campanha do Rio Verde, Paracatu e Minas Novas (FONSECA, 2011, 140).

áreas livres para ocupação, incentivando a ocupação dos "sertões", referência ao interior desconhecido e perigoso das terras coloniais e imperiais.

Sob uma perspectiva teológico-retórica, circulante desde o medievo, o sertão era identificado ao deserto e à floresta, lugares ameaçadores por abrigar, na Europa, cultos pagãos; já no Brasil eram tidos como locais de presença indígena e, pouco depois, de quilombos majoritariamente habitados por africanos e afrodescendentes, além de refúgio para outros grupos de fugitivos (FONSECA, 2011, p. 53). Dessa maneira, sob inspiração do ideário católico, independentemente do tipo de flora porventura nele existente, o "sertão" consistia em um território de limites moventes diretamente exposto ao Mal, devendo ser conquistado pela ação humana, mediada pela Graça divina preponderantemente ministrada pela Igreja.

Ao final do século XVII, as imensas extensões de terra ao norte do rio Grande (afluente do rio Paraná), onde os bandeirantes descobriram as primeiras jazidas de ouro, eram designadas como "Sertão dos Cataguases". O nome era de matriz tupi (*cá-ata-guá,* floresta espessa)[71] e servia para designar indígenas que pertenciam ao grupo tapuia, ocupantes do interior do Brasil (FONSECA, 2011, p. 62).[72] Aos poucos, os sertões foram sendo desdobrados: havia o Sertão da Farinha Podre, no atual Triângulo; o Sertão do São Francisco; o Sertão do Cuieté; o Sertão dos Arrepiados, no leste... Já aqueles que ocupavam os sertões ficaram conhecidos como geralistas (ESPÍNDOLA, 2009, p. 74).

Através das serras, com suas matas e rios, que ladeavam as estradas para Minas, e no interior dos sertões mineiros, foram inúmeras as sonoridades escutadas e descritas sob os mais variados qualificativos, de fascinantes a aterrorizantes, em associação tanto a elementos míticos como a minuciosas observações empíricas. Assim, por exemplo, manuscritos do século XVIII mencionavam um rumor subterrâneo naqueles lugares que se supunha conter veios minerais. Houve também relatos que, atualizando e conjugando crenças populares tradicionais, descreviam seres prodigiosos vivendo nos recônditos montanhosos, como guardiões das riquezas encobertas (ANDRADE, 2006, p. 189).

---

71 Cataguá - s. m. De caá, mato. tã, dur; guá, vale. Nome de uma tribo de Minas Gerais dando o pl. cataguás, cataguazes. (BUENO, Silveira: 1998, p. 98). BUENO, Silveira. Vocabulário Tupi-Guarani Português. Éfeta editora Ltda. São Paulo, 1998, 688 pgs.)

72 Conforme aprofundado no capítulo 2.

1.1. Sons das águas, do ar e da terra

Ao atravessarem as estradas, as caravanas escutavam e também produziam sonoridades próprias, algumas das quais na tentativa de esmaecer os temores da viagem:

> As altas árvores do mato, entre as quais transitávamos, estavam envoltas em sombras negras e frequentes vezes ali ressoavam estranhos sons de vozes noturnas, nunca antes percebidas; tudo se combinava para transportar-nos a um raro, tanto quanto singular, estado de alma. A condução da tropa, à noite, exige dupla atenção do tocador, a fim de que nenhum dos cargueiros se esconda e fique atrás da mataria. Os nossos companheiros, alegres paulistas, não deixavam de trocar chamados animadores e cantigas (SPIX; MARTIUS, 1976 [1824-1832], p. 105).

Peculiares sonoridades eram promovidas na prática da travessia dos rios, os quais constituíam-se, inclusive, em uma das principais referências para a cartografia das estradas (FONSECA, 2004):

> Mandamos que os cargueiros fossem tocados atrás de nós, até chegarmos a um lugar seco, junto ao qual nos esperava a canoa, e onde deviam ser embarcados pouco a pouco os homens e as bagagens. Os cargueiros foram então amarrados uns aos outros em longa fila e tocados ao rio, e seguiram a canoa, nadando, e o tocador procurava animá-los o tempo todo com um alto vozerio. Felizmente alcançou tudo a outra margem, e também em breve sossegávamos, vendo pouco a pouco chegar a bagagem a salvamento (SPIX; MARTIUS, 1976 [1824-1832], p. 158).

Assim, acompanhando os viajantes ou atravessando as estradas por conta própria, as tropas com mantimentos, com suas respectivas sonoridades, faziam-se ouvir. Essas caravanas de burros eram comumente divididas em lotes de animais, cada um dos quais conduzido por "tocador", que os dirigia por meio de gritos ou assobios (VIANA, 2011, p. 40). Já ao final do século XIX, porém, Ernest de Courcy observou uma prática bastante distinta, mas pouco usual: "O que me surpreende é o silêncio desses homens quando trabalham: nem um grito, nem um xingamento contra seus animais, frequentemente recalcitrantes; batem firme, mas sem abrir a boca" (DE COURCY, 1997 [1886], p. 69).

De forma simultânea, a natureza mineira produzia intensas reverberações acústicas, que não passaram desapercebidas aos letrados e viajantes. Na travessia das estradas e caminhos, um dos sons mais destacados nas anotações de viagem era o dos inúmeros cursos d'água, que "umas vezes correm mansos e serenos sobre espaçosas praias, outros se estreitam entre apertadas e alcantiladas serras com fragor e ruído; aqui desaparece à vista e não se vê mais rio, ali ressuscita ao longe e escumando com fúria" (COUTO, 1994 [1799], p. 54). As trilhas e caminhos que recortavam o território geralmente acompanhavam o curso de córregos e ribeiros, sendo muitas vezes necessário navegar por eles ou atravessá-los a vau (FURTADO, 2008, p. 24), como representado na imagem de Debret, a seguir reproduzida. Em muitas ocasiões, quando "a natureza inteira estava mergulhada nessa quietude que torna tão deliciosas as noites dos trópicos, [...] não se ouvia outro ruído além das águas batendo nos rochedos" (SAINT-HILAIRE, 2000 [1830-1851], p. 288).

Os sons dos rios entrecruzavam-se ao impacto sonoro provocado pelas quedas d'água. As cascatas, como a pintada por Rugendas, "mesmo [...] pequenas [e] a distância", podiam ser ouvidas "caindo sobre pedras" (POHL, 1976 [1823 e 1837], p. 405). Já as cachoeiras produziam "estrondo" (POHL, 1976 [1823 e 1837], p. 99)[73] antes de "precipitar[em]-se, sob os passos de nossas mulas, no abismo [...]" (DE COURCY, 1997 [1886], p. 71). E alternando-se a esse ressoar, também podia ser ouvido, descrevem Spix e Martius, "em diversos pontos [...] o estrondo de águas subterrâneas, que correm entre fendas e talhas de pedra, e finalmente aparecem embaixo, como frescas nascentes" (SPIX; MARTIUS, 1976 [1824-1832], p. 220). Enfim, em toda a parte das terras de Minas, as águas compunham "um espetáculo sonoro inesquecível" (FURTADO, 2008, p. 24).

Fig. 7 – *Passage d'une rivière guéable*. Thierry Frères. 1835.[74]

73 Cf. também SPIX; MARTIUS, 1976 [1824-1832], p. 168.

74 Disponível em: http://objdigital.bn.br/acervo_digital/div_iconografia/icon393053/icon393053_110.jpg. Acesso em: 12 ago. 2020.

Fig. 8 - Cachoeira de Ouro Preto. Johann Moritz Rugendas, 1824.[75]

Sons do vento também foram registrados em suas variantes. Dessa maneira, alguns textos citavam a temperança dos ares, como o de autoria de José Rodrigues Abreu, *Historiologia médica*, publicado entre 1733-1739 (DELVAUX, 2009, p. 180), ou o escrito por George Gardner, com sua menção ao "vento fresco de sudeste" (GARDNER, 1975 [1841], p. 182). Entretanto, a maioria dos relatos dos séculos XVIII e XIX mencionava tempestades acompanhadas por trovões, que não raramente surgiam de forma repentina:

> Em um dia sereno e calmo, a calma se aumenta, o ar de repente se tolda de grossas e escuras nuvens, rios muitas vezes funestos se despedem delas, a terra treme ao estampido dos trovões que, retumbando pelas serras o som deste, parece aumentar-se e prolongar-se muito mais; o céu se desentranha em águas e tudo isso passado, também tudo de repente serena, torna o sol a aparecer, os ares se mostram mais claros, puros e lavados e a natureza, que poucas horas antes parecia tocar já ao cabo, como que revivendo outra vez e respirando nova vida, se deixa ver mais risonha e alegre. As chuvas pela maior parte não são mansas e miúdas, porém grossas e que se precipitam com ruído e muitas vezes assim aturam dias inteiros e ainda semanas (COUTO, 1994 [1799], p. 56-57).

75 Nanquim e aquarela. Disponível em: http://enciclopedia.itaucultural.org.br/obra61531/cachoeira-de-ouro-preto. Acesso em: 11 ago. 2020.

Efetivamente, as tempestades impressionavam por sua intensidade:

> [...] pouco depois do amontoado de nuvens, formou-se terrível tempestade. Relâmpagos seguiam-se a relâmpagos, trovões retumbavam e a chuva caía em torrentes. Era tamanha sua violência, que deixou manchas vermelhas na pele dos malvestidos criados. Em vão procuraríamos aqui um teto protetor e tínhamos que deixar que a tempestade passasse. Com muito esforço conseguimos tocar os animais adiante apesar da fúria dos elementos. Um macaco preso à bagagem expressou o seu terror com um uivo medonho (POHL, 1976 [1823 e 1837], p. 90).[76]

A mudança do clima, com a queda de chuvas tão fortes, era parcialmente demarcada, em Minas, pela repartição das estações em dois períodos, um dos quais de estiagem, que se estendia de abril a setembro, e outro de águas, entre outubro e março, quando chegavam as procelas (FURTADO, 2008, p. 24), aliás bastante copiosas.[77]

Mas as expressões de maior variedade sonora deixadas por letrados e viajantes recaíam sobre os animais, com suas inúmeras menções ao alarido dos pássaros, dos sapos e rãs, dos mamíferos, dos insetos... (FURTADO, 2008, p. 21). Spix e Martius indicaram seu assombro, quase temeroso, diante da variedade sonora das "matas virgens tenebrosas das baixadas", onde era possível ouvir "os urros dos bandos de macacos, a contínua gritaria de inúmeros papagaios, melros e tucanos, as bicadas, que ressoam longe, dos pica-paus, os sons metálicos da araponga, os tons cheios de piprídeos, os chamados dos mutuns, dos jacus etc." (SPIX; MARTIUS, 1976 [1824-1832], p. 175). Dessa maneira, em seu conjunto, os animais emitiam uma "gritaria tão ensurdecedora", assegurou Saint-Hilaire, "que se podia compará-la ao ruído confuso produzido pela multidão no meio das maiores cidades" (SPIX; MARTIUS, 1976 [1824-1832], p. 330). A pluralidade dessa fauna, com suas sonoridades, despertou a atenção dos naturalistas pintores,[78] que nos deixaram imagens de grande beleza plástica, como as reproduzidas a seguir.

---

76 O autor retorna aos sons das tempestades às páginas 94 e 96. Além dele, as sonoridades das tempestades foram mencionadas por vários outros viajantes estrangeiros.

77 A repartição do clima nessas duas estações foi indicada também por COUTO, 1994 [1799], p. 56-57: "A força das águas e como contínuas é o mês de novembro e dezembro; em janeiro há, às vezes, um intervalo a que chamam o veranico; em fevereiro e março elas se vão fazendo mais raras e pouco a pouco se despedem; seguem-se os outros meses, que são os da seca, a qual se passa sem particularidade notável".

78 "É preciso esclarecer que os animais referidos adiante não são endêmicos a Minas, mas eram aí também encontrados, aos quais os habitantes poderiam recorrer *in loco*. É a isto que estamos denominando 'fauna silvestre mineira'." (SOUZA, 2008, p. 276).

Dessa maneira, a concepção de natureza delineada pela escuta das águas, dos ventos e trovões, assim como da fauna que habitava a região mineira, era a de uma alteridade sonora – "uma parte do mundo que aparecia inteiramente *outro*" – (CERTEAU, 1982a, p. 221), mas que podia ser aproximada e até reduzida ao *mesmo* europeizante pelos enquadramentos da audição e da visão, simultaneamente traduzidos em escrita. Uma alteridade "originária, passiva e insondável" (CERTEAU, 1982a, p. 175),[79] na qual "uma quebra do sentido e do tempo segue[-se] a chegada de uma 'cantoria', a dos selvagens ou da 'grande floresta'." (CERTEAU, 1982a, p. 234).

Fig. 9 - *Psittacus cyanogaster/Ptrittacus accipintrinus/Prittacus vinaceus.*
Jean Théodore Descourtilz, 1854.[80]

79 Em transcrição da frase completa: "A 'cultura' se elabora lá onde se constrói o poder de *fazer* a história e se opõe às regiões sociais que estabelece na inércia de uma espécie de 'Natureza' originária, passiva e insondável" (CERTEAU, 1982a, p. 175. Itálico do autor).

80 Cromolitografia. Disponível em: https://www.brasilianaiconografica.art.br/obras/18776/psittacus-cyanogaster-prittacus-accipitrinus-prittacus-vinaceus. Acesso em: 12 ago. 2020.

Fig. 10 - Dois macacos, macho e fêmea vistos em uma árvore.
Johan Moritz Rugendas, 1823.[81]

Tal alteridade provocava, ao menos inicialmente, um estranhamento, misto de admiração e temor. Assim, por um lado, a natureza era recoberta por atribuições elogiosas – Vieira Couto, por exemplo, a caracterizou como "faustosa", dotada de "maravilhosos fenômenos", apresentados "em um ponto majestoso e grande ao viajante" (COUTO, 1994 [1799], p. 54). Em contrapartida, eram muitos os receios pelo risco de morte que comportava – "ataque de cobras, animais selvagens e bandos armados, fome, sede, desorientação" (FURTADO, 2008, p. 27); um dos relatos descreveu que, por ocasião de tempestades, "[...] trovões eram seguidos dos aterrorizados gritos de mulheres e crianças" (POHL, 1976 [1823 e 1837], p. 94). Também o viajante George Gardner afirmou que "os relâmpagos eram extremamente vívidos e o ribombo dos trovões aterradoramente alto" (GARDNER, 1975 [1841], p. 199). Todo esse medo pode ser remetido, sobretudo, ao defrontar com um desconhecido até então inominável, que exigia um esforço de adequação semântica aos quadros do imaginário ocidental.

Não obstante, de forma conjunta ao estranhamento da alteridade, havia também a incitação à conquista, que mobilizou milhares de pessoas a deslocarem-se

81 Aquarela. Disponível em: http://search.ihf19.org.br:8080/xmlui/bitstream/handle/1357/120/AMP07.009.pdf. Acesso em: 12 ago. 2020.

até a região mineira, na expectativa de riquezas escondidas em meio ao rumor das águas, das tempestades e dos animais. O ser humano, nos tempos modernos, era considerado pela cultura letrada como dissociado do "meio natural", devendo sobre ele exercer seu domínio. Tal concepção, já apregoada por reformadores católicos e protestantes, foi apropriada pela racionalidade das Luzes, que dotava animais, plantas e minerais de uma objetividade material a serviço do projeto civilizatório.

1.2. Ventríloquos de Deus e do Mal

No âmbito de um imaginário de cunho teológico-retórico que vigorou, com diferentes reelaborações, entre as elites letradas de formação católica no Brasil pelo menos até as primeiras décadas do século XX, a natureza era entendida como uma manifestação do poder e dos desígnios divinos. Segundo tal concepção, coexistiriam dois livros escritos por Deus – o do universo visível, a natureza, e o das Escrituras, a Bíblia – cada um dos quais portador de um sentido literal manifesto e um sentido espiritual cifrado (HANSEN, 2006, p. 98).

Através dos elementos dispostos no universo visível, o ser humano poderia elevar-se, nos limites do entendimento de sua alma racional, até a compreensão da Salvação trazida por Cristo – premissa teológica sistematizada, entre tantos outros autores, por Tomás de Aquino, no século XIII. Apoiando-se em Aristóteles, o tomismo afirmava que o ser humano necessitava, para conhecer, partir de dados sensíveis, obtidos pelos sentidos externos; tal saber natural, quando orientado pela fé, não entraria em contradição com a Revelação (MASSIMI, 2005, p. 102). E tal adequação estaria assegurada pela adoção de uma língua sagrada universalizante, o latim, que deveria acompanhar a expansão da Igreja pelo Globo terrestre (FOUCAULT, 1999, p. 50).

Com a Reforma católica sistematizada pelo Concílio de Trento, no século XVI, a reflexão tomista foi revitalizada pela corrente teológica conhecida como Segunda Escolástica, também desenvolvida pelos jesuítas de Coimbra. Nessa reformulação, se as correspondências analógicas entre a natureza visível e a dimensão transcendente foram ratificadas como importantes à evangelização e à confissão de fé,[82] as diferenças entre ambas mostraram-se cruciais para a fixação político-religiosa de funções, prerrogativas e hierarquias, inclusive na relação metrópole-colônia.[83]

82 "[...] sob certas condições, o transcendente é assinalado por certos objetos e certas situações, mas essas situações, por sua vez, não revelam jamais a natureza divina que as visita. Ou, poder-se-ia dizer que elas *re-velam* essa natureza, isto é, anunciam que algo oculto existe além do que nelas é visto [...] há sempre um sinal manifesto de uma Coisa que, em si mesma, sem a mediação desse sinal, não se deixa ver" (PÉCORA, 2016, p. 113. Itálico do autor).

83 "A alegoria corresponde à necessidade que a Europa tem de pensar a América segundo seus

Parcela da estranheza das sonoridades da América portuguesa foi sendo incorporada ao imaginário europeu mediante uma admiração pelo inusitado-maravilhoso – expressão, embora imperfeita, de atributos da divindade.[84] Entretanto, os elementos paradisíacos da natureza estariam dispersos e desordenados, impedindo o livro da natureza de ser lido. A teologia da Segunda Escolástica havia sistematizado um duplo estado da natureza: o adâmico, de plenitude da Graça divina, e a condição decaída pelo pecado humano, estendida a toda criação (MASSIMI, 2005). Tal concepção ganhou sobrevida com a destruição provocada pelo terremoto de Lisboa, em 1755, pois muitos integrantes da elite lusitana interpretaram a catástrofe como um castigo da "ira divina", mesmo que os defensores de um reformismo ilustrado contestassem tais argumentos. Dessa maneira, para os inúmeros sujeitos que mantinham uma sensibilidade religiosa, a natureza assumia um papel "ventríloquo", enunciação quer do divino, quer do Mal.[85]

Efetivamente, a dimensão demoníaca também parecia fazer-se presente nas sonoridades da natureza mineira, como indicado na poesia de Joaquim José Lisboa sobre a Capitania:

> Supersticiosas velhas,
> Das que benzem do quebranto,
> Escondem-se ouvindo o canto
> D'ave chamada caumã.[86] [...]
> E dizem a outras tais,
> Que as caumãs e os besoiros
> Anunciam maus agoiros
> Quando se ouvem de manhã (LISBOA, 2002 [1804], p. 41).

próprios esquemas, de tornar conceitualmente definível aquilo que era e continua sendo a diferença, talvez a irredutibilidade americana, isto é, o fato de ter sempre algo a dizer à Europa – desde o primeiro desembarque de Colombo até hoje – que a Europa não sabe" (CALVINO, 2010, p. 24).

84 Tal perspectiva entremeava-se ao ideário iluminista, como descrito por John Luccock, que esteve na capitania de Minas em 1817: "não há bom católico, neste país, que corte uma banana transversalmente, porque seu miolo apresenta a figura de uma cruz" (LUCCOCK *apud* CASCUDO, 1956, p. 64). O autor reporta-se à obra LUCCOCK, John. *Notas sobre o Rio de Janeiro e partes meridionais do Brasil*. São Paulo: Martins, 1942. p. 31.

85 "Enquanto o tradutor fala por outro em seu próprio idioma, o ventríloquo projeta suas próprias palavras em um objeto" (INGOLD, 2012, p. 26).

86 Pássaro comumente denominado acauã. De acordo com LIMA, 2017, p. 143-144: "No *Dicionário do Folclore Brasileiro,* de Luís da Câmara Cascudo, acauã é o nome que recebia uma ave muito importante para o imaginário dos indígenas. Essa ave era investida de poderes transcendentais e seu canto era visto como o elo entre o homem e outras realidades. Ora concebida como perigosa, ora interpretada como uma protetora do ser humano, a ave acauã é um animal de fronteira, sendo consensual seu caráter mágico, de conduzir seus ouvintes para outras dimensões".

Desde o Medievo, subsistia a crença de que o diabo era capaz de possuir vários animais, sobretudo bodes, gatos, morcegos, corvos, corujas e sapos; também ratos, serpentes, caracóis e alguns insetos eram vistos como seres das trevas, que deveriam ser combatidos através de exorcismos (TEIXEIRA, 2017, p. 100). Bichos endemoninhados também supostamente apareceriam no Novo Mundo, em parte devido à dificuldade dos europeus em entender as cosmologias ameríndias, que postulavam a transmigração das almas dos mortos e do espírito dos xamãs para o corpo de animais. Nessa demonização da fauna, provocavam maior pavor os animais capazes de vocalizar sons próximos à fala humana, pois segundo a tradição cristã, apenas três classes de seres – anjos, humanos e demônios – seriam dotados do dom da palavra (TEIXEIRA, 2017, p. 101-102).[87] Por isso, a despeito do fascínio exercido pelos papagaios, a ponto da Colônia receber sua denominação,[88] havia também severas críticas.

Logo, as sonoridades sagrada e demoníaca, mediadas pela fauna, entrecruzavam-se nos caminhos de Minas: Spix e Martius descrevem como, em uma dessas travessias, paulistas que integravam a caravana "gracejavam sobre a possibilidade de encontros com alguma cobra venenosa no caminho, até que o mais velho dentre eles, com cara importante, declarou que isso seria impossível, porque ele, com uma oração diária a São Tomé, afastava todos esses bichos malignos" (SPIX; MARTIUS, 1976 [1824-1832]. p. 105).

Todavia, esta leitura religiosa passou gradualmente a conviver com um raciocínio laico, que buscava explicações racionais para os fenômenos naturais, como descrito por Richard Burton:

> Posso citar um estabelecimento de ensino, um colégio interno religioso, não muito distante de Londres, onde as filhas do século XIX aprendem que, na Véspera de Natal, todos os animais se ajoelham para rezar; que a trovoada é a voz de Deus – puro fetichismo – [...] Minha experiência conclui que, em matéria de fé ou crença – quer

87 Ainda de acordo com este autor, p. 102: "[...] como os mais supersticiosos ainda fariam o sinal da cruz na presença de aves muito linguarudas na segunda metade do século XVIII, não chega a causar surpresa que, no ano de 1792, um papagaio e um macaco tenham sido processados por heresia e mortos na fogueira em Miranda del Ebro, Espanha".

88 Sendo chamada de Terra dos Papagaios. Embora outras aves, como os mainás, os corvos, os pegas e os gaios também imitem a voz humana, a desenvoltura com que os papagaios assim procediam, os tornaram alvo de grande interesse (inclusive comercial), pois consistia na única maneira de alguém ouvir a reprodução da própria fala antes da invenção dos primeiros fonógrafos ao final do século XIX (TEIXEIRA, 2017, p. 91). Mainá é uma ave originária da Índia, de Mianmá e de outras regiões da Ásia. Informação disponível em: https://www.dicio.com.br/maina-2/. Acesso em: 15 abr. 2020. Pega, por sua vez, é uma ave da família dos corvídeos, de plumagem negra com reflexos metálicos. Informação disponível em: https://www.dicio.com.br/pega-2/. Acesso em: 15 abr. 2020.

> dizer, recebendo as afirmações em confiança – todas as nações são aproximadamente iguais, como o desenvolvimento da imaginação, do maravilhoso, permite que sejam. Entre os povos civilizados da Europa, é muito fácil observar princípios que, submetidos ao exame da razão, mostram-se idênticos aos que são mantidos pelos selvagens de Bonny River[89] (BURTON, 1976 [1869], p. 279).

Apresentava-se, com isso, um grande desafio à argúcia humana: transformar a natureza – e, com ela, as suas sonoridades – em espaço favorável ao projeto civilizatório. Afinal, nos trópicos do Oitocentos, clamor, lamúria, uivos, ainda marcavam a distância e a diferença em relação à civilização (LOZADA; DRUMMOND, 2015, p. 259).

1.3. Taxinomias do audível

A partir do final do século XVII, as concepções da Ilustração, capitaneadas pela Academia de Ciências de Lisboa e pelo Museu da Ajuda, foram paulatinamente introduzidas na América portuguesa. Norteado por um finalismo utilitário, tal ideário buscava racionalizar a exploração da natureza brasileira, substituindo produtos importados por similares coloniais, bem como descobrir novas fontes de riqueza no território, sob a premissa de que tais práticas favoreceriam a promoção do almejado estado de civilização nos trópicos. Com a vinda da Corte e a elevação do Brasil a Reino Unido, naturalistas estrangeiros foram admitidos no território americano, ao passo que eram criadas instituições científicas inspiradas no modelo francês, como o Jardim Botânico e o Museu Real.[90] Após a emancipação política e a instauração do Império, tais políticas perduraram.

O conhecimento e exploração da natureza encontravam-se a cargo da História Natural, ramo do saber científico que adquirira relevância na Idade Clássica. Grande parte dos estudiosos do período, protagonistas de uma tradição iluminista das viagens, criticava a literatura produzida acerca da natureza nas épocas precedentes, desqualificando o que consideravam como imprecisão dos métodos e imaginação fantasiosa de seus autores. Desde então, o objetivo era produzir uma catalogação minuciosa dos espécimes de fauna e flora encontrados no Brasil, com a constituição de coleções amplas e criteriosas, a serem analisadas em gabinetes.

89 Rio da Nigéria, na África.

90 "O Museu Real foi fundado pelo decreto de 06/06/1818, com a função de 'propagar os conhecimentos e estudos das ciências naturais no Reino do Brasil, que encerra em si milhares de objetos dignos de observação e exame e que podem ser empregados em benefício do comércio, da indústria e das artes'. Foi nomeado como seu primeiro diretor Frei José Batista da Costa Azevedo, franciscano e professor de botânica e zoologia da Academia Real Militar. [...] Com a República, o Museu passou a se chamar Museu Nacional" (CASA DE OSWALDO CRUZ / FIOCRUZ, s. d.).

Para tanto, deveriam recorrer não mais à identificação de semelhanças analógicas com o Sentido oculto da Providência, mas a práticas de observação e dissecação, que permitissem a descrição rigorosa e precisa dos elementos que compõem os corpos dos seres vivos e das funções a eles associadas. O propósito era estabelecer relações de igualdade e diferença entre tais elementos e funções, a seguir escalonados em uma classificação com distintos graus de complexidade, buscando-se ainda determinar o ponto de passagem de um elemento da posição anterior para o nível seguinte. Por essa lógica, o inventário minucioso de todos os elementos de cada espécime culminaria na formulação de taxinomias capazes de englobar toda a natureza –um enciclopedismo mediado pela razão e promotor de ciência (FOUCAULT, 1999; BRIZUELA, 2012, p. 73).[91] Um dos maiores expoentes desse esforço científico foi o francês Cuvier, inspirado, por sua vez, na classificação natural elaborada por Antoine-Laurent de Jussieu.[92] Daí a preocupação de vários viajantes (como Saint-Hilaire, Pohl, Bunbury, Spix e Martius, além de Burton, o mais alinhado com o romantismo entre eles) em indicar o gênero e a espécie dos animais descritos em seus livros, apropriando-se, para tanto, da antiga língua sagrada, o latim, tornada agora nomenclatura científica.

Muitos naturalistas que se dedicaram a conhecer a natureza das terras de Minas no decorrer do século XIX empenharam-se em adotar esse método, incluindo em suas descrições os aspectos relativos às sonoridades. Pode inclusive ser identificada uma tríplice caracterização das sonoridades animais por esses letrados. Na prática, aliás, esta poderia ser uma divisão quadripartite, pois vários desses estudiosos referiam-se ao "ruído" das águas (GARDNER, 1975 [1841], p. 186; SAINT-HILAIRE, 2000 [1830-1851], p. 169; 288) e dos animais (MAWE, 1978 [1812], p. 118) como aquém de qualquer classificação racional.[93]

A primeira classificação dessa taxinomia sonora, aplicada sobretudo às aves, recorria à seleção de léxicos próprios para essas vocalizações, numa particularização das espécies através dos sons por elas produzidos: o zumbido dos colibris, o arrulo das purpurinas, o grasnado dos anus e dos gaviões, o pio das perdizes e das maritacas, o cacarejo das siriemas, o palradar do melro. A sonoridade das cigarras foi descrita como cricrilar e chiar, enquanto os sapos coaxavam. No tocante aos mamíferos, havia o uivo do lobo, o urro dos macacos e das onças, embora o rugido fosse a sonoridade mais atribuída a esse animal (SPIX; MARTIUS, 1976 [1824-1832], p. 175-177; POHL, 1976 [1823 e 1837], p. 89-90;

91 Cf. BRIZUELA, 2012, p. 73: "A experiência produz informações sobre o mundo, mas é a razão que aprimora e estrutura esses dados, conferindo-lhes sentido".

92 Para uma síntese dos três parágrafos acima, ver também KURY, 1998.

93 A menção a ruídos ou barulhos pode ser entendida como expressão do mal-estar da sensibilidade ocidental "gerada pelo contato com o selvagem e o indomável" (BRIZUELA, 2012, p. 78).

365; BURTON, 1976 [1869], p. 85; 253; VASCONCELOS, 1994 [1807], p. 68; 74; SAINT-HILAIRE, 2000 [1830-1851], p. 169; 330; PEDRO II, 1957 [1881], p. 109.). Todo esse agregado refere-se, assim, ao "som" dos animais propriamente ditos, ou seja, "aqueles signos em que o barulho foi transformado pela cultura, os signos que dão sentido ao barulho" (BRIZUELA, 2012, p. 78).

Um segundo critério classificatório dos sons era sua associação metafórica às práticas humanas: havia o martelar do pica-pau, da araponga e do ferrador, o badalar da cotinga,[94] o chocalhar da cascavel (BUNBURY, 1981 [1835], p. 114; LISBOA, 2002 [1804], p. 40-41; SPIX; MARTIUS, 1976 [1824-1832], p. 175-177; BURTON, 1976 [1869], p. 253). Mas nada se comparava ao som emitido por um espécime de sapo que reproduzia o ruído da carne sendo assada: "Estando em Formigas, ou nos arredores, ouvi uma espécie de sapo, cuja voz imitava exatamente o ruído do espeto de assar carne. Nada é, em geral, mais variado que o coaxar dos sapos desse país, e estou persuadido de que um naturalista que se ocupasse da história dos répteis encontraria na Província de Minas grande número de espécies novas de anfíbios" (SAINT-HILAIRE, 2000 [1830-1851], p. 330).

Por fim, a terceira tipologia das sonoridades animais era estabelecida por sua aproximação às vocalizações humanas. Assim, os textos de época mencionam o assobio da perdiz e do sabiá, o berreiro dos macacos roncadores, a "fala" das araras e do tico-tico. Havia mesmo o entoar do corrixo, a tagarelice do joão de barro, ou o vozerio do papagaio e do periquito, bem como dos anus brancos (POHL, 1976 [1823 e 1837], p. 81; 95; VASCONCELOS, 1994 [1807], p. 73; SPIX; MARTIUS, 1976 [1824-1832], p. 174; LISBOA, 2002 [1804], p. 37; 41; BURTON, 1976 [1869], p. 115; 253). Numerosos registros mencionam gritos – do gaio,[95] da maritaca, da siriema, dos papagaios, dos tucanos, dos mocós[96] e dos macacos (VASCONCELOS, 1994 [1807], p. 74; GARDNER, 1975 [1841], p. 193; SAINT-HILAIRE, 2000 [1830-1851], p. 330; POHL, 1976 [1823 e 1837], p. 89-90; 365; BURTON, 1976 [1869], p. 50; 72; 253; SPIX; MARTIUS, 1976 [1824-1832], p. 164; 353; DE COURCY, 1997 [1886], p. 102). Aliás, os macacos apresentavam-se bastante ecléticos em termos de sonoridades: eles urravam, gritavam, assobiavam… (SPIX; MARTIUS, 1976 [1824-1832], p.175-177).

---

94 A cotinga é uma ave da família *Cotingidae*, também chamada de anambé, cf. CARVALHO; SAWAYA, 1952.

95 Nome comum a diversas aves da família dos corvídeos que vivem na Europa e na América do Norte. Informação disponível em: https://www.dicio.com.br/gaio/. Acesso em: 15 abr. 2020.

96 Mamífero roedor semelhante ao coelho, mas sem similaridade nas orelhas e na cauda, e de dimensões maiores. Informação disponível em: https://www.dicio.com.br/moco-3/. Acesso em: 15 abr. 2020.

Mais ainda: devido à polissemia do termo "canto", ele foi a vocalização mais atribuída a diferentes sonoridades animais, como as produzidas pelos papagaios, pelo sabiá, pelo bem-te-vi, pela rolinha, pelo caumã, pelo cardeal, pelo beija-flor, pela siriema e até pelas cigarras (VASCONCELOS, 1994 [1807], p. 72; LISBOA, 2002 [1804], p. 37-39; 4; BURTON, 1976 [1869], p. 170; POHL, 1976 [1823 e 1837], p. 365; SAINT-HILAIRE, 2000 [1830-1851], p. 241). Reprodução da fala humana e canto constituíam-se, por sua vez, em "voz", ou seja, em "línguas e sistemas" que "seria[m] a apropriação final da natureza pelo sujeito" (BRIZUELA, 2012, p. 78).

O reconhecimento dos animais através dos sons por eles emitidos auxiliava em sua captura e posterior emprego para diferentes fins. Uma de suas utilidades era medicinal, com o hábito de recurso à sua banha para tratamento de problemas respiratórios como asma, bronquite e secreção nos pulmões A gordura deveria ser ingerida junto a algum alimento, ou aplicada diretamente no local da dor ou da inflamação. Mas o maior emprego dos animais silvestres era para consumo alimentar, sendo a carne de algumas espécies muito apreciadas, com destaque ao tatu e à paca, ambos também abundantes na região e de captura relativamente fácil. Expressão desse contexto, um documento de meados do século XVIII descreveu que vida em Minas setecentista era um contínuo alimentar-se de "todo gênero de caças: antas, veados, macacos, quatis, onças, capivaras, cobras, lagartos, formigas e uns sapinhos que dão pelas árvores, e, outrossim, mais uns bichos muito alvos, que se criam em taquara e paus podres" (*apud* SOUZA, 2008, p. 278).[97]

Outro hábito era a caça para eliminar animais que danificavam colheitas, feriam ou matavam animais domésticos. O jacu era considerado um animal daninho por se alimentar das hortaliças; o lagarto teiú era caçado pela predação de ovos e filhotes de aves domésticas (PINTO; MATEUS; PIRES, 2012, p. 523-525). Não obstante, uma modalidade específica de caça associada diretamente aos sons era a praticada com fins comerciais, principalmente para captura de aves canoras (PINTO; MATEUS; PIRES, 2012, p. 523-525). Nesse contexto, Richard Burton percebeu a redução de populações de aves, devido à caça com objetivos alimentares e ao avanço da derrubada das matas para plantio e mesmo por uma incipiente urbanização nas áreas rurais. Mas os pesquisadores de sua expedição também caçavam, por diversão, alimento e pesquisa científica (LOZADA; DRUMMOND, 2015, p. 267).

A caçada por aves canoras poderia ter ainda um intuito mais específico: a produção de pássaros empalhados em processos de taxidermia, dispostos a seguir em aparelhos mecânicos que permitiam seu movimento mediante o acionamento de cordas. Em sua base, esse dispositivo continha uma caixa de música, dotada

97 O autor reporta-se ao Documento 6 do *Códice Costa Matoso*. Coordenação: Luciano Raposo de Almeida Figueiredo e Maria Verônica Campos. v.1. Belo Horizonte: Fundação João Pinheiro, 1999, p. 171.

de um delicado e complexo mecanismo de foles, no intuito de tentar reproduzir os trinados dos pássaros (MALTA, 2016, p. 2164). Com isso, não apenas as aves, mas também a réplica de suas sonoridades foi incorporada à gama de bens de consumo, numa relação direta com a dinâmica capitalista.

Muitas caçadas, inclusive várias daquelas conduzidas pelas expedições naturalistas do Oitocentos, eram realizadas com participação de indígenas (escravizados ou aldeados). Além de conhecerem bem a flora e a fauna tropicais, os ameríndios dominavam as técnicas de caça (como rastrear, imitar a voz dos animais...), o uso de armas mais silenciosas (o arco e a flecha) e a confecção de armadilhas (como o jirau)[98] (SOUZA, 2008, p. 277). Com o passar do tempo, a captura dos animais passou a ser também promovida por escravos africanos e seus descendentes. Uma iconografia de Debret registrou tal atuação, sendo a imagem acompanhada pela seguinte descrição:

> É principalmente na roça que se criam os negros destinados à profissão de caçadores. Aí, preparados desde a adolescência para acompanharem as tropas, ou simplesmente o seu senhor, nas longas e penosas viagens, andam sempre armados de um fuzil, tanto para a sua segurança pessoal como para conseguir víveres durante as paradas indispensáveis, no meio das florestas virgens.
>
> Esse gênero de vida torna-se uma paixão tão forte no negro da roça que ele já não aspira à liberdade senão para entrar na floresta como caçador profissional e entregar-se sem reservas à atração de uma tendência que beneficia ao mesmo tempo seus interesses.
>
> Livre então, e já sem temor do chicote, o direito de raciocinar faz dele um fornecedor tão astuto quanto o homem branco cujo gosto conhece; e, perfeitamente consciente do valor de uma peça fina misturada à caça trazida para a cidade, vai oferecê-la de preferência aos cozinheiros de uma casa rica, que lhe pague bem; aliando a inteligência à operosidade, ele torna assim sua profissão às vezes muito rendosa (*apud* SOUZA, 2008, p. 278-279).[99]

Édouard Riou, ilustrador de vários livros de Júlio Verne, desenhou, por sua vez, com base nos croquis de François Biard, aspectos de uma fauna minúscula, mas de violenta reação à presença humana. Biard percorreu as terras fronteiriças

98 Espécie esteira, que suporta grande peso, cercada de estacas, formando um estrado ou plataforma. Era disposta de forma inclinada em cachoeiras e em rios com correntezas em descida. Quando a correnteza conduzia os peixes para a esteira, as estacas os impediam de sair.

99 O autor reporta-se à obra DEBRET, Jean Baptiste. *Viagem pitoresca e histórica ao Brasil.* Belo Horizonte/São Paulo: Itatiaia/Edusp, 1978, t.I. p.240s.

da Província do Espirito Santo com Minas Gerais, deixando por escrito o relato dessa perseguição em que a fauna, costumeiramente caça, virara caçadora...:

> Um dia eu estava pintando um tronco de árvore que os cipós envolviam como arcos de barril. [...] entregue ao trabalho, comecei a ver insetos e lagartixas passando perto de mim e se movendo na mesma direção; lá atrás ouvia gritos de aves que se aproximavam imperceptivelmente. Meu primeiro pensamento foi terminar logo meu estudo, pois só podia ser uma tempestade que estava se formando e, como tinha cerca de uma légua para caminhar, preparava-me para sair dali, quando, subitamente, me vi envolvido dos pés à cabeça por uma legião de formigas. Só tive tempo de me levantar, derrubando tudo o que continha minha caixa de cores, e de fugir em desabalada carreira, fazendo todos os esforços possíveis para me livrar de minhas inimigas. Quanto aos objetos que largara no chão, nem sonhar em procurá-los [...] (BIARD, 1868).[100]

Fig. 11 - *Nègres chasseurs rentrant en ville/Le retour des nègres d'un naturaliste.* **Jean-Baptiste Debret, 1835.**[101]

100 O texto de foi transcrito no site ESTAÇÃO CAPIXABA. Disponível em: http://www.estacaocapixaba.com.br/2016/02/a-floresta-virgem.html. Acesso em: 20 fev. 2021. Ele foi retirado da obra BIARD, Auguste-François. *Viagem à província do Espírito Santo*. (*Deux années au Brésil* - III Province d'Espirito Santo, Tradução de José Augusto Carvalho) Vitória: Cultural-ES; Aracruz Celulose; Fundação Jônice Tristão, s/d.

101 Litografia. Disponível em: https://bdlb.bn.gov.br/acervo/handle/20.500.12156.3/30018. Acesso em: 11 ago. 2020.

Fig. 12 - *Présages d'une invasion de fourmis*. Édouard Riou, 1861.[102]

Todavia, nem todos os viajantes e letrados adotavam por completo uma estrita objetividade classificatória. Aliás, vários pensadores iluministas não se restringiam às premissas da analítica cartesiana, atentando também a sensações e a sentimentos que viessem a interagir no processo de escuta. Um deles foi Claude Perrault, versátil erudito, que dominava saberes medicinais, zoológicos e era muito interessado nas questões do som. Em seu tratado *Sobre o ruído*,[103] editado em uma coletânea de textos em 1680, ele desenvolveu uma concepção de que o corpo animal não era apenas uma máquina, como Descartes tinha pressuposto, mas um organismo auto-geracional. Também Duverney, professor de anatomia, publicou em 1683 o *Tratado do órgão da audição*,[104] no qual igualmente divergia de Descartes: segundo ele, um som (como o zumbido, por exemplo) poderia ser ao mesmo tempo "verdadeiro" (pois um sujeito teria a impressão de escutá-lo) e não existente (por ser um efeito de percepção interno à pessoa, não se encontrando no ambiente externo a ela).

102 *Le Tour du Monde*, v. 4 Disponível em :

https://fr.wikisource.org/wiki/Voyage_au_Br%C3%A9sil/03#/media/Fichier:Le_Tour_du_monde-04-p035.jpg. Acesso em 12 ago. 2020.

103 No original: *Du Bruit*. Este texto estava inicialmente inserido na coletânea *Essais de physique*, de 1680, tendo passado desapercebido a historiadores e musicólogos, mesmo após a virada cultural iniciada na década 1970 (ERLMANN, 2014, p. 71).

104 No original: *Traité de l'organe de l'ouïe.*

Esses dois autores, a despeito das particularidades contidas em suas reflexões, compartilhavam a concepção de que o corpo (nele incluídos os órgãos da audição) seria dotado de sentidos interiores (como a memória, a fruição...), os quais seriam capazes de produzir pensamentos; por sua vez, tais ideias, geralmente embaralhadas ou confusas (ou seja, sem uma ordenação clara e distinta), não seriam errôneas. Ambos assim postulavam a existência de uma realidade subjetiva e apreensível pela escuta (ERLMANN, 2014, p. 69-83).

No âmbito dessa busca por metodologias diferenciadas para entendimento do sonoro, destacam-se os estudos realizados nos anos 1820-1830 por Hercule Florence, no decorrer da expedição Langsdorff (1819-1828), em sua passagem por Minas Gerais. Esse fotógrafo, desenhista, tipógrafo e naturalista francês considerava que a catalogação visual da natureza, comumente praticada por desenhistas e pintores que acompanhavam as expedições científicas, não conseguia ultrapassar representações que se repetiam de forma exaustiva e entediante, assim como o eram as experiências às quais se reportavam (BRIZUELA, 2012, p. 72).[105] Florence então organizou as anotações que fizera ao longo da viagem sobre os sons dos animais em um manuscrito singular, que teve três versões. A última foi finalizada em 1831, com o título *Pesquisas sobre a voz dos animais ou Ensaio de um novo objeto de estudos oferecido aos amigos da natureza.*[106] Sua proposta era de representar graficamente os sons da fauna por meio de notas musicais.

Em outros textos, Florence denominou o domínio de saber dedicado aos sons dos animais como "zoofonologia" e "zoofonia" (FERREIRA, 2014, p. 157). Segundo ele, tal investigação "ofereceria alguma coisa de mais agradável e mais apropriada a excitar a curiosidade, pois da mesma maneira que a mineralogia é um estudo da natureza passiva [e] a zoologia é um estudo da natureza ativa, esse seria um estudo da natureza falante" (*apud* FERREIRA, 2014, p. 157).[107] Dessa maneira, o que Florence propunha não era somente a constituição de um subcampo da biologia, disciplina em processo de formação, o qual seria dedicado à investigação do comportamento vocal dos animais e sua associação à compleição orgânica. Ele esboçava um saber que, voltado ao reconhecimento desses sons por semelhanças de timbre e pela origem da emissão, não apenas viabilizasse a ampliação do conhecimento do repertório sonoro da fauna brasileira (num projeto indissociável da demarcação identitária da nação) como, sobretudo, tornasse "a

105 Segundo a autora, em seu diário de viagem, Florence escreveu: "Ver um povoado do Brasil, é vê-los quase todos"; "O horizonte é limitado" etc.

106 No original: *Recherches sur la voix des animaux ou Essai d'un nouveau sujet d'études offert aux amis de la nature.*

107 O autor reportou-se à obra de Hercule Florence, *Mémoire sur la possibilité de décrire les sons et les articulations de la voix des animaux.*

natureza audível a fim de lhe devolver o poder da vida" (CATUNDA, 1998, p. 119-120; BRIZUELA, 2012, p. 79).

O emprego da zoofonia acabou por ficar concentrado nos trabalhos de Florence, e mesmo este autor concluiu que a notação musical não conseguia abarcar a pluralidade sonora da fauna.[108] Nem por isso, as tentativas de entrecruzamento entre ciência e sensibilidade artística foram abandonadas por viajantes e naturalistas. Uma metáfora bastante expressiva desse trânsito foi promovida através de analogias com a música:

> Nem nos devemos esquecer, ao noticiarmos as 'harmonias naturais' daqueles palácios de verdura, a música dos 'sapos cantores' nos brejos, e os concertos de rãs, realizados na água e na grama, e em cada árvore caída. À distância é um recitativo constante, com baixos trêmulos, interrompidos, às vezes, por uma passagem em *staccato*, que se parece com o grito de uma criança, o ladrido de um cão ou a pancada no malho na bigorna (BURTON, 1976 [1869], p. 253).

1.4. Vibrações pitorescas e sublimes

Abordagens como as descritas nos parágrafos acima coadunavam-se, por sua vez, com a nova maneira de interpretação das sonoridades da natureza, de cunho romântico, que foi sendo esboçada no Brasil a partir da década de 1830. Delineava-se, assim, na Europa, desde o final do século XVIII, uma mudança de sensibilidade entre os grupos letrados, pela qual as denúncias dos "males da civilização" começaram a ser veiculadas de forma quase simultânea aos elogios que lhe foram dedicados. Tais críticas nutriam-se da imaginação de um passado perdido, diante da ênfase direcionada ao futuro pela episteme racionalista; o progresso, portanto, passava a ser tido como ameaçador, pois implicava no desaparecimento dos antigos costumes, na perda de valores a que muitos se sentiam profundamente apegados. Como exemplo, boa parte da obra de Jean-Jacques Rousseau, com seu pessimismo em relação à civilização,[109] era acompanhada pelo postulado de uma natureza originalmente pura, mas que poderia ser corrompida pela cultura (DUARTE, 2004a; FAVERO, 2012).

Nesse mesmo processo, o ideário romântico revitalizou o imaginário edênico acerca da natureza americana, circulante desde os primeiros tempos coloniais. Seu repertório fora elaborado com as narrativas epistolares que descreviam a

108 Cf. BRIZUELA, 2012, p. 79: "O barulho pode ser descrito em palavras, por meio da abordagem comparativa, mas parece haver dificuldade em transferi-lo para uma representação simbólica – o processo que o domaria de forma definitiva".

109 A despeito desse filósofo francês defender muitas concepções de cunho iluminista.

chegada portuguesa ao continente,[110] passando pelos escritos de cronistas dos séculos XVI e XVII[111] e abarcando também relatos históricos produzidos no século XVIII.[112] Repetia-se, assim, o *topos* literário de figuração onírica do espaço, uma geografia das maravilhas (FURTADO, 2008, p. 21), que incluía a boa disposição e a longevidade dos naturais do lugar, a excelência das águas, a vegetação sempre verde... E com o estabelecimento do Reino Unido e a emancipação política do Império brasileiro, a grandeza geográfica e a abundância das riquezas naturais foram projetadas para o futuro, justificando a criação de uma nação-potência, protagonista da implantação de uma civilização nos trópicos (CARVALHO, 1998, p. 9). Assim, por exemplo, o literato romântico Gonçalves Dias, ao compor no ano de 1843, em Coimbra, a famosa *Canção do Exílio* (que inclusive teve estrofes futuramente transplantadas para o Hino Nacional),[113] referiu-se ao país como uma "terra de palmeiras, onde canta o sabiá", enquanto as aves de Portugal não seriam tão canoras. Este trecho, empregado como uma espécie de refrão do poema, evoca sonoramente, através da memória, o desejo e o orgulho do pertencimento nacional. Também o compositor Carlos Gomes, em trecho da ópera *O Escravo*,[114] apresentada no Brasil em 1889,[115] utiliza sonoridades associadas ao canto do sabiá para evocar a nacionalidade brasileira; a remissão ao trinado desse pássaro também se faz presente "na obra de diversos compositores do período, como por exemplo em *Alvorada na Serra* (1891), de Nepomuceno" (SANTOS, 2015, p. 77).

Tal prática auditiva amparava-se na legitimação de um novo campo de conhecimento, conhecido como Filosofia da Natureza (*Naturphilosophie*), que teve em Friedrich von Schelling um de seus maiores idealizadores. Um dos aspectos particularmente, por esse saber era a dimensão de totalidade, o que conduziu a um deslocamento do enfoque – mais do que acústicas singulares, tão importantes para a taxinomia da Ilustração, buscava-se apreender o conjunto dos sons que reverberavam em um dado espaço, como o encontro sonoro das águas com a floresta.

Esta concepção também postulava ser cabível entrecruzar a empiria da observação, o esforço classificatório do mundo e as dimensões de sensibilidade e afeto, capazes de captar mistérios insondáveis aos sistemas de medida e análise. Logo,

110 Como na carta de Pero Vaz de Caminha, de 1500.

111 Como em Gândavo (*História da Província de Santa Cruz*, 1576) e em padre Simão de Vasconcelos (*Notícias Antecedentes, Curiosas e Necessárias das Cousas do Brasil,* de 1668).

112 Como em Rocha Pita (*História da América Portuguesa desde o ano de 1500 do seu descobrimento até ao de 1724*, de 1730). Tais referências bibliográficas e a análise que as acompanha encontram-se em CARVALHO, 1998.

113 Este Hino, republicano, teve sua letra composta por Osório Duque-Estrada.

114 No original: *Lo Schiavo.* No *intermezzo* Alvorada, prelúdio do ato IV.

115 Esta ópera é abordada no capítulo 2.

para aceder-se à almejada comunhão com a vida íntima da natureza, o estudioso deveria dispor de uma acuidade penetrante, a ser articulada com o raciocínio.

O enlace entre os seres e mesmo com a totalidade do mundo criado comportava ainda uma sucessão temporal, um "evolucionismo romântico": considerava-se que as totalidades estavam em constante fluxo, em um esforço de sustentação de seu impulso vital originário. Assim, elas deslocavam-se de patamares mais singelos, indiferenciados ou brutos para dimensões mais complexas, sutis, diferenciadas ou elaboradas. A emergência da Vida era concebida como patamar superior da matéria bruta, sendo o Espírito o coroamento supremo da existência (DUARTE, 2004a).[116]

Toda essa unidade orgânica e geracional, por sua vez, possuía nas sonoridades da natureza canais de mediação.[117] Nessa perspectiva, eram atribuídos traços de caráter aos animais através dos sons: "Os sons da natureza têm o poder de designar e revelar os traços de caráter dos seres que os produzem – e também dos lugares onde esses seres se encontram. O som, portanto, introduz um caráter na natureza e ajuda na configuração da paisagem; territórios estáticos ganham vida, sentimentos e emoção" (BRIZUELA, 2012, p. 79). Dessa maneira, segundo viajantes e naturalistas que atravessaram as terras de Minas do final do XVIII ao longo do XIX, o brado do joão-de-pau seria "angustioso, quase humano, logo que avista gente" (SPIX; MARTIUS, 1976 [1824-1832], p. 176); o canto matinal indicava o estado do "alegre cardeal" (BURTON, 1976 [1869], p. 170; 195); a árvore casuarina hospedaria "a importuna, monótona cigarra, as alegres mendigas, cujo cricrilar incessante abafa o som das vozes (BURTON, 1976 [1869], p. 85). Tal recurso fez-se também presente na poesia: José Lisboa, em 1804, descrevia a "pomba triste, dizendo que *só ficou*" (LISBOA, 2002 [1804], p. 38. Itálico do autor).

A inclusão da percepção e também da intuição na produção do conhecimento da natureza mostrou-se indissociável, por sua vez, à adoção de novas formas de narrar – a experiência estética tornou-se critério legítimo e mesmo necessário ao estudo do meio natural (KURY, 1998). Em desdobramento, tal estetização recorreu à noção de símbolo, igualmente formulada no bojo do pensamento romântico: até o Renascimento não distinto da alegoria, o símbolo torna-se referência de um real, sua significação direta e imediata.[118]

---

116 Esta concepção embasava-se no entendimento da natureza a partir da ideia grega de *phýsis*, um movimento contínuo de nascimento e perecimento. Nessa via, não somente os animais e as plantas, mas os minerais, as águas, os astros, enfim, tudo no cosmos participa da vida, cf. SOUZA, 2010.

117 Aliás, para Schelling, a música consistia no "ritmo prototípico da própria natureza" e a sonoridade manteria forte paralelo com o magnetismo, categoria física que, segundo a Filosofia da Natureza, define o primeiro momento de construção da matéria (BARROS, 2010, p. 206).

118 Assim, por exemplo, na sociedade brasileira, majoritariamente vinculada à cultura ocidental e católica, a cruz indubitavelmente representaria o cristianismo.

O processo de estetização da natureza apoiou-se sobretudo na reformulação da concepção de paisagem, relevante no campo artístico desde a Renascença,[119] apropriada pelo naturalismo inglês do século XVII[120] e que ganhou novos significados com o romantismo: ela passou a ser tida como síntese das conexões entre a natureza, a cultura e a subjetividade humana (VITTE, 2007, p. 74). Tal afirmação era defendida, por exemplo, por Alexander von Humboldt, que agregava, em seus escritos, a observação das propriedades físicas ao esforço de expressão da "imagem refletida na imaginação e no pensamento" (HUMBOLDT *apud* RICOTTA, 2000, p. 98).[121] Humboldt, por sua vez, era tido como referência para diversos naturalistas-artistas que viajaram para Minas, como Johann Moritz Rugendas, Thomas Ender e Carl von Martius (MATTOS, 2004, p. 163).[122]

No âmbito do pensamento romântico, a paisagem silvestre do Brasil simbolizaria a nação imperial nos trópicos nos trópicos, estando associada, inclusive no campo sonoro, a duas estéticas. A primeira era a do pitoresco, que entrou em voga ao final do século XVII para designar o processo de educação da natureza sem destruição de sua "espontaneidade". O pitoresco contrastaria com o belo, pois enquanto este possuiria as qualidades de regularidade e suavidade, o pitoresco incluiria o diferente, o especial, até o exótico (FAVERO, 2012). Contudo, ao incluir tais diversidades, o fazia de forma a torná-las uma agradável variedade, produzindo uma certa concórdia entre os elementos naturais, a culminar na idealização de paisagens exemplares. Narrativas que mencionam as sonoridades da natureza, formuladas por viajantes que transitavam por Minas no Oitocentos, podem ser aproximadas dessa estética do pitoresco, como a de Richard Burton:

---

119 O termo paisagem, empregado desde a Antiguidade, torna-se relevante na cultura ocidental com o Renascimento, quando se associa à concepção de espaço estendido pela via da perspectiva, profundidade e terceira dimensão. A pintura renascentista de paisagens embasava-se em duas concepções metafísicas: enquanto a maior parte dos artistas italianos recorria à concepção neoplatônica, segundo a qual o olho humano tornava o mundo visível pela emanação de sua luz, ou seja, o ponto de vista do pintor serviria como medida para a representação do espaço, os holandeses reportavam-se à noção, reforçada pelas descobertas da ótica de Kepler, de que a visão captava a imagem das coisas, de maneira independente dos afetos e entendimentos daquele que iria representá-lo. Todavia, em paralelo às novas teorias óticas, a invenção do telescópio e do microscópio, na passagem do século XVI para o XVII, a separação entre o observador e o mundo foi sendo embaralhada, assim como a rígida distinção entre arte e natureza: "Foi definida uma nova arquitetura do mundo, em que o olho não está mais fora do mundo, mas no meio dele" (VITTE, 2007, p. 73).

120 O naturalismo inglês valorizou a representação da vida campestre, considerada, de forma similar a Rousseau, como um corretivo moral contra os desvios da Corte e da cidade (CARVALHO, 2009, p. 140-141).

121 Expressão retirada do livro de Humboldt intitulado *Ansichten der Natur* [*Quadros da Natureza*]. Nördlingen: Greno Franz, 1986. Tradução da autora.

122 Algumas produções artísticas desses naturalistas foram reproduzidas neste livro.

> Os poderosos ramos ostentam os bem feitos ninhos de barro do *furnarius*, aqui chamado joão-de-barro [...] Esses pássaros, de um amarelo avermelhado, costumam divertir os viajantes. Sentia-me em sociedade quando os via pousando na estrada na minha frente, sem dúvida alguma para chamar minha atenção, e tagarelando à sua moda, talvez com a esperança de uma resposta. Nesse caso, certamente não precisamos perguntar a J. J. Rousseau se as aves conversam ou não (BURTON, 1976 [1869], p. 115).[123]

Junto aos animais, os cursos d'água, margeados pela vegetação, poderiam propiciar outras tantas cenas pitorescas, quase idílicas, como descrito por Spix e Martius:

> Nesta chamada Ponte Nova por onde se tem que passar no caminho de São Paulo para as principais cidades de Minas e Goiás [...]. O rio que aqui não tem ainda mais de cinco toesas (10 metros) de largura, passa num alto leito de rocha, cercada toda em volta pelos mais lindos campos e colinas, e forma aqui um salto muito grande, cujo estrondo repercute ao longe, no vale. Diretamente em cima do salto, está uma ponte de madeira, que com o tumultuar das águas embevecidas, ameaça ruína continuamente (SPIX; MARTIUS, 1976 [1824-1832], p. 168).

Contudo, é preciso considerar que a legitimação do exotismo sonoro, vinculada ao pitoresco, não foi rapidamente assimilável pela escuta "civilizada" (europeia ou americana), fosse sob matrizes românticas ou outros padrões culturais.

> Paradeiros distantes do mundo ocidental, terras recém-descobertas por navegantes europeus ou povos de costumes estranhos sempre receberam o predicado de 'exótico', designando aquilo, portanto, que não se conhecia. Mas será que a respectiva semântica do termo 'exótico', de etimologia ligada à visão – *ex-optica*, 'do ponto de vista' –, também inclui o parâmetro sonoro? Mais justificado seria, sem dúvida, falar em 'pontos de escuta' (*ex-acustica*) quando se quer definir o som dos trópicos. Este, no entanto, tardou para chegar à Europa. De fato, a audição foi o último dos cinco sentidos do habitante europeu a experimentar o universo sensório tropical. Quando voltavam para os seus países de origem, viajantes dos trópicos carregavam consigo objetos curiosos, imagens, desenhos – mais tarde fotografias – de regiões distantes, relatos de itinerá-

123 O livro de Richard Burton contém vários relatos de sonoridades que podem ser interligados à estética do pitoresco, como à p. 50, sobre os sons emitidos pelos tucanos, e à p. 51-52, sobre o silêncio dos anuns pretos, devido ao calor do meio do dia.

rios fantásticos, odores, sabores e mesmo material que propunha tatos novos, mas nunca os respectivos sons. Para que isso pudesse acontecer, foi necessário uma invenção tecnológica de conservação de elementos do universo 'ex-acústico': o fonógrafo de Edison em 1877 (PINTO, 2008, p. 100).

Outra alternativa para essa escuta da natureza pitoresca era sua tradução mediante execuções musicais, com destaque às composições de cunho nacionalista que incorporavam sonoridades do espaço tropical brasileiro[124].

O pitoresco romântico, por sua vez, contrapunha-se ao sublime, estética sintetizada, sobretudo, no livro de Edmund Burke, *Investigação filosófica sobre a origem de nossas ideias sobre o sublime e o belo,* de 1757.[125] Para este autor, o sublime seria a manifestação de algo que ultrapassa limites tidos como "razoáveis", elevando-se a um âmbito para além da compreensão. Esse máximo causa um abalo de tal intensidade, que provoca simultaneamente deleite e horror.[126] Dessa maneira, para Burke, enquanto o belo pacificava, o sublime contraía o corpo e proporcionava à mente as sensações mais fortes que ela poderia sentir (MARTINS, 2017, p. 28-29); por sua vez, enquanto o pitoresco associava-se a ambientes de pequeno tamanho ou paisagens que emanavam uma mescla de bem-estar e discreta curiosidade, o sublime vinculava-se à grandeza, à potência e ao terror. O estar frente ao imenso (quer seja da Transcendência, quer da própria Natureza) despertava, assim, o sentimento de pequenez e insignificância do humano (FAVERO, 2012, p. 208). Imbuído dessa estética do sublime, o som da natureza, reverberando nas matas, parecia a Ernest de Courty "imponente e esplêndido" (DE COURCY, 1997 [1886], p. 71). Portando à mesma sensibilidade, assim expressa-se Emanuel Pohl:

> De todos os lados se armavam tempestades e, enquanto tiravam a sela de nosso cavalo, desabou a procela. Relampejava e trovejava de todos os lados. Umas seis ou oito tempestades se desencadeavam simultaneamente. Relâmpagos quase ininterruptos mantinham a região em iluminação contínua, fantástica e horrível. [...] Desde então, nada vi que se lhe assemelhasse (POHL, 1976 [1823 e 1837], p. 100).

---

124 Como por exemplo a peça *Martelo*, segundo movimento da peça da *Bachianas Brasileiras n. 5* de Villa-Lobos.

125 No original, *A Philosophical Enquiry into the origin of our ideas of the sublime and beautiful.*

126 Segundo Seligmann-Silva, o sublime é "uma manifestação do real como princípio de morte que nos abala de tal modo que perdemos a capacidade de criar conceitos. [...] Ao invés do campo das ideias claras e distintas, a estética do sublime privilegia o campo dos órgãos dos sentidos, que é do obscuro e das ideias confusas" (SELIGMANN-SILVA, 2005, p. 34).

Talvez nada expresse melhor a experiência romântica da sublimidade da natureza e a pequenez do humano do que, paradoxalmente, a escuta do silêncio. Na sociedade ocidental dos tempos modernos, embora perdurasse em grande parte um imaginário religioso, o Sentido relativo à vivência no mundo tornava-se progressivamente indecifrável ou reformulado em contornos laicizados (CERTEAU, 1982b, p. 9; CORBIN, 2019, p. 125). Em paralelo, verificou-se um entrelaçamento entre a preponderância da escrita, ocorrida a partir do século XV, e o primado do visual; um forte enlace entre o enunciável e o visível. De forma concomitante, indica Foucault, a escuta foi sendo subordinada ao ver:[127]

> [...] um campo novo de visibilidade que se constituiu em toda a sua espessura. Exclusão, sem dúvida, de ouvir-dizer; mas exclusão também do gosto e do sabor, porque com sua incerteza, com sua variabilidade, não permitem uma análise em elementos distintos que seja universalmente aceitável. Limitação muito estreita do tato na designação de algumas oposições bastante evidentes (como as do liso e do rugoso); privilégio quase exclusivo da vista, que é o sentido da evidência e da extensão [...] (FOUCAULT, 1999, p. 181-182).

O relegar da voz humana a uma interioridade existencial foi acompanhada pela multiplicação dos sons cotidianos, posteriormente acrescidos com aqueles vinculados à industrialização.[128] Foi nesse contexto que a redescoberta do silêncio na natureza mostrou-se norteadora de um estar no mundo de viés mais contemplativo e menos demiúrgico – um contraponto, ainda que circunscrito, ao ideário do progresso já hegemônico no decorrer do século XIX:

> Embora fatigante para os animais, para mim esta jornada foi em extremo excitante e deliciosa: toda região que percorrermos durante quase dois dias era um vasto jardim de flores, no meio do qual, 'como criança em festa', eu não sabia que objeto agarrar primeiro, pois cada coisa não só para mim era nova, como cada qual mais bela ou mais curiosa do que a outra. Nessa alta região reinava um silêncio solene: não se vira em todo percurso um só animal de

127 Porém, é importante não se absolutizar a hierarquização de sentidos mais preponderantes em uma época. Assim, por exemplo, o historiador Alain Corbain apontou para a importância sociocultural do soar dos sinos na França moderna, analisando seu efeito na organização simbólica da vida da comunidade, no trabalho e na orientação do espaço (CORBIN, 1990).

128 "[...] os ruídos da moderna vida industrial abalaram o equilíbrio com os sons da natureza, fato que o futurista Luigi Russolo foi o primeiro a apontar, em seu manifesto *The Art of Noises* [A arte dos ruídos] (1913). Escrevendo às vésperas da Primeira Guerra Mundial, Russolo proclamou que a nova sensibilidade do homem dependia de sua propensão para os ruídos" (SCHAFER, 2001, p. 111).

> qualquer espécie, nem se ouvira o mínimo som, exceto o causado por nós mesmos (GARDNER, 1975 [1841], p. 200).

Paralelamente, no decorrer dos séculos XVIII e XIX, o silenciamento apresentou-se como uma imposição contínua a sonoridades que soassem discrepantes, e até perigosas, geralmente remetidas a uma mescla entre o mundo da natureza e distintos grupos sociais "desclassificados". Nesse sentido, as sonoridades que teimassem em se fazer ouvir eram consideradas mais do que indesejadas, até subversivas.[129]

Contudo, o silenciar como prática pode ser também compreendido como uma brecha sonora aos regimes de escuta hegemônicos, promovida com sentidos próprios por sujeitos e grupos subalternizados. Assim, a educadora musical Berenice de Almeida explicita que "O que para os mais distraídos aparenta ser silêncio na floresta, para os Kaingang[130] é a natureza e seus espíritos produzindo o som e, assim, afirmando estarem vivos".[131] Já no tocante aos africanos trazidos sob regime de escravidão e seus descendentes, Muniz Sodré afirma: "Na atitude africana, o silêncio não é um simples ato deliberado, a decisão voluntária de uma consciência, mas uma espécie de pudor ontológico de um tipo de homem que, ciente da insuficiência da fala ou dos limites da comunicação discursiva, dá lugar a outra realidade, a do corpo. Silêncio não é falta de algo, mas outra realidade, situada antes e depois da palavra" (SODRÉ, 1997, p. 32).

Efetivamente, às culturas negras foram associadas as síncopas, ou seja, em intervalos, em silêncio, de forma indissociável aos meneios do corpo (CAMARGO, 2014, p. 123). Através desse silenciar, povos africanos e seus descendentes nas terras mineiras vivenciam uma relação integrativa com a própria corporeidade e cosmologias, por sua vez, indissociáveis da ancestralidade: o silêncio-corpo enlaça viventes-povos-ambientes-sagrado (SODRÉ, 1997, p. 32). De forma geral, é possível reconhecer uma atitude generalizada na África e em sua diáspora quanto

---

129 "A ocultação das formas de resistência ligadas à colonialidade e à escravidão através do silenciamento de suas formas expressivas, culturais e artísticas foi um recurso sistematicamente empregado ao longo de todo o período escravista no continente americano e se refletiu numa crônica colonial fortemente marcada por menções pejorativas à música, dança e celebrações promovidas pelos escravos africanos" e, acrescentamos, indígenas (SILVA, 2014, p. 77).

130 Segundo dados do "Portal Kaingáng", "Atualmente os Kaingáng ocupam pouco mais de 30 áreas reduzidas, distribuídas sobre seu antigo território, nos Estados de São Paulo, Paraná, Santa Catarina e Rio Grande do Sul, com uma população hoje estimada em torno de 50 mil pessoas". Disponível em: http://www.portalkaingang.org/index_povo_1default.htm. Acesso em: 18 maio 2020. No século XVII, sua presença estendia-se até as fronteiras mineiras (TOMMASINO, 1995, p. 60).

131 Depoimento extraído de "Música: comunicação que transcende a língua". Disponível em: https://cirandadefilmes.com.br/cirandacirandinha/musica-comunicacao-que-transcende-a-lingua/. Acesso em: 8 fev. 2020.

à valorização ética do silêncio: ancorados na tradição oral para sustento de sua existência coletiva através da temporalidade, a escuta mostra-se prioritária; o silêncio, um ato de sobrevivência e comunhão (CAPUTO, 2015, p. 783). Também justamente por isso, as celebrações afro constituem-se, em aparente paradoxo, em afinidade ao silêncio: elas implicam "um ponto-zero, de irredutibilidade e começo para qualquer movimento de realização. Deslocando-se num território para conquistar, trabalhar ou celebrar (dançando, por exemplo), o corpo humano é a possibilidade silenciosa, mas ativa, de qualquer movimento de construção do mundo" (SODRÉ, 1997, p. 33).[132]

E, por vezes, repressão, escamoteamento e resistência simbólica dos grupos subalternizados em Minas sob o viés do silêncio apresentam-se concomitantes, em dinâmica composição, como indicado através do diálogo ficcional entre jesuítas e africanos aprisionados em um navio negreiro, formulado pelo literato moçambicano Mia Couto no livro *O outro pé da sereia*:

> - Senhor padre, isto não é barulho, afirmou um dos escravos.
>
> - Então o que é?
>
> - Estamos só cantando, chamando os bons espíritos.
>
> - E que raio de espíritos são esses que não conhecem a língua de Cristo?
>
> O silêncio foi a resposta (*apud* RIBEIRO, 2012, p. 129).[133]

---

132 Em depoimento contemporâneo, ou seja, em outro contexto histórico-cultural, distinto do que foi abordado neste livro, um participante de cerimônias de candomblé, Sidney de Logun-ede, afirma que: "O que o candomblé mais precisa é a paz. O silêncio mesmo. E no centro não se tem isso. Então ele acaba indo para a periferia, não porque é coisa de pobre, é simplesmente porque os terreiros são maiores, o silêncio é melhor" (ARZOLI, 2014, p. 79).

133 A autora transcreve passagem de livro de COUTO, Mia. *O outro pé de sereia*. São Paulo: Cia. das Letras, 2006. p. 201.

Capítulo 2
Alteridades indígenas e negras

Como lemos no capítulo anterior, aventurar-se pelas terras de Minas era muito perigoso. As caravanas de tropeiros com suas cargas de mantimentos, os demais negociantes (como os de escravos e de boiadas), além dos aventureiros e viajantes, sentiam-se continuamente ameaçados pela iminência de violentos ataques, como os periodicamente travados com grupos ameríndios, que tinham seu reduto nas serras que davam acesso ao território mineiro.

Ainda no século XVII, tais indígenas eram genericamente chamados "cá-ata-guá", sobre os quais muito pouco se conhece. Um estudo mais detalhado, embora sem menção às fontes, foi inicialmente desenvolvido por Nelson de Senna (1937), tornando-se referência, por sua vez, para a posterior síntese elaborada por Oiliam José (1965) sobre os povos originários da região. Partindo dessas publicações, análises acadêmicas subsequentes postularam que os Cataguá[134]eram descendentes de hordas Tremembé que, do Jaguaribe, no Ceará, vieram para os vales dos rios do Alto São Francisco e Paranaíba, localizados entre Goiás, Minas e São Paulo. Os Tremembé foram renhidos combatentes dos Tupi, e desse embate, inclusive, supostamente adveio a autodenominação "cataguá" pelos indígenas da facção Tremembé – o termo significaria "gente boa", em contraposição aos Tupi, batedores a serviço dos paulistas e integrantes de suas excursões de apresamento, por eles então chamados de *pixi-auás*, "gente ruim".[135]

134 Em 1953, a Associação Brasileira de Antropologia estabeleceu que os nomes de povos e de línguas indígenas fossem empregados como palavras invariáveis, sem flexão de gênero nem de número, cf. OLIVEIRA, 2009. p. 1. O autor cita como referência a *Revista de Antropologia*, v. 2, n. 2, p. 150-154, 1954.

135Cf. RESENDE, 2013,p. 34: "[...] os Tremembés vencedores tomaram para si o nome de 'catu-auá', por corruptela Cataguá, que significava "gente boa". JOSÉ, 1965,

Não obstante, pesquisas mais contemporâneas têm sugerido que o termo "cataguá" não designava apenas uma nação indígena, derivada dos Tremembé; tratava-se de uma "denominação genérica utilizada para referenciar grupos étnicos distintos que habitavam os sertões desconhecidos" (FERNANDES, 2011, p. 2).[136] Por esta perspectiva, o termo então procederia da linguagem tupi-guarani, sendo utilizado pelos paulistas, que costumavam dominar o *nheengatú* ("língua geral", empregada pelos jesuítas na catequese), "para designar genericamente qualquer grupo não tupi que habitasse florestas. O termo significa: aquele que vive no mato, sendo uma derivação de *caá* (campo, mato ou árvore), *tã* (duro ou bruto) e *guá* (vale)" (HENRIQUES JÚNIOR; COSTA; KOOLE, 2004, p. 202).

Não há maiores dúvidas, porém, quanto à designação das terras auríferas ao norte da serra da Mantiqueira, como "Minas dos Cataguases" (FONSECA, 2011, p. 62; CARNEIRO, 2013, p. 112; 132, nota 75).[137] Tornando-se pouco a pouco mais circunscrita, a expressão passou a referir-se ao espaço "[...] geograficamente limitad[o] entre a serra de São José (atual Tiradentes) e a borda extremo-sul do Espinhaço (hoje Santa Bárbara)" (CARNEIRO, 2013, p. 307).[138] Dessa maneira, o termo, ainda que indiretamente, reconhece os ameríndios como primeiros senhores do espaço do atual estado de Minas Gerais (RESENDE, 2013, p. 4).

Em paralelo, alguns dos primeiros estudos etnográficos do Instituto Histórico e Geográfico de Minas Gerais mencionaram, além dos Cataguá, os indígenas Guarachué como ocupantes da região central do futuro território mineiro (RIBEIRO, 2008, p. 47). Eles habitariam "[...] as terras localizadas entre os [atuais] municípios de Mariana, Ouro Preto e Piranga. Foram expulsos ou vitimados pelos bandeirantes que devassaram a região em busca de ouro" (JOSÉ, 1965, p. 28). Sua denominação estava diretamente associada ao termo indígena "guará" (espécie de garça): Guarachué seriam "os que correm como a guará" (JOSÉ, 1965, p. 171).

p. 21, também o menciona: "Deram a si mesmos a denominação cataguás, formada pelas raízes ca+tu+auá ou 'gente boa'."

136 Cf. também HENRIQUES JÚNIOR, 2006, p. 18-19: "N[as] fontes, a palavra 'cataguá' aparece sempre associada ao Sertão dos Cataguás ou Mina dos Cataguás e nunca a uma determinada tribo ou etnia. [...] O que era apenas uma generalização, transformou-se, nas mãos de [Diogo de] Vasconcelos (1904), Nelson de Senna (1938) e [Waldemar Almeida] Barbosa na denominação de uma das mais 'temíveis nações indígenas' que dominava amplas áreas dos sertões mineiros".

137 Essa expressão consta, por exemplo, da carta régia de 1673, que autorizava o potentado paulista Lourenço Castanho Tacques a penetrar no "sertão dos bárbaros índios cataguases" e descobrir "minas de ouro e prata" (CARNEIRO, 2013, p. 112). Pouco depois, em 1682, o bandeirante Garcia Rodrigues fazia menção aos "campos gerais dos Cataguás" como habitados por grupos indígenas dispersos, inclusive nas diversas áreas onde foram encontradas jazidas de ouro (CARNEIRO, 2013, p. 132).

138 Tb. segundo CARNEIRO, 2013, p. 307, "Minas dos Cataguás" designava a região de Ouro Preto e suas imediações, até que a expressão "Minas Gerais" generalizou-se nas primeiras décadas do século XVIII, sendo oficialmente usado nas cartas régias a partir de 1732.

Dessa maneira, juntamente às sonoridades, destacam-se os silenciamentos a que foram submetidas a presença e a cultura indígenas na região mineira. Praticamente dizimados, ao menos em seu modo de vida ancestral, entre o final do século XVII e o início do XVIII, devido às excursões de apresamento e à ocupação da região para extração aurífera, perduram como vagas referências na linguagem e nos poucos lugares de memória que atualmente busca-se revitalizar.[139]

De forma concomitante, é importante reconhecer que os Cataguá e os Guarachué foram precedidos, no decorrer de milhares de anos, por outras presenças antrópicas. A cordilheira depois chamada Espinhaço era um importante marco de orientação para os grupos nômades que viviam naquela região, cuja passagem foi registrada por pinturas rupestres, situadas em sítios hoje conhecidos como Pedra Pintada, no atual município de Cocais, e Abrigo Mirandinha, nos arredores de Bento Rodrigues, município de Mariana. Essas pinturas são consideradas como um dos mais antigos padrões de expressão gráfica na região central de Minas Gerais (UFMG/ICOMOS, 2019, p. 25).

O deslocamento desses povos ancestrais possivelmente encontrava-se na base para formação das tribos que viviam na região quando a colonização lusitana por ali avançou. Paradoxalmente, foi justamente através de "malhas viárias indígenas pré-cabralinas" (VENÂNCIO, 1999, p. 181) que entradas e bandeiras atravessaram a serra da Mantiqueira, prosseguindo rumo aos sertões ao norte, capitaneando o extermínio e o apresamento dos povos ameríndios.

As sonoridades que reverberavam dos embates ocorridos entre colonos e indígenas ao longo das rotas e trilhas mineiras, bem como o etnocídio que os acompanhou, foram descritas por John Mawe, em uma narrativa perpassada de concepções etnocêntricas:

> Cada polegada de terreno lhes foi disputada com os índios, [...] que os atacavam com furor ou lhes armavam ciladas. Estes selvagens conseguiram muitas vezes se apoderar de alguns paulistas ou de seus negros e os sacrificaram logo ao seu horrível apetite de carne humana; consideravam os negros grandes macacos das matas. Não raro, os paulistas encontravam as ossadas dessas infelizes vítimas, expostas como troféus e, para vingá-las, matavam a tiros os seus

139 Um dos poucos lugares de memória da presença dos Cataguá é o arraial do "Catauá", na atual cidade de Lagoa Dourada, onde foi edificada a Fazenda dos Cataguases, depois conhecida como Fazenda do Engenho: seu "interior abriga um rico acervo de utensílios indígenas dos séculos XVIII e XIX e a arquitetura se assemelha mais a uma fortaleza (cercada de grandes muros de pedra), provavelmente por causa da necessidade de defesa frente aos constantes embates com as tribos da área" (CARNEIRO, 2013, p. 132, nota 76). Há também vestígios arqueológicos da presença Cataguá na Fazenda dos Dutra, no atual município de Entre Rios de Minas (RESENDE, 2013, p. 33).

> algozes, onde quer que os encontrassem. Estes exemplos de vingança produziram os resultados desejados; os índios, aterrados com o ruído e o efeito terrível das armas de fogo, fugiam com precipitação, imaginando que os brancos dominavam o relâmpago e o raio (MAWE, 1978 [1812], p. 125).[140]

•

Os vastos rincões desconhecidos e de difícil acesso no entorno das estradas também apresentavam-se locais estratégicos para abrigo de foragidos da justiça e quilombolas. Assim, por exemplo, o capitão Martinho Proença, em relatório enviado a Lisboa em 1733, alertava que "se há de temer [...] os negros fugidos a que chamam calhambolas, que algumas vezes infestam e salteiam os caminhos, fazendo grandes insultos nos povoados" (*apud* STUMPF, 2009, p. 89).[141]

Tentar escapar da escravidão era uma opção tão perigosa quanto atraente para os submetidos ao cativeiro.[142] Embora alguns fugitivos se reinventassem forros, mudando de nome e passando a viver de ganhos eventuais, e muitos poucos conseguissem embarcar em navios mercantes e regressar à África, parcela dos que não foram recapturados dirigia-se aos quilombos, que chegaram a quase duas centenas no território mineiro ao longo do século XVIII.[143] A maioria dos quilombos era formada apenas por negros, com predomínio dos nascidos em África até que o tráfico atlântico fosse abolido, mas havia comunidades que acolhiam índios, brancos e mulatos livres pobres.

Em sua maior parte, esses agrupamentos continham menos de 10 pessoas, que se reuniam visando obtenção de alimento e de proteção, mas logo dispersavam em caso de ataque. Havia, contudo, estruturas mais complexas, com até centenas

---

140 O autor também afirma, à p. 137: "Têm grande terror das armas de fogo, e quando ouvem o seu ruído, põem-se em fuga; mas esses meios de defesa estão longe de ser comuns como deveriam ser entre os colonos e os poucos que possuem são maus e quase sempre fora de uso".

141 A autora reporta-se à obra de LIMA JÚNIOR, Augusto de. *Notícias históricas (de norte a sul)*. Rio de Janeiro: Livros de Portugal, 1953. p. 166. Nas décadas seguintes, o temor dos governantes e dos proprietários levou à proliferação de alvarás, regimentos, e ordens régias que tinham o intuito de extinguir os quilombos. Foi criada até mesmo uma tropa especializada em reprimi-los, regulada pelo *Regimento dos Capitães de Mato*.

142 A repressão aos quilombos era muito grande. Os recapturados eram punidos com centenas de chicotadas, postos a ferro e mesmo mutilados. Contudo, apesar de inúmeras expedições enviadas aos sertões para capturar escravos fugitivos, os resultados foram insignificantes. Elas conseguiam aprisionar apenas alguns poucos escravos, ficando a maioria dispersa pelas matas (FLORENTINO; AMANTINO, 2012, p. 246; AMANTINO, 2014, p. 106-107).

143 Em termos administrativo-militares, a Coroa portuguesa definiu como sendo um quilombo qualquer agrupamento com 5 ou mais fugitivos da escravidão, que estivesse localizado em uma zona despovoada (FLORENTINO; AMANTINO, 2012, p. 245-246).

de habitantes, algumas delas situadas, inclusive, nas proximidades das principais vilas e cidades mineiras.[144] Independentemente de suas dimensões, os quilombos buscavam abrigar-se em matas e pântanos não mapeados, tanto como estratégia de proteção contra caçadores de escravos e milícias, como em função dos recursos naturais que tais espaços ofereciam; afinal, segurança e abastecimento eram requisitos indispensáveis para sobrevivência desses assentamentos.[145] Entretanto, o progressivo desmatamento das florestas pelas migrações em busca de metais preciosos obrigou muitos quilombos a deslocarem-se para "sertões" distantes ou a adotarem o nomadismo como modo de vida, vinculando-o à prática de assaltos.[146] Dessa maneira,

> O perigo estava sempre à espreita, a viagem era longa e arriscada, e por isso todos os deslocamentos para Minas, não importa o trajeto percorrido, eram sempre realizados em bandos bem armados para aumentar a segurança. [...] O maior perigo eram os ataques de grupos de mulatos e negros fugidos, quase sempre muito bem armados. Se eles chegavam em surdina, o som do ataque era infernal [...] [com] gritos de dor e pavor [...] (FURTADO, 2008, p. 26-27).

Ademais, outros tantos sujeitos, que não conseguiam algum tipo de rendimento com o seu trabalho e por isso eram considerados "vadios", acabavam por tornar-se salteadores nas estradas que davam acesso a Minas. Era também possível deparar-se, ao longo dos caminhos, com garimpeiros clandestinos e contrabandistas de todo tipo de mercadoria, inclusive de armas proibidas (REIS, 2004, p. 186).[147] Afinal, apesar das imagens de riqueza gerada pela mineração, a maior parte da população vivia no limiar da pobreza (AMANTINO, 2014, p. 94).

144Assim, por exemplo, várias plantações foram detectadas em 1733, em um quilombo nas proximidades da Vila do Ribeirão do Carmo, futura cidade de Mariana (FLORENTINO; AMANTINO, 2012, p. 261)

145 Um outro grande perigo enfrentado pelos quilombolas era a mortalidade provocada por doenças, como sarampo, malária, disenteria e sobretudo varíola.

146 Além disso, muitos quilombos acabaram por dispersar-se, com seus integrantes misturando-se à população.

147 Face ao risco representado por quilombolas, vadios e insurretos, as autoridades coloniais proibiram a posse de armas pelos cativos e homens livres pobres, especialmente de cor. Afinal, as comunidades negra e mulata, compostas de escravos, libertos e livres, eram numericamente superiores à dos brancos, e no caso de conflitos armados, poriam em risco a ordem colonial. A primeira dessas leis datou de 1710, seguindo-se várias outras, uma vez que tal determinação não era obedecida, mesmo havendo uma premiação para os delatores. Ademais, a realização de tarefas pelos escravos, como a capinagem, pressupunha o uso de instrumentos que poderiam ser usadas como armas (REIS, 2004).

Através de uma sequência de imagens, apresentadas a seguir, é possível vislumbrar representações que foram atribuídas aos sujeitos sociais dedicados ao tropeirismo e ao sertanismo, estando esta segunda atividade diretamente associada às excursões de apresamento e eliminação de enclaves indígenas e de quilombos, práticas figuradas na litografia de Rugendas e na reprodução do ex-voto setecentista. As expectativas da iminência de um conflito ou a violência de sua deflagração armada perpassam tais cenas, permitindo-nos supor as sonoridades nelas emitidas, mescladas às sensibilidades de dor, medo, raiva, desespero...

Fig. 13 –Tropeiro de Minas. Joaquim Lopes de Barros Cabral Teive. 1840.[148]

148 Litografia, aquarela, lápis de cor e goma arábica. Disponível em: https://www.brasilianaiconografica.art.br/obras/19152/n-4-tropeiro-de-minas. Acesso em: 25 set. 2019.

Fig. 14 - Acampamento de bandeirantes. Anônimo. s.l. [18--].[149]

Fig. 15 - *Guerillas*[Combate com os índios]. Joahann Moritz Rugendas. c. 1820 [1835]. [150]

---

149 Desenho. Disponível em: http://acervo.bn.gov.br/sophia_web/Resultado/Listar?guid=1593265435583. Acesso em: 4 set. 2020.

150 Litografia. Disponível em: http://enciclopedia.itaucultural.org.br/obra2993/guerrilha. Acesso em: 2 set. 2020.

"Voltando de Vila Nova da Rainha, em Minas Gerais, Manuel Pereira Marante foi surpreendido por 96 negros armados que o despiram e roubaram, e só não deram cabo dele graças à intercessão de São Gonçalo do Amarante".

Fig. 16 - Ex-voto, Milagre que fez o milagroso são Gonçalo do Amarante..., século XVIII, Portugal.[151]

Devido a tal estado de permanente insegurança, também era possível encontrar – e ouvir – nesses percursos em direção a Minas, tropas de soldados, "com sua habitual alacridade"[152] (MAWE, 1978 [1812], p. 111). Tais grupos geralmente portavam espingardas de pederneira[153] e pistolas, armas mais usadas na Capitania mineira por nobres, militares e senhores, sendo preciso importá-las do Reino e de outros países europeus até o início do século XIX, pois a manufatura de armamentos e de pólvora era proibida no Ultramar (REIS, 2004, p. 197). Simultaneamente, nas caravanas integradas por guardas, sobretudo nas que escoltavam autoridades, era igualmente possível ouvir o som das orações matinais, demarcando o início da jornada do dia, com pedido da proteção divina (FURTADO, 2008, p. 25).

Tropas também se faziam presentes nos registros, responsáveis pela fiscalização e cobrança de impostos sobre a entrada e a saída de fazendas (divididas entre secos e molhados)[154] e do quinto do ouro entre Minas e outras capitanias.

---

151 Disponível em: http://act14-anjovida.blogspot.com/2017/04/. Acesso em: 2 set. 2020.

152 Vocábulo utilizado no período como sinônimo de alarido, "clamor de quem bulha com outrem", cf. SILVA; BLUTEAU, 1789, V. 1, p. 50.

153 "A arma de pederneira foi desenvolvida na França do início do século XVII. [...] seu sistema de disparo era menos complicado, mais seguro, e muito mais barato de produzir e manter. O seu princípio de funcionamento era o mesmo que se usava para se acender um fogo, através do choque de um pedaço de sílex com um bloco de aço" (MONTEIRO, 2003).

154 "Entre os *molhados*, estavam os produtos de alimentação e os líquidos, e na categoria *secos*, incluíam-se tecidos, roupas, móveis, louças, materiais agrícolas e ferramentas de trabalho"

Estabelecidos a partir de 1709, com a criação da capitania de São Paulo e Minas do Ouro, tornaram-se parada obrigatória dos que se dirigiam às Gerais (ROMEIRO; BOTELHO (org.), 2003, p. 254-255).[155]

Em contrapartida às sonoridades de confronto e vigilância, diversas práticas de sociabilidade eram também travadas nesses caminhos, principalmente junto aos locais de parada, costumeiramente denominados "ranchos". Esse termo, que era associado em Portugal a acampamentos militares, passou a significar uma espécie de galpão que servia para abrigar, no descanso noturno, as mercadorias em deslocamento (FONSECA, 2011). Tais pontos compunham-se, em geral, de um espaço coberto para depósito, uma capela rústica e um punhado de habitações bem modestas, feitas de madeira e barro, e quase sempre cobertas de folhas e ramagens. Por vezes, notava-se a presença de uma plantação de cana, milho ou mandioca. Ali,

> [...] os tocadores [das mulas] estendem-se no chão de barriga para o ar, cantam, tocam e se esquecem dos trabalhos que sofreram durante a jornada, já ajustando a carga, já desviando as bestas das plantações e precipícios. Eu perguntei muitas vezes a esses homens se não era preferível a vida de soldado àquela que eles passavam. Respondiam que o seu modo de vida é o mais alegre e feliz que há no mundo e que, em chegando a ser arreadores, são mais do que tudo quanto há. Assim discorrem os tocadores de bestas; e isso é o mesmo modo de pensar dos tocadores de porcos, estes os mais desgraçados e oprimidos que andam nas estradas (MATOS, 1981 [1837], v. 2, p. 316).

Vários desses ranchos tornaram-se vendas ou estalagens, com melhores condições de pouso para viajantes e tropeiros, e em seu entorno chegaram a ser fundados arraiais. Parcialmente distintas eram as sonoridades que ecoavam nos ranchos, representados a seguir pela litografia de Rugendas:

> Nada se pode comparar ao ruído confuso e discordante que reina nas vendas muito frequentadas: uns riem, outros discutem; todos falam com loquacidade: este aqui, sem ligar ao que se passa em redor, dança sapateando; aquele outro, encostado indolentemente à parede, canta com voz afinada uma canção bárbara, acompanhando-se de um instrumento mais bárbaro ainda (SAINT-HILAIRE, 2000 [1830-1851], p. 40).

(ROMEIRO; BOTELHO (org.), 2003, p. 106)

155 Contudo, somente "a partir de 8 de agosto de 1716 foram iniciadas as atividades de Contagem das Abóboras, o primeiro registro das Minas", o qual controlava a entrada de mercadorias procedentes da Bahia (ROMEIRO; BOTELHO (org.), 2003, p. 254-255).

Sobre as sonoridades desses pequenos entrepostos também manifestou-se Mawe:

> As pessoas que vivem à beira da estrada pertencem geralmente à classe mais baixa, aí estabelecidas com o propósito de vender refrescos aos viajantes, e milho aos animais; são em geral indolentes e faladoras: os que pertencem à classe mais elevada habitam longe da estrada (MAWE, 1978 [1812], p. 112).

É interessante perceber que tais "pousos" tiveram duração tricentenária, conforme indicado por fotografia de autoria desconhecida, também apresentada a seguir.

Por seu turno, em meio às tensões sociais dos séculos XVIII e XIX, vendas e armazéns de secos e molhados próximos às estradas e picadas mostraram-se estratégicos para a manutenção dos quilombos, sobretudo porque neles se comercializava o resultado dos assaltos e do excedente agrícola e pecuário produzido, ao ponto da Câmara de Vila Rica denunciar que "cada venda é um quilombo" (FLORENTINO; AMANTINO, 2012, p. 250).

Em paralelo, as vendas também dinamizavam as redes de contato e auxílio entre outros grupos de "desclassificados sociais", viabilizando a obtenção de alimentos, armas, munições, dinheiro e informações. De forma similar, era através delas que os escravos tinham maior chance de serem conduzidos aos quilombos, bem como dos parentes fugidos encontrarem-se com os que permaneciam cativos (FLORENTINO; AMANTINO, 2012, p. 250).

Muitas vezes compondo um só espaço com as vendas, encontravam-se as "casas de alcouce",[156] "um espaço de sociabilidade em que divertimento e trabalho, com bebidas, comidas, folguedos, batuques, danças e corpos, suscitam sons, movimentos, cheiros, odores, prazeres, excessos" (ROSA, 2005, 130).

156 "Casa de alcouce era aquela onde nos cômodos aconteciam os 'lascivos comércios' entre homens e mulheres, define dicionário de época. Nesse espaço é permitido o mau uso dos corpos para 'ganhar a vida'. [...] Além de 'tratos ilícitos', tinha outras funções, como jogo, tafularia [no sentido de esbórnia], bebida e música" (SOUZA, 2018, p. 170; 178).

Fig. 17 - Repouso de uma tropa. Joahann Moritz Rugendas. 1820 a 1825.[157]

Fig. 18 – Rancho. Anônimo. Museu do Tropeiro – Ipoema (MG). s. d.[158]

---

157 Litografia. Disponível em: https://pt.wikipedia.org/wiki/Caminho_do_Proen%C3%A7a#/media/Ficheiro:Rugendas_-_Repos_d'une_Caravanne.jpg. Acesso em: 2 set. 2020.

158 Fotografia. Disponível em: http://www.jornalolince.com.br/2013/abr/historia/5004-o-tropeiro-como-propagador-cultural-e-mola-mestra-da-cultura-cafeeira-no-seculo-xix. Acesso em: 2 set. 2020.

2.1. Povos do canto e comunidades do tambor

Como reinóis e colonos que transitavam para Minas significavam a escuta das sonoridades indígenas? Nos primeiros tempos da ocupação da região, prevalecia o imaginário católico que, formulado sob o viés teológico-retórico, principalmente nos escritos da Companhia de Jesus, rotulara os idiomas ameríndios como "escuridade da língua" (PÉCORA, 1992, p. 38-39). Segundo esse postulado, tais linguagens seriam uma algaravia, expressão do estado de trevas em que os indígenas encontrar-se-iam devido à sua quase ausência de razão e desconhecimento da Revelação cristã. Integrante do campo sonoro, as expressões musicais, promovidas em celebrações consideradas de grande desregramento no comer e no ato sexual, eram assim aproximadas a uma orgia satânica:[159] "A certeza da ação do demônio sobre os índios durante seus rituais com música – antropofágicos ou não – acompanha a correspondência jesuítica" (WITTMANN, 2011, p. 120). A despeito disso, parcela desses missionários reconheceu a complexidade dessas manifestações sonoras, como Fernão Cardim, que

> [...] se destaca por acrescentar um pouco mais à informação corrente de que os Tupi tinham o costume de dançar, cantar e tocar instrumentos musicais em festas distintas, de maneira incansável. [...] Os índios costumavam bater com os pés no chão, permanecendo no lugar ou se movimentando, com tamanha ordem e precisão rítmica que impressionaram Cardim. O jesuíta percebeu que movimentos e cantos ocorriam sempre ao mesmo tempo, e que a performance feita em conjunto era encerrada com a mesma exatidão. Cardim notou ainda diferenças vocais, e revelou o prestígio que detinham os bons cantores entre os nativos. Eles poderiam inclusive se livrar da morte ritual, caso houvessem sido capturados em guerra (WITTMANN, 2011, p. 122).

Caberia, portanto, aos sacerdotes católicos uma dupla tarefa. Por um lado, deveriam adentrar nessa escuridão linguística, promovendo esforços para sua tradução e sistematização em gramáticas e transliterações das pronúncias em um audível inteligível. Só assim mostrar-se-ia possível nelas desvelar a imagem divina encoberta. Tratar-se-ia, portanto, de um desbravamento dos "sertões linguísticos" (PÉCORA, 1992, p. 39-40).[160] Em paralelo, mostrava-se necessário

159 Cf. SOUZA, 1993, p. 43: "Os próprios portugueses, tão pouco incomodados pelo sabá das feiticeiras, e mais preocupados em rastrear a presença demoníaca, iriam se mostrar, entretanto, alertas às práticas religiosas indígenas e afro-brasileiras, intrigando-se com seu caráter coletivo. Tal atitude perdurou até o século XVIII, quando no resto da Europa ninguém dava mais importância a isto".

160 Michel de Certeau interpreta procedimentos semelhantes entre os calvinistas que aportaram na América Portuguesa (1982a, p. 223): "Da diferença constatada resta apenas uma língua por

substituir paulatinamente a musicalidade indígena por uma alternativa sonora coadunada aos padrões católicos. Para tanto, os jesuítas chegaram a adaptar as regras de suas *Constituições*,[161] que inicialmente excluíam a música das celebrações litúrgicas, passando a incorporar o canto sacro às missas por eles celebradas nas florestas tropicais (WITTMANN, 2014).

A mudança daí decorrente foi radical, com profunda alteração da função sócio-cultural e religiosa exercida pela musicalidade entre os indígenas. Afinal, conforme indicado pela antropologia contemporânea, o canto ameríndio associava-se à possibilidade de transumância entre humanos e diversos entes não-humanos, sob contornos coletivos ao invés de referências individualizadas. Dessa maneira, entre os Maxacali ou *Tikmũ'ũn*,[162] grupo ameríndio que ocupava um território ao norte de Minas,

> [...] os *yãmîyxop* [espíritos de um falecido que se transforma em canto] são sempre múltiplos, não são manifestações solitárias. [...] O morcego *xunnîm*, por exemplo, pode tomar a forma da lua *mãyõnhex*, do sol *mãyõn*, da estrela *mãyõnnãg*, da anta ãmãxux, da cobra *kãyã*, do sapo *konnokaxax*, do jacaré *mã'ãy*, da onça *hãmgãy* [...] O animal, portanto, que nomeia um *yãmîyxop* tem a capacidade de ser muitos, de se metamorfosear em vários que pertencem ao seu grupo (ÁLVARES, 2018, p. 98-99).

Aliás, a própria sonoridade, para os *Tikmũ'ũn*, é um ente espiritual:

> [...] os humanos, após a morte, transformam-se em *yãmîy* – espíritos cantores, imortais que habitam o além, mas que retornam ao mundo dos vivos para cantar e comer os alimentos oferecidos pelos vivos. *Yãmîy* também é o nome dado para o canto que os espíritos cantam. Ser e canto – o espírito é sua própria manifestação. Quando cantam com os *yãmîy*, os humanos estão tornando presentes os próprios espíritos. Através dessa relação, recebem o conhecimento dos espíritos (ÁLVARES, 2018, p. 83-84).[163]

---

traduzir. [...] O dicionário se torna instrumento teológico". Também à p. 235-236: "O selvagem se torna a palavra insensata que encanta o discurso ocidental, mas que, por causa disto mesmo, faz escrever indefinidamente a ciência produtora de sentido e de objetos".

161 Parte VI, capítulo 3, das *Constituições* da Companhia de Jesus.

162 Cf. PORTO, 2018, p. 161-162, "As primeiras notícias referentes aos maxakalis datam do século XVI, referidos como *amixokori* pelos tupis do litoral. [...] Frances Blok Popovich (1992), registrou *tikmũ'ũn* (a pronúncia é */tikmãã/*), como o termo que eles se nomeavam. E tem sido esse registro o reconhecido por antropólogos e demais estudiosos acerca dessa etnia".

163 Cf. também à p. 87: "Os *yãmîy* são seres cantores, são na verdade, os donos do canto, 'das

O cantar ameríndio implicava assim em uma aguçada capacidade de percepção e de interação com o ambiente; de forma similar, a educação para essa prática ocorria por submersões e capturas, muitas vezes oníricas, requerendo um adentrar na marca profunda de alteridades (as quais, contudo, não se dicotomizavam ou se contrapunham, como ocorre na cultura ocidental). De forma particular, o conhecimento xamânico vinculava-se a uma condição de escuta "plena", que envolvia o conjunto da corporeidade em suas relações com o entorno, a fim de que os ouvidos pudessem ser "preenchidos" por ela (TUGNY, 2015, p. 18).

Justamente por isso, inúmeras sonoridades indígenas consistiam em onomatopeias dos sonidos natureza, priorizando a mímesis[164] e não a criação (no sentido da estética ocidental, ou seja, de produção a partir de algo inexistente). Seu emprego no canto e na música não pressupõe nem forma um sujeito ciente de si, inventor, que assim exprime sua subjetividade (TUGNY, 2015, p. 29).[165] Seu propósito é viabilizar a perpetuação de um conhecimento ancestral, por sua vez elo de ligação e partilha de agenciamento com outros seres vivos e com a sociocosmologia fundante (LAGROU, 2010, p. 12). Logo, a inovação no canto era vista com cautela, não podendo ser elaborada de qualquer forma (LAGROU, 2010, p. 8).[166]

Tais sentidos implícitos às sonoridades indígenas passaram desapercebidos aos viajantes europeus e à imensa maioria dos moradores das Minas. Assim, por exemplo, as figurações da musicalidade indígena promovidas por Debret, como a que reproduzimos a seguir, de forma distinta da perspicácia visual de suas cenas urbanas, baseiam-se em relatos de terceiros e são completamente descontextualizadas (COTTA, 2011, p. 228):

---

belas palavras'- *yîy max* – epíteto que lhes conferem os Maxakali".

164 Não obstante, a concepção de *mimesis* entre os ameríndios difere daquela provinda da matriz greco-romana, sobretudo de Aristóteles, para quem consistia em uma replicação idealizada e verossível na natureza, com base na ordem das leis e proporções. Pautada assim nas noções de verossimilhança e de aperfeiçoamento da realidade (e não em sua simples cópia), algumas produções artísticas e letradas passaram a ser tidas como modelares, inspirando, elas próprias (e não a experiência vivida da qual se originaram) outras obras. Tal perspectiva foi apropriada pelo Renascimento, chegando até o século XVIII com inúmeras variantes, como a atenção às tópicas ou casos retóricos (SALTARELLI, 2009).

165 Também segundo a autora, à p. 30, "a criação musical indígena (se ainda cabe empregar esse termo) investe num vínculo profundo com a alteridade, uma abertura fundante ao outro. Cantar, dançar e fazer parte de um *socius* que canta e dança e toca entre os ameríndios significa construir vínculos com um universo que vai muito além do que nós chamamos de 'cultura' e só é concebível entre os que entendemos como 'humanos'."

166 Assim, segundo ÁLVARES, 2018, p. 90: "Qualquer excesso ou má orientação deste trânsito espiritual poderá conduzir à doença e à morte para os vivos. Os *yãmîy* são também cantos, e os cantos são elo, movimento e expansão, entre os vários universos".

> No volume I da *Viagem Pitoresca*, Debret apresenta em uma única prancha diversos instrumentos musicais indígenas, em disposição estudada e esquemática, descrevendo-os um por um, à maneira de uma catalogação etnográfica ou botânica, tal como faz com armas, ornamentos, utensílios, plantas, etc. Ao alto da prancha, com o número 1, está representada uma 'N.º 1 – trombeta militar, que serve especialmente ao chefe para dar o sinal de combate e incentivar a coragem dos guerreiros durante toda a ação. Inteiramente de madeira, produz um som belo mas muito grave. O bocal é cômodo e pouco fatigante, bastando fazer vibrar os lábios ao soprar. Esse instrumento pertence aos coroados'. É interessante o fato de que os demais instrumentos indígenas da prancha são descritos por Debret apenas segundo os materiais e o tipo de som que produzem, não havendo maiores informações sobre a sua funcionalidade e sobre as relações com as práticas culturais das comunidades a que pertencem (COTTA, 2011, p. 235-236).

Outra figuração da musicalidade indígena, mais especificamente sobre os Puri, foi promovida por Rugendas, sendo assim interpretada:

> É curioso notar a presença de um negro atrás de um homem branco, acompanhado de um capataz armado que estava dormindo durante a cerimônia dos índios. Possivelmente, o homem negro era o intérprete daquele ritual indígena e parece que era ele quem estava explicando ao viajante branco o que estava acontecendo naquela ocasião. Estes contatos e mediações culturais parecem ter sido bastante frequentes no processo de ocupação das terras [...] (ALVARENGA, 2019, p. 73).

Apesar dessas mediações, perdurava, como a própria imagem indica, o olhar a distância, que escuta com estranhamento e exotismo tais sonoridades. Ademais, devido ao extermínio, à escravidão e à catequese, tais postulados cosmológicos associados à musicalidade ameríndia só conseguiram sobreviver, e mesmo assim com sentidos diferenciados, mediante bricolagens e hibridizações.[167] Em paralelo, as sonoridades indígenas, ainda que desprovidas de suas funções sociais ancestrais, incidiram efetivamente sobre a musicalidade praticada nas missões e outros espaços de aldeamento mantidos sob a direção de religiosos ou de representantes do Estado:

---

167 Uma dessas manifestações encontra-se nas Santidades, rito religioso que agregava elementos gentílicos e católicos no período colonial, tendo irrompido no sul da Bahia em 1560, com desdobramentos até o início do século XVII (SANTOS, 2016).

> Parece improvável que a maneira indígena de cantar e de tocar seus instrumentos não tenha impresso sua marca na música interpretada por eles mesmos. A sonoridade ameríndia, ritualizada e nunca registrada em papel, influenciou a música missionária. Foram, portanto, as execuções locais e não as partituras que definiram a singularidade das músicas tocadas em missões na América. A maioria delas, de fato, não se transformou em formato de notação ocidental, e pouquíssimos registros deste tipo sobreviveram. Repito, porém, que não é a música em si que está passível de (re)construção, mas a sua história (WITTMANN, 2011, p. 24).

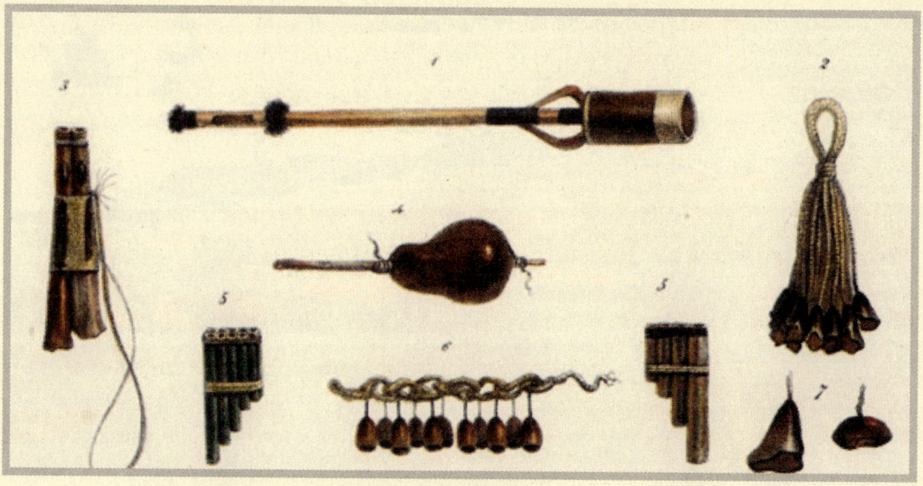

Fig. 19 - ***Instrumetns de musique.*** **Jean Bapstiste Debret. 1834-1839.**[168]

Daí o imperativo de prosseguimento dos estudos acadêmicos, acompanhados por delicadas escutas, acerca das musicalidades promovidas por indígenas aldeados no território mineiro, inclusive durante o final do século XIX, já sob regime republicano. Podemos nos indagar, por exemplo, que sonoridades ecoariam da banda de música a ser formada na colônia indígena de Itambacuri,[169] "para a qual deveria ser enviado pelo governo 'um professor habilitado e os instrumentos precisos'", a fim de que pudesse abrandar-lhes os costumes, despertando-lhes "'os sentimentos nobres e elevados da alma humana.'" (MATTOS, 2011, p. 105)

168 Gravura. Disponível em: https://digitalcollections.nypl.org/items/510d47df-7953-a3d9-e040-e00a18064a99. Acesso em: 2 set. 2020.

169 Tratava-se da "missão dos frades capuchinhos entre os índios botocudos [...] (1873-1919), [a qual] serviu-se da escola e de professores indígenas e mestiços como instrumento para a promoção de 'mistura' étnica – por meio da mestiçagem – e 'dissolução' da rede de sociabilidade indígena" (MATTOS, 2011, p. 100).

Fig. 20 – *Danse des Purys*. Johann Moritz Rugendas. [1835]. [170]

•

E qual seria a escuta das sonoridades africanas e afrodescendentes, que tão fortemente ecoavam nas terras mineiras? Associadas à prática do que genericamente era denominado como "batuques",[171] tais sonoridades eram vistas com muita desconfiança pelas autoridades eclesiásticas e, de forma similar às de procedência indígena, eram associadas ao demoníaco: "Assim, por exemplo, um padre negou a absolvição a um seu paroquiano, acabando desta forma com a dança, porém com grande descontentamento de todos" (FREYREISS *apud* CASCUDO, 1956, p. 73).[172]

Mas o termo "batuque" poderia significar expressões sonoras muito variadas. Uma delas, diretamente associada à dimensão religiosa (e por isso ainda mais

170Gravura. Disponível em: http://objdigital.bn.br/acervo_digital/div_iconografia/icon94994/icon94994_130.jpg. Acesso em: 19 fev. 2021. Atuaram na gravação Adam Victor, Pierre Camus e Engelmann.

171 Todavia, enquanto os batuques privilegiavam uma sociabilidade de folguedos, os candombes mantinham forte traço de sacralidade.

172 O autor reporta-se à obra de FREYREISS, Georg Wilhelm. *Viagem ao interior do Brasil*. Tradução de Alberto Lofgren. Revista do Instituto Histórico e Geográfico de São Paulo, v. XI, 1906. p. 214.

duramente reprimida pelos representantes eclesiásticos) era a prática dos candombes,[173] manifestação da cultura banto,[174] originária, dentre outras espacialidades africanas, de Angola e do Congo (DIAS, 2001, p. 7).[175] Os povos aí capturados e escravizados eram vendidos, preponderantemente, para locais de economia agrícola e mineradora no interior da América Portuguesa e posteriormente, Império brasileiro (PRANDI, 2000, p. 55). Nessa diáspora, entrecruzaram a invocação a divindades banto (Calunga, Zambi) e aos antepassados com devoções aos santos católicos (DIAS, 2001, p. 12).[176] Dessa forma, o candombe foi uma das expressões promovidas na diáspora pelas "comunidades do tambor".[177]

Nas terras de Minas, há registros da prática de candombes desde o final do século XVIII em variados quilombos (SILVA, 2018, p. 251). Eles eram comumente ritmados por três tambores, tradição que perdura até a atualidade: "No Candombe mineiro, é o próprio cantador que dança diante dos três tambores sagrados em forma de pilão [...], balançando o *guaiá* (chocalho) e exprimindo corporalmente o conteúdo do seu ponto, rodeado pelos demais participantes" (DIAS, 2001, p. 11). Assim, o candombe constituiu-se em uma performance simultaneamente percursiva, de canto e de dança, sustentada por chamadas e respostas entre o coro e os solistas (SILVA, 2018, p. 251)

---

173 "A palavra Candombe é originária do termo *kandombile* e é usada para denominar as danças e práticas percussivas tradicionais dos Bantos, povos originários da região ocidental do continente africano [...], sendo considerado o pai do Congado, do Jongo e das Folias existentes em todo o sudeste brasileiro" (SILVA, 2017, p. 2).

174 "Os bantos, povos da África Meridional, estão representados por povos que falam entre 700 e duas mil línguas e dialetos aparentados [...]. O termo 'banto' foi criado em 1862 pelo filólogo alemão Willelm Bleek e significa 'o povo', não existindo propriamente uma unidade banto na África. [...] Em anos recentes, estudos linguísticos demonstraram a sobrevivência no Brasil de elementos originários principalmente do quicongo, quimbundo e umbundo, o que nos dá uma boa pista da superioridade demográfica, entre os bantos no Brasil, dos africanos provenientes do Congo e de Angola, onde estas línguas são faladas" (PRANDI, 2000, p. 54).

175 Estima-se que entre o começo do século 16 e a segunda metade do século 19 quatro milhões de africanos foram transportados como escravos para o Brasil. Desse número, a maioria esmagadora era de origem Banto, cujas matrizes culturais residem no antigo reino do Congo, situado no centro-oeste da África negra e cujos domínios se estendiam por Angola, Gabão, República dos Camarões, Matamba e chegando até o oeste de Moçambique e o norte da África do Sul (LIGIÉRO, 2011, p. 136)

176 O candombe também associou-se ao catolicismo negro de confraria. Nesse caso, era "[...] dançado dentro das capelas das Irmandades do Rosário ou no terreiro destas [...]". (DIAS, 2001, p. 12).

177 "Foi entre os bantos da África Central que o tambor recebeu a denominação de *n'goma,* o mesmo vocábulo que, por extensão, era empregado para nomear as danças, cantos e celebrações típicas destes povos. Com isso, as próprias comunidades que se reuniam em torno do tambor para celebrar suas crenças e tradições também incorporavam tal nomeação, se identificando como comunidades *N'goma* ou comunidades do tambor" (SILVA, 2018, p. 248).

Esses antigos tambores eram produzidos com tronco escavado, afinados a fogo (DIAS, 1999, p. 43). Nessa tradição, eles reúnem a força vital da natureza: dos animais era obtido o couro e dos vegetais a madeira, enquanto dos humanos advinha a marcação. Nos ritos, operavam como meio de evocação e até de comunicação com os antepassados e entidades sagradas (FONSECA, s. d., p. 12; SILVA, 2018, p. 251).

É interessante observar que em algumas festas afrodescendentes, os tambores eram regados a cachaça, costume que perdura no tempo presente. Trata-se de um efetivo ritual de comunhão:

> [...] as abluções dos instrumentos com cachaça são uma constante em todas elas: uns dizem que é para o couro 'abrir a voz', outros, para acalmar as almas que se encontram ao pé do instrumento [...]. Os tocadores ungem também as mãos com a bebida, e servem-se de um gole. Estabelece-se assim, através da cachaça ritualizada, a comunhão entre tocador, seu instrumento e os antepassados (DIAS, 2001, p. 29).

Comunhão, mas também batismo – "A atribuição de nomes aos tambores em algumas comunidades indica seu *status* de seres dotados de vida. Além da denominação genérica pela qual são chamados (tambú, candongueiro, etc.), os tambores recebem nomes de batismo, mormente os maiores, que fazem a marcação da dança" (DIAS, 2001, p. 14).[178]

Sendo os tambores revestidos por tão grande respeito comunitário, não era qualquer pessoa que poderia tocá-los:

> [...] a gente num pode entregá eles pra qualquer um, isso os menino tem que aprendé, às vezes chega um e a gente tem que falá que num pode. Às vezes até pode, mas ele tem que vim cá, pro menino ensiná... [...] O candombe é muito sagrado, e só pode tocar seus instrumentos, num pode tocá mais instrumento nenhum (Dona Mercês *apud* FONSECA, s. d., p. 13).

178 "Nos candombes mineiros, o tambor grave chama-se "Santana" - segundo a lenda, o tambor sobre o qual Nossa Senhora sentou-se; Santana é a genitora de Maria, representando, portanto, a ideia de mãe" (DIAS, 2001, p. 14-15); já os outros dois eram então denominados "Santaninha" e "Chama" (SILVA, 2018, p. 251). Contudo, os instrumentos e suas nomenclaturas no candombe encontravam-se dotados de variantes. Assim, por exemplo, segundo CARVALHO, 2000, p. 16, "O conjunto de candombe consiste em um trio de tambores, cujos princípios organológicos se inserem entre os mais puramente africanos de todos os conjuntos brasileiros de tambores. São chamados *requinta*, *crivo* e *santana*; um tambor de fricção chamado *puíta* e um tambor comum de barril chamado *caixa*".

E junto com os tambores, a oralidade, valioso canal de formação das novas gerações. Dessa maneira, personagens entoados pelas músicas são figuras icônicas dos sertões mineiros:

> Os tambores sagrados do Açude[179] guardam ensinamentos dos velhos escravos. São como o papel e o lápis que os mais velhos usam para falar como se deve agir na sociedade hierarquizada, como louvar a Deus e Nossa Senhora, contam de onde vieram, remontando o cenário da 'mãe-África'. [...] Os tambores garantem, ritualmente, que o conteúdo seja transmitido, que os mais novos aprendam, não só os versos cantados, mas também como eles devem ser cantados (FONSECA, s. d., p. 11).

De forma concomitante, a linguagem empregada mesclava-se àquela provinda de memórias africanas, com recurso às línguas banto, pouco conhecidos para não iniciados, sobretudo para aqueles que provinham das instâncias de mando e vigilância:

> Fala-se aos ancestrais como eles falavam, e em conformidade com os seus dizeres. Os pontos de Jongo e Candombe que homenageiam essas entidades são cantados em um *patois* ritual característico, a *meia-língua* ou *gungunado* dos Pretos Velhos, com pronúncia e sintaxe do português alteradas e, por vezes, palavras ou frases em dialetos banto. Não se trata de transe, mas de uma *mímese* expressiva, de fundamental importância para se assegurar a proximidade com o ancestral (DIAS, 2001, p. 17).

Dessa forma, "Os versos metafóricos entoados nessas rodas só ofereciam ao branco um sentido mais literal, inócuo. Fato que [os] deixava perplexos [...] o segredo contido nos versos da cantoria desorientam os que vêm de fora. Entenda quem puder, quem souber" (DIAS, 1999, p. 43).

A musicalidade africana e dos afrodescendentes, com seus tambores – não só nos candombes, mas também nas festas conga,[180] batuques, jongos[181] (ou

179 Localizada na área rural de Jaboticatubas, nas proximidades do Parque Estadual da Serra do Cipó, o quilombo do Açude preserva práticas de candombe próximas às celebrações realizadas pelos seus fundadores entre o século XVIII e XIX. "Atualmente a comunidade possui o certificado de reconhecimento da Fundação Cultural Palmares e conta com o título legal de posse das terras ocupadas, preservando todas as práticas ritualísticas do tambor Banto presente na cultura festiva do Candombe mineiro" (SILVA, 2017, p. 4).

180 O capítulo 4 abordará diretamente a realização das festas conga em Minas nos séculos XVIII e XIX.

181 "O jongo é uma forma de expressão que integra percussão de tambores, dança coletiva e

caxambus) etc. – constituía-se, portanto, simultaneamente, em um ato de louvor aos ancestrais, em dinâmica atualizadora de narrativas comunitárias e em incitação a práticas de resistência e até de subversão. Aliás, "para os congadeiros mais autênticos, [...] o antecessor mais antigo das festas do Rosário é o candombe" (*apud* RUBIÃO, 2010, p. 44).[182] Escapando à significação, à ordem sociopolítica, aos preceitos morais hegemônicos, as músicas e os tambores africanos tanto atraíam como amedrontavam, operando como "elemento fundamental de (re) afirmação da identidade e da altivez dos cativos. Por isso mesmo, ela estava tão presente nos intrervalos do trabalho, nos instantes de liberdade vividos pelos negros" (MARTINS, 2015, p. 103).

A repressão aos batuques e candombes era ainda mais acirrada nos discursos da Igreja Católica por sua associação aos "calundus", "certas danças 'supersticiosas', nas quais [se] invoca o demônio, [...] acompanhadas pelo som de instrumentos como canzá[183] e chocalhos" (SOUSA, 2016, p. 1). Calundu é uma palavra de origem banto que pode designar um conjunto muito variado de práticas religiosas africanas de diversas procedências, mas que em geral mesclam adivinhação e curandeirismo.[184] Os calundus foram considerados pela Igreja Católica como práticas de feitiçaria. Para Nuno Marques Pereira, em *O Peregrino da América*, o diabo se manifestava no som estridente dos calundus:

> Perguntou-me: - Como havia eu passado a noite? Ao que lhe respondi: - Bem de agasalho, porém desvelado [acordado]; porque não pude dormir toda a noite. Aqui acudiu ele logo, perguntando-me:

---

elementos mágico-poéticos. Tem suas raízes nos saberes, ritos e crenças dos povos africanos, sobretudo os de língua bantu. É cantado e tocado de diversas formas, dependendo da comunidade que o pratica. Consolidou-se entre os escravos que trabalhavam nas lavouras de café e cana-de-açúcar localizadas no Sudeste brasileiro, principalmente no vale do Rio Paraíba do Sul. É um elemento de identidade e resistência cultural para várias comunidades e também espaço de manutenção, circulação e renovação do seu universo simbólico. Proclamado Patrimônio Cultural Brasileiro em novembro de 2005" (IPHAN, s. d., p. 11). De forma imbricada, "a divulgação e a visibilidade do Jongo, expressão cultural que articula música, verso e dança, tornou-se uma importante estratégia na luta pela terra e pelo reconhecimento da identidade negra" (MATTOS; ABREU, 2011, p. 148). A historiadora Fernanda Rubião detectou várias afinidades sonoras entre o candombe mineiro e o jongo (RUBIÃO, 2010, p. 133).

182 A autora transcreve reportagem do jornal *Gazeta de Minas*, 7 set. 1980.

183 "Canzá, do quimbundo kanzá, é um instrumento de percussão semelhante ao reco-reco, que produz um ruído rascante e intermitente" (SOUSA, 2016, p. 1).

184 A palavra calundu "seria uma variante do vocábulo *quilundu*, termo usado [na África Central] para designar qualquer tipo de espírito responsável por causar doença ou aflição passível de ser curada por meio da intervenção de um sacerdote. [...] a abrangência desse significado amplamente difundido entre a comunidade escrava teria facilitado, no território colonial, a designação do calundu como uma religião centro-africana transplantada para o Brasil e responsável pelo tratamento de tormentos e angústias" (DAIBERT, 2015, p. 9).

> - Que causa tivera? Respondi-lhe que fora procedido do estrondo dos atabaques, pandeiros, canzás, botijas e castanhetas; com tão horrendos alaridos, que me representou a profusão do Inferno. – E para mim, me disse o morador, não há coisa mais sonora, para dormir com sossego. [...] – Senhor, me disse o morador, se eu soubera que havíeis de ter este desvelo, mandaria que esta noite não tocassem os pretos seus calundus.
>
> Agora entra o meu reparo. Lhe disse eu: - Pois, Senhor, que coisa é calundu? – São uns folguedos ou adivinhações, me disse o morador, que dizem estes pretos que costumam fazer nas suas terras, e quando se acham juntos, também usam delas cá, para saberem várias coisas, como as doenças de que procedem, e para adivinharem algumas coisas perdidas, e também para terem ventura em suas caçadas e lavouras, e para outras muitas coisas (PEREIRA, 1939 [1728], v. 1, p. 123-124).

No avançar do período imperial, a expressão "calundu", assim como "casas de feitiço" ou "casas de dar fortuna", empregada para designar os agrupamentos de culto afro-brasileiro, foi dando lugar a novas terminologias, que desempenhariam as mesmas funções, sendo o termo "zungu" o mais recorrente. As autoridades policiais tinham bastante receio dessas casas, porque eram costumeiramente empregadas como esconderijo de escravos fugidos, como mencionado em uma poesia de Gregório de Matos Guerra, na qual a dimensão sonora também se evidencia:

> Que de quilombos que tenho com mestres superlativos,
> nos quais se ensinam de noite os calundus, e feitiços.
> Com devoção os frequentam mil sujeitos femininos,
> e também muitos barbados, que se presam de narcisos.
> Ventura dizem, que buscam; não se viu maior delírio!
> eu, que os ouço, vejo, e calo por não poder diverti-los.
> O que sei, é, que em tais danças Satanás anda metido,
> e que só tal padre-mestre pode ensinar tais delírios.
> Não há mulher desprezada, galã desfavorecido,
> que deixe de ir ao quilombo dançar o seu bocadinho. [...]
> (*apud* MOTT, 2010, p. 33).[185]

185 O autor transcreve a poesia de PEIXOTO, Afrânio (ed). *Obras de Gregório de Matos*. Rio de Janeiro: Publicações da Academia Brasileira, 1930, v.1, Satírica IV, p. 186.

2.2. Ritos dançantes e batuques

Sonoridades de matriz indígena e africana foram frequentemente associadas à dupla condição de selvageria e barbárie durante a predominância da concepção ilustrada entre os segmentos mais elitizados da sociedade mineira. Dessa maneira, por exemplo, enquanto Saint-Hilaire afirmava que "Seus cantos [dos Botocudo] são tão bárbaros como seus costumes [...] Vê-se que esses selvagens, assim como os Macunis, nada têm em sua poesia dessa elevação que se deleitam em atribuir aos indígenas americanos" (SAINT-HILAIRE, 2000 [1816-1822], p. 257), Richard Burton mencionava os "cantos e coros selvagens" de escravos africanos nas minas escavadas nas montanhas, os quais "acompanha[vam] o compasso com o bater dos malhos e das brocas" (BURTON, 1976 [1869], p. 285).

Selvageria e barbárie foram dois termos muitas vezes utilizados como sinônimos no cotidiano dos séculos XVIII e XIX, pois partilhavam um sentido comum: os povos assim considerados estariam desprovidos de fundamentos culturais positivos (ou seja, segundo os padrões europeus, daqueles pautados no Estado monárquico e na Igreja cristã), sendo "tábulas rasas" e, nesse sentido, próximos à animalidade (quer em um estado de "inocência", porque desprovidos de maior uso da razão, quer pela ferocidade do instinto).

Todavia, as concepções de selvageria e barbárie provinham de balizas culturais específicas. "Selvagem" designava, na Antiguidade Clássica grega, tanto figuras semi-humanas, como sátiros, centauros, ciclopes etc., como pessoas que caíam em estado semi-bestial, vivendo isoladas em lugares distantes do convívio social.[186] Logo, de forma geral, "selvagem" era um termo relativo a criaturas míticas, veiculadas principalmente pela literatura e pelas artes plásticas. Já o vocábulo propriamente dito, *selvaticus*, é de etimologia romana, mas ele conservou, nessa sociedade, seu significado antecedente, que igualmente estendeu-se ao Medievo europeu, com interfaces junto às tradições judaica e cristã. Na conjuntura da conquista e primeiros tempos da colonização do continente americano, a semântica do termo encontrava-se amplamente consolidada: "selvagens" seriam seres e povos com uma mínima parcela de humanidade, não submetidos a nenhuma regra ou controle social, inclusive no tocante ao comportamento sexual[187] (SILVA JÚNIOR, 2015, p. 39-43).

---

186 Na *Política,* Aristóteles afirma que "Aquele que não precisa dos outros homens, ou não pode resolver-se a ficar com eles, ou é um deus, ou um bruto. Assim, a inclinação natural leva os homens a este gênero de sociedade" (*Política* 1253a).

187 "Os sátiros, faunos e silenos - criaturas fantásticas com traços caprinos - destacavam-se pelos impulsos libidinosos; eram criaturas lascivas e promíscuas, cuja função resumia-se a atrair e seduzir humanos para satisfazer seu ímpeto" (SILVA JÚNIOR, 2015, p. 42), em um imaginário revalorizado pelo Renascimento e, posteriormente, pelo Iluminismo.

De forma similar, o termo "bárbaro" remonta à Atenas Clássica, sendo utilizado para designar os estrangeiros que falavam outro idioma e que, sob tal critério, estavam sujeitos à escravidão,[188] ou aqueles que, mesmo nascidos na localidade, não dominavam a própria linguagem. Desde então, manteve, na cultura ocidental, o papel de indicar uma alteridade social, "seja através de uma fronteira ditada por um critério cultural-biológico, como era no mundo helênico, seja por um critério jurídico-político, do *status civitatis* romano, ou pelo critério religioso, no contexto cristão medieval" (SILVA JÚNIOR, 2015, p. 39). Associando a noção de barbárie ao providencialismo católico, os conquistadores ibéricos consideraram-se detentores do senhorio sobre os povos originários do Novo Mundo (ALCIDES, 2009, p. 44-45). Dessa maneira, as etnias ameríndias que nas terras mineiras resistissem à presença dos colonizadores poderiam, segundo a legislação do Reino, ser combatidas à força das armas.

A compreensão dos indígenas sob a ambígua conotação de "selvagens/bárbaros" apoiava-se, por sua vez, na tese da "degradação" de povos não europeus, formulada por Joseph-François Lafitau, jesuíta do século XVIII. Esse autor postulava a unidade do humano, por meio do qual o índio seria pensado no bojo de uma concepção simultaneamente bíblica (que afirmava a possibilidade de salvação aos convertidos) e civilizatória (que postulava a primazia da racionalidade e o papel da educação). Esta foi a posição defendida, por exemplo, por von Martius em sua dissertação "Como se deve escrever a história do Brasil", premiada pelo Instituto Histórico e Geográfico Brasileiro em 1845: "não podemos duvidar que todas as tribos, que nela fazem-se inteligíveis, pertençam a um único e grande povo, que sem dúvida possuiu a sua História própria, e que, de um estado florescente de civilização, decaiu para o atual estado de degradação e dissolução" (MARTIUS, 1845, p. 36).

Algumas singularizações foram sendo tecidas nesse entendimento dos indígenas brasileiros como selvagens e bárbaros degradados. O próprio von Martins propôs uma nova classificação nos anos 1860: ele atentou, entre os Tapuia, para o emprego das partículas finais "jê" (chefe, pai, ascendente) ou "cran" (filho, descendente) na designação de vários grupos desses povos.[189] Boa parte das populações indígenas de Minas passou a ser identificada, a partir daí, como legatária do grupo linguístico macro-jê (JOSÉ, 1965, p. 11). Nesse mesmo período, o Instituto Histórico e Geográfico Brasileiro consolidou a contraposição entre Tupis e Tapuias, previamente formulada desde os escritos quinhentistas, no bojo da configuração da presença indígena no processo de constituição da nacionalidade brasileira. Assim, enquanto o Tupi "representava a matriz da nacionalidade,

188 Cf. ALCIDES, 2009, p. 44: "Segundo Aristóteles, 'como se bárbaro e escravo fossem a mesma coisa' (*Política* 1252b)".

189 Como Apinagez, Crengez, Aponigricrans, Capucrans etc. cf. RODRIGUES, 2012, p. 280.

posto que foram as alianças e a mestiçagem luso-tupi que consolidaram a presença portuguesa na América [...] os Tapuias, apesar das enormes evidências históricas em contrário, situavam-se num polo oposto, [...] representavam, em síntese, o traiçoeiro selvagem dos sertões que atrapalhava o avanço da civilização, ao invés do nobre guerreiro que fez pacto de paz e de sangue com o colonizador" (MONTEIRO, 2001, p. 172). Todavia, no cotidiano colonial e imperial, não havia tal delimitação estanque entre "Tupi" e "Tapuia", face às alianças e aos confrontos continuamente reelaborados entre os integrantes desses dois supostos grupos e aqueles diretamente vinculados aos projetos de colonização e nacionalidade imperial (ALMEIDA, 2010).

Em paralelo, a selvageria/barbárie indígena era contraposta aos parâmetros europeus de ordem e civilidade, palavra surgida no século XVI.[190] Em Portugal, foi no século XVIII que o termo passou a estar associado à polidez de costumes, cortesia, urbanidade,[191] por sua vez desdobrado, na América portuguesa, ao imperativo de ordenação do espaço, à sua incorporação à estrutura político-administrativa do Império e à racionalidade econômica preconizada pela Ilustração (ARAÚJO; SILVA, 2012, p. 35). Dessa forma, uma vez capturado, se houvesse uma suposta "conversão" ao cristianismo por parte dos indígenas, com aprendizagem de alguns costumes e preceitos "civilizados", tais cativos seriam considerados "índios mansos" ou "caboclos",[192] numa representação acompanhada de sua percepção como ingênuos, fracos, carentes de auxílio, ou seja, dependentes de tutela (RESENDE, 2013, p. 63-65) – argumento também utilizado para sua permanência em condição de escravidão. Assim, juntamente à imposição do

190 "[Norbert] Elias refere que a palavra 'civilidade', do francês *civilité*, foi [...] disseminada pelo tratado *De civilitate morum puerilium,* de 1530, do humanista Erasmo de Rotterdam. Escrito para a educação das crianças, o livro arrolava regras de comportamento das pessoas na sociedade, e seguia uma tradição medieval preocupada com os modos e etiquetas, notadamente nas sociedades de corte [...] as palavras que formavam seu campo semântico [dessa tradição], eram: polidez, polícia, cortesia, cavalheirismo, etc., sempre com referência a moderação dos costumes. Nesse sentido, a associação com moralidade também era pertinente" (SILVA JÚNIOR, 2015, p. 67)

191 O termo "civilidade" foi incorporado pelo dicionário português de Raphael Bluteau, inicialmente publicado em 1728, "significando, porém, 'descortesia, grosseria, rusticidade'. [...] O que parece não ter sido notado pelo dicionarista era a proximidade entre 'civilidade' e 'civel' [...], semelhança [que] foi observada, entretanto, por Moraes Silva [em seu dicionário, de 1789] [...] Segundo o autor, civilidade significava, antigamente, 'ação de homem do povo, de mecânico, vil'. [...] Quanto à civilidade, o mesmo Moraes Silva completou o significado acima, afirmando: 'hoje significa cortesia, urbanidade'. Apenas essa última observação, portanto, publicada no final do século XVIII, aproximava-se do sentido presente nos dicionários franceses desde fins do século XVII" (SANTOS, 2014a, p. 236).

192 Cf. SPIX; MARTIUS, 1976 [1824-1832]. p. 103: "Os habitantes designam estes índios com o nome geral de caboclos".

trabalho forçado a um colono, tais ameríndios sofreram mais diretamente um processo de apagamento de suas origens étnicas e de assimilação à cultura de matriz europeia (RESENDE, 2003, p. 64-65).

Já aqueles indígenas que resistiram à colonização passaram a ser vistos como animalidade bruta, a quem seria legítimo eliminar ou escravizar através de "guerras justas", travadas também contra os ameríndios que habitavam nos "sertões" mineiros. Embora a área onde foram promovidas as primeiras extrações minerais (no entorno de Vila Rica e Vila do Ribeirão do Carmo) tenha sido palco de vários desses embates,[193] os maiores conflitos ocorreram, sobretudo a partir das últimas décadas do século XVIII, na região do vale do rio Doce, que sendo fértil para agricultura, reputada rica em ouro e considerada de importância estratégica, não estava sendo controlada com facilidade. Um dos embates de maiores proporções nessa região adveio da declaração de "guerra justa" ao Botocudo[194] que habitavam nesse território, proclamada por D. João em maio de 1808 (RESENDE, 2013, p. 71; 64).[195]

Logo, não foi casual que letrados iluministas tenham tido o cuidado de desqualificar culturalmente esse grupo ameríndio, inclusive no âmbito das sonoridades, a exemplo de Saint-Hillaire:

> A pronúncia dos Botocudos é ainda mais bárbara que as das outras nações indígenas. Não podendo fazer uso do lábio inferior, servem-se ainda mais da garganta e do nariz; têm muitas palavras aspiradas que parecem sair com esforço do fundo da garganta e que, no meio de um anasalamento gutural extremamente monótono, produzem estrondos de voz que surpreendem quando a eles não se está acostumado (SAINT-HILAIRE, 2000 [1816-1822], p. 252).[196]

193 A exemplo do relatado no documento transcrito por AMANTINO, 2006, p. 201: "Sua majestade, que Deus guarde, atendendo as devassas e representações que se lhe mandaram sobre as mortes, roubos e insultos que têm feito os gentios Payaguazes [Cataguases] e mais bárbaros que infestam essas Minas e o seu caminho, foi servido mandar lhe dar guerra para a qual manda assistir com armas, pólvora e bala e os mais petrechos necessários declarando a todos os gentios que se aprisionarem por cativos e que estes sejam repartidos pelas pessoas que se empregarem na dita guerra".

194O nome "Botocudo" foi atribuído pelos portugueses a grupos indígenas que utilizavam botoques labiais e nas orelhas, feitos de madeira da árvore conhecida como "barriguda". Esse adorno era comparado pelos portugueses a botoques, rolhas usadas para tampar tonéis (ARAÚJO; SILVA, 2012, p. 52). O nome generalizou-se, passando a designar vários grupos indígenas do tronco macro-jê que resistiam à associação com os "brancos" (MARINATO, 2007, p. 32-33): "Botocudo, em outras palavras, era sinônimo de inimigo" (OLIVEIRA, 2009, p. 45)

195 A declaração de "guerra justa" foi utilizada no Brasil do século XVI ao XVIII com base numa instituição europeia criada durante as Cruzadas. Embora tenha sido abolida desde 1757 pelo Diretório Pombalino, foi retomada em 1808.

196 Observe-se que, como indica PUCCI, 2016, p. 12, "Em grande parte dos cantos indígenas, o

E uma comparação promovida por esse visitante francês também se mostra elucidativa: "Encontra-se entre os Botocudos um hábito que, talvez, não se observe em nenhum outro povo. Quando fazem qualquer pedido, quando estão comovidos por algum motivo grave, não falam mais; cantam; não posso, porém, comparar melhor esse canto do que às lamentações monótonas de nossos mendigos, entremeadas de grandes gritos que arrebentam os tímpanos" (SAINT-HILAIRE, 2000 [1816-1822], p. 256).[197]

De Saint-Hillaire também provém a descrição dos combates, em um confronto por ele mesmo descrito como "um absurdo digno dos tempos mais bárbaros", em implícita menção ao massacre perpetrado pelos colonizadores:

> Então começava o combate; os portugueses disparavam tiros de espingarda, e os Botocudos lançavam flechas. A pouco e pouco diminuía-se o círculo que se formara em torno destes últimos, e quando certo número já sucumbira, os restantes investiam sobre os inimigos, a fim de abrir passagem e fugir. Finalmente, quando não restavam mais no seu meio senão mulheres e crianças, os portugueses capturavam-nas e levavam-nas à força. As mulheres, a princípio, soltavam grandes gritos; mas apenas caminhavam um pouco, pareciam conformadas, e apegavam-se a seus condutores. Quanto aos homens, se acontecia prenderem-se alguns, fechavam os olhos, negavam-se responder às perguntas que se lhes dirigia em sua própria língua, e deixavam-se matar. Os Botocudos, temendo bastante as armas de fogo, não atacam os portugueses de frente; escondem-se por trás das árvores, e lançam flechas aos que passam ao alcance (SAINT-HILAIRE, 2000 [1816-1822], p. 184).

Além da tecnologia militar que as tropas imperiais dispunham e do emprego de táticas aterrorizantes e dizimatórias,[198] a subjugação indígena foi acarretada pela

---

timbre nasal será uma constante e uma característica interligada profundamente às línguas faladas [...]. Mário de Andrade já havia comentado sobre a nasalidade advinda das línguas indígenas e afirma que a língua portuguesa falada no Brasil se caracteriza por uma forte constância nasal".

197 Em perspectiva similar, von Martius aproxima o ideário da degradação dos povos indígenas à situação de marginalização social de grande parte da população europeia, principalmente daquelas atingidas pela expropriação de terras e subsequente êxodo rural decorrentes do processo industrial. Assim, em um relatório de prestação de contas à Academia de Ciências e ao rei da Baviera, ele afirma: "Para nós, esses homens [os indígenas] possuíam características muito singulares, seu aspecto desconfiado, que é muito parecido ao de loucos e indivíduos escapados de presídios, uma presença intimidante, particularmente quando apareciam animados pela vinhaça e começam a dançar à maneira dos negros [...]. De Vila Rica, 26.4.1818" (*apud* PAIVA, 2016, p. 268).

198 Pode-se citar, como um entre tantos exemplos dessas práticas, o episódio em que mesmo depois de expirada a declaração de guerra aos Botocudos, em 1831, o comandante do distrito

conjugação de outros fatores, como a assimilação de suas armas e estratégias e a política de alianças dos colonos com grupos indígenas em disputa (OLIVEIRA, 2009, p. 19).[199] Nesse processo, também ocorriam hibridizações sonoras, a exemplo do combate travado entre os Puri e os colonos de Vila Rica (estes apoiados pelos Coroado), no início do século XIX. A sangrenta vitória dos Coroado foi comemorada através do soar de um instrumento confeccionado com chifre de boi, chamado de *tschapá-pui*. Tal prática não deixava de indicar uma bricolagem nos costumes indígenas, pois o chifre bovino não fazia parte do imaginário ameríndio até a chegada dos portugueses, sendo então ressignificado e transformado em instrumento sonoro dos rituais (AGUIAR, 2010, p. 207).

Em paralelo às "guerras justas", as administrações de viés iluminista do final do século XVIII e início do XIX implementaram um sistema de aldeamentos indígenas, justificados em nome da promoção de sua "civilidade". Como unidades jurídico-administrativas, os aldeamentos haviam sido normatizados desde 1714 por legislação régia, ocasião em que eram principalmente utilizados como "cinturões de proteção" frente à atuação de quilombolas e salteadores nos "sertões", bem como forma de intimidação à ocupação irregular das terras por colonos que não dispusessem de permissão governamental (RESENDE, 2013, p. 76; 303-305; 310). Mas o recurso aos aldeamentos intensificou-se após a promulgação de duas outras legislações. A primeira delas, paradoxalmente chamada "Lei da Liberdade", emitida em 1755 por D. José I (sob orientação do ministro Sebastião José Carvalho e Melo, futuro Marquês de Pombal), restabelecia aos índios da América Portuguesa, até então agregados em missões religiosas, autonomia de suas pessoas, posses e comércio. Todavia, se tal concessão, supostamente, permitiria aos índios escolher para quem trabalhariam e os valores de suas jornadas diárias,[200] essa faculdade foi retirada mediante a criação de um segundo dispositivo legal, em 1757, conhecido como "Diretório dos Índios",[201] que dispunha os indígenas sob a tutela de "diretores" nomeados pelo próprio governador. Com isso, as

de São Mateus, no Espírito Santo, regressou à instalação militar em 1838, com trezentas orelhas arrancadas aos indígenas vencidos (OLIVEIRA, 2009, p. 47). Em paralelo, ESPÍNDOLA, 2009, p. 76, informa que "Em 1832, o Mestre-de-Campo Matias Barbosa [da Silva], atuou como perseguidor dos "Botocudos" que atacaram localidades próximas à cidade de Mariana".

199 O autor também elenca o choque microbiano como um outro fator importante no processo de dizimação indígena.

200 Em 1755, o rei também retirou dos jesuítas todos os poderes temporais, o que acelerou a integração forçada das populações indígenas na sociedade colonial. Essa política indigenista era uma estratégia geopolítica contra o domínio espanhol na bacia amazônica, após o Tratado de Madri de 1750.

201 Esta legislação foi estabelecida por Francisco de Xavier Furtado de Mendonça, governador do Grão-Pará e Maranhão e irmão de Carvalho e Melo, Marquês de Pombal.

autoridades da Capitania mineira, principalmente a partir do governo de Silva Lobo, iniciado em 1768, aplicaram a legislação à situação dos índios nômades, incrustados nas regiões fronteiriças, que se estendiam por largas possessões. Tais grupos foram combatidos e muitos deles aldeados, tendo sua mão-de-obra sido explorada por administradores régios e proprietários rurais, assim dotados de aval jurídico (RESENDE, 2013, p. 73-76).

Em 1798, o "Diretório" foi abolido, ainda que muitos de seus preceitos continuassem vigorando na prática. A *Carta Régia* que determinou essa supressão continha apenas orientações gerais de "não sujeição" e permissão da comunicação e convivência dos índios aldeados com qualquer "representante da civilização", oficialmente resguardando a liberdade indígena, mas sem impedir a efetiva manutenção de seu trabalho compulsório. Em sequência, após a constituição do Império brasileiro, foi promulgada, em 1845 uma nova legislação indigenista, o *Regulamento acerca das Missões de Catequese e Civilização dos Índios*, que instituiu a Diretoria Geral dos Índios (MARINATO, 2007, p. 42), a qual favorecia que os aldeamentos ficassem a cargo de religiosos missionários, principalmente franciscanos capuchinhos.[202]

Este *Regulamento*, por sua vez, integrava-se em uma disputa mais alargada sobre a questão territorial no Brasil – não casualmente, em 1850, foi promulgada a Lei de Terras, estabelecendo a posse por compra das terras devolutas no país. E mesmo parcela das terras dos aldeamentos, segundo o *Regulamento*, poderia ser utilizada para aforamentos, isto é, para compra por particulares. Em paralelo, mostrava-se premente a questão da mão-de-obra, pois data igualmente de 1850 a legislação proibitiva (e tantas vezes ignorada) da proibição do tráfico negreiro, que seria seguida por outras normatizações limitadoras do escravismo. Com isso, a mão de obra indígena dos aldeamentos foi muitas vezes vista como um elo no processo de transição do trabalho escravo para a incorporação de imigrantes europeus (OLIVEIRA, 2009, p. 71).

Em contrapartida, a circunscrição forçada dos indígenas nos limites territoriais de aldeamentos inviabilizava sua sobrevivência, pois os limites territoriais fixados excluíam a área de caça, de coleta extrativa de plantas, os rios de pesca, as picadas de comunicação com outras regiões, as antigas referências geográficas, os sítios rituais... Com isso, eliminava-se a possibilidade de auto-manutenção social e simbólica do modo de vida indígena (RESENDE, 2013, p. 95-96).

202 Cf. OLIVEIRA, 2009, os religiosos dirigentes dos aldeamentos não eram meros executores da política imperial. Eles detinham um projeto de atuação próprio, ligado à romanização católica, ou seja, à afirmação da Igreja e da dimensão religiosa numa sociedade ocidental que cada vez mais afirmava sua modernidade, com fundamentos laicos. Seu papel era transformar os indígenas em trabalhadores católicos.

Diversos viajantes europeus e integrantes da administração colonial visitaram os aldeamentos mineiros na primeira metade do século XIX, registrando suas impressões em relatos repletos de depreciações: mesmo "apaziguados", os indígenas eram tidos como maliciosos, traidores, boçais e indolentes – em suma, inquestionavelmente carentes de civilidade. Tais estereótipos incidiam também sobre o linguajar indígena, em suposta condição de inferioridade aos idiomas europeus:

> Se existem traços fisionômicos mais ou menos comuns a todas as tribos, [há também] certos caracteres que me parecem pertencer à raça. Enquanto [...] todas as nações de origem caucásica falam com a boca, os índios, ao contrário, tiram da garganta os sons que fazem ouvir, cerram ordinariamente os dentes, afastam muito pouco os lábios, e mal movem a língua. É entretanto fácil de sentir que no meio de caracteres gerais, deve haver, na pronúncia dos diferentes idiomas, matizes peculiares. [...] existe, no primeiro desses idiomas [dos Malali],[203] palavras que mal se podem representar com nossas letras, tão enfraquecidas são as consoantes, as guturais e as vogais (SAINT-HILAIRE, 2000 [1830-1851], p. 181).

Semelhante conotação pejorativa aplicava-se à musicalidade e ao canto, denotando um grande estranhamento, mediante o uso de adjetivos como "estridente", "ensurdecedora", "desagradável", "ruidosa", "fanhosa".[204] Os relatos desclassificatórios acerca das sonoridades dos indígenas de Minas sucederam-se: enquanto para Diogo de Vasconcelos "A música do índio é descompassada e uníssona; suas danças, igualmente desagradáveis, pela uniformidade de posturas e gestos" (VASCONCELOS, 1994 [1807], p. 77-78), Saint-Hillaire descreveu que

> A dança é o maior prazer desses índios; entretanto, não é entre eles mais que um sapateado monótono que acompanham com cantos grosseiros, e suas canções não têm, por assim dizer, o menor sentido. Tem uma que apenas consiste em uma longa enumeração dos animais que matam em suas caçadas; outras são mais ridículas ainda, tais como esta: *abaai bita popi amabá poaté poteice anári*; quando as mulheres vão urinar, as árvores olham e não dizem nada (SAINT-HILAIRE, 2000 [1830-1851], p. 214).

---

203 Povos indígenas que habitavam no entorno do Médio Jequitinhonha e do Mucuri. Segundo JOSÉ, 1965, p. 30-31, "Ligavam-se, pela língua, ao numeroso bloco botocudo. [...] Sua principal aldeia ficava em Peçanha".

204 Como indica PUCCI, 2016, p. 9, tais descrições comportam uma "postura etnocêntrica, de pessoas provavelmente acostumadas ao canto erudito europeu empostado com a sonoridade das línguas latinas e germânicas".

Também Cunha Matos, em livro publicado em 1837, afirma que

> A música e a dança dos índios são iguais à sua barbaridade: uma monotonia constante (*Han-ro-há-há-há*). Atitudes desengraçadas, mas guardando cadência, ocupam parte do dia e da noite. Os seus cânticos têm por objeto a carniceria que fizeram nos seus inimigos e nas caçadas e as proezas de seus heróis; ameaças de vingança proferidas com os gestos mais horrendos são aplaudidas por todos os circunstantes. Suas belas, já tocando em instrumentos de cana, já em cabaças com pedrinhas já distribuindo os licores fortes preparados pelas matronas, animam as suas paixões e fazem realçar a sua ferocidade. Os grandes banquetes são ordinariamente seguidos de expedições guerreiras em que se põem em prática os votos de vingança proferidos no tumulto e confusão das danças e cantatas (MATOS, 1981 [1837], v. 2, p. 97).

•

Não somente as sonoridades indígenas, mas também as africanas e afrodescendentes foram depreciadas sob o argumento da "falta de civilidade". Assim, ao menos nos discursos oficiais, os sons dos batuques, promovidos nas vendas e casas de alcouce, mas também nas roças já constituídas, tornavam-se alvo de duras críticas:

> [Trata-se de] [...] uma dança que a decência mal permite mencionar, e que, no entanto, se tornou quase nacional (o batuque). Sua felicidade é não fazer nada; seus prazeres são os sensuais. Triste fruto da escravidão, mulatas prostituídas encontram-se em todas as povoações, e devem necessariamente entreter aí essa depravação de costumes à qual já bastante excitam o calor do clima, o tédio e a ociosidade (SAINT-HILAIRE, 2000 [1816-1822], p. 137).[205]

De maneira genérica, os "batuques" caracterizavam-se pela prática de cantos e danças, com presença de ambos os sexos, realizados geralmente à noite.

205 Vale observar o hibridismo cultural promovido entre as culturas indígenas e africanas no Brasil, através do qual o "batuque" era por vezes também associado às práticas ameríndias. Assim, por exemplo, na vila de Alcobaça, capitania da Bahia, houve a denúncia, em 1803, de que "os índios viviam sempre bêbados, com batuques, uns pelas casas dos outros" (*apud* CANCELA, 2015, p. 105).

Eram promovidos com frequência, principalmente nos domingos e dias santos. Acontecia com o tocar de tambores ou atabaques, sendo acompanhados pelas vozes, palmas e dança: "Durante a noite, os negros dançavam batendo as mãos e socando a terra com os pés" (SAINT-HILAIRE, 2000 [1816-1822], p. 138).

Os batuques eram tidos como lascivos pelos padrões europeus, devido às "umbigadas" e outros passos, mas, sobretudo, por ensejarem um ambiente mestiço, que aproximava homens e mulheres, escravos, forros, brancos pobres e ricos (VIANA 2011). Na viagem de São João de Ipanema a Vila Rica, Spix e Martius descrevem que

> O batuque é dançado por um bailarino só [e] uma bailarina, os quais, dando estalidos com os dedos com movimentos dissolutos e pantomimas desenfreadas, ora se aproximam, ora se afastam um do outro. O principal encanto desta dança, para os brasileiros, está nas rotações e contorções artificiais da bacia, nas quais quase alcançam os faquires das Índias Orientais. Dura às vezes, aos monótonos acordes da viola, várias horas sem interrupção, ou alternado só por cantigas improvisadas e modinhas nacionais, cujo tema corresponde à sua grosseria. Às vezes aparecem também bailarinos, vestidos de mulher. Apesar da feição obscena desta dança, é espalhada por todo o Brasil e por toda parte é a preferida da classe inferior do povo, que dela não se priva, nem por proibição da Igreja. Parece ser originária da Etiópia e introduzida pelos escravos negros, no Brasil, onde criou raízes como muitos outros hábitos deles (SPIX; MARTIUS, 1976 [1824], p. 158).

Os batuques foram representados em iconografias durante o século XIX. Bastante conhecida é a imagem de Rugendas, acompanhada pela descrição feita pelo pintor – muito próxima, aliás, daquela deixada por Spix e Martius acima transcrita – segundo a qual os participantes do batuque[206] promoviam "certos movimentos do corpo que talvez se pareçam demasiado expressivos; são, principalmente as ancas que se agitam, enquanto o dançarino faz estalar a língua e os dedos, acompanhando um canto monótono, os outros fazem círculo em volta dele e repetem o refrão" (RUGENDAS *apud* SOUZA, 2011, p. 63).[207] Tais relatos apontam para uma forte aproximação entre os batuques e os lundus,[208] estes segundos reelaborados para

206 No caso retratado por Rugendas, no interior da Província do Rio de Janeiro.

207 A autora reporta-se ao livro RUGENDAS, Johann Moritz. *Viagem pitoresca através do Brasil*. Belo Horizonte, Itatiaia, 1998. p. 157.

208 Cf. CASCUDO, 1954, p. 364, "*Lundum, landu, londu*, dança e canto de origem africana,

apresentações nos salões oitocentistas,[209] geralmente sob a forma de canções com alusões sensuais e satíricas. Em um de seus poemas, Tomás Antônio Gonzaga, "que viveu não somente em Minas Gerais, mas também na Bahia, durante sua juventude, chega a mencionar tanto o batuque quanto o lundu no mesmo poema, dando à ideia de formas diferenciadas" (MONTEIRO, s. d., p. 1):

> Aqui lascivo amante sem rebuço
> À torpe concubina oferta o braço:
> Ali mancebo ousado assiste e faia
> À simples filha, que seus pais recatam.
> A ligeira mulata, em trajes de homens,
> Dança o quente lundu e o vil batuque
> (GONZAGA *apud* MONTEIRO, s. d., p. 1).[210]

Rugendas também representou o lundu, em suas expressões musicais próximas ou protagonizadas pelos grupos subalternizados, em dois quadros, um dos quais a seguir reproduzido.

Nos batuques e lundus, a "umbigada" era um dos passos recorrentes. Para compreendê-lo, deve-se considerar que "a umbigada é um gesto simbólico de grande significação nas tradições *bantu*", estando associada ao culto dos ancestrais (PAULA JÚNIOR, 2020, p. 47-48). A moralidade iluminista, por sua vez, alinhava-se às recriminações católicas: os batuques, assim como o seu similar jongo ou caxambu, eram veementemente recriminados pela Igreja.[211] No período

---

trazidos pelos escravos bantos, especialmente de Angola, para o Brasil". A despeito da proximidade sonora com o vocábulo "calundu", abordado neste capítulo, as duas expressões evocam práticas e sentidos distintos da cultura afrobrasileira: "A paranomásia dos termos leva à associação de canlundus/lundus/lundu, porém é preciso dissociar, particularmente, os dois primeiros nomes do último, pois estes carregam em comum a herança religiosa, 'enquanto o lundu […] refere-se inevitavelmente a uma dança profana, […] [que] transforma-se ainda no século XVIII em número de teatro e canção humorística'." (MORAES, 2009, p. 103-104). O autor reporta-se à TINHORÃO, José Ramos. *O som dos negros no Brasil*: cantos, danças, folguedos. Origens. São Paulo: Art. Editora, 1988. p. 36.

209 Como abordado no Capítulo 6 deste livro.

210 O autor reporta-se à obra de GONZAGA, Tomás Antônio. *Cartas Chilenas* [edição eletrônica]. São Paulo: DCL, 2013. p. 500.

211 É importante considerar que, apesar da repressão sofrida, o caxambu (ou jongo, como ficou mais conhecido) manteve-se vigente, sobretudo nas áreas rurais do Sudeste brasileiro, vindo inclusive a ser considerado, em 2005, como patrimônio cultural nacional. Mesmo sendo cantado em português e fazendo referência a santos católicos, ele exprime, em sua continuidade histórica, a resistência afro-brasileira e a potência do legado dos povos africanos de língua banto escravizados no Brasil (ABREU, 2015, p. 185-186).

colonial, tais manifestações eram censuradas pelos religiosos visitadores, os quais admoestavam aos párocos que "não admitam bailes e serenatas com misturas de sexos nem outras danças de sua natureza escandalosa que vulgarmente se chamam 'batuques.'" (*apud* VIANA 2011, p. 47).[212] Era assim determinado que "não se use de cantigas pouco honestas e provocativas, nem se façam bailes" (*apud* ROSA, 2005, p. 164).[213] Indicativo das fímbrias sociais de Minas, o batuque ou "dança de negros" reunia "escravos e forros", mas também "capitães do mato" e até integrantes de segmentos sociais mais elevados, sendo considerados, pela hierarquia católica, como desencadeadores de "grave dano espiritual e temporal nos moradores desta freguesia" (*apud* ROSA, 2005, p. 165).

Fig. 21– *Danse batuca*. Johann Moritz Rugendas. [1835].[214]

212 Trecho extraído de documentação eclesiástica de D. Frei Domingos da Encarnação Pontével, bispo de Mariana, em 1781.

213 Outro documento provindo dessa mesma administração eclesiástica.

214 Gravura. Disponível em: http://objdigital.bn.br/acervo_digital/div_iconografia/icon94994/icon94994_186.jpg. Acesso em: 19 fev. 2021.

Fig. 22 – *Danse landu.* Johann Moritz Rugendas. [1835][215]

Os batuques rompiam a moral católica e civilizatória por seu estímulo à sensualidade, mas as autoridades civis e policiais também desconfiavam dos riscos político-sociais dessa musicalidade, considerando-a perigosa. A maior preocupação era com os potenciais motins que poderiam resultar desses congraçamentos. A poesia de José Joaquim Lisboa evoca tal dinâmica subversiva da ordem através da música:

> Os escravos pretos lá,
> Quando dão com maus senhores,
> Fogem, são salteadores,
> E nossos contrários são.
> Entranham-se pelos matos,
> E como criam e plantam,
> Divertem-se, brincam, cantam,
> De nada têm precisão.
> (LISBOA, 2002 [1804], p. 45-46).

215 Gravura. Disponível em: https://ribeiraopretoculturaljaf.blogspot.com/2019/05/danca-lundu-brasil-danse-landu-johann.html. Acesso em: 19 fev. 2021.

Aliás, tais sons pareciam tão ameaçadores que até os instrumentos deveriam ser apreendidos: um dos governadores interinos da Capitania mineira, José Antônio Freire de Andrade (1752-1758), determinou que ajuntamentos de negros, mulatos e carijós deveriam ser dispersados por rondas armadas. O argumento dado era o de que nasciam "grandes desordens" desses batuques, degringolando em brigas e ferimentos. É significativo o fato de os tambores deverem ser quebrados pelas rondas, o que de certa forma os equipara às armas – paus, porretes, facas, navalhas, facões – que os soldados deveriam apreender (VIANA 2011, p. 48). Também de forma sucessiva, determinações das câmaras locais e mesmo do governo da Capitania, depois Província de Minas, interditavam o funcionamento das casas de batuques, assim como dos candombes e calundus, embora seu efeito fosse irrisório, com permanência de tais práticas ao longo dos períodos colonial e imperial. Não obstante, essas mesmas sonoridades eram promovidas com aval dos senhores nas fazendas e outras propriedades rurais, obtido em delicados processos de negociação e concessão, assim como por ocasião de festejos que tomavam conta de residências e ruas das vilas e cidades de Minas.[216]

2.3. Estéticas sonoras

Em meados do século XIX, com o incremento do ideário romântico, novas representações foram tecidas acerca dos povos não-europeus, inclusive dos indígenas americanos, bem como a escuta das sonoridades por eles protagonizadas passou por modificações. Quanto aos ameríndios, a conotação de selvageria/barbárie que lhes era atribuída foi ressignificada sob o qualificativo do "bom selvagem", difundido sobretudo através dos escritos filosóficos de Jean-Jacques Rousseau:[217] "não é mais o índio que deve ser ensinado sobre a religião e a cultura europeia, mas é o próprio europeu que passa agora a aprender, com o índio, como retornar

216 Essas performances musicais passaram a ser mais toleradas pelas autoridades, de forma geral, a partir do começo do século XIX: "O manual de *Instruções para a comissão permanente nomeada pelos fazendeiros do município de Vassouras* [município da província do Rio de Janeiro], de 1854, [estipulava] [...] permitir e mesmo promover divertimentos entre os escravos; privar o homem que trabalha de manhã até a noite, sem nenhuma esperança é barbaridade e falta de cálculo. Os Africanos, em geral, são apaixonadíssimos de certos divertimentos: impedir-lhes é reduzi-los ao desespero, o mais perigoso dos conselheiros. Quem se diverte não conspira" (*apud* LIGIÉRO, 2011, p. 138)

217 Sobretudo *Discours sur l'origine et les fondements de l'inegalité parmi les hommes* [*Discurso sobre a origem e os fundamentos da desigualdade entre os homens*], de 1754, e *Du contrat social ou principes du droit politique est un ouvrage de philosophie politique* [*Do Contrato Social*], de 1762. "O brasileiro Antônio Pereira de Souza Caldas pode ter sido sensível àquelas ideias [de Rousseau], razão provável do prestígio de sua *Ode ao homem selvagem*, de 1785, elogiada pelos primeiros historiadores das literaturas em língua portuguesa" (ZILBERMAN, 2017, p. 5).

ao seu estado original de 'primitivismo redentor'." (BONIN; KIRCHOF, 2012, p. 226). Não obstante, no Brasil Oitocentista, com os indígenas já em grande parte subjugados ou exterminados nos territórios ocupados pela presença "civilizada" luso-brasileira, a leitura rousseauniana do bom selvagem recebeu conotações próprias: mais do que um redentor da civilização, ele se torna um retrato idealizado do próprio colonizador (em sua suposta valentia e nobreza), ao ponto de posicionar-se como seu aliado (BONIN; KIRCHOF, 2012). Em paralelo, há uma incorporação da estética do exótico ou do pitoresco à figura indígena.[218]

Dessa maneira, ocorreu uma inserção bastante seletiva das práticas e expressões culturais ameríndias, inclusive sonoras, para a constituição do imaginário da nação brasileira recém-emancipada, as quais foram reinterpretadas sob o viés da excentricidade (CARVALHO, 1998, p. 3). Esta foi a perspectiva adotada pelo estudioso francês Ferdinand Denis, que exerceu profunda influência entre os românticos brasileiros, bem como por artistas plásticos que vieram com a Missão Francesa, como Jean-Baptiste Debret, Johann Mortiz Rugendas e Antoine Taunay. Daí também o interesse de von Martius e Spix em publicar um "Anexo Musical" no livro *Viagem pelo Brasil*, com 23 músicas transcritas em partituras, sendo 14 delas melodias indígenas, um lundu instrumental e mais 8 peças intituladas *Brasilianishe Volkslieder* (Cantigas Populares Brasileiras) (MERHY, 2010, p. 174).[219]

O interesse pelo "exotismo" indígena fez-se também presente na escrita de literatos românticos como José de Alencar; inclusive seu romance *O Guarani*, publicado em 1857, foi transposto para ópera por Carlos Gomes e apresentado, em 1870, no Teatro Scala, de Milão.[220] O enredo delineava a constituição da identidade nacional por meio da ligação simbólica entre uma jovem loura portuguesa, Ceci, e um chefe indígena, Peri, expressa, na ópera, pelo canto em dueto desses dois personagens. Paralelamente, o exótico era assegurado pela estetização de elementos nativos, como o emprego de instrumentos indígenas na orquestra e por um *ballet*, suposta coreografia de ritos antropofágicos dos Aimoré.[221]

Porém, tal incorporação do "exótico" indígena não ocorreu sem confrontos, pois ela foi contraposta à tese da degeneração de povos não europeus. Inspirada

---

218 A estética romântica que destacava o exótico foi abordada no capítulo 1, mas de forma associada à concepção de paisagem.

219 Dentre esses registros, constam a dança dos Mura, dos Coroado, dos Puri, dos Juri-Toboca, dos Miranha, assim como a "Dança de Peixe dos Índios, no rio Negro" (MERHY, 2010, p. 174).

220 A apresentação dessa ópera na Itália coadunava-se com o interesse europeu pelo exótico de outros povos, a exemplo das óperas *Africana* de Meyebeer, e *Os pescadores de Pérolas*, de Bizet.

221 "A rigor, não existiu nenhuma nação nem povo chamado aimoré. [...] Aimorés era o nome pejorativo pelo qual os tupis, mais desenvolvidos técnica e culturalmente, os chamavam, que quer dizer 'moradores das brenhas'." (GALVÃO, 2009).

no filósofo De Pauw e encampada, entre outros por letrados, por Varnhagen, um dos expoentes na escrita da história do Brasil em meados do Oitocentos. Essa teoria considerava a "selvageria indígena" um estado insuperável, donde o epíteto "povos sem história" (OLIVEIRA, 2016, p. 10-11). O próprio von Martius inclusive, tornou-se posteriormente adepto dessa concepção, abandonando sua premissa anterior acerca da degradação; nessa perspectiva, ela afirmou, em 1867, a suposta duplicidade da condição indígena: "moralmente, encontrava-se na menoridade; entretanto, era incapaz do progresso como velho estacionário. Nesta condição, permaneceu no grau inferior da humanidade" (*apud* PAIVA, 2016, p. 268).[222]

A tese da degeneração vinculava-se, inclusive, à reinvenção do tema da antropofagia,[223] por vezes atualizada como licantropia, suposta doença mental "na qual o indivíduo, fora de si de raiva, corre ao ar livre, imita a voz e os modos do cão ou do lobo, transformando-se em lobisomem [...]" (MARTIUS, 1844 *apud* DALGALARRONDO, 1999). Em tal estado de alienação, a musicalidade e as sonoridades indígenas compunham um quadro assustador aos ouvidos europeus, como prossegue von Martius em sua narrativa:

> O índio, pálido, taciturno, interiorizado, com o olhar fixo e incerto, vagueia ou se isola de todo o convívio. Uma tarde, depois do sol posto, repentinamente irrompe nele uma sede insaciável de sangue humano (*Pyâ-ayba*, em tupi), com todos os sinais de uma raiva extravagante. Corre desabaladamente pela aldeia, e quem quer que o encontre se expõe a ser atacado; uivando se dirige para os lugares onde há cadáveres enterrados, revolve a terra, deita-se no chão ou involuntariamente vagueia pelos ermos. Este mal se repete durante 8 a 14 dias e termina por completo abatimento, ou se transforma em febre. Este fato se pode observar, epidemicamente, nos homens e nas mulheres, e isto principalmente depois de contínua licenciosidade, embriaguez, danças e excitações de outra natureza (MARTIUS, 1844 *apud* DALGALARRONDO, 1999).

•

222 O autor reporta-se à obra de MARTIUS, Carl Friedrich Philipp von. *Beträge zur Etnografie und Sprachenkunde, zumal Brasilien*. Leipzig: Friedrich Fleischer, 1867. V. II. p. 44. Ele também procedeu à tradução do trecho transcrito para o idioma português.

223 Como narra John Mawe em obra publicada em 1812: "Chegamos à vila [de São José de Barra Longa]. [...] Jantamos em numerosa companhia de cavalheiros e senhoras, em casa do vigário, que nos dispensou as mais lisonjeiras atenções. Um oficial e um juiz do grupo entretiveram palestra conosco. Era difícil decidir entre eles e nós, quais os que formulavam mais perguntas: eles, sobre os motivos e o objetivo de nossa viagem e nós sobre o estado do lugar, sobre os antropófagos etc." cf. MAWE, 1978 [1812], p. 136.

As sonoridades afro-brasileiras, por sua vez, foram também inseridas, embora em muito menor escala, no esforço do movimento romântico para constituição de uma configuração identitária musical da nação brasileira. Parcela de compositores da segunda metade do século XIX, inclusive, alinhou-se com a causa abolicionista, abordando a temática da luta contra o escravismo em suas peças musicais.[224] Carlos Gomes, por exemplo, havia composto em 1857 uma das primeiras danças de referencial negro do repertório pianístico brasileiro,[225] *A Cayumba (Dança dos negros).*

> A caiumba é uma dança-rito celebrada no interior do estado de São Paulo na região do médio Tietê ou oeste paulista.[226] [...] Foi classificada como Samba de umbigada, em 1961, por Edson Carneiro. Porém, é um termo pouco utilizado; os nomes *tambu* e batuque de umbigada são os mais frequentes. [...] a caiumba é uma das poucas danças em que a umbigada efetivamente acontece entre homens e mulheres (PAULA JÚNIOR, 2020, p. 47).[227]

Não obstante, na peça musical composta por Carlos Gomes, a despeito da marcação rítmica, a dimensão melódica/harmônica aproxima-se do gênero polca (BRANDÃO, 2009, p. 79), musicalidade promovida em compasso binário e andamento vivo que se originou na Boêmia (atual República Tcheca) no início do século XIX. Rapidamente difundiu-se, tornando-se, ao lado da valsa, a modalidade de dança mais popular do Oitocentos.

A temática africana é retomada duas décadas depois por Carlos Gomes, que em 1888, terminou a composição da ópera *O Escravo*, encenada no ano seguinte para a Corte no Rio de Janeiro.[228] Embora o roteiro inicial previsse como protago-

224 "É deste período a obra *Bug-Jargal*, que Gama Malcher concluiu em 1885, baseada no romance de Victor Hugo, que conta a história do herói negro apaixonado pela senhora branca, pela qual morre depois de chefiar uma revolta de escravos. Na mesma época, Carlos Gomes, coincidentemente, escrevia *Lo Schiavo* [*O Escravo*]" (SILVA, 2016, p. 639).

225 "Mais tarde, esta peça foi revista, facilitada e integrada como primeiro movimento da suíte de danças *Quilombo, quadrilha sobre os motivos dos negros* (suíte composta de quatro danças, *Cayumba, Bananeira, Quingombô, Bamboula* – e um *Finale*, nos moldes das quadrilhas europeias, substituindo as danças da Europa por danças baseadas em ritmos afro-brasileiros)" (BRANDÃO, 2009, p. 14).

226 Região conhecida por Carlos Gomes, que nascera em Campinas.

227 O jongo carioca e paulista são outros exemplos da prática da umbigada entre homens e mulheres, como indicado anteriormente neste capítulo.

228 Esta composição recebeu a seguinte apreciação no período: "A ópera [...] canta a solidariedade sentimental dos senhores de escravos sob a comédia cruel da desigualdade das respectivas condições. *O Schiavo* como a Epopeia africana, é um poema de simpatia e dedicação,

nista um escravo negro, os personagens principais dessa ópera acabaram sendo indígenas: "Era uma forma de atenuar as críticas ao racismo e às condições de vida dos escravos africanos. A mudança rendeu críticas de Visconde de Taunay [responsável pela escrita do argumento], que pediu para ter seu nome retirado do projeto, o que não aconteceu" (FERRAZ, 2019). Estudos contemporâneos indicam que pressões para essa alteração vieram da Itália, onde Carlos Gomes almejava que a obra fosse apresentada (o que, afinal, não veio a ocorrer):

> A trama, passada no Rio em 1801, teria como protagonista um escravo liberto, homem de grandes qualidades morais, envolvido na luta pela emancipação total de seus irmãos. Mas nem o libretista [...], nem o editor Giulio Ricordi concordaram em ter um negro como personagem principal. Com a aquiescência de Carlos Gomes [...], ficou decidido que a ação seria recuada para o século XVI, e os negros transformados em índios. [...] Curiosa essa manifestação de preconceito pois, anteriormente, já houvera em Verdi duas personagens de cor. Mas Aída era uma princesa etíope, escrava porque prisioneira de guerra; e Otello era um mouro, enobrecido pelos serviços militares que prestara à Sereníssima República – e isso conferia a ambos um *status* [mais] 'respeitável' do que o que teria um humilde africano, [que] ainda por cima, ousava rebelar-se contra a ordem estabelecida (*apud* ISMAEL, 2012, p. 12).[229]

Emergeriam, assim, figuras novamente estereotipadas nas sonoridades, nos figurinos e, sobretudo, no ideário do *bon sauvage.* Em sequência, tentativas de silenciamento das sonoridades de matriz africana perduraram no movimento do realismo artístico-literário, iniciado ao final do século XIX. Assim, por exemplo, quando o literato Coelho Netto relatou suas impressões acerca de uma prática de música e dança afrodescendente que observou em uma fazenda de Vassouras no início de 1892, município do vale do Paraíba, ele também comentou que tais sonoridades paulatinamente iam se extinguindo, uma vez que haviam surgido de forma diretamente associada ao padecimento pelo exílio da África e às agruras da escravidão recém-abolida. De forma concomitante, certos instrumentos musicais de procedência africana estavam sendo substituídos por outros provindos da Europa, dignos de uma pretensa civilização (ABREU, 2015, p. 181-183). Dessa maneira, a música afrodescendente deveria "miscigenar-se", fator que supostamente contribuiria para a integração dos libertos nas sociedades pós-escravidão (ABREU, 2015, p. 184-185).

---

que relembra suavemente o passado" (*Jornal do Commércio*, 19 set. 1889 *apud*: INACIO, 2008, 221).

229 O autor reporta-se à obra de COELHO, Geraldo Mártires. *A ópera italiana após 1870*. São Paulo: Perspectiva, 2002, p. 64.

Efetivamente, determinadas expressões sonoras ameríndias e africanas praticamente desapareceram, delas restando uma "memória relicária"[230] (REVEL; CERTEAU; JULIA, 1989) – tornaram-se menções de um tempo pretérito, sobre o qual se poderia formular um saber, mas não mais reviver as práticas anteriormente promovidas, com seus respectivos agentes, ao menos na maneira e com os sentidos como o eram realizadas. Um exemplo desse silenciamento encontra-se no paulatino desuso dos lamelofones ou "marimbas", que nos séculos XVIII e XIX gozavam de expressiva difusão, tendo sido, inclusive, representados em imagens, como as reproduzidas a seguir.

> [...] este foi um dos instrumentos de acompanhamento vocal mais populares entre as populações de escravizados ou forros [...] [era] de pequeno porte, de som agradável até mesmo aos ouvidos de um europeu médio, a ponto de ser comparado a um instrumento de cordas [...] Entretanto, no início do século XX, [...] [o lamenofone] não obteve a mesma atenção e a perseguição que desencadeou não foi tão contundente e ostensiva como em relação aos tambores [...], o que pode ser constatado na ausência de referências às 'marimbas' nas fontes do final do século XIX (SILVA, 2005, p. 200-202).

•

Não obstante, a reflexão acadêmica contemporânea vem afirmando o processo de resistência cultural das sonoridades afro e indígenas. Quanto às populações ameríndias, "continuavam reivindicando direitos na justiça na condição de índios, enquanto discursos políticos e intelectuais previam e, em muitos casos, já os consideravam desaparecidos, como resultado dos processos de civilização e mestiçagem" (ALMEIDA, 2012, p. 22). A resiliência, inclusive sonora, dos "índios coloniais" (RESENDE, 2013) e dos "índios imperiais" (ALMEIDA, 2012) contrapõe-se, assim, a políticas indigenistas que simultaneamente tanto legitimavam a apropriação das terras indígenas e emprego compulsório de uso mão de obra como endossavam projetos que previam a subordinação e, preferencialmente a anulação, das pluralidades étnicas e culturais.

---

230 Expressão criada nesta pesquisa para indicar a prática de reificação da lembrança de uma experiência passada, em alusão metafórica aos relicários religiosos, recipientes onde são cuidadosamente depositados elementos considerados relíquias sagradas, como partes do corpo humano e objetos.

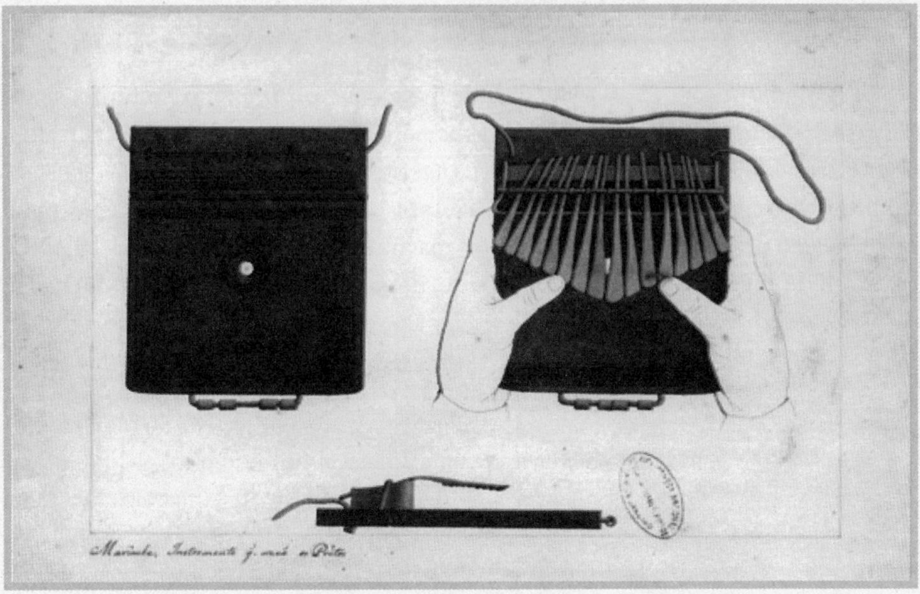

Fig. 23 - Marimba, instrumento que usam os pretos. Alexandre Rodrigues Ferreira. [17--].[231]

De forma similar, também as sonoridades afro vivenciaram um processo de resistência mediante apropriações e ressignificações. Uma delas foi seu parcial direcionamento ao consumo de entretenimento, sobretudo por meio radiofônico: desde os anos 1920, verificou-se uma "entrada negociada de um setor negro urbano nos estamentos médios de uma sociedade profundamente hierarquizada e racista" (SILVA, 2005, p. 278).[232] Em paralelo, houve também a incorporação da temática das sonoridades africanas pelos estudos folclóricos, que atentando para a chamada "música popular urbana", acabaram por eleger determinados gêneros como sínteses sonoras do nacional, particularmente "o baiano, a modinha, o lundu e finalmente, o samba. O resultado do esforço tendeu a ser a reprodução geral da

231 "Estampa contendo 3 desenhos, correspondentes às posições inferior, superior e lateral de um mesmo objeto de madeira, com espécie de teclado. Inclui desenho de mãos segurando tal objeto". Aquarela. Imagem e informação disponíveis em:

https://bdlb.bn.gov.br/redeMemoria/handle/20.500.12156.2/281966. Acesso em: 15 jan. 2021.

232 Cf. também ABREU, 2015, p. 189: "As canções escravas – e suas herdeiras músicas negras – chamavam a atenção de muitos outros intelectuais, como os músicos eruditos e modernistas europeus, assim como de empresários (nacionais e internacionais) e grupos urbanos sedentos por novidades culturais. Renovadas na diversidade do *cakewalk* e do *ragtime* nos Estados Unidos, do lundu e do maxixe no Brasil, da *rumba* e do *son* em Cuba, e do *calypso* no Caribe inglês, as canções escravas invadiram os modernos circuitos culturais atlânticos americanos e europeus, fizeram sucesso nos palcos e na jovem indústria fonográfica, e ainda abriram possibilidades de trabalho para os músicos negros".

teoria da mestiçagem sobre uma realidade musical multifacetada e conflituosa" (ABREU; DANTAS, 2012).[233]Dessa maneira, no tempo passado (e também no presente), viajantes (e leitores) "deveria[m] estar atento[s] e ser[em] capaz[es] de reconhecer os sons que de longe prenunciam o mundo que os colonizadores construíam" (FURTADO, 2008, p. 30), bem como aqueles que o reconfiguravam sob sensibilidades e práticas de alteridade.

Fig. 24 -Negro tocando marimba. Frederico Guilherme Briggs. 1832.[234]

233 Surgiram então os trabalhos de alguns intelectuais folcloristas "preocupados com a música popular, como Mello Moraes Filho, Frederico José de Sant'Anna Nery, Rodrigues de Carvalho, Francisco Pereira da Costa, Alexina de Magalhães Pinto, Guilherme de Mello e Julia Brito Mendes, [os quais] estavam engajados na definição de tradições – *culturais populares* - para a jovem nação republicana" (ABREU; DANTAS, 2012. Itálicos dos autores).

234 Gravura. Disponível em:http://bndigital.bn.gov.br/projetos/escravos/galeriagravuras.html. Acesso em 26 out. 2019.

Capítulo 3

A rusticidade da vida na "roça"

À medida que viajantes, comboieiros e comissários volantes iam aproximando-se das vilas e cidades da região aurífera das Minas, entre os séculos XVIII e XIX, a mata cerrada, que comumente margeava as estradas, começava a entremear-se a pequenos sítios, com suas plantações, bem como à prática da extração mineral junto aos rios e colinas. Assim ocorria, emblematicamente, nas cercanias da cidade de Mariana e também de Vila Rica (depois cidade de Ouro Preto):

> A extração de cerca de 73kg de ouro durante a primeira década do século XVIII, como apontou Antonil, a destacava [essa área] entre os principais garimpos mineiros [...]. As dificuldades de abastecimento dos sertões por via fluvial na região minerária, onde há várias quedas d'água e corredeiras, faziam necessárias, além da abertura de rotas terrestres que permitissem o comércio regular de gêneros, plantações de roças para subsistência. Há indícios de que [...] foram plantadas roças de milho ainda no século XVII (UFMG/ICOMOS, 2019, p. 30; 32).

As duas atividades econômicas, portanto, mostravam-se fortemente interligadas no território mineiro.[235] Premidos pela necessidade e desejosos de aferir algum lucro, muitos ocupantes dos lotes obtidos por concessão ou compra agregaram o cultivo da lavoura à busca do ouro.[236] Em decor-

235 Desde o início da atividade mineradora, ficou patente a importância do incremento da agricultura para o atendimento do intenso afluxo populacional, pois logo os alimentos escassearam e, por conseguinte, tornaram-se muito caros. A documentação indica a ocorrência de graves crises de fome (em 1697-98, 1700-01 e 1713), que chegaram a ameaçar a própria continuidade das explorações auríferas (MARTINS, 2018, p. 519).

236 A atividade agrícola com vistas ao abastecimento da crescente população, de rendimentos mais garantidos do que a mineração (esta poderia escassear ou ser intermitente), passou a despertar o interesse dos proprietários de terra. Em sequência, com

rência, grande parte dos relatos setecentistas mencionava um território mineiro eminentemente agrário, perspectiva confirmada pela historiografia: "Apesar de os habitantes da Capitania perceberem-na como fortemente dominada pela mineração – o que era correto, especialmente para a região recoberta pelo quadrilátero formado pelas vilas de Ouro Preto, Sabará, Caeté e Mariana, assim como para a Demarcação Diamantina – a paisagem predominante era rural. Era nos sítios e nas fazendas que se concentrava a maior parte da população de Minas." (CARRARA, 2001, p. 148).

De forma concomitante, as espacialidades agrárias, ao longo dos séculos XVIII e XIX, mantiveram intensos vínculos sociais e econômicos com os povoados e vilas, não havendo fronteiras rígidas entre as "roças" e as áreas consideradas "urbanas". O termo "roça" adveio de Portugal, sendo equivalente "às almuinhas,[237] herdades ou quintas rústicas [...]. Distinguiam-se das quintas de recreio por serem terrenos voltados única e exclusivamente à produção" (OLIVEIRA, 2012, p. 757).[238] Em Minas, muitos dos que residiam em lugares considerados urbanizados, atuando na administração, nas tropas e em ofícios (como alfaiates, ferreiros etc.), também possuíam bens rurais e tinham nos afazeres citadinos um rendimento paralelo ao núcleo produtivo agropastoril mantido pela família (LOURENÇO, 2005, p. 237).[239] Mais ainda: foi o avançar da fronteira agrária em Minas no decorrer do Oitocentos que favoreceu a criação de muitos dos novos polos urbanos, os quais surgiram como entrepostos para comercialização da produção rural (CUNHA, 2009, p. 67; p. 127, 2007).

Da "roça" mineira provinham sonoridades que acompanhavam a dura lida diária, como "o carro de boi que cantava na madrugada, durante a luta para puxar o milho" (CARVALHOSA, 2019, p. 10-11). Em Minas, afirma o folclorista

---

a queda no rendimento da extração aurífera ao final do século XVIII, muitos mineiros passaram a dedicar-se à lavoura para abastecimento regional (FREITAS; CASTRIOTA, 2017, p. 4).

237 "Também *almunha* e *almoinha,* e ainda mais cinco variantes se conhecem nos manuscritos antigos. Assim, designava a horta fechada sobre si, terra de pomar, parreiras, hortaliças etc. [...] Tinham vários privilégios os *almuinheiros,* conhecidos por privilégio de hortelão" (PORTUGAL. *Dicionário Histórico...* Verbete "Almuinha").

238 Nas Ciências Humanas contemporâneas, "A ideia de roça é construída pela afirmação de uma relação com um espaço e com determinadas práticas que delimitam um 'outro' no processo de constituição do seu lugar. Esses 'outros' podem ser o mato, a cidade [...]" (BENITES, 2015, p. 44).

239 De acordo com relato de SAINT-HILAIRE, Auguste de. *Viagem às nascentes do Rio São Francisco.* Belo Horizonte, Itatiaia; São Paulo, Ed. da Universidade de São Paulo, 1974, p. 130 *apud* CUNHA, 2009, p. 68: "Durante a semana a maioria das casas de Araxá fica fechada. Seus donos só ali aparecem aos domingos, para assistirem à missa, passando o resto do tempo em suas fazendas. Só permanecem nas cidades, nos dias de semana, os artesãos – alguns dos quais bastante habilidosos –, as pessoas sem profissão, alguns comerciantes e as prostitutas. O que acabo de dizer aqui pode ser aplicado praticamente a todos os arraiais da Província de Minas". De acordo com OLIVEIRA, 2012, p. 759, a residência no meio urbano também servia para o cuidado "de interesses pessoais vinculados à venda de mercadorias produzidas em suas propriedades".

Aires da Mata Machado Filho, "têm seus cantos especiais os capinadores de roça. É cantando que se deslocam pedras pesadas. No mutirão usam-se cantigas apropriadas" (MACHADO FILHO, 1964, p. 58). Daí ruralidade mineira poder ser entendida não

> [...] apenas como os espaços em que plantam e colhem milho, feijão, mandioca, hortaliças e frutíferas, mas [...] também [como] uma categoria paradoxal que mobiliza uma totalidade sinestésica de movimentos entre as terras, das práticas de dormir nas fazendas, das intempéries de chuva e das enchentes, dos sons, do frio, do andar descalço, dos encontros entre tropeiros, das trocas de dias, dos mutirões, das aventuras e lutas como um todo [...] (CARVALHOSA, 2019, p. 12).

3.1. Acústicas do campo

A ambiência rural de Minas foi diretamente associada, pelos letrados e viajantes estrangeiros de formação iluminista, à rusticidade.[240] Em termos etimológicos, "o latim incorporou perfeitamente as conotações dos termos gregos: *rusticus, agricola, ruricola*, e mantém a conotação atual de rústico, rude (palavra que, aliás, constrói-se a partir de *rus*, campo)" (CARRARA, 2008, p. 24-25). Assim, o *Vocabulário* de Bluteau, da primeira metade do século XVIII, comenta que "Aos homens desta era, quando ouvem falar em lavradores e pastores, se lhes representa a figura e miséria de uns pobres rústicos e vilões, como os nossos, que levam triste e penosa vida, sem criação, sem estudo, nem estimação alguma" (CARRARA, 2008, p. 384, nota 19). Tal concepção de rusticidade, vinculada à condição de árduo trabalho manual – tão desqualificado em uma sociedade escravocrata – era contraposta ao projeto de implantação da civilização lusitana nos trópicos, justificando nos discursos das autoridades políticas e nos escritos memorialistas e de viagens, "a necessidade ou reafirmação da ação do poder do governante sobre os indivíduos e a intervenção sobre os espaços, de modo a infundir a civilidade e a urbanidade" (ARAÚJO; SILVA, 2012, p. 45; 61-62).

O imaginário da rusticidade rural mineira encontrava-se entremeado a uma diversidade de sons, a começar pelo fluir da correnteza dos rios. Córregos e ribeirões eram de fundamental importância para a sobrevivência alimentar da população, pois asseguravam a irrigação necessária às plantações e a água para

240 Segundo a narrativa de SAINT-HILAIRE, Auguste de. *Segunda viagem de São Paulo a Minas Gerais e São Paulo*. Belo Horizonte: Itatiaia 1974. p. 37 *apud* CRUZ, 2010, p. 66: "Nesta última [Comarca do Rio das Mortes], os habitantes dos campos aplicam-se mais à agricultura. Trabalham com seus negros e passam a vida nas plantações, no meio dos animais, e seus costumes tomam, necessariamente, algo da rusticidade das ocupações".

consumo de pessoas e animais. Por isso, as roças geralmente situavam-se na jusante de algum ribeiro, cujo leito pudesse ser desviado para canais conhecidos como "regos d'água", além de ser facilmente transposto por estivas e pinguelas; já os rios caudalosos eram evitados, por sua difícil travessia e por estarem sujeitos a febres malsãs (LOURENÇO, 2005, p. 214).

Em paralelo, os rios permitiam o funcionamento de engrenagens de beneficiamento da produção agrária acionados pela energia hidráulica. Tais artefatos eram figuras recorrentes nas áreas rurais europeias, cujo uso foi difundido durante o período feudal, embora não de forma pacífica – os senhores de terra, visando usufruir dos impostos cobrados pelo uso de seus moinhos hidráulicos, reprimiram o emprego dos moinhos manuais domésticos, adotados desde épocas memoriais (GUIMARÃES, 2003, p. 1). Assim, ao escutar o funcionamento de tais dispositivos, Richard Burton relatou que "[...] nas horas mortas da noite, o ruído das rodas hidráulicas nos faz lembrar as vagas de outono, indo e vindo na praia de Sheveringen"[241] (BURTON, 1976 [1869], p. 194).

O equipamento que mais comumente era instalado para aproveitamento da força da água era o monjolo. Segundo John Mawe,

> [...] esse primitivíssimo engenho foi trazido pelos portugueses da China, de onde é originário. À margem do rio, instala-se grande pilão de madeira, cuja mão está encaixada na extremidade de uma alavanca com vinte e cinco a trinta pés de comprimento, repousando sobre uma barra transversal aos cinco oitavos do seu comprimento, em redor da qual oscila. A extremidade do braço mais curto desta alavanca está escavada, de modo a sustentar o peso d'água suficiente para levantar a outra extremidade, a qual está presa à mão do pilão. O peso d'água faz com que a colher desça e se esvazie ao chegar a certo ponto. O encher e descarregar alternadamente esta cavidade provoca a elevação e a queda da mão do pilão [...] (MAWE, 1978 [1812], p. 104).

A velocidade de funcionamento do monjolo é dependente tanto da quantidade do fluxo de água como da posição do eixo na haste. John Mawe concluiu que a velocidade de batidas de um monjolo estaria em torno de "quatro vezes por minuto", acrescentando que "este invento ultrapassa todos os outros em simplicidade e, num lugar onde o desperdício d'água não tem importância, preenche, plenamente, o fim visado" (MAWE, 1978 [1812], p. 105). Era tido, portanto, como um aparelho de grande lentidão, com uma sonoridade entediante, como descreveu Saint-Hilaire:

241 Uma das praias da Holanda, que atualmente integra a cidade de Haia.

> A região é, em geral, muito bem irrigada, como toda a parte da Província de Minas até então percorrida por mim. Nas depressões, às margens dos córregos, via, de longe, choças semiarruinadas, habitadas por gente de cor, e algumas dessas miseráveis moradias me eram anunciadas antecipadamente pelo ruído monótono do monjolo (SAINT-HILAIRE, 2000 [1816-1822], p. 136).

E Richard Burton complementou: "O monótono barulho do monjolo, a única máquina poupadora do trabalho humano que Portugal permitia a seu grande filho, proclama o atraso da agricultura" (BURTON, 1976 [1869], p. 66; 72). Anteriormente, John Mawe, ao mencionar o processo de trituração do milho em fubá, afirma ser realizado por "meio de máquina conhecida "pelo nome de *monjolo* ou *monjola*", também "denominada preguiçoso (*sloth*)" (MAWE, 1978 [1812], p. 104). O monjolo ainda foi utilizado, nas terras de Minas, na soca do café, para a retirada da casca.

O uso da água como força motriz não ficou restrito aos monjolos; ela também foi utilizada para movimentar outros equipamentos, como os engenhos de pilões. Essa engrenagem igualmente se fazia presente na Europa feudal, sendo aí utilizada para soca de grãos, pisoteamento de tecido e do cânhamo; além disso, era empregada na movimentação dos malhos para bater ferro e na trituração dos trapos para fabricação do papel (GUIMARÃES, 2003, p. 6). Em Minas, tornou-se instrumento para agilizar e tornar mais rentável a moagem, devido ao acionamento simultâneo de vários pilões ligados a um eixo motor e a uma roda d'água com ressaltos irregulares. Tal formato permitia que o movimento de prensa deixasse de ser circular e passasse a retilíneo alternado (GUIMARÃES, 2003, p. 6), algo similar a uma caixa de música ou a um realejo, como indicado por Ernest de Courcy:

> Uma grande roda, semelhante à de nossos moinhos de água, gira; por meio de engrenagens, ela põe em movimento dois eixos de força horizontais, de que ela é o centro; esses eixos são guarnecidos de tampões de ferro dispostos em distâncias diversas; eles se encontram com outros semelhantes fixados nos pilões (peças de madeira verticais), e desse modo os ergue e deixa cair sucessivamente. Cada pilão em sua parte inferior é dotado de um pesado pedaço de ferro que pesa cerca de 200 quilogramas. Não se pode comparar melhor esse mecanismo que com uma caixa de música, que dotada de pontas, girando sobre ela mesma, faz vibrar suas cordas umas após outras (DE COURCY, 1997 [1886], p. 81).

A sonoridade dos pilões pareceu um pouco mais dinâmica aos viajantes, como Richard Burton, que considerou que "O bater compasado dos pilões não é desagradável aos ouvidos durante o dia [...]" (BURTON, 1976 [1869], p. 194).

Além dos monjolos e dos engenhos de pilões, havia os moinhos d'água propriamente ditos, que poderiam ser horizontais e verticais. O moinho de roda horizontal (também conhecido como moinho de rodízio) é de construção mais simples e menos dispendiosa (ANDRADE, 2014, p. 137). Todavia, o inconveniente era que, além de gerar pouca energia e propiciar uma moagem irregular, era difícil manter a mó[242] na posição horizontal enquanto girava (GUIMARÃES, 2003, p. 10). Mas eram os equipamentos mais apropriados para terrenos escarpados, com cursos d'água encachoeirados, poupando maiores despesas em sua construção. Esse princípio, de valor eminentemente prático, não raro produzia quadros de grande beleza cênica. Em Minas Gerais, foram muito comuns os moinhos instalados nas próprias cachoeiras, tendo seus arrimos e fundações estruturados sobre um ou dois rochedos dispostos naturalmente (ANDRADE, 2014, p. 138). John Mawe também descreve tais moinhos em Minas: "O milho é moído por uma roda d'água horizontal, que alcança grande velocidade, movida pela água. Na extremidade superior, acha-se a pedra do moinho, que realiza de cinquenta a sessenta rotações por minuto" (MAWE, 1978 [1812], p. 104). A transposição do moinho para roda vertical era mais rara, por exigir adaptações técnicas mais elaboradas. Ele era utilizado, principalmente, para trituração do milho.[243] A fotografia de Guilherme Gaensly fixou a imagem de um desses moinhos, presentes em várias áreas agrárias do sudeste e sul do Brasil oitocentista.

•

Juntamente com o provimento de água, era necessário proceder à derrubada de matas e capoeiras, conforme representado pela ilustração de Rugendas, tarefa realizada com auxílio de uma segunda importante fonte de energia, o fogo. A queima da mata pela técnica da coivara, praticada pelos indígenas principalmente durante os meses de junho a setembro, época de poucas chuvas,[244] foi copiada pelos

---

242 Mó (termo provindo do latim *mola*) era a designação do par de pedras redondas e planas que, ao girar, triturava os grãos nos moinhos.

243 Outros equipamentos movidos pela força da água foram registrados nas áreas agrárias mineiras, como os engenhos hidráulicos para moenda da cana, mas sem menções, nos escritos de época, a sonoridades que os particularizassem. Havia também a serra hidráulica, empregada para facilitar o corte da madeira.

244 "Os povos indígenas detêm o conhecimento sobre o manejo florestal, os locais apropriados para cultivar, coletar, pescar e caçar. Este sistema está baseado na coivara, que consiste na derrubada de uma área de floresta primária ou capoeira alta, que, em seguida, é deixada para secar e, depois, é queimada. Nessas clareiras são plantadas roças por um período de dois a três anos, quando são gradualmente abandonadas, sendo visitadas apenas para a coleta de frutos. Essa

roceiros, mas não raro fugia ao controle (SHELLARD, 2015, p. 13; DEL PRIORE, 2016, V. 1, p. 157). A intensidade da derrubada das florestas promoveu a abertura de inúmeros terrenos lavradios, potencializando a ocupação das várzeas e baixadas, as quais, porém, tornaram-se muitas vezes inutilizadas para a agricultura pela erosão contínua (MARTINS, 2014, p. 148).[245] Além disso, nem todos os terrenos mostravam-se apropriados para o rocio: "Nesta jornada, o caminho, montanhoso e pedrento, estava longe de bom. Vi pouquíssimo terreno adequado a plantações; era em geral de natureza argilosa, misturado de grosso cascalho ferruginoso ou de detritos das rochas xistosas da Serra" (GARDNER, 1976 [c. 1840], p. 237).

Fig. 25 - Azenha [moinho construído com roda d'água vertical]. Guilherme Gaensly. 1906. Ibitinga-SP.[246]

---

agricultura de coivara é destinada ao consumo familiar e venda de produtos em pequena escala" (CORÁ, 2011, p. 318).

245 Segundo SHELLARD, 2015, p. 15, a retirada da cobertura vegetal e o revolvimento de volumosas camadas de terra criaram paisagens esburacadas, repletas de ravinas e voçorocas que evadiam os nutrientes. Em poucas gerações, os solos ficaram compactados e lixiviados. Poucas plantas conseguiam crescer nessas áreas, como o mata-pasto e outras ervas. As encostas desprotegidas ficavam sujeitas a desmoronamentos, que podiam atingir arraiais próximos. Nem mesmo as matas ciliares escapavam, já que eram os únicos solos desvantajosos às saúvas e, portanto, favoráveis à lavoura.

246 Fotografia. Disponível em: https://www.scielo.br/scielo.php?script=sci_arttext&pid=S0101-47142015000100133&lng=en&nrm=iso&tlng=en. Acesso em: 23 set. 2020.

Fig. 26 - *Défrichement d'une forêt.* [Derrubada de uma floresta]. Johann Moritz. Rugendas.Entre 1827 e 1835.[247]

O fogo proveniente da queima da lenha também era combustível imprescindível para o preparo dos alimentos, que adquiriu em Minas um estilo próprio: enquanto em São Paulo era habitual proceder-se ao cozimento de cócoras, com a panela à frente apoiada em três blocos de cupim, nas áreas de mineração adotou-se o fogão alto, a lenha, provido de um duto de fumaça geralmente feito com taipa de pilão[248] (CRUZ, 2010, p. 9). Em geral, o fogão a lenha era construído na parte externa das residências, devido ao calor e à fuligem que dele emanava. Nesse espaço dedicado à culinária eram emitidos sons inconfundíveis, como "os estalidos provenientes da madeira queimando" (OLIVEIRA, 2008, p. 57), o pilar do alho, o coar café...

> Sobre as chapas dos fogões, tendo abaixo as chamas do fogo, estavam os caldeirões, cujo fervilhar das águas neles contidas provocava a formação de pequenas bolhas de água que, ao explodirem, provocavam um borbulhar fugidio e escorregadio. Nesses territórios, ouvia-se também o som oriundo do bater a nata do leite que, ao ser agitada por meia

247 Litografia sobre Acervo da Pinacoteca do Estado de São Paulo. Disponível em: https://www.brasilianaiconografica.art.br/obras/19495/defrichement-dune-foret. Acesso em: 22 set. 2020.

248 A expressão deriva do emprego de um pilão para socar a terra de dentro de uma forma de madeira, denominada taipal.

> hora ou mais, gradativamente, ia apresentando uma mudança quase imperceptível em sua sonoridade e textura, modificando o líquido em creme e o som aberto transmudando-se em uma polifonia fechada e pesada na medida em que formava a manteiga (OLIVEIRA, 2008, p. 57).

O cardápio em Minas aproximou-se do feitio lusitano, com destaque à carne de porco e seus derivados. Em contrapartida, era o milho o alimento principal, recurso de primeira necessidade: dele era obtida farinha de grande prestígio na confecção de bolos, broas e sopas, e também o fubá, empregado na produção do angu, item fundamental na alimentação dos escravos. De sua moagem, provinha também a quirera (ou canjiquinha, como é chamada em Minas), primordial na criação de porcos, cavalos e aves domésticas (FONSECA, 2011).[249] Em paralelo, da mandioca era retirado o polvilho, indispensável para o pão de queijo e para a "goma das rendas e das camisas dos brancos donos da situação" (CRUZ, 2010, p. 9); seu preparo foi igualmente registrado por Rugendas em detalhada litografia. Não obstante, o quiabo africano perdurou como "o intruso querido na comida diária" (CRUZ, 2010, p.10).

O fogo era também a fonte de energia de pequenas forjas para preparo de utensílios de ferro. Elas disseminaram-se na Europa com o fole e o martelo, sendo empregadas desde o século XI. Contudo, nas forjas de Minas Gerais, foi a tecnologia africana quem deu importante contribuição ao longo do século XVIII e mesmo do século XIX. Nessas "forjas de cadinho",[250] costumeiramente operadas por escravos, o ar era soprado por meio de foles de couro, acionados por tração animal, manual ou hidráulica. Emanuel Pohl descreve que "[...] encontram-se neste arraial, como em Cocais, Catas Altas, Santa Bárbara e Inficionado, pequenos fornos de fundição de ferro" (POHL, 1976, p. 382-4). Os sons dessas forjas eram característicos:

> Na confecção dos artefatos mais simples, dentre eles dobradiças, pregos, fechaduras, ouvia-se, estando-se próximo às forjas e bigornas, sons rápidos, arredondados, tilintantes e impacientes provenientes do choque entre os pequenos martelos e a matéria-prima trabalhada ainda em estado incandescente. Na produção de artefatos maiores, escutavam-se de longe sons retinidos, como se estivessem imersos em um poço profundo, provocados pelas mãos pesadas dos ferreiros que empunhavam pesadas marretas capazes de fazer vergar o duro metal trabalhado (OLIVEIRA, 2008, p. 49).

249 Nas áreas rurais de Minas, foi essa agricultura fortemente baseada no milho que permitiu a sobrevivência de uma população com índice de crescimento demográfico até então inédito, a despeito das terríveis crises de abastecimento provocaram o abandono dos arraiais.

250 Cadinho ou crisol é um recipiente com propriedades refratárias, no qual são fundidos materiais a altas temperaturas. Muito empregados por ourives e alquimistas, assim como em pequenas forjas de ferro.

Nas roças, havia também o emprego da energia de tração animal. Um dos espécimes de animais mais relevantes na economia rural mineira era o gado bovino, utilizado na agricultura e para transporte, como retratado na fotografia de Marc Ferrez. Assim, Emanuel Pohl, tendo pernoitado em uma fazenda com o grupo com o qual viajava, relatou que "[...] fomos recebidos pelos mugidos de 200 vacas que haviam sido recolhidas ao curral e separadas de seus bezerros para serem ordenhadas pela manhã. Estes animais domésticos, de raça grande e robusta, de cor castanha, são criados antes para utilização da carne e do couro do que para a produção do leite" (POHL, 1976 [1817-1821], p. 92). O transporte era igualmente efetuado com recurso aos cavalos, cujo trotar ressoava pelos caminhos, sobretudo em chapadas descritas como "[...] uma planície de ferro, onde os cascos provocaram um ruído oco, como o de um pote vazio" (BURTON, 1976 [1869], p. 269).[251] Outro som costumeiro era o de zurros das mulas, que ao serem "descarregadas, correm e saltam para todos os lados, espojando-se e dando saltos e rinchos pelo contentamento de se verem aliviadas e em liberdade" (MATOS, 1981 [1837], v. 2, p. 315).

Fig. 27 - *Préparation de la racine de mandiocca.* Johann Moritz Rugendas. 1835. [252]

251 O autor também menciona as sonoridades provocadas pelos cascos desses animais às p. 264 e 268.

252 Disponível em: http://objdigital.bn.br/acervo_digital/div_iconografia/icon92944d4i7.jpg. Acesso em: 2 out. 2020.

Fig. 28 - Carro de Bois. Marc Ferrez [Minas Gerais] c. 1885.[253]

Não obstante, a fauna domesticada originária de Portugal e conduzida até Minas, no bojo de um intercâmbio de plantas, animais, ideias e pessoas ocorrido a partir das "descobertas" marítimas do século XV, era bem mais ampla (SHELLARD, 2015, p. 11). Assim, Saint-Hilaire descreve ter escutado "[...] o canto de um galo [que] nos feriu os ouvidos"; com isso, conseguiu orientar-se, com sua comitiva de exploradores, "através dos espinhos para o lugar em que o galo se fizera ouvir, e chegamos a uma miserável choça construída à margem do S. Francisco" (SAINT-HILAIRE, 2000 [1816-1822], p. 352). Em paralelo, os porcos, cujo sabor era apreciado na culinária local, multiplicavam-se rapidamente, causando significativo impacto não só na vegetação, mas também em outras populações animais. Por sua vez, cavalos e bois afetavam a permeabilidade dos solos já prejudicada pela perda da cobertura vegetal (SHELLARD, 2015, p. 14).[254]

---

253 Fotografia. Instituto Moreira Salles. Disponível em: http://brasilianafotografica.bn.br/brasiliana/handle/20.500.12156.1/7205. Acesso em: 22 set. 2020.

254 Cf. PINTO; MATEUS; PIRES, 2012, p. 522: "Até a contemporaneidade, "Os moradores rurais da Serra do Ouro Branco fazem distinção da fauna local através de duas categorias, 'bichos do mato' e 'animal'. O primeiro termo se refere aos animais silvestres e o segundo aos animais domesticados como galinha (*Gallus gallus*), boi (*Bos taurus*), cavalo (*Equus caballus*), burro (*Equus asinus*), cachorro (*Canis lupus familiaris*) e gato (*Felis catus)"*.

Um outro animal constantemente mencionado como presente nas áreas rurais era o cachorro, indispensável no acompanhamento das expedições: "Ao amanhecer fomos todos despertados pelos latidos do nosso grande mastim e os gritos de alguém por ele atacado. O acampamento era ao pé da estrada pública e o cão pulara sobre um pobre preto vindo do Distrito do Diamante e a caminho de Formigas, que partira assim cedo para escapar do calor do dia" (GARDNER, 1975 [1836-1841], p. 196). Assim, mostravam-se costumeiros os latidos, inclusive noturnos: "Um cão ladrou para a lua durante toda a noite" (DE COURCY, 1997 [1886], p. 68).

•

De todas as fontes de energia empregadas nas roças, a mais recorrente e valiosa era a humana. A atividade agrícola e de criação de animais era promovida através de técnicas extensivas, cujo emprego se tornara possível em função da disponibilidade de matas virgens. O rendimento era de baixa produtividade, mas compensado pela ampla utilização da força de trabalho doméstica, juntamente com a mão de obra escrava.[255]

Parcela daqueles submetidos ao trabalho compulsório era composta de indígenas capturados ou provindos dos aldeamentos, os quais eram comumente identificados nos documentos de época como "carijós", "negros da terra" e "cabras da terra" (RESENDE, 2013, p. 64-65). A escravidão ameríndia tornou-se recorrente entre o final do século XVII e as duas primeiras décadas do XVIII. Contudo, ainda que os registros oficiais indiquem que a partir da década de 1720 e, principalmente, de 1730, tal emprego tenha passado por expressiva diminuição (VENÂNCIO, 1997), face ao emprego da mão de obra africana ou afrodescendente, é cabível supor que a prática da escravidão indígena manteve-se por longo tempo (AMANTINO, 2014, p. 203). Os próprios aldeamentos eram muitas vezes utilizados como facilitadores à escravização não oficial.[256]

---

255 Cf. LOURENÇO, 2005, p. 232: "Estamos cada vez mais distantes do paradigma de uma sociedade colonial polarizada entre escravos e senhores [...] a grande propriedade escrava em Minas Gerais era a exceção e não a regra. A maioria dos fogos [domicílios] não contava com um escravo sequer (66,7% do total), ao mesmo tempo em que um terço da população livre era proprietária de escravos. O maior grupo de proprietários de cativos era o dos que possuíam entre 3 e 5 escravos (28% do total de proprietários)".

256 Cf. também AMANTINO, 2014, p. 205: "Era opinião corrente entre as autoridades leigas que os administradores negociavam com fazendeiros a utilização de mão de obra indígena em troca de um aluguel que nunca ia para as mãos dos índios. O aluguel de indígenas era algo legal, mas deveria ser por um tempo determinado e com vencimentos. O que acontecia era que, na maioria das vezes, os indígenas eram alugados e quem recebia os vencimentos eram os administradores e os índios não eram devolvidos aos aldeamentos, acabando por entrar, com o passar dos anos, nas listas dos escravos do fazendeiro".

A introdução de escravizados africanos na região mineira ocorreu "por duas razões. Por um lado, o trabalho nas minas acabou afastando os paulistas das atividades de apresamento, essenciais para a reprodução da escravidão indígena. Por outro, o tráfico negreiro era extremamente lucrativo para os negociantes da metrópole – assim como para a Coroa, que tributava essa atividade –, ao passo que a caça e o comércio de indígenas não passava de um negócio interno, restrito aos colonos (FONSECA, 2011, p. 62-63). A compra de africanos pelos proprietários em Minas perdurou por todo século XIX, a despeito da diminuição da produção aurífera. Parcela desses escravizados era encaminhada para lavoura ou para ofícios rurais, como a fiação, tecelagem e forja do ferro, atividades que, inclusive, poderiam ser exercidas conjuntamente.[257]

Era através dessa força de trabalho humana que se podia "ouvir a sonoridade das enxadas ao cortarem as ervas daninhas e, logo depois, o som manso e opaco do mato amontoado, misturado com a terra" (OLIVEIRA, 2008, p. 57).[258] Foi à força dos braços que se fizeram plantações para consumo local (couve, alface, agrião, quiabo, cebola, alho..., além das ervas medicinais). Nos pomares, era possível encontrar bananeiras, laranjeiras, limeiras, limoeiros e figueiras, entre outras árvores frutíferas. Os cultivos agrícolas também comercializados eram o milho e o feijão, seguidos pela cana-de-açúcar (associada à produção de rapadura e aguardente), mandioca, amendoim e arroz (LOPES, 2015, p. 362-363); algumas propriedades no caminho da extração aurífera em Minas também forneciam fumo, algodão e café. Da preparação do terreno à colheita, os sons faziam parte dos saberes-fazeres dos que trabalhavam a terra: na época precedente à industrialização, "o tempo da terra é outro e os sons acompanham este ritmo, no encontro dos sons do processo natural da vida na roça com os sons produzidos por quem trabalha nela. Sabemos que até o ritmo do trabalho costuma ser sincronizado com o ciclo da respiração humana" (LIMA, 2019, p. 39). Tratava-se, assim, de uma espacialidade sonora sazonal,

257 Cf. GODOY, 2004, p. 1: "Ao contrário dos espaços canavieiros fortemente especializados do litoral, os escravos dos engenhos mineiros deveriam estar habilitados para o exercício de múltiplas tarefas. Fora da safra da cana dividiam-se em ocupações relativamente simples, como as da agricultura e pecuária, bem como em atividades complexas, como as das artes e ofícios"

258 Dentro os principais instrumentos de trabalho na lavoura, havia machados, cavadores, cavadeiras, alavancas, foices e enxadas. Cf. DEL PRIORE, 2016, V. 1, p. 72, "Por aquele tempo e muito depois não se empregava o arado para lavrar a terra, 'mondar' e 'remondar' os plantios. Essa ausência continuou a ser registrada até o último quartel do século XIX. A grande força, no amanho da terra e na proteção das culturas, era a enxada. Até muito tarde, o chamado 'pai Adão', ou enxada, foi utilizado para entregar, abrir os sulcos na terra já roçada e coivarada e que havia de receber a 'semente'.".

> [...] pois soa[va] de acordo com os ciclos da cultura do milho e do feijão, variando também no período da seca e das chuvas. Tem sua sonoridade mais intensa no período da colheita, em que escutamos em todas as casas o 'bater nos grãos', a debulha [...]. Durante o preparo da terra, as pessoas se reúnem para bater enxada e cantar aboios, ritmadamente, periodicamente. Quando as árvores se enchem de frutas, acontece a visita de uma 'enxurrada' de passarinhos [...] (LIMA, 2019, p. 39).

Justamente em função da sazonalidade das práticas agrícolas, parcela do tempo e da força de trabalho humana poderia ser também empregada na fiação e na tecelagem, uma vez que o comércio regional de panos em Minas era rentável.[259] Ao invés dos teares paulistas, de formato vertical, em conformidade aos usos indígenas daquela região, em Minas eram geralmente utilizados teares horizontes, de maiores recursos nos urdimentos de fios coloridos[260] (CRUZ, 2010, p. 9):[261] "Muitas escravas ou forras trabalhavam na tecelagem de algodão e na confecção de roupas, e no interior das casas e das senzalas podia-se ouvir o som incessante dos teares manuais" (FURTADO, 2008, p. 54). [262]

3.2. Louvores aos santos

A temporalidade da vida rural mineira era perpassada, de forma concomitante aos ciclos sazonais do cuidado com a terra e com a criação de animais, por um calendário sacro, permeado de festas, com suas respectivas sonoridades. No Brasil, algumas festividades religiosas do período colonial e mesmo durante o Império mobilizavam um grande número de pessoas: procissões dos padroeiros das irmandades e das cidades, celebrações da Semana Santa e de *Corpus Christi*, festas dos Santos Reis, do Divino Espírito Santo... Distribuídas ao longo do ano, havia também as comemorações dedicadas às diferentes denominações de Nossa Senhora, sendo as mais destacadas as da Assunção e da Conceição de Maria (ABREU, 1994, p. 185).

---

259 Cf. MARTINS, 2014, p. 137: "Aos monjolos e moinhos devem ser juntados os teares e as rodas de fiar. A produção de panos grossos de algodão foi atividade destacada na região até a década de 1870, realizada principalmente nas casas de fazenda pelas mulheres livres e escravas".

260 Cf. MARTINS, 2014, p. 137: "A tintura dos panos empregava diversos tipos de raízes, cascas ou folhas de árvores – como o ipê, o coqueiro, o pau-brasil, a quaresminha etc. –, terras e argilas".

261 Em 1785, a Coroa Portuguesa proibiu a prática de manufaturas têxteis nas capitanias de sua Colônia americana. Todavia, tal determinação foi muitas vezes desobedecida.

262 No capítulo 4, foi reproduzida fotografia em que teares manuais são utilizados em meados do século XX na antiga região aurífera de Minas Gerais.

Grande parte desses eventos podem ser reconhecidos como integrantes de uma "religiosidade santoral": tendo suas matrizes no catolicismo lusitano, ela comportava fortes aspectos "de cunho devocional praticado pelos leigos, [...] sem interferência direta da instituição [eclesiástica] em suas práticas e manifestações, marcadas [por certa] autonomia em relação à Igreja". Assim, no cotidiano mineiro, "do indivíduo à coletividade, do espaço da casa ao do arraial, para cada doença, cada imprevisto da vida e cada profissão havia o respectivo santo" (MATA, 2002, p. 115). Trata-se de uma religiosidade "festiva, mas também penitencial, de modo que as duas características aparecem como relevantes e complementares"; de forma concomitante, "as festas se mostram como sagradas, mas assumem seu lado profano" (NEDER, 2015, p. 23). Nesse contexto, "ser católico significava cultuar os santos, promover ou participar de suas festas, pagar-lhe promessas, venerá-los – muito mais do que o comparecimento à missa e a participação nos sacramentos" (MENEZES, 2009, p. 109).

As sonoridades desse catolicismo santoral eram fortemente tensionadas pelos critérios do regime de escuta teológico-retórico. Enquanto este padrão do audível regulava-se pelas premissas da ortodoxia doutrinal, devotos que empregavam a voz e instrumentos musicais em suas práticas religiosas tinham entendimentos próprios (embora sem que houvesse uma ruptura explícita com o paradigma da catolicidade) acerca de sua vivência do sagrado e respectiva veiculação em linguagem sonora.

A atuação leiga nas festas dedicadas aos santos em Minas Gerais ganhou destaque durante o período colonial, quando era interdita a presença de sacerdotes e freis de ordens religiosas na Capitania. O clero secular, por sua vez, diretamente vinculado ao bispo da diocese, que por sua vez mantinha laços de dependência da Coroa Portuguesa em função do Padroado, possuía contingentes e recursos limitados para o trabalho de evangelização.

Para o delineamento dessa religiosidade santoral, muito contribuíram as grandes levas de imigrantes provindos das regiões portuguesas de Beiras, do Minho e Trás-dos-Montes,[263] situadas ao norte de Portugal e conhecidas pela intensidade com que celebravam suas tradições católicas.[264] De Portugal proveio,

263 "Analisando a origem dos comerciantes portugueses radicados em Minas no século XVIII, a historiadora Júnia Furtado constatou que 74,4% eram oriundos do Norte português. Iraci del Nero, ao levantar dados sobre a população portuguesa radicada em Vila Rica (atual Ouro Preto), constatou que 68,1% provinha do norte de Portugal. Analisando a população inventariada em Minas entre 1750 e 1779, Carla Almeida descobriu que 89% dos homens portugueses eram naturais das províncias do norte e 11% provenientes da região central do país e nenhum do sul. Além dos nortenhos, um fluxo notável de colonos provinham das ilhas atlânticas da Madeira e dos Açores" (GUEDES, 2016, p. 107; Cf. também RAMOS, 2008).

264 "O processo de transplantação dessas tradições intensificou-se durante o Ciclo do Ouro

inclusive, uma das expressões da religiosidade santoral mais importantes em Minas dos séculos XVIII e XIX: as folias. Elas podem ser remetidas a práticas lusitanas ainda medievais, que amalgamando o sagrado e o profano, eram perpassadas por cânticos populares conhecidos, naqueles séculos, como *vilancicos*:

> Difundidos na região ibérica ao longo dos séculos XV ao XVIII, sendo amplamente utilizados pelos pobres, negros e ciganos [...], os *vilancicos* eram [inicialmente] considerados cantos profanos, de origem popular, harmonizados a várias vozes, com composições diversas e diferentes variantes dramáticas e linguísticas. Posteriormente, alcançaram forte aceitação por parte da Igreja, da corte e da nobreza. Com o passar do tempo, começaram a ser executados nos templos, [...] e depois, tornaram-se cantos puramente religiosos executados nos momentos litúrgicos dos Ofícios e das missas. [...] [A partir daí], os *vilancicos* passaram a acompanhar a maioria das manifestações e autos religiosos (IEPHA, 2016, p. 37-38).

Contudo, no século XVIII, os *vilancicos* passaram a ser dispostos, em Portugal e suas colônias, em posição oposta à que gozavam nos períodos anteriores: eram tidos como "impuros e lascivos", por não se basearem na ortodoxia doutrinária e litúrgica, por utilizarem o português e não o latim, por não obedecerem às regras de composição musical então em voga. Dessa maneira, a execução de *vilancicos* foi proibida por D. João V na Capela Real em 1716, interdição estendida às igrejas paroquiais, em 1723 (SOUZA, 2007, p. 283).

Ainda assim, trazidas à América com a colonização, as folias continuaram a ser promovidas em Minas colonial e, posteriormente, imperial. Elas constituíam-se como caminhadas, que por vezes duravam vários dias, promovidas por devotos tocando instrumentos, dançando e cantando loas de saudação e louvor.[265] Em seu trajeto, os foliões realizam visitas às casas, distribuindo bênçãos e recolhendo donativos. A inspiração religiosa apresenta-se como um dos fatores mais relevantes

---

(Minas Gerais, em cidades como Ouro Preto, Sabará, São João del Rei, entre outras), uma vez que aumentou, significativamente, o fluxo imigratório de colonos oriundos do norte de Portugal (Porto, Minho e Trás-dos-Montes), regiões agrícola-pastoris, com expressivas tradições de Reis" (SANTOS, 2008, p. 95).

265 Segundo indicado em dicionários do século XVIII, como o de "Antonio Moraes e Silva, o primeiro significado da palavra folia era dança ao som de pandeiro ou adofe. Numa das definições dadas por Bluteau, folia expressava a realização de danças com instrumentos, com muito ruído, muita extravagância e confusão, que os que andavam nela pareciam doidos" (OLIVEIRA, 2006, p. 74). Verifica-se, assim, a imbricação de sentidos sagrados e profanos na realização das folias santorais. Adofe ou adufe consiste em um tipo de pandeiro quadrado, feito de madeira leve com membranas retesadas de ambos os lados,

para sua prática: as folias são até hoje geralmente realizadas em homenagem a um santo padroeiro e como pagamento de promessas ou graças recebidas, nas quais "o sacrifício das longas caminhadas é permeado pelo prazer das festas, da boa comida, do encontro com familiares e amigos" (NEDER, 2015, p. 23);[266] assim, a dimensão de sacralidade que perpassa uma folia não impede o envolvimento dos participantes nos divertimentos que possam estar associados à sua realização.

Em paralelo, vários elementos das culturas africanas, particularmente dos povos bantos,[267] foram sendo introduzidas nesse catolicismo santoral, pois tais sociedades compartilhavam concepções de mundo pautadas na relação "de ventura/desventura, que não implicava no abandono da própria cosmologia/ritual, mas na incorporação e aceitação de símbolos e ritos externos às suas vivências. Acreditavam que esses novos elementos podiam trazer um novo ciclo de fortuna e felicidade". Ademais, "a própria relação que os centro-africanos mantinham com seus antepassados e ancestrais era próxima daquela que os portugueses mantinham com seus santos [...] [eles] exerciam a função de intermediário entre o Ser supremo e determinada comunidade, [sendo] compreendidos como seres protetores" (NEDER, 2015, p. 22; 37-38).[268]

Em contrapartida, a adoção do catolicismo pelos africanos escravizados foi estimulada pelos senhores como uma estratégia para sua incorporação subordinada. Mas muitos desses africanos traficados da África Centro-Ocidental já haviam tido contato com missionários católicos (portugueses, espanhóis, italianos) naquele continente, o que tornou a hibridização religiosa mais profunda do que um mero batismo formal (SOUZA, 2002, p. 260). Daí que a religiosidade proveniente desse processo "seria uma leitura banto da mensagem cristã" (NEDER, 2015, p. 27), comportando, em desdobramento, inúmeras variantes internas, referentes à diversidade das nações banto, com sua expressões linguísticas e culturais próprias.[269] Tais enlaces, sempre tensionais, entre elementos da cultura lusitana com expressões africanas, sobretudo banto, exprimiram-se em várias manifestações do catolicismo santoral mineiro[270].

---

266 Em outra passagem, é afirmado que "os foliões festejam, comem bem, divertem-se, mas o corpo deve suportar as noites e madrugadas não dormidas, o cansaço extremo das longas caminhadas, e a dor proveniente de todo esse esforço (NEDER, 2015, p. 51).

267 A presença dos povos bantos em Minas foi abordada no capítulo 2.

268 Não se pode desconsiderar, ainda, que vários africanos escravizados tenham dissimulado uma conversão ao catolicismo como estratégia de sobrevivência, mas tal prática não era completamente monolítica, ou seja, ela acabava por suscitar, a contrapelo, hibridizações culturais e religiosas.

269 Sobre a pluralidade étnico-cultural dos povos banto, ver Capítulo 2.

270 Nota-se que devemos também considerar que muitos africanos escravizados trazidos da região banto eram cristãos. Vale lembrar do Rei cristão Afonso I, nascido entre os séculos XV e XVI no Congo.

A presença africana, de forma concomitante à expressividade devocional da população, foi registrada em duas imagens a seguir apresentadas. Assim, na ilustração de Édouard Riou, é possível perceber que nem os rios impediam o seguimento do trajeto processional, com a imagem de São Benedito sendo conduzida por um devoto de cor, mulheres, um membro da guarda e músicos com seus instrumentos, todos transportados por um canoeiro. Já igrejas, capelas e ermidas concentravam os populares, grandes parte dos quais africanos e afrodescendentes, em datas religiosas celebrativas, como indicado na fotografia de Elysio Passos.[271]

Contudo, quando desprovidos dessa contextualização histórico-sonora, os festejos da religiosidade santoral, sobretudo as

> Festas escravas, de devoção coletiva de um povo, eram por vezes transformadas, sob a ação colonizadora dos viajantes, em coisa para ser vista e consumida como entretenimento. A atitude de deleite fácil diante de suas manifestações culturais impedia-os de vê-las a partir de seu substrato mais essencial, vinculado a tradições culturais capazes de sobreviver a gerações, assegurando a identidade e a redenção entre o presente e o passado daqueles que a praticavam. (BARREIRO, 2017, p. 574).

Tal foi a escuta das celebrações santorais sob os regimes de escuta ilustrado-civilizatório e romântico, vindo ainda a revestir-se de contornos depreciativos quando promovida por viajantes estrangeiros formados sob o protestantismo, a exemplo do viajante inglês Richard Burton, para quem só as caberia apreciar como espetáculo exótico ou, na melhor das possibilidades, usufruir como passatempo:

> Essas procissões eram muito estimuladas por Nóbrega e os grandes luminares jesuítas de 1550. Sem dúvida, o espetáculo, a melodia e o mistério arrastaram muito tupi tresmalhado do rebanho para o aprisco dos Padres. [...] O rito não tardou a declinar e tornar-se um sistema de farsas e mascaradas, 'cerimônias irreverentes e palhaçadas ridículas'. Em nossos dias, é perfeita e devidamente decoroso e cumpre o útil objetivo de 'reunir as pessoas'. É uma combinação de passeio, visita e piquenique [...] (BURTON, 1976 [1969], p. 107).

271 Embora essas duas imagens refiram-se a províncias vizinhas a Minas, as práticas religiosas por elas representadas eram também promovidas no território mineiro.

Fig. 29 - *La fête de saint Benoît dans un village indien*. Édouard Riou. [Espírito Santo] 1862.[272]

Fig. 30 - Trecho de uma procissão. Elysio Pereira dos Passos. [Vassouras-RJ], 1905.[273]

272 Gravura em madeira. Disponível em: https://digital.bbm.usp.br/bitstream/bbm/3752/1/002856_IMAGEM_043.jpg. Acesso em : 2 out. 2020.

273 Fotografia. Disponível em: http://objdigital.bn.br/objdigital2/acervo_digital/div_iconografia/icon222222_229. Acesso em: 2 out. 2020.

A seguir, são abordadas três expressões distintas das festividades santorais de Minas, com suas sonoridades: as Folias de Reis, as celebrações do Divino e as festas juninas. Cabe refletir que tais devoções, embora autorizadas pela Igreja Católica por reportarem-se a santos do panteão oficialmente por ela reconhecido e mesmo à terceira pessoa da Santíssima Trindade, não abarcam cultos privilegiados pela reforma ultramontana,[274] estabelecida na diocese de Mariana com o episcopado de D. Viçoso (1844-1875).[275] Assim, elas mantêm-se em uma interface entre a ortodoxia religiosa e as apropriações ditas "populares", em sua pluralidade e tensionalidade sociocultural (e sonora).

•

Entre as folias mais destacadas em Minas colonial e imperial estava a dos Santos Reis, geralmente promovida entre 24 de dezembro (quando os reis magos teriam recebido o aviso do nascimento de Jesus) e 6 de janeiro (quando os reis teriam encontrado o menino na manjedoura), abarcando o ciclo litúrgico do Natal. Trata-se de prática trazida de Portugal, como descrito no *Auto dos Reis Magos*, "publicado pelo dramaturgo Gil Vicente em 1510, [em que] há uma cena na qual os Reis Magos estão em cortejo com uma comitiva formada por músicos e dançarinos que entoavam *vilancicos* ao som de instrumentos musicais e dirigiam-se ao presépio localizado na igreja" (IEPHA, 2016, p. 48). Nuno Marques Pereira, no *Compêndio do Peregrino da América*, de 1728, descreve a realização dessas Folias, já na América Portuguesa:

> Em uma noite dos Santos Reis, saíram estes com vários instrumentos pelas portas dos moradores de uma vila, cantando para lhes darem os Reis em prêmio, do que uns lhes davam dinheiro, e outros doces e frutas etc., e chegaram a uma casa, e começaram a cantar um tono, cuja letra dizia:
>
> Guerra travada se ruge
> Entre Florêncio e Floresta
> Acudi cá, minha Dama
> Que ferve a bulha na festa.
>
> Andavam uns mancebos desenfadados (para não dizer vadios) em

274 Com destaque às devoções marianas europeias e ao Sagrado Coração de Jesus.

275 É importante também ressaltar que as práticas evangelizadoras da reforma ultramontana visavam "ordenar" teologicamente o catolicismo santoral, e não o eliminar. Dessa maneira, por exemplo, as "missões populares" empreendidas em Minas nas últimas décadas do século XIX, com destaque aos missionários redentoristas, utilizavam as devoções populares como mediação para pregações que incentivavam a prática sacramental e a direção eclesiástica da fé.

seguimento dos músicos, e assim como os ouviram cantar com tal concerto ou desconcerto, começaram a apedrejá-los; e como os cantores vissem que lhes não podiam fazer resistência, usaram de corridas, e os que os haviam apedrejado, lhes foram contando os passos, ou compassos, nas pausas tacitamente (PEREIRA, 1939 [1728], v. II, p. 45-46).

Tais folias de Reis, também conhecidas como Reisados,[276] entrecruzavam-se, por sua vez, com a tradição portuguesa das "janeiras", existente desde o final da Idade Média em Portugal:

> [...] consiste na reunião de grupos de pessoas que saem pelas ruas, no início do ano, portando instrumentos musicais, tais como pandeiretas,[277] bombos, flautas e violas, para cantar nas portas das casas para desejar às pessoas um feliz ano novo. Os cânticos invocados remetem ao nascimento do Menino Jesus e os acontecimentos relacionados a ele, tal como a viagem dos Reis Magos. Após terminarem os cantos, os componentes dos grupos esperam que lhe sejam oferecidas as comidas 'janeiras', tais como castanhas, nozes, chouriço e morcelas (IEPHA, 2016, p. 45).

Outra celebração que possivelmente convergiu nas Folias de Reis mineiras foi a Festa dos Rapazes ou dos Caretos, "rito de origem ibérica que era praticado em período muito similar ao das folias [...] há relatos informando que a festa acontecia entre os dias 26 de dezembro e 6 de janeiro, apresentando um complexo cerimonial, que contava com loas ou comédia, uso de máscaras, peditórios, refeições, exclusão de mulheres, dança [...]" (IEPHA, 2016, p. 46).

Por suas origens nitidamente portuguesas, a Folia de Reis não foi alvo de perseguições iniciais por parte das autoridades coloniais, mesmo quando os afrodescendentes nela imprimiram algumas marcas de sua cultura. E as Folias

---

276 A Folia de Reis é uma das manifestações natalinas que integram um conjunto chamado "Reisado", também composto por ranchos, grupos e ternos que festejam o Natal e Reis. Dessa maneira, no Brasil, além das Folias de Reis, havia a promoção de outros festejos na imbricação de tradições lusas e afrodescendentes ligadas ao nascimento de Cristo, como as charolas: "Assim como as Folias de Reis, as charolas se caracterizam por uma caminhada ritual cantada à casa do devoto. Algumas possuem um andor, outras uma Bandeira. Mas a diferença primordial está no período em que cada uma se manifesta. As Folias de Reis geralmente saem em jornada no período natalino até o dia de Reis, 6 de janeiro. As Folias e as Charolas de São Sebastião se apresentam a partir do dia 6 de janeiro e se estendem até a data em que se celebra o seu santo de devoção, 20 de janeiro" (NEDER, 2015, p. 22-23).

277 Instrumento musical de percussão, similar a um pandeiro pequeno.

de Reis, efetivamente, atraíram grande número de africanos e seus descendentes, devido a uma possível identificação entre eles e a figura do rei negro Baltazar,[278] "o Rei do Congo, o terceiro Rei Mago. É de notável relevância frisar que esse Rei Mago, sendo representado como Rei do Congo, era protagonista nas festas de coroação do Rei Congo no Brasil escravista, que [também] acontecia nos dias de Reis" (NEDER, 2015, p. 67).

Aos poucos, as Folias de Reis foram recebendo os contornos atualmente conhecidos. O início do séquito é sempre demarcado pela presença da Bandeira levada pelo alferes. A Bandeira, assim, consiste uma espécie de oratório de caminhada, objeto sagrado: "Foliões, devotos e assistência confiam no poder de proteção e cura da Bandeira, pois nela se encontra o poder dos Santos Reis. Por isso, diante dela, as pessoas se ajoelham, pedem a sua bênção, beijam as suas fitas e fazem orações e pedidos aos santos de sua devoção" (NEDER, 2015, p. 72). Justamente por seu caráter sacro, em muitos grupos de Folia de Reis a Bandeira não era confeccionada a cada ano, pois era mantida como relíquia. Já a figura do alferes indica certa afinidade da Folia de Reis com as organizações militares, sendo ele geralmente escolhido entre os foliões de maior devoção (ou maior prestígio) para empunhar a Bandeira (COSTA, 2011, p. 393-394).

Atrás da Bandeira vinham os integrantes, distribuídos em fila dupla, e ordenados segundo a hierarquia da função que desempenhavam. Em geral, participavam pelo menos 12 foliões, em representação dos 12 apóstolos. Na primeira fileira encontravam-se o mestre à esquerda e o contramestre à direita, encarregados de "puxar" o canto; em seguida, os cantadores de frente, que "respondiam" ao mestre e o contramestre, com participação do coro dos demais foliões; logo depois, os vinham os músicos que tocavam instrumentos de corda;[279] mais atrás, os que tocavam os instrumentos de percussão de pequeno porte, como pandeiro, triângulo, agogô, chocalho; por fim, os que portavam instrumentos grandes, como caixa e bumbo. Observe-se que, por vezes, os instrumentos menores podiam ser tocados por crianças ou adolescentes, que ao serem colocados no meio da fila, encontravam-se amparados pelos adultos mais experientes na Folia (COSTA, 2011,

278 Ainda que o evangelho de Mateus não precise o número de magos que vieram adorar Jesus recém-nascido, no século III já havia se firmado a tradição de que eram três, possivelmente em associação aos presentes que ofertaram (ouro, incenso e mirra). No século VI, no mosaico intitulado "Adoração dos Magos", da Basílica de Santo Apolinário, o Novo, na cidade de Ravena, foram inscritos os nomes que então lhe eram atribuídos: Belchior (ou Melchior), Gaspar e Baltazar. Apenas no século IX os magos foram transformados em reis, por meio da representação de coroas. Magos e reis, tornaram-se também santos na Baixa Idade Média, como ressaltado no afresco de Giotto "Adoração dos Reis Magos", do início do século XIV. Foi também na Baixa Idade Média que um dos reis passa a ser representado como um negro ou um mouro (NEDER, 2015, p. 65-67).

279 Posteriormente, nesse grupo foi por vezes incluído um sanfoneiro.

p. 393; NEDER, 2015, p. 69-70). A Folia de Reis em Minas Gerais notabilizou-se, assim, por "notável polifonia vocal e acompanhamento de cordas dedilhadas, rabeca e caixa" (MONTEIRO; DIAS, 2010, p. 356).

Por sua vez, os palhaços integrantes da Folia dispunham de liberdade de movimentos, podendo caminhar de forma irreverente, enquanto os foliões deviam fazê-lo de forma solene, mas nunca podiam vir à frente da bandeira ou adentrar na casa de um devoto; apenas quando a Folia partia, protagonizavam o momento final da visita, dançando e versejando: "São versos de temas variados, em geral irreverentes: brincam com os donos da casa, ironizam o cotidiano, galanteiam jovens na assistência, contam pequenas estórias, exaltam ou ridicularizam a si próprios..." (MAGNO; ABREU, 2019, p. 99). A figura do palhaço foi por vezes demonizada, inclusive porque sua inclusão na Folia de Reis estava associada à representação dos soldados de Herodes, perseguidores do menino Jesus. Os palhaços podiam confeccionar suas próprias roupas, mas deveriam participar descalços da Folia e trazer máscara no rosto; também carregavam um porrete no qual se apoiavam e pulavam durante as exibições (COSTA, 2011, p. 393-395).

Durante a jornada da Folia de Reis (ou "giro", como a caminhada é comumente chamada), os foliões visitavam a casa de devotos, cumprindo um ritual: primeiro, saudavam os donos com versos da chegada e lhes entregavam a Bandeira; autorizados a entrarem nas casas, passam a saudar o presépio, se ali houvesse um; a cantoria prosseguia com as profecias; em sequência, todos se dirigiam para o exterior da casa, onde aconteciam as brincadeiras do(s) palhaço(s); os anfitriões, então, ofereciam uma refeição à Folia. Após a partilha desse alimento, os foliões agradeciam com outros cânticos e recebiam a Bandeira de volta, onde fora anexada nova fita pelos donos da casa e uma quantia em dinheiro. Existiam também rituais de saída da Bandeira e de encerramento da Folia, geralmente realizada na casa de um dos foliões (NEDER, 2015; COSTA, 2011).[280]

Os estudiosos contemporâneos das Folias de Reis, geralmente das áreas de Antropologia e Ciências da Religião, indicam que as relações de parentesco e vizinhança se mostraram fundamentais para a permanência da prática dessa religiosidade santoral ao longo de gerações. Em paralelo, a flexibilidade para incorporação de alterações no rito também foi importante, a qual conviveu, de forma aparentemente paradoxal, com a exigida rigidez da ordenação hierárquica de seus componentes (NEDER, 2015, p. 83-84).

280 Além disso, nos costumes registrados pelos pesquisadores no século XX e na atualidade, uma semana após o término da jornada, a Folia costumava "dar festa" para agradecer as contribuições recebidas. Nela, costumava-se convidar outras folias e amigos para cear, os quais deveriam comparecer com as roupas da Folia e cantar o nascimento de Cristo (NEDER, 2015, p. 84).

Com o adentrar na modernidade cientificista e laica, a partir de meados do século XIX, as críticas letradas à prática da Folia de Reis se fizeram sentir. Assim, em 1883, o jornal *Arautos de Minas* descreveu pejorativamente uma Folia da região das Vertentes, território pouco mais ao sul da área de Mariana e Ouro Preto:

> Logo após o dia 25 de dezembro, em que a cristandade comemora o nascimento do Menino Deus, na gruta de Belém, aparecem os bandos de tiradores de Reis, folia que traz a tradição dos Magos, que vieram do Oriente, guiados pela resplendente luz de uma peregrina estrela, a depositar oferendas aos pés do Messias, anunciado pelos profetas e prometido às nações.
>
> As letras santas nada nos dizem acerca do gênio e caráter dos três coroados das plagas orientais; a regular, porém pelos bandos que anualmente os representam, andando de porta em porta a pedir pousada, eram eles rapazes folgazões, exigentes e dados à pandega.
>
> Não é somente um grupo de tiradores de Reis; há várias companhias e cada qual em seu gênero: umas mais canalhocratas, outras de gente mais escolhida; porém todas, da família do sr. Zé Povinho.
>
> Logo ao anoitecer saem as folias a percorrer as ruas e a bater de porta em porta. Nada os detêm na sua peregrinação; quer a noite esteja esplêndida, quer a impertinente chuva, como sempre acontece, caia molhando-lhes o costado; não há obstáculo que lhes empeça a marcha.
>
> Lá vem um dos tais bandos, acompanhemo-lo.
>
> A parceirada é luzida, a comitiva e bando de músicos são numerosos e esquisitos os instrumentos que estes empunham; são eles um tambor, clarineta, viola, reque-reque, pandeiro e uma sanfona.
>
> Na frente do bando caminha, brandindo uma varinha enfeitada de fitas, um mascarado, a que dão o nome de Bastião.
>
> Apenas no limiar da porta da casa que visitam, a música rompe a introdução, em que mais sobressaem as pancadas no tambor e os sons agudos da esganiçada clarineta (*apud* IEPHA, 2016, p. 50).

A crônica aponta a forte presença dos palhaços, da Bandeira e dos instrumentos, elementos que ainda hoje são marcantes nas folias de Reis da região. Outra narrativa sobre as folias de Reis em Minas Gerais consta no jornal *O Resistente*, de São João del-Rey, datando de 1897. Esta redação priorizou a dimensão do exotismo que passava a também revestir as celebrações religiosas, vistas como sobrevivências arcaicas de um tempo não mais existente:

> Passou ontem o simpático dia de Santos Reis Magos, que foi celebrado com os tradicionais 'bandos de Reis' e mais, neste ano, com um bando novo do 16º batalhão de infantaria. Vestidos mais ou menos a caráter, homens e mulheres, precedidos de música, entoavam em coro certos cantos combinados, executando danças curiosas que atraíram a atenção e foram bastante aplaudidos. Percorreu esse bando algumas ruas, sendo mesmo convidado a entrar em algumas casas, onde foi obsequiado. Constituiu essa festa uma novidade agradável e bem recebida, de costumes estranhos e pitorescos (*apud* IEPHA, 2016, p. 51).

•

Juntamente com as Folias de Reis, a devoção ao Divino Espírito Santo era intensamente praticada nas áreas rurais e nos povoados e vilas mineiros, em associação ao prestígio que tal culto gozava junto à família real portuguesa. O marco fundador dessa veneração é costumeiramente atribuído à construção da Igreja do Espírito Santo, em Alenquer, pela rainha D. Isabel no século XIII:[281] "De começo um simples bodo, ou seja, singela distribuição de esmolas, só se tornaria assembleia festiva e alvissareira no século XVII, sob o reinado de D. João IV, o primeiro rei português a ter tratamento de Vossa Majestade [...]. É na euforia da Restauração [com o fim da União Ibérica, em 1640] que o Divino toma ares de festa majestática [...]" (LIMA *apud* CARVALHO, 2008, p. 3).[282] A festa assim, foi entendida como um reforço simbólico ao ideário da autonomia política da nação portuguesa, sob o regime de uma dinastia lusitana. Segundo a pesquisadora Maria Michol Pinho, ainda hoje, as Caixeiras do Divino – um grupo de mulheres afrodescendentes que tocam tambor ritual na tradicional Festa do Divino Espírito Santo de Alcântara no Maranhão[283] – traduzem, com suas cantigas, tal vínculo histórico:

> Começou em Portugal
> Essa festa importante
> Foi aclamada por todos
> Os impérios mais galantes.

281 "Embora a Rainha D. Isabel seja reconhecida como instituidora da festa do Divino, ela teria, de fato, sido uma continuadora e reformadora do culto ao Divino" (CARVALHO, 2008, p. 3).

282 A autora reporta-se, para essa transcrição, à obra de LIMA, Carlos de. *Festa do Divino Espírito Santo em Alcântara (Maranhão)*. São Luís: Departamento de Cultura do Estado, 1981. p. 8.

283 O objetivo das Caixeiras do Divino "é propagar os ensinamentos de toques de caixa para as próximas gerações, além de realizar o ritual sagrado da Festa do Divino Espírito Santo sob a forma de obrigação espiritual" (ROCHA, 2019, p. 6).

Meu Divino Espírito Santo
Vim saudar vossa coroa
Foi feita de ouro e prata
E veio vinda de Lisboa.
(*apud* CARVALHO, 2008, p. 4).

A festa do Divino propagou-se rapidamente pelas terras portuguesas na América, adquirindo conotações específicas nas diferentes capitanias. Na Colônia, ela foi também apropriada por setores populares, inclusive escravizados, que lhes conferiram outras tantas conotações. Assim, várias irmandades prestavam homenagem ao Divino. Os preparativos eram iniciados meses antes, desde o sábado de Aleluia, quando as "folias" iniciavam a coleta de doações para a festa que ocorreria no dia da celebração cristã de Pentecostes (sétimo domingo após a Páscoa, situada em calendário móvel entre o final de maio e o início de junho). A fotografia de Luiz Calcagno ao retratar um conjunto de "tiradores de esmolas", com seus instrumentos musicais, no final do século XIX mineiro, possibilita perceber a diversidade étnica e de gerações que tal devoção comportava. No dia marcado, uma procissão percorria a localidade com a bandeira do Divino e o Imperador em destaque, geralmente uma criança eleita todo ano. Músicos, tocando clarim, violino, ou ainda viola, pandeiro e tambor, faziam os pedidos de casa em casa; "também estava presente a fanhosa música dos barbeiros,[284] composta de escravos negros, que ensaiavam dobrados, quadrilhas e fandangos" (ABREU, 1994, p. 192-193). A aquarela de Miguelzinho Dutra, a seguir reproduzida, ilustra a presença de violas caipiras na Festa do Divino.

A realização dos folguedos demandava uma complexa organização, envolvendo uma ampla rede de relações entre os participantes. Pouco antes do dia de Pentecostes, iniciavam-se as novenas e, no domingo dedicado ao Espírito Santo, a festa começava bem cedo, com levantamento do mastro com a imagem do Divino. Assim como nas Folias de Reis, essa bandeira ou estandarte era percebida pela população como algo sagrado. A seguir, o "Imperador do Divino" era simbolicamente coroado, ato para o qual "armava-se o 'Império', um pavilhão com uma capelinha ao fundo e terraço na frente, onde, em seu trono, o Imperador do Divino recebia as homenagens dos seus 'súditos'." (ABREU, 1994, p. 193). O Imperador do Divino chegava a portar alguns poderes civis durante o tempo dos festejos, como a concessão de liberdade a presos comuns.[285] Saint-Hilaire,

284 Sobre os barbeiros, ver Capítulo 5.

285 Era tamanho o prestígio dessa festa no século XIX, que o ministro José Bonifácio de Andrada e Silva teria sugerido, em 1822 a atribuição do título de Imperador do Brasil ao monarca da dinastia de Bragança (ao invés de rei), considerando que a população estava habituada ao termo

de passagem por São Domingos (atual cidade de Virgem da Lapa, nordeste de Minas Gerais), presenciou as festividades da Folia do Divino, tendo descrito suas sonoridades com suspeição:

> Uma orquestra de músicos detestáveis, todos velhos e mestiços, veio colocar-se à frente dos dois oficiais [que estavam na frente do Imperador do Divino] e executou um hino em honra ao Imperador. À frente desses músicos alinharam-se alguns sacerdotes vestidos apenas com as batinas, e finalmente uma considerável multidão de povo seguiu todo o cortejo (SAINT-HILAIRE, 2000 [1816-1822], p. 284-286).

Logo depois, prossegue Saint Hilaire em seus comentários, seria celebrada missa cantada com *Te Deum*, seguida por procissão, que saía com bandeiras vermelhas e o estandarte com a imagem da pomba branca, símbolo litúrgico do Espírito Santo. Havia também "o imperador, a imperatriz e seus pajens (mordomos) ricamente trajados", acompanhados por músicos com "instrumentos de origem portuguesa, como violas, rabecas e caixas (bombos)".

Fig. 31 - Tiradores de esmolas para a Festa do Divino. [Minas Gerais]. Luiz Bartolomeu Calcagno. s.d.[286]

"Imperador do Divino" (CASCUDO, 1954, p. 236).

286 Fotografia. Disponível em: http://brasilianafotografica.bn.br/brasiliana/handle/20.500.12156.1/640. Acesso em: 23 set. 2020.

Fig. 32 - Violas caipiras na Festa do Divino. Miguelzinho Dutra. 1841.[287]

A música executada apresentava "características que nos remetem à Idade Média europeia, como a sucessão de peças em forma de suíte, a polifonia modal, os ritmos predominantemente ternários ou com subdivisão ternária (o *perfectum* da rítmica medieval) e em hemíola".[288] (MONTEIRO; DIAS, 2010, p. 355):

> Chegando à porta da igreja, o Imperador ajoelhou-se [...] entrando na igreja [...] entoou-se então um *Te Deum* e, em seguida, cantou-se uma missa com música. As vozes eram agradáveis e afinadas, a música pareceu-me bastante boa, e não se terá ouvido nada de parecido nas nossas pequenas cidades no centro da França. [...] Após a missa, formou-se o cortejo novamente; saímos da igreja e dirigimo-nos para a casa do Imperador. Durante o trajeto juntou-se a nós um grupo de crioulos disfarçados (foliões) [...] todos estavam mascarados [...] um deles trazia um violão ou pandeiro. Um único, que não estava disfarçado, marchava à frente do grupo e tocava um tambor semelhante aos dos exibidores de ursos. Um outro levava uma vara longa e dirigia a marcha (SAINT-HILAIRE, 2000 [1816-1822], p. 284-286).

287 Aquarela. Disponível em: http://enciclopedia.itaucultural.org.br/obra5862/festa-do-divino-espirito-santo. Acesso em: 23 set. 2020.

288 "Hemíola: alternância métrica de ternário simples e binário composto. Na Idade Média, os ritmos em três tempos eram denominados *perfectum* por exprimirem a perfeição da Trindade divina; já os ritmos em dois ou quatro tempos eram *imperfectum*" (MONTEIRO; DIAS, 2010, p. 367).

Era costumeiro, durante essa festa, doar comida aos pobres:

> Próximo à casa do Imperador armara-se [...] duas longas mesas [...] Parte do cortejo tomou lugar diante das longas mesas [...] serviu-se um lauto jantar [...]. Durante o jantar, os crioulos fantasiados não cessaram de dançar em volta das mesas, tocando seus instrumentos. Suas danças eram variadas e algumas bastante agradáveis. Em uma delas, que apenas era bizarra, os dançarinos agacharam-se em duas filas, colocando-se dois a dois um em frente ao outro, e enquanto um deles tocava o instrumento, o outro batia palmas. Várias mulheres, acompanhadas da música, vieram sucessivamente oferecer ao Imperador pratos de doces, que em seguida foram comidos pelos comensais. Essas oferendas são o resultado de alguma promessa feita ao Espírito Santo (SAINT-HILAIRE, 2000 [1816-1822], p. 284-286).

A festa ainda podia incluir barracas de comidas e bebidas e até distintas manifestações musicais (ABREU, 1994, p. 193):

> [...] Ao entardecer, os habitantes de S. Domingos voltaram à igreja, e lá se tirou a sorte o nome do novo Imperador. O do ano precedente entregou a seu sucessor as insígnias da dignidade, e um e outro foram reconduzidos solenemente às respectivas moradas. Durante toda a noite, os crioulos disfarçados percorreram as ruas cantando e dançando, e à meia-noite ainda se podia ouvi-los. É incrível como esses homens possam resistir a tamanha fadiga. [...] A festa decorreu em perfeita ordem e decência, e não ouvi gritos nem discussões (SAINT-HILAIRE, 2000 [1816-1822], p. 284-286).

O próprio Saint-Hilaire não se furtou a participar da festa: "Quando saí de Água Suja fui cercado por músicos tendo à frente o estandarte do Espírito Santo. Cantavam em louvor do Senhor Cavaleiro, título que me quiseram dar, e me pediram alguma coisa para uma festa análoga à que assistira em S. Domingos. Fiz a minha pequena oferenda [...]" (SAINT-HILAIRE, 2000 [1816-1822], p. 290).

•

Um grupo de celebrações do catolicismo santoral que não envolvia a prática de folias era o das festas juninas, dedicadas a São João, Santo Antônio e São Pedro.[289]

289 Santo Antônio de Pádua (também conhecido como Santo Antônio de Lisboa) viveu entre os séculos XII-XIII; ingressou na Ordem Franciscana e era tido como grande pregador e também taumaturgo; celebrado em 13 de junho. São João Batista era contemporâneo de Jesus Cristo e é tido como aquele que anunciou sua vinda ao mundo e o batizou; celebrado no dia 24 de junho.

Elas também contavam com a participação de amplas parcelas da população, mas não eram organizadas por uma irmandade específica. Em alguma medida, mantiveram vínculos com os ritos agrários europeus, pois junho é o "mês em que se comemora a colheita do milho no Brasil; quando os rios estão baixos e o solo pronto para enfrentar o plantio" (RANGEL *apud* COSTA, 2012a, p. 17).[290]

Entre as datas juninas, o realce recai sobre a noite de 23 para 24 de junho, dedicada a São João Evangelista, quando "as pessoas ficam sentadas todas as noites e hasteiam, alegremente, o 'mastro de São João'. Participam da festa ignorando de todo a sua origem e, em verdade, muitas vezes perguntei, mas em vão, a eclesiásticos europeus a significação da fogueira" (BURTON, 1976 [1869], p. 137).[291] Também eram intensos os festejos no dia dedicado a Santo Antônio, "[...] conhecido na Europa principalmente por seu relacionamento com os porcos. Aqui, tem ele por dever arranjar noivos para as moças casadoiras, e, se não cumpre esse dever, costuma ser espancado e obrigado a dormir no frio, ao ar livre. O repique dos sinos era quase abafado por marteladas" (BURTON, 1976 [1867], p. 61).

Os festejos em honra a Santo Antônio portavam, assim, expressivas facetas da religiosidade santoral. Em um de seus sermões, o padre Antônio Vieira, no século XVII, já denunciava o caráter milagreiro atribuído a esse santo, que ultrapassava em muito a ortodoxia preconizada pelo Concílio de Trento, que centrava em Cristo e nos sacramentos a concessão de graças e da salvação: "Se vos adoece o filho, Santo Antônio; se vos foge o escravo, Santo Antônio; se mandais a encomenda, Santo Antônio; se esperais o retorno, Santo Antônio; se requereis o despacho, Santo Antônio; se aguardais a sentença, Santo Antônio; se perdeis a menor miudeza de vossa casa, Santo Antônio; e, talvez, se quereis bens alheios, Santo Antônio" (*apud* MONTES, 1998, p. 103).[292]

Os santos juninos eram homenageados com canções e danças: "Cantam,

São Pedro foi um dos 12 apóstolos escolhidos por Cristo, celebrado a 29 de junho, junto com São Paulo, ambos tidos como mártires da fé cristã.

290 A autora reporta-se à obra de RANGEL, Lúcia Helena Vitalli. *Festas Juninas, festas de São João*: origens, tradições e história. São Paulo: Publishing Solutions, 2008. p. 21.

291 A festa de São João coincide com o solstício de verão na Europa e segundo o historiador Peter Burke, a Igreja Católica incorporou os festejos pagãos que aí tinham ocasião, onde as fogueiras eram acesas, cristianizando-os como devoção àquele santo (BURKE, 1995, p. 218-223). No Brasil, a fogueira adquiriu narrativas e funções específicas na devoção joanina: "[...] contava-se que, após ter sido decapitado, o corpo de São João Batista foi atirado a uma fogueira, contudo permanecia íntegro, brilhante. Tomado pelos discípulos de Jesus, foi lançado ao rio Jordão. Numa segunda versão, salientava-se que algumas pessoas, ao verem o corpo na fogueira, tentavam apagar o fogo jogando água, mas a fogueira ficava ainda maior. A água que se esparramava junto ao fogo tinha propriedades curativas" (SOUZA, 2004, p. 334).

292 Trata-se do "Sermão de Santo Antônio. Pregado na Dominga *infra octavam* de *Corpus Christi* com o Santíssimo Sacramento exposto", pregado em São Luís do Maranhão em 1653.

em seu louvor [de São João] canções compridas, que começam com 'São João se soubera que hoje é seu dia / Do céu desceria com alegria e prazer'." Burton ainda complementa: "A métrica e a rima desses versos são muito comuns entre os roceiros; o fim do primeiro verso rima com o terceiro hemistíquio[293] e a sílaba final do segundo verso fica sem rima. Dessa maneira são, em geral, compostas as modinhas [...]" (BURTON, 1976 [1869], p. 137).

Assim, as modas de viola, executadas por grupos de tocadores de viola, tornaram-se costumeiras nas festas juninas de Minas: nelas, o texto entoado "tem tanta importância que, quando se canta, não se toca, ficando a viola reservada aos intervalos estróficos. [...] a viola toca no tempo de o ouvinte assimilar um trecho da história e se preparar para ouvir o próximo" (VILELA, 2017, p. 271; 279). Em tais composições, o romance era a base narrativa. Paulatinamente, porém, no decorrer do século XIX, as quadrilhas tornaram-se muito afamadas:

> A quadrilha tradicional tem no mínimo 16 pares e é constituída de 30 passos, alguns afrancesados, como *anarriê*, e outros bem brasileiros, como o caminho da roça. A quadrilha era uma dança muito popular entre a aristocracia do século XIX, época em que chegou ao Brasil. Foi reencontrada e reinterpretada pelo povo, teve novas figuras e comandos acrescentados e é composta de cinco partes ou mais, com movimentos vivos. Posteriormente, foi adotada por diversos compositores nacionais – ganhando um 'sotaque' brasileiro - e disseminou-se por todo o país, fazendo com que aparecessem variações regionais. A lembrança da influência francesa se faz presente até hoje, nas quadrilhas juninas, onde a evolução dos pares se faz guiar por palavras francesas aportuguesadas: 'changê' (*changer* - trocar), 'anavam' (*en avant* - em frente), 'anarriê' (*en arrière* - para trás), 'tur' (*tour* - fazer uma volta), 'balancê' (*balancer* - balançar o corpo) (COSTA, 2012a, p. 19).[294]

Outro destaque das festividades juninas eram os foguetórios: "A animada festa [de São João] é mais agradável na roça do que na cidade, onde o bimbalhar dos sinos e as explosões das girândolas começam antes de amanhecer. A gente fica surdo com os ridículos foguetes, e os moleques, isto é, os negrinhos, tornam as ruas supinamente desagradáveis, lançando buscapés, que fazem tudo o que podem para queimar as pernas das pessoas" (BURTON, 1976 [1869], p. 137).

293 Cada uma das metades (iguais ou desiguais) em que a cesura (no sentido de pausa) divide o verso, especialmente o verso alexandrino.

294 A autora embasa-se em RIBEIRO, Heloisa. Rotas da fé: festas juninas. *Caderno Virtual de Turismo*, Rio de Janeiro, v. 2, n. 3, p. 24-35, 2002.

Tais festas, portanto, não eram pacíficas, inclusive pelos estragos causados pelos fogos e batalhas de "busca-pés". Aos poucos, as festas juninas foram sendo alvo de controle das Intendências municipais, que buscavam conceder autorizações para lançamento de fogos mediante certas limitações de uso (ABREU, 2003, p. 98); apenas nos povoados rurais eram realizadas com maior liberalidade.

As festas juninas, assim como as diversas modalidades de folia, foram alvo de desconfiança e repressão crescentes no século XIX, vindo a adquirir novas características nesse processo. Sobretudo aquelas festas que eram majoritariamente promovidas por escravos e forros negros e mulatos foram sendo cada vez mais deslocadas pelas autoridades policiais e municipais para as periferias urbanas e áreas rurais, enquanto os médicos passaram a considerar tais ajuntamentos como ameaçadores da família higiênica; já as lideranças eclesiásticas, alinhadas com a reforma ultramontana da Igreja, interditavam as manifestações desse catolicismo parcamente conduzido pelo clero nos espaços interiores das igrejas (ABREU, 1994, p. 185).

3.3. Falares "caipiras"

Os sons da "roça" enlaçavam os distintos ruídos da lavoura, criação e ofícios com o linguajar dos moradores: na imbricação de sonoridades ameríndias e lusitanas (com participação, em vários casos, de elementos africanos), constituiu-se uma maneira "caipira" de falar, assim como de viver. Segundo o historiador, músico e doutor em Psicologia Social Ivan Vilela, tal cultura teria se espraiado entre o interior do Sudeste e a região centro-oeste do Brasil, numa espacialidade também conhecida como "Paulistânia".[295] Saint-Hilaire a aproximou da condição de rusticidade dos que habitavam a área rural, por contraposição à civilidade dos moradores da cidade, em um regime de escuta de viés iluminista, compartilhado com a elite luso-brasileira: "Pelos mesmos [os que viviam nos espaços rurais] têm os habitantes da cidade pouquíssima consideração, designando-os pela alcunha injuriosa de caipiras, palavra derivada provavelmente do termo *curupira* pelo

---

295 Cf. VILELA, 2011, p. 34: "Entende-se por Paulistânia toda a região povoada por bandeiras, região esta que coincide com as áreas de acomodação do que chamamos de cultura caipira, ou seja, São Paulo, sul de Minas e Triângulo Mineiro, Goiás, Mato Grosso do Sul, parte do Mato Grosso, parte do Tocantins e norte do Paraná". Ainda segundo o autor, há distinções entre a musicalidade produzida ao sul e centro de Minas Gerais e aquela promovida ao norte deste estado: "No norte de Minas, ao contrário de toda a Paulistânia, a escala musical corrente não é a escala maior (modo jônio) e sim o mixolídio, que é uma escala maior com o sétimo grau rebaixado em meio tom. Esta escala é [também] frequentemente utilizada na música do Nordeste brasileiro", cf. VILELA, 2011, p. 94-95.

qual os antigos habitantes do país designavam demônios malfazejos existentes nas florestas" (SAINT-HILAIRE *apud* MIRANDA, 2009, p. 637).[296]

Estudiosos contemporâneos afirmam que a maneira de falar "caipira" incorporou a expressão anasalada das linguagens indígenas (PUCCI, 2016, p. 14; 17),[297] além da fonética[298] próxima àquela da

> [...] língua *Nheengatu*, [...] pertence à família linguística tupi-guarani falada mais que o português até o final do século XVIII. [...] No *Nheengatu*, não há o fonema 'lh', por isso, se diz 'muié' ao invés de 'mulher', 'paia' ao invés de 'palha'; assim como o 'l' dos finais de palavras, por isso, 'animal' se transforma em 'animar' (PUCCI, 2016, p. 14).[299]

Quando, no final do Setecentos, o emprego do *nheengatu* foi proibido pela Coroa portuguesa, difundiu-se ainda mais essa imbricação do português colonial com "sotaque indígena *Nheengatu* [...]. A fala caipira não é errada, mas sim uma variante da língua caipira" (GREGOLIM JÚNIOR, 2011, p. 17-18). Difusores dessa linguagem foram sobretudo indígenas e seus descendentes que migraram dos aldeamentos para os sítios, povoados e vilas mineiras, passando assim, ao menos oficialmente, à condição de súditos livres. Até mesmo a maneira de designá-los era distinta, com a generalização do termo "gentio" (RESENDE, 2013, p. 65), que acabou por atribuir aos descendentes indígenas um caráter comum – e distintivo – de indianidade (RESENDE, 2013, p. 14). Entretanto, tais "índios coloniais e imperiais", ainda que obtivessem o pleiteado reconhecimento da condição de liberdade, em geral viviam em grande marginalização social e segregação étnico-racial; sua pobreza os obrigava a uma contínua itinerância nos garimpos e fazendas, assim como nos transportes fluvial e terrestre ou ainda em

296 O autor reporta-se ao livro de Auguste de Saint-Hilaire, *Viagem à Província de São Paulo*. São Paulo: Livraria Martins/Editora da USP, 1972. p. 171. Transcrevendo outro relato de Saint-Hilaire, à p. 95, o autor complementa: "Desde Vila Boa [Goiás] até Rio das Pedras [São Paulo], tinha eu tido quiçá cem exemplos dessa estúpida indolência. Esses homens, embrutecidos pela ignorância, pela preguiça, pela falta de convivência com seus semelhantes, e, talvez, por excessos venéreos prematuros, não pensam: vegetam como árvores, como as ervas dos campos" (*apud* MIRANDA, 2009, p. 638). Observe-se que se Diogo de Vasconcelos, em seu livro de 1807, considerava os indígenas similares aos seres da Natureza animal da Capitania mineira (ARAÚJO; SILVA, 2012, p. 49), Saint-Hilaire aproxima os que trabalhavam no meio rural do reino vegetal.

297 A autora reporta-se à obra de ANDRADE, Mário. *Aspectos da música brasileira*. Belo Horizonte: Editora Vila Rica, 1991. p. 106.

298 A etnolinguista Yeda Pessoa de Castro, por outro lado, atribui uma importante contribuição africana ao falar brasileiro rural. In CASTRO, Yeda Pessoa. Falares Africanos na Bahia. Topbooks, Rio de Janeiro: 2005, p. 60.

299 Como recorda a autora nesta mesma página, no século XVI "o viajante e historiador Pero Magalhães Gândavo, considerava os Tupinambá violentos por não falarem o f, o l nem o r".

obras públicas (construção de estradas, pontes). Tal estado situou-os, no discurso oficial, em estado de vadiagem (RESENDE, 2013, p. 316-317), simultaneamente desqualificando suas maneiras de falar.

Não obstante, nas sonoridades "caipiras" provindas da indianidade, a incidência da cultura africana também se fazia presente (ALMEIDA, 2010a, p. 44). O linguajar rural mineiro, que apresentava timbres vocais "oscilando geralmente entre as características do canto de garganta e anasalado" (RIBEIRO, 2011, p. 194),[300] trazia consigo dicções africanas: há

> [...] semelhanças casuais, mas notáveis, do sistema linguístico das línguas banto e kwa identificadas com o sistema do português brasileiro. Entre elas, sete vogais orais [...], e com exceção da nasal silábica (N) para as línguas africanas, [também coincide] a estrutura silábica (Consoante-Vogal), onde a vogal é sempre centro da sílaba [...] O que provavelmente possibilitou a continuidade do tipo prosódico de base vocálica do português arcaico na modalidade brasileira, afastando-o, portanto, da pronúncia atual, muito consonantal, do português europeu (*apud* CAMARA, 2013, p. 24).[301]

Daí a provocativa assertiva de Darcy Ribeiro, "em Minas, os negros fizeram o branco falar português" (*apud* CAMARA, 2013, p. 23).[302]

Por vezes, essas específicas formas de pronunciar foram vistas com desdém por viajantes estrangeiros, como no festejo religioso descrito por Saint-Hilaire:

> Durante a procissão cantou-se, segundo o costume, o *pater* e dez *ave* [-marias] em português; após cada *ave* soava uma pequena sineta; os fiés paravam, ajoelhavam-se e entoava-se um *gloria patri* igualmente em português. A procissão fez o circuito da praça e de uma parte da igreja, e recolheu-se em seguida; como de costume, celebrou-se uma missa ordinária, e em seguida todos entoaram o *salve.* Se apenas tivesse ouvido esse canto na Província de Minas não seria, certamente, levado a fazer tantos elogios às disposições dos mineiros para a música, pois que jamais coisa mais desafinada me feriu os ouvidos. (SAINT-HILAIRE, 2000 [1816-1822], p. 327).

---

300 O autor estudou os catopês mineiros, um dos elementos integrantes do congado.

301 A autora reporta-se à obra de CASTRO, Yeda. *A língua mina-jeje no Brasil*: um falar africano em Ouro Preto no século XVIII. Belo Horizonte: Fundação João Pinheiro, 2002. p. 12

302. Andrea Adour da Camara complementa: "Neste âmbito, diversos autores trataram da importância do elemento africano em nossa língua, como Aires da Mata Machado, Renato Mendonça e Yeda Pessoa de Castro" (CAMARA, 2013, p. 24).

Pelo relato do viajante francês, é possível considerar que o estranhamento da escuta estrangeira perante a sonoridade dos cantos locais deva-se, ao menos em parte, à maneira de entoá-los, provinda da cultura afrodescendente.[303]

Durante o século XVIII, morar na roça consistia, portanto, em sinônimo de rusticidade "caipira": "Qualquer um que tivesse que se representar publicamente, teria que estar na sua casa da cidade. No século XIX, por outro lado, a fazenda já assoma como um espaço social e político de representação que é extremamente importante" (CUNHA, 2009, p. 70). Iniciava-se então o predomínio de uma cultura de contornos românticos, que sem abandonar o projeto civilizatório das Luzes, conferiu outros contornos ao ruralismo mineiro, com seus respectivos sons.

3.4. Cantadores

No Brasil, diferentemente da Europa, o romantismo do século XIX valorizou apenas pontualmente a cultura caipira e a religiosidade santoral, associando-a ao tradicionalismo social e à imagem de um rural bucólico (PERINELLI NETO; LASTÓRIA; MELLO, s. d.). Dessa maneira, o regime de escuta romântico das sonoridades agrárias mineiras oscilava entre uma conotação positiva, "que destacava a força, a autenticidade e a comunhão com a natureza, e uma caracterização negativa, cujo traço principal era a preguiça" (OLIVEIRA, 2003, p. 234).

Duas práticas de escrita, promovidas a partir da segunda metade do século XIX e vinculadas em algum grau ao romantismo, incorporaram as sonoridades agrárias mineiras: a literatura ficcional regionalista, que "fazia viver uma tensão entre o idílio romântico e a representação realista do homem do campo, entre a nostalgia do passado e a denúncia das misérias do presente" (OLIVEIRA, 2003, p. 235), e os registros folclorísticos, voltados sobretudo à descrição de cantos e danças "caipiras" como o cateretê e o cururu, abordados, por exemplo, por Luís da Câmara Cascudo. Tais cantares, assim, compartilham elementos com a

> [...] estética romântica, na concepção formal e no modo sentimental como os temas e personagens surgem e ressurgem. [...] Outro fator de aproximação com o romantismo se dá na pontuação melódica do verso, a propiciar uma atmosfera de oralidade, o tom de poesia recitativa criada para a eloquência dos sarais e salões, que os caipiras reeditam nas suas poesias para serem declamadas (ou lidas em silêncio com entonação oral), e nas partes recitativas

303 "Se a afinação pode ser considerada um fator cultural, e não como algo fixo e imutável, a desafinação pode seguir os mesmos critérios de avaliação. Portanto, para se considerar alguém desafinado, deve-se levar em consideração o contexto e a cultura em questão" (SOBREIRA, 2003, p. 31).

> de tantas modas. Se os românticos citadinos recitavam ao som boêmio da viola, violão e piano, os caipiras do campo ainda o fazem no entremeio enluarado e inspirado da viola (SANT'ANNA, 2010, p. 47-48).

Essas duas representações, por sua vez, eram unânimes em contrapor o espaço agrário à modernização, à industrialização e à urbanização. Já a figura do trabalhador rural, fortemente associada à escravidão africana e ao processo de miscigenação, era geralmente depreciada. No campo fotográfico, as imagens de Victor Frond, a seguir reproduzidas, realçam o exotismo do negro "caipira", de maneira próxima aos relatos de viajantes europeus. Não havia destaque aos conflitos e desigualdades sociais; as figuras, pelo contrário, buscavam realçar a integração dos grupos subalternizados às paisagens (WANDERLEY, 2016).[304] Ademais, é possível concluir que a fotografia feminina, com seios desnudos, também associa a trabalhadora rural mestiça ou negra com uma sexualidade costumeiramente (e violentamente) apropriada por senhores e sujeitos em condição jurídico-social de maior poder.

•

No âmbito da literatura romântica, o "caboclo", mescla de elementos indígenas e de descendentes portugueses, foi apresentado pelo autor mineiro Bernardo Guimarães,[305] na novela Índio Afonso, de 1873, como um agente ambivalente: "Se possui a estatura e traços religiosos dos europeus, ainda mantém os hábitos nômades e resquícios de um misticismo relacionado à natureza. [...] ressalta nesse novo tipo algumas características que seriam depois caricaturadas por Lobato:[306] a indiferença pelo trabalho organizado e contínuo e um alheamento completo em relação às normas e leis de uma civilização calcada na europeia". Em suma: delineia um "astuto e trapaceiro anti-herói popular (GOMES, 2007, p. 83).[307]

---

304 Também conforme PEREIRA; MORENO, 2015, p. 117, Frond opta por representar momentos em que o conflito não está tão explicitado como nas litografias "Cozinha na Roça", "Antes da partida para a roça", "Após o trabalho", "Trabalhador da roça", "Negra da roça", "Trabalhadores da roça", assim como "O descanso na roça" Os autores acrescentam que tais títulos não mencionam a escravidão.

305 Tornou-se conhecido pela tríade romanesca formada por *A escrava Isaura*, *O garimpeiro* e *O seminarista*.

306 Cf. VILELA, 2017, p. 269: "Em 1918, Monteiro Lobato escreveu *Urupês*, onde expôs sua percepção acerca da cultura caipira, tradicional, longe do progressismo advindo com os migrantes italianos". Neste livro, aparece o personagem Jeca Tatu, que se tornou "sinônimo do homem pobre rural, particularmente o de São Paulo e Minas Gerais, o caipira. E no imaginário popular, estão muito distantes dele o gaúcho dos pampas e o vaqueiro nordestino, ambos cavaleiros de 'laço firme e braço forte', e também os braços pobres rurais armados na forma do jagunço ou cangaceiro" (TOLENTINO, 2012).

307 Cf. GOMES, 2007, p. 83 "Há algo também em Afonso que já antecipa tenuemente Macunaíma.

Fig. 33 – *Travailleur a la roca.* Victor Frond. 1861.[308] Fig. 34 – *Travailleur a la roca.* Victor Frond. 1861.[309]

Também no romance *Jupira*, publicado em *História e tradições da Província de Minas Gerais*, Bernardo Guimarães elencou como protagonista a filha de uma indígena com um colonizador, "uma linda caboclinha de treze a catorze anos, mas de tez um pouco mais clara do que a das suas companheiras do deserto. [...] os instintos selváticos prevaleciam nela, e foi com muitas dificuldades que seu pai, no fim de sete anos, conseguiu que ela adquirisse alguns costumes da civilização, andasse vestida, cosesse, lesse e escrevesse alguma coisa. Muitas vezes a iam agarrar pelos matos quase nua, trepada como macaco nas mais altas árvores [...]" (GUIMARÃES, 1976 [1872], p. 139-140; 146).

Sentindo-se rejeitada pelo rapaz que amava, Jupira tramou sua morte com a ajuda de um pretendente, enredo descrito de forma acoplada a sonoridades animalescas emitidas por ela: "a faca tinha descido três vezes sobre as costas da infeliz

Mesmo não se propondo a organizar uma narrativa rapsódica, Bernardo Guimarães faz seus personagens se deslocarem pelo espaço unicamente em função de uma nova peripécia, tenuemente relacionada com a anterior. Isso porque, mesmo denominado 'romance', o Índio Afonso não possui minimamente as características dessa forma ficcional. Aproxima-se bem mais da novela picaresca, voltada para uma sequência de peripécias e situações próximas das histórias orais".

308 Litografia. Disponível em: http://brasilianafotografica.bn.br/brasiliana/handle/20.500.12156.1/2844. Acesso em: 23 set. 2020.

309 Litografia. Disponível em: http://brasilianafotografica.bn.br/brasiliana/handle/20.500.12156.1/2844. Acesso em: 23 set. 2020.

vítima [...] Jupira viu aquela terrível cena como um pesadelo, bateu palmas, e deu um grito, antes um uivo horroroso, com os braços em temor convulsivo estendidos para o céu" (GUIMARÃES, 1976 [1872], p. 192). Dessa maneira, "Jupira se mostra [...] vingativa e perversa, pelas escolhas que faz ao longo de sua trajetória de vida. Utiliza sua sensualidade e sua sedução, desperta paixões e mortes. Contudo, ela não é poupada" ao final da narrativa (SANTANA, 2009, p. 8). Em 1900, *Jupira* estreou como ópera no Teatro Lírico do Rio de Janeiro; composta no ano anterior por Francisco Braga, teve libreto de autoria de Luís Gastão d'Escragnolle Dória.[310]

Quanto à miscigenação dos descendentes dos colonizadores lusitanos com os africanos, a abordagem literária romântica era igualmente dúbia. O mesmo Bernardo Guimarães publicou, em 1871, *Uma história de quilombolas*: "o enredo é ambientado em 1821, às vésperas da Independência do Brasil, na província de Minas Gerais, nos arredores da então Vila Rica, hoje Ouro Preto. Conta-nos a história do quilombo do famoso chefe Zambi Cassange, para onde fugiram os escravos [mulatos] Florinda, Anselmo e Mateus" (ALVES, 2012, p. 30). Florinda é descrita como dotada de um "*donaire* voluptuoso, essas curvas moles e graciosas, que são próprias das mulatas" (GUIMARÃES, 1900, p. 22).[311] Já Mateus é tido como "muito novo, bem feito, bonito e reforçado, porém de má catadura" (GUIMARÃES, 1900, p. 6). Sobre ele, Maria Conga, amásia de Zambi, afirma: "essa gente de cor [mulata] é gente amaldiçoada; onde eles vão, trazem mau azar, e entra muita candonga e muito barulho" (GUIMARÃES, 1900, p. 33-34).[312] Além disso, Guimarães refere-se ao mulato Anselmo como "cabra" e "bode",[313] termos então empregados para indicar depreciativamente a mestiçagem, pois os termos "pardo" e "mulato" eram empregados mais como um designativo da condição de forro ou livre do que como um indicativo propriamente dito da suposta cor de pele.[314] Já Anselmo refere-se com orgulho à sua origem, ao menos no contexto em

310 "A adaptação do conto em uma ópera foi composta originalmente em português por Luiz Gastão Escragnolle Doria e, em seguida, traduzida para o italiano por A. Menotti Buja, a fim de ser musicada" (COSTA, 2019, p. 88).

311 Contudo, como as demais heroínas românticas, Florinda tinha feições "a não serem os lábios carnosos e as narinas móveis, que se contraíam e dilatavam ao arquejo violento do seu coração, eram quase de pureza caucasiana" (GUIMARÃES, 1900, p. 22).

312 "Ou seja, Bernardo Guimarães, ao se referir a Mateus como de má catadura e colocar aquela frase na boca de Zambi, demonstrava seu preconceito contra os mulatos. Mulata despertava apetites sexuais, mulato não prestava" (ALVES, 2012, p. 34).

313 "Está bom, meu bode do inferno, disse o cabra para Anselmo, chegando-lhe à cara os punhos fechados. Desta vez ainda escapas; tanto melhor, pois não era bom que morresses sem ver a tua Florinda. Quando você estender dois palmos de língua enforcado no pau grande do quilombo, quero que me estejas vendo defronte bem abraçadinho com ela" (GUIMARÃES, 1900, p. 20).

314 "Segundo a pesquisa realizada por Hebe Mattos, *Das Cores do silêncio*: os significados da liberdade no Sudeste escravista (Brasil, século XIX), 3ª ed, Campinas, Unicamp, 2013, p. 41-42,

que se viu aprisionado pelos quilombolas: "Eu não vim aqui fazer mal nenhum a vocês. Eu também tenho sangue da África nas veias e minha mãe penou no cativeiro" (GUIMARÃES, 1900, p. 18).

Entre o final do século XIX e as duas primeiras décadas do XX, quando o movimento romântico cedeu espaço a teorias cientificistas e ao realismo literário, acompanhado pelo estabelecimento do regime republicano, a imagem de um país eminentemente rural foi ainda mais duramente condenada pela crítica. Algo similar se passa com a figura do "caipira paulista e mineiro, [que] seria fraco, medroso, preguiçoso e 'curto das ideias.'" (TOLENTINO, 2012); de forma concomitante, foi defendida uma intervenção civilizatória no interior do país, como argumentaram, por exemplo, Euclides da Cunha ou por Monteiro Lobato.[315]

Nessa conjuntura, o ideário do branqueamento ganhou vários novos adeptos, mas tal postura já se encontrava presente em escritos de períodos anteriores, inclusive em livros de Bernardo Guimarães: "[quanto] aos mulatos Anselmo e Florinda, vê-se claramente que o romancista os passa por um processo de branqueamento para alçá-los à condição de heróis: casam-se numa igreja católica, enquanto Mateus está envolvido nos rituais de feitiçaria africana"; eles também são recebidos pelo governador, que se torna seu padrinho de casamento. Dessa maneira, "há um claro embranquecimento dos protagonistas, totalmente interligados ao mundo branco e cristão, ao contrário do mulato Mateus e dos negros Zambi e Maria Conga" (ALVES, 2012, p. 35). Em conclusão, "[...] a mistura de raças aparece como algo positivo, e o futuro pertence aos mulatos... ainda que sejam mulatos embranquecidos" (*apud* ALVES, 2012, p. 6).[316]

'a cor era informação sempre presente até meados do século XIX' e todos os nascidos livres eram qualificados como brancos ou pardos. Assim, 'a designação de 'pardo' era usada, antes, como forma de registrar uma diferenciação social'. O trabalho de L. Viana, *O Idioma da mestiçagem*: as Irmandades de Pardos na América Portuguesa, Campinas, Unicamp, 2007, p. 36, vai ao encontro dessa constatação. No seu estudo [...], Viana mostra que no século XIX a categoria parda era utilizada 'para qualificar homens e mulheres livres de ascendência africana que já estavam relativamente distanciados do mundo da escravidão, mas não eram necessariamente mestiços'. Assim, nesse primeiro momento, o pardo aparece como um distanciamento da escravidão, pois definir-se ou ser definido como pardo evidencia uma relação com a liberdade. É importante destacar, ainda, que a descrição do sujeito como pardo o associa a uma condição social, mas não o racializa" (WESCHENFELDER; SILVA, 2018, p. 312).

315 Em *Os sertões*, publicado em 1902, Euclides da Cunha descreve o caipira como simplório, em contraposição ao destemor do jagunço. Segundo ele, tais grupos étnico-sociais "serão em breve tipos relegados às tradições evanescentes, ou extintas. Primeiros efeitos de variados cruzamentos, destinavam-se talvez à formação dos princípios imediatos de uma grande raça. [...] A civilização avançará nos sertões impelida por essa implacável 'força motriz da História'." (CUNHA *apud* OLIVEIRA, 2017, p. 72). A autora dessa transcrição reporta-se à edição de *Os sertões*. São Paulo: Ateliê Editorial, 2001.

316 A referência bibliográfica é desta transcrição é: GUIMARÃES, Hélio de Seixas. Introdução.

No tocante aos estudos folclorísticos, o destaque era conferido às singularidades de cantos e danças promovidos nos sítios e roças mineiros, destacadamente no cateretê e no cururu. A ênfase sonora dessas duas expressões culturais recaía na enunciação oral: as letras versificadas costumavam adotar o formato octossílabo,[317] enquanto as melodias "ced[iam] espaço para o desempenho da interpretação vocal, entendido como literário-performático, resultando um estímulo para o entendimento das nuanças da fábula, quer dizer, a comunicabilidade narrativa do que foi comunicado com palavras" (SANT'ANNA, 2010, p. 52). A esta prática musical em que a voz se unia aos instrumentos, somava-se também o movimento do corpo, em "irreverentes movimentos, ritmos" (ALMEIDA, 2010a, p. 44).

Os cantos e danças "caipiras" descritos pelos folcloristas indicavam, em paralelo, imbricações da cultura africana com os "sapateados ao som da viola" (ALMEIDA, 2010a, p. 44), importados de Portugal e trazidos para Minas pelo bandeirantismo paulista:

> A presença marcante desse instrumento no território mineiro tem suas bases nas entradas sertanistas empreendidas por tropeiros ao longo dos séculos XVI e XVII [...]. De forma concomitante, a viola chegou ao território mineiro junto aos bandeirantes paulistas que adentraram ao sertão em busca de índios para escravizar e de novas riquezas, principalmente metais preciosos, e por outro lado, junto aos criadores de gado das capitanias de Pernambuco e da Baa de Todos os Santos, que chegaram à região ao norte, seguindo o curso do Rio São Francisco. [...] Tempos depois, surgiu outro personagem importante para o enraizamento da prática musical da viola em Minas Gerais: os tropeiros. Nos pousos e paradas após as longas jornadas de viagem, esses homens sentavam-se ao redor das fogueiras e, entre uma conversa e outra, o tropeiro tocava sua viola por toda a madrugada. (IEPHA, 2018, p. 12).

Entre lendas e romances, o conto de Bernardo Guimarães. *In*: GUIMARÃES, Bernardo. *Lendas e romances*. 4ª ed. São Paulo, Martins Fontes: 2006. p. 31.

317 A metrificação da poesia por versos octossílabos [ou de 8 sílabas, com costumeira pausa na 4ª. sílaba] caracteriza-se pela ausência de acentos fixos e de divisões de estrofes, o que facilita sua enunciação em diferentes melodias. "Antonio Candido de Mello e Souza observa que o octossílabo é uma extensão posta entre a melopeia e a simplicidade prosaica. Ajustando-se a qualquer tipo de poesia, é um metro caro aos românticos como foi aos clássicos; 'é o grande elo entre a inspiração popular e a erudita, servindo não raro de ponte entre ambas'." (CANDIDO *apud* SANT'ANNA, 2010, p. 52). O autor tem como referência a obra CANDIDO, Antonio. *Formação da Literatura Brasileira* – I e II. São Paul: Martins Fontes, 1959. p. 40. Melopeia é a instância melódica, musical, de uma recitativo; um tipo de canto declamatório.

Dos distintos formatos das violas portuguesas, a mais difundida em Minas até o início do século XX foi a conhecida como "viola de Queluz" (hoje cidade de Conselheiro Lafaiete), "com sua arte marchetada [e] [...] suas doze cordas (três duplas e duas triplas)" (VILELA, 2011, p. 120).[318] A viola fez presença na iconografia musical do Sudeste brasileiro: em imagem de autoria desconhecida, ela é tocada por mulher africana ou afrodescendente, para deleite do padre que dança ao som do instrumento. A viola tornou-se inclusive tema de artistas mais afamados no campo das artes plásticas, como Almeida Júnior, cujo quadro "O violeiro" é a seguir reproduzido.

Devido aos muitos hibridismos e especificidades locais, mostra-se inviável precisar, de forma mais rigorosa, as particularidades sonoras portadas por cateretês e cururus perante as umbigadas e outras expressões musicais afro-brasileiras do período colonial e imperial. Muitas vezes, tais sonoridades e coreografias eram promovidas de forma intercalada em um único congraçamento, e as fronteiras culturais que porventura existissem entre eles podiam facilmente dispersar-se. O historiador Marcelo Almeida sugere a validade de "pensar[mos] talvez numa 'versão mineira' para os lundus e batuques, onde a singularidade residiria no sapateado, característico desses 'batuques mineiros.'" (ALMEIDA, 2010a, p. 44).

Fig. 35 - Negra ao violão, padre dançando. Pintor desconhecido. São Paulo, c. 1829. [319]

318 O autor complementa que "Com a produção de violas em larga escala pelas fábricas localizadas em São Paulo, a produção das violas de Queluz entrou em declínio" (VILELA, 2011, p. 120).

319 Disponível em: https://pt.wikipedia.org/wiki/Ficheiro:Negra_ao_viol%C3%A3o,_padre_dan%C3%A7ando.jpg. Acesso em: 23 set. 2020.

Fig. 36 - O violeiro. Almeida Júnior. 1899.[320]

A prática do cururu implicava na disposição dos dançarinos em roda, com volteios dos violeiros e cantadores, no improviso nos versos cantados, geralmente acompanhada pelo consumo da aguardente de cana. A dança portava um caráter simultaneamente religioso e profano, sendo costumeiramente promovida em homenagem a algum santo, segundo o calendário das festividades católicas (ROCHA, 2015, p. 70-71). Assim, o cururu, antes de se firmar como desafio cantado, como ocorre na atualidade, "era cantado e dançado sobretudo nas festas joaninas e nos pousos do Divino das fazendas e arraiais, rogando proteção, pagando uma promessa e celebrando a fé, a exemplo de outras danças de devoção como a de Santa Cruz e São Gonçalo" (ROCHA, 2015, p. 30).

Eschwege, que observou as danças dos índios do aldeamento do Rio das Pedras,[321] na estrada dos Goiases, descreveu o cururu como

320 Disponível em: https://escola.britannica.com.br/artigo/Almeida-J%C3%BAnior/483049. Acesso em: 23 set. 2021.

321 Atual município de Cascalho Rico, estado de Minas Gerais.

> Uma roda [que] se formava pelos participantes, sendo que os homens ficavam de um lado e as mulheres de outro. Com uma música de ritmo acelerado, [...] a grande ciranda gira lentamente, os homens separados; as mulheres movem-se devagar, colocando o braço esquerdo no ombro da vizinha, de modo que o corpo fica de lado, a fim de encobrir as partes pudentas das índias nuas, participantes da roda. Alternando-se de duas a duas, as mulheres entram em seguida no centro da roda, cantando estrofes em louvor de uma pessoa presente, repetidas por todas as outras. A orquestra compreende guitarras, tamborins e maracás. A guitarra deve ser considerada elemento advindo da civilização (*apud* MORI, 2015, p. 162).[322]

No tocante à prática do cururu em terras mineiras, nova descrição foi promovida em 1897, pelo general Couto de Magalhães, presidente da província de Mato Grosso (ROCHA, 2015, p. 28),[323] que a associou à catequese promovida pelos padres jesuítas nas áreas paulistas e dali transmigrada para as regiões de busca aurífera.[324]

Em paralelo, o cateretê mineiro era visto sob a postura ambígua de segregação e conivência por parte da elite social. Descrições mais minuciosas dessa dança, também chamada "catira", datam do final do século XIX: "[...] dança rural do sul do Brasil, conhecida desde a época colonial, em São Paulo, Minas e Rio de Janeiro... Duas filas, uma de homens e outra de mulheres, uma diante da outra evolucionam, ao som de palmas e de bate-pés (sapateado), guiados pelos violeiros que dirigem o bailado" (CASCUDO *apud* RÉDUA, 2010, p. 52).[325]

---

322 O autor reporta-se à obra de ESCHWEGE, Wilhelm Ludwig von. *Brasil, novo mundo.* Belo Horizonte: Centro de Estudos Históricos e Culturais/Fundação João Pinheiro, 1996. p. 119 Cf. PUCCI, 2016, p. 15, para "o etnomusicólogo Alberto Ikeda, o cururu passou por diversas transformações: 1) Danças cerimoniais indígenas; 2) Reinterpretação das danças cerimoniais indígenas; 3) Cururu-dança: dançado em roda, diante dos altares, com temática predominantemente religiosa e com canto improvisado (desafio implícito). Comum no ambiente rural; 4) Cururu-cantoria-de-improviso: adaptado ao ambiente urbano como espetáculo, sem dança, com temática profana (desafio explícito); 5) Cururu-canção: gênero de canção sertaneja, com permanência apenas do ritmo tradicional".

323 Segundo o autor, Couto de Magalhães afirmou "ter ouvido toadas do Cateretê e do Cururu 'rezadas' em várias regiões por onde passou, incluindo São Paulo, Bahia, Minas, Cuiabá e Goiás" (ROCHA, 2015, p. 28).

324 O autor reporta-se à obra de MAGALHÃES, Couto de. *Anchieta e as raças e as línguas indígenas*. São Paulo: Typografia C. Gerke e Cia, 1897.

325 O autor transcreve a obra de CASCUDO, Luis da Câmara. *Dicionário do Folclore Brasileiro.* Rio de Janeiro: Ed. Ouro, 1972, p. 205. O autor complementa a informação, transcrevendo também a descrição de Oneyda Alvarenga, publicada no livro *Música popular brasileira.* Porto Alegre: Globo, 1960. p. 182;184: "O catira é uma dança 'que se executa sempre em fileiras que se defrontam e que são formadas por homens e mulheres dispostos alternadamente, por homens de

Em artigo de 27 de abril de 1880, o jornal *Arauto de Minas*, publicado em São João del Rey, informava a seus leitores que em uma "chácara" (ou seja, na área rural, espaço distanciado da civilidade urbana),

> Na noite do dia 24 para 25 do corrente várias Magdalenas deram estrondoso cateretê na chácara que pertenceu a Capitão Fidelis. Naquela noite os pacíficos moradores do Pau d'Angá não puderam dormir deliciados pelo cantar das sereias e pelo estrondo do sapateado. Foi figura saliente neste *furrundú* o delegado de polícia Vicente de Paula Teixeira que puxou a fileira e deu umbigadas até 3 horas da madrugada (*apud* ALMEIDA, 2010a, p. 44).[326]

Nas festividades natalinas daquele mesmo ano, o cateretê novamente se fez ouvir, e mais uma vez afastando do centro urbano, conforme relatou o mesmo jornal:

> As classes menos favorecidas da fortuna ou mesmo os mais pobres também se reúnem e se divertem. Quem às dez horas da noite passar pelo Tijuco há de ver iluminada a velha chácara de São Caetano, antiga habitação de um celebre Guarda-mor, d'onde partem festivais sons da faceira viola, em harmonia com os de afinada rabeca, de machetes[327] e pandeiros, misturando-se as vozes dos cantores ao *arruído* de forte sapateado de mestres batuqueiros e adestradas marchadeiras. Como este, há muitos outros cateretês, no Barro, no morro da Forca, no Pau d'Angá e no morro das Mercês [...]. (*apud* ALMEIDA, 2010a, p. 45).

As rodas de cururu e de cateretê (juntamente com outras expressões musicais africanas e afrodescendentes), "que constituíam o principal espaço de sociabilidade das camadas baixas, acabaram se transformando em um dos principais alvos da repressão policial [...], por serem consideradas contrárias aos modos civilizados e frequentemente associadas a bebedeiras, brigas e as-

---

um lado e mulheres do outro, ou por homens apenas. O acompanhamento é feito especialmente por violas, geralmente duas. Os violeiros, os únicos que cantam, fazem também parte da dança e dirigem a coreografia'.".

326 Este autor explicita que "O local em questão seria talvez um prostíbulo, pois a alcunha usada, 'Magdalenas', pode remeter a figura bíblica de Madalena, a prostituta arrependida. A referência feita no título da notícia é a um batuque, no entanto, o redator descreve a festa das 'Magdalenas' como um cateretê" (ALMEIDA, 2010a, p. 44).

327 Uma espécie de bandolim em uso em Portugal e difundido na América Portuguesa/Império brasileiro nos séculos XVIII e XIX, cf. VILELA, 2011, p. 118.

sassinatos" (ROCHA, 2015, p. 65). Já entre as comunidades locais, gozavam de grande prestígio, juntamente com os "evangelizadores da viola" atuantes nas folias e outras devoções santorais, ao menos até que o processo de romanização católica tivesse concentrado no clero "responsabilidades que antes estavam nas mãos de rezadores, benzedeiras, foliões, cururueiros etc." (ROCHA, 2015, p. 224). Através de "improvisos curtos, dentro de uma lógica e de uma estrutura de significados predeterminados e conhecidos de todos os participantes [...] os mesmos homens do trabalho agrário cotidiano aparecem [...] revestidos de cumplicidade com os mitos populares de uma história sagrada que todos conhecem por ali" (BRANDÃO, 1981, p. 40-41). Em todas essas práticas sonoras, destaca-se a dimensão criativa com que esses artistas e devotos populares reempregam as matrizes musicais e culturais em circulação:

> Em tais versos, o mais importante é inventar 'moda na linha', quer dizer, produzi-la de acordo com os conformes musicais, linguísticos, padrões versificatórios da letra e artesania geral herdados pela tradição e legitimados pelo saboreio do povo. Permeia, por assim dizer, uma espécie de inteligência compositiva dada pela informação sensorial do ritmo em seu estado mais confortável, aquele habituado e consagrado pela prosódia e elocução oral (SANT'ANNA, 2010, p. 51).

Essas sonoridades, inclusive, obtiveram uma reapropriação positiva na primeira metade do século XX, associada fortalecimento da identidade político-cultural do estado de Minas Gerais na federação brasileira. Nessa perspectiva, em 1920, Oliveira Vianna publicou o artigo "Minas do lume e do pão" na *Revista do Brasil*, inserido no ano seguinte no livro *Pequenos estudos de Psicologia Social*, defendendo que diante da inevitabilidade do progresso, o "mineiro" deveria manter-se fiel aos costumes do mundo rural e da família patriarcal, tradições que balizavam sua configuração social própria (RAMALHO, 2015, p. 22).[328] Nas palavras de Vianna, "Essas feituras da alma mineira, essa singeleza, essa sobriedade, essa reserva, esse espírito patriarcal, donde lhe vêm? Não é difícil responder. Vêm do campo; na formação rural do próprio povo que elas buscam as suas origens e o cunho que as distinguem. Como todos os brasileiros, o mineiro é fundamentalmente um

328 Cf. OLIVEIRA VIANNA, 1942 [1921], p. 52, itálicos do autor: "Os mineiros, bem o sei, não se sentem muito lisonjeados quando enaltecemos o seu tradicionalismo: é como se o julgássemos atrasados ou rotineiros. Esquecem que – *a grandeza de um povo está na força de persistência dessas tradições familiares e domésticas, que são a expressão mais típica do seu caráter nacional*. Mantê-las tanto quanto possível dentro da fatalidade evolutiva da civilização – eis o ideal de um povo consciente da sua personalidade e orgulhoso do seu espírito".

homem do campo, um homem de formação rural" (OLIVEIRA VIANNA, 1943 [1921], p. 47). As sonoridades, indubitavelmente, acompanharam essa ressignificação da "mineiridade" rural:

> Por iniciativa própria, [Cornélio Pires] resolveu promover, em 1910, no Colégio Mackenzie, um final de semana com manifestações da cultura caipira que trouxera do interior. Vieram cantadores de cururu e dançadores de cateretê, apresentou ao público urbano o romance cantado, chamado por ele de moda de viola. O sucesso de Cornélio foi notório, o que o fez começar a se apresentar, a partir de 1914 como contador de causos e a lotar teatros e cinemas reunindo pessoas de todos os estratos sociais (VILELA, 2017, p. 271).

Capítulo 4
Tentando a sorte no garimpo

Em seu deslocamento para Minas, os viajantes e comerciantes frequentemente deparavam-se com terrenos dedicados à mineração, os quais alternavam-se entre leitos de ribeiros, vales e morros. Neles, trabalhadores de distintas condições sociais e jurídicas buscavam o mineral precioso. Os resultados provenientes dessa prática variavam bastante, segundo o potencial dos depósitos auríferos, as técnicas utilizadas (que por sua vez dependiam de capitais investidos), a habilidade dos garimpeiros... (ANDRADE; REZENDE, 2013, p. 387). Antonil descreveu, já em 1711, as múltiplas lavras e arraiais que incessantemente surgiam:

> Em distância de meia légua do ribeiro de Ouro Preto, achou-se outra mina, que se chama a do ribeiro de Antônio Dias; e daí a outra meia légua, a do ribeiro do Padre João de Faria; e, junto desta, pouco mais de uma légua, a do ribeiro do Bueno e a de Bento Rodrigues. E, daí a três dias de caminho moderado até o jantar, a do ribeiro de Nossa Senhora do Carmo, descoberta por João Lopes de Lima, além de outra, que chama a do ribeiro Ibupiranga. E todas estas tomaram o nome dos seus descobridores, que todos foram paulistas. [...] Das Minas Gerais dos Cataguás as melhores e de maior rendimento foram, até agora, a do ribeiro do Ouro Preto, a do ribeirão de Nossa Senhora do Carmo e a do ribeiro de Bento Rodrigues, do qual, em pouco mais de cinco braças de terra, se tiraram cinco arrobas[329] de ouro. [...] Chamam os paulistas ribeiro de bom rendimento o que dá em cada bateada[330] duas oitavas de ouro. Porém, assim como há bateadas de

329 Antiga unidade de medida de peso, utilizada também para comercialização de animais vivos, como o gado bovino. Uma arroba correspondia a cerca de 14,7 quilos.

330 Quantidade de minério contido numa bateia.

> meia oitava[331] e de meia pataca,[332] assim há também bateadas de três, quatro, cinco, oito, dez, quinze, vinte e trinta oitavas e mais, e isto não poucas vezes sucedeu na do ribeirão, na do Ouro Preto, na de Bento Rodrigues e na do rio das Velhas (ANTONIL, 1982 [1711], p. 164; 166).

A despeito de todos os riscos envolvidos na prática mineradora, milhares de homens sentiram-se impelidos a ela, em parte inspirados pelo mito do Eldorado (MATA, 2002, p. 87). A "corrida do ouro" para a região foi assim impulsionada por narrativas de tesouros que estariam depositados no fundo de grandes lagoas ou no interior de montanhas. Chegaram a ser elaboradas, inclusive, cartografias míticas do sertão das Minas, como a produzida pelo padre Jacobo Cocleo, datada de aproximadamente 1700. Nela são registradas algumas serras lendárias, como a de "Saberábosu",[333] disposta entre o Rio das Velhas e o Guarapiranga, tida como uma montanha resplandecente de prata e esmeraldas (DELVAUX, 2009, p. 175; FONSECA, 2011, p. 58). O mapa também registrava a "Serra das Esmeraldas", próxima a um afluente do rio Doce; e a "Iuituberaba monte q resplandece", ao norte do Serro do Frio.[334] Mais ao sul, nas imediações do Rio das Mortes, era indicada a serra denominada "Saberá Bucusurana". Finalmente, bem mais ao norte, haveria a montanha "qo vai ao Sol", ao lado de um lago sem nome, talvez a lagoa Vupabuçu, também conhecida nos relatos do Setecentos como Vapabuçu (DELVAUX, 2009, p. 176; FONSECA, 2011, p. 58). E com as descobertas do ouro, outras tantas "fantásticas histórias chegavam ao Reino e a outras regiões da Colônia. Dizia-se que nas Minas bastava arrancar-se um punhado de mato com as mãos e sacudi-lo para obter o precioso metal" (MATA, 2002, p. 88).

O imaginário associado às riquezas minerais perdurou ao longo do século XVIII. Mesmo ao final desse período, nas áreas localizadas a leste das comarcas de Serro Frio e de Vila Rica, que correspondiam à porção menos conhecida da Capitania de Minas, ressurgiram notícias sobre a "Casa da Casca",[335] assim como

331 Antiga unidade de medida de peso, equivalente a 3,58 gramas.

332 Moeda de prata, com valor de 320 réis, emitida pelo governo português até o século XIX. Ao longo do século XVIII, o valor da oitava de ouro oscilou entre 1.200 a 1.600 réis. (VAZ, 2017).

333 Com a descoberta do ouro nas Minas, o Sabarabuçu foi associado às jazidas localizadas no entorno do Rio das Velhas. Posteriormente, o termo Sabarabuçu tornou-se a designação de um caminho entre Ouro Preto e Sabará (DELVAUX, 2009, p. 176).

334 Nos escritos coloniais, Sabarabuçu e Itaberaba encontravam-se situadas no mesmo local, mas o mapa do padre Cocleo os representa de forma individualizada e independente (DELVAUX, 2009, p. 176).

335 "Poderia-se conjeturar, ainda, que a Casa da Casca seria um dos referenciais contidos nos antigos roteiros paulistas para a região onde estariam as minas de prata e esmeraldas. Mas,

acerca da Lagoa Dourada, denominação consagrada por frei Vicente do Salvador em sua *História do Brasil*, de 1627, depois projetada como um lago de dimensões mais modestas, mas que se mantinha na conta de riquíssimo em ouro. A Serra das Esmeraldas igualmente permanecia considerada como um importante referencial geográfico do sertão das Minas Gerais, sendo mencionada, por exemplo, *Corografia Brazilica* de Ayres de Casal, de 1817, onde foi indicada como um ramo da Serra do Espinhaço. Em paralelo, surgiam novas lendas, como a da Serra das Ametistas (DELVAUX, 2009, p. 201-204).[336]

As narrativas e mapeamentos de míticas riquezas no interior das Minas eram acompanhadas por sonoridades, em uma aplicação bastante singular do regime de escuta teológico-retórico.[337] Assim, uma montanha do mapa do padre Cocleo, "Itapuca Pedra q' estara", chamava a atenção por sua associação às notícias sobre as pedras que estouravam, liberando cristais ou outras preciosidades, evento que já fora mencionado no *Tratado Descritivo do Brasil*, de Gabriel Soares de Sousa, impresso em 1587:

> Afirmam os índios tupinambás, os tupinaés, tamoios e tapuias e os índios que com eles tratam neste sertão da Bahia e no da capitania de São Vicente, que debaixo da terra se cria uma pedra do tamanho e redondeza de uma bola, a qual arrebenta debaixo da terra; e que dá tamanho estouro como uma espingarda, ao que acodem os índios e cavam a terra, onde soou este estouro, onde acham aquela bola arrebentada, em quartos como romã, e que lhe saem de dentro muitas pontas cristalinas do tamanho de cerejas, as quais são de uma banda oitavadas e lavradas mui sutilmente em ponta como diamante [...] (SOUSA *apud* DELVAUX, 2009, p. 178-179).[338]

---

diferentemente do Sabarabuçu e da Serra das Esmeraldas, a Casa da Casca era um local riquíssimo em ouro. [...] a crença na Casa da Casca talvez seja anterior ao descobrimento das Minas Gerais [...] os bandeirantes pioneiros que saíram de São Paulo em 1691 já disporiam de referências sobre a Casa da Casca, na forma de um roteiro, que os teria conduzido até o rio de Guarapiranga. [...] apesar do fracasso [...] em chegar à Casa da Casca, descobriram ouro em Itaverava, vocábulo de língua brasílica que quer dizer 'pedra luzente'." (DELVAUX, 2009, p. 172-173).

336 O relato da expedição de 1829 de Francisco Teixeira Guedes indicava o objetivo de chegar na Serra das Ametistas, sendo um dos incentivos para a exploração mineralógica ordenada pelo Barão do Pontal no Rio Todos os Santos, de que Teófilo Otoni faz menção, e que deve ter ocorrido entre os anos de 1831 e 1833 (DELVAUX, 2009, p. 204).

337 Lembremos que esse regime de escuta associava-se à crença, na cultura portuguesa, de que Deus favoreceria essa nação face às demais, e que as conquistas ultramarinas, com suas riquezas, seriam um sinal dessa bênção.

338 O autor efetuou esta transcrição da obra de SOUSA, Gabriel Soares de. *Tratado Descritivo do Brasil em 1587*. Belo Horizonte: Ed. Itatiaia; São Paulo: Ed. da Universidade de São Paulo, 2001, p. 268.

Por sua vez, as descobertas em Guarapiranga teriam acontecido, segundo Agostinho Azevedo Monteiro, após estranhos rumores escutados durante a noite:

> No fim do século passado, andando os paulistas à conquista do gentio que aqueles sertões povoavam, e eram os escravos de que se serviam, alojando-se às margens de um ribeiro do território de Minas Gerais, pressentiram de noite um rumor que acontece haver nas paragens onde há ouro, por oculta causa, até agora por ninguém averiguada; e advertidos que nas colinas do Cururupêba o mesmo se observava, ao subsequente dia se dispuseram a minerar e acharam o puro ouro que se manifestou na serra de Guarapiranga (MONTEIRO *apud* DELVAUX, 2009, p. 179).[339]

Contudo, se na esfera cultural havia acolhida para cartografias e sonoridades míticas (ou seja, associados a seres e forças sobrenaturais atuantes nos veios subterrâneos de ouro e pedras preciosas), as descrenças em tais lugares passaram a predominar desde meados do século XVIII (DELVAUX, 2009, p. 204). Sobretudo a partir dessa época, as riquezas minerais passaram a estar associadas a conquistas muito palpáveis, cuja aferição vinculava-se aos ganhos obtidos.

Mas dos relatos fantástico-religiosos à pragmática racionalidade iluminista ou mesmo ao ideário romântico, a mineração, inquestionavelmente, desempenhou um papel central na economia mineira, inclusive impulsionando sua diversificação e o adensamento populacional. Se no final do Setecentos, ela entrou em declínio, com queda da produção e da produtividade, muitas localidades em que era praticada, no avançar do Oitocentos, mantiveram seus rendimentos em associação direta à extração aurífera, mesmo que em escala reduzida perante o século anterior; ademais, a retração de espaços urbanos, simultânea à baixa obtenção do minério, não se aplicava à produção agrária, com muitos de seus redutos mostrando-se bastante dinâmicos devido ao comércio local e interprovincial (CUNHA; GODOY, 2003, p. 23-24).

Não obstante, fosse em seu apogeu ou na fase de retração, durante pouco mais de dois séculos, nas áreas de mineração, uma pluralidade de sons fazia-se ouvir, como descrito pelo conde de Assumar em 1720: "De sorte que até no centro, onde tudo descansa, não admite sossego, porque no maior silêncio da noite se ouvem, muitas vezes, estrondos e golpes como de alavancas, marretas e outros

339 O autor efetuou esta transcrição da obra *PROVISÃO Régia ordenando ao Governador da Capitania do Rio de Janeiro que desse parecer sobre a proposta de Agostinho Azevedo Monteiro, relativa ao descobrimento de minas no interior do Brasil (acompanhada da parte legível do documento anexo). Lisboa, 3 de abril de 1716, Documentos interessantes para a história e costumes de São Paulo*, São Paulo, v. XLIX, 1929, p. 194-19.

instrumentos minerais, percebendo-se claramente correr pedras, socar cascalho [...]" (*apud* FURTADO, 2008, p. 32).[340] Como tais sonoridades, provindas da extração mineral, foram escutadas ao longo dos séculos XVIII e XIX?

4.1. Tradições sonoras banto

Grande parte do trabalho da mineração nos séculos XVIII e XIX na região de Minas foi empreendido por escravos africanos e seus descendentes, falantes de idiomas de matriz banto,[341] que na América Portuguesa vieram a mesclar-se ao português arcaico. Nessa prática,

> Saint-Hilaire e Burton, um no início, outro no fim do século XIX, testemunharam o costume dos escravos africanos cantarem enquanto mineravam. Segundo Saint-Hilaire, no Distrito Diamantino os negros reunidos em grande número cantavam em coro as canções de sua terra. Na mesma região, muitos anos depois, Burton escreveu: 'os negros, fiscalizados pelos feitores, postados em todos os ângulos, estavam removendo, entoando cantos alegres de costume, a camada sem valor, sob a qual esperavam encontrar o cascalho amarelo, portador das pedras preciosas' (LEITE, 2008, p. 21).

Tais cantos, vinculados às etnias e culturas afro, configuravam-se como brechas sonoras aos regimes de escuta imperantes no Setecentos e no Oitocentos, sobretudo aos pautados na ortodoxia teológica católica e nos preceitos de civilidade iluminista. Sonoridade singular provinha do canto dos vissungos, como descrito nos primeiros anos da década de 1870 por Marianne North,[342] em sua passagem por Curvelo:

> Uma parte do terreiro estava coberta com espigas de milho recém-colhidas, que os escravos debulhavam debaixo do lume de algumas fogueiras, alimentadas com a palha das cascas e o bagaço de cana-de-açúcar. Um homem puxava um tipo de canto monocórdio, que o resto acompanhava com uma série de uivos, não sendo

---

340 A autora reporta-se à obra *Discurso histórico e político sobre a sublevação que nas Minas houve no ano de 1720*. Estudo crítico de Laura de Mello e Souza. Belo Horizonte: Fundação João Pinheiro, 1994. p. 60.

341 Conforme capítulo 2.

342 Cf. SILVA, 2005, p. 115, "Os *Vissungos*, cantigas de Congo das Minas Gerais contemporânea, fazem emergir sonoridades, termos e cosmovisão, cujos elementos os religam aos *Tssingos* de Angola. [...] Embora uma longa distância espacial e temporal separe tais formas de musicalidades, temos elementos que os colocam como originários de uma mesma matriz".

> exatamente o tipo de melodia negra que escutamos nas ruas de Londres (*apud* DEL PRIORE, V. 2, 2016, p. 82).

Dessa maneira, os vissungos entremeavam um solo (trecho denominado "boiado") puxado por um mestre, com a resposta de um coro em dobrado, às vezes com acompanhamento de instrumentos utilizados na tarefa da mineração. Suas sonoridades peculiares causaram forte estranhamento aos ouvidos da viajante inglesa,[343] mas só vieram a despertar maior atenção a partir de 1928, quando o folclorista Aires da Mata Machado Filho[344] travou contato com tais cantigas, durante um período de férias passadas em São João da Chapada, distrito do município de Diamantina. Desde essa ocasião, ele registrou 65 cantos, posteriormente editados no livro *O negro e o garimpo em Minas Gerais*, em 1943.[345] Nesta mesma década de 1940, o musicólogo Luiz Heitor Correia de Azevedo, a convite da Biblioteca do Congresso Nacional Americano, envolvida no projeto de constituição do acervo do American Folklife Center, procedeu à gravação em campo de cantos vissungos (CAMARA, 2013, p. 26-27).

Os vissungos faziam-se presentes na faina mineradora, auxiliando a compassar as tarefas e a torná-las um pouco menos estafantes e perigosas: "Os negros no serviço cantavam o dia inteiro. Tinham cantos especiais para a manhã, o meio-dia e a tarde. Mesmo antes do sol nascer, pois em regra começava o serviço alta madrugada" (MACHADO FILHO, 1964, p. 58). Uma dessas canções, por exemplo, que saudava o surgir do dia, portava delicada poesia: "O serviço, como sempre, começou alta madrugada. O cantador pede então à lua, que está brilhando no céu, para 'furar o buraquinho' do dia" (MACHADO FILHO, 1964, p. 66).

> *Ai! Senhê! Ai! Senhê! Dô imbanda... Fura buraquim, Senhê...*
> (MACHADO FILHO, 1964, p. 66).

Tais cânticos também podiam implicar em alguma benesse: "Muito interessante era a multa. Quando alguma pessoa chegava à lavra, era logo multada

343 Conforme indicado pela historiadora Mary del Priore, Marianne North "Estranhou por desconhecer a beleza dos vissungos ali cantados desde tempos coloniais" (DEL PRIORE, V. 2, 2016, p. 82).

344 Aires da Mata Machado Filho nasceu em Diamantina, cidade de Minas Gerais, em 1909. Atuou como filólogo, professor em duas universidades mineiras e linguista. Participou ativamente dos estudos folclóricos no Brasil entre as décadas de 1940 e 1960. Faleceu em 1985.

345 Cf. LUZ, 2016, p. 56: "Após alguns anos realizando a coleta dos cantos e aprofundando os estudos na região, o trabalho foi finalizado. Em 1939, teve o texto publicado pela *Revista do Arquivo Municipal de São Paulo* e o livro lançado em 1943, pela Livraria José Olympio".

pelos mineradores: com uma cantiga apropriada, exigiam alguma coisa do recém-chegado. Uma vez satisfeito o pedido, seguia-se à multa o agradecimento com danças, ritmo de carumbés e enxadas" (MACHADO FILHO, 1964, p. 58).

Os vissungos comportavam igualmente referências à resistência escravizada, como no cântico a seguir transcrito, que menciona a fuga para um quilombo: "O moleque, de trouxa às costas, vai fugindo para o quilombo do Dumbá. Os outros que ficam choram não poder ir também)" (MACHADO FILHO, 1964, p. 85).

> *Solo:*
> *Muriquinho piquinino,*
> ô parente
> *muriquinho piquinino*
> *de qui samba no cacunda*
> *purugunta adonde vai*
> *pru quilombo do Dumbá*
>
> *Coro:*
> *ei chora-chora mgongo ê devera*
> *chora, mgongo, chora (bis).* (MACHADO FILHO, 1964, p. 84-85).

Em paralelo, os vissungos evocavam sentidos transcendentes à lida cotidiana, como no canto abaixo transcrito, no qual "O trabalhador se queixa de estar com feitiço, por conseguinte não pode trabalhar. Os cantores enfeitiçavam os rivais, tirando-lhes a voz. Para isso, como ficou dito, entoavam melopeias [toadas] prostrados no chão, com a boca colada à terra. Ainda hoje apontam-se casos concretos de tais feitiçarias. Alguns feiticeiros tinham poder de chamar nuvens de marimbondos, que iam atormentar os negros do grupo adversário" (MACHADO FILHO, 1964, p. 74).

> *Uanga ô assomá*
> *qui popiá,*
> *qui dendengá*
> *uanga auê*
> *Uanga ô assomá,*
> *qui popiá,*
> *qui dendengá*
> *uanga auê*
> *ererê*
> (MACHADO FILHO, 1964, p. 74).

Justamente pelos vissungos estarem entrecruzados a práticas de resistência, os capatazes encarregados do controle da escravaria nas lavras minerais defrontavam-se com a necessidade de aprender algo de seu idioma, pois sua utilização poderia implicar em burlas e escapatórias ao controle senhorial. Em contrapartida, mesmo em meio aos africanos e afrodescendentes, nem todos eram instruídos no conjunto das canções, pois algumas portavam conotação religiosa iniciática.

Contudo, mesmo a aprendizagem das letras em idiomas banto (como o quimbundo, o umbundo ou o quicongo) não asseguraria a proximidade sonora do cantar: "O quimbundo é uma língua tonal e, como tal, possui modos de entonação diferentes [...] As palavras que sugerem o sentido de 'entoação' estão sempre atreladas a um contexto de performance e nunca apontam para a ideia de precisão de afinação. O termo 'afinar', que só aparece nas definições de um dos termos do dicionário [da linguagem banto] (*kútua*), está ao lado de um sentido – o de tornar-se agudo – que o distingue bastante do entendimento como 'ajuste'." (CAMARA, s. d. p. 5-6).

Dessa forma, fundamentado em fortes tradições eminentemente orais, "O cantar [vissungo] como pertencente a todas as atividades do dia, reestruturando e dignificando a permanência na condição de escravo, é também uma forma de continuidade e preservação cultural" (CAMARA, s. d., p. 6), bem como de contestação simbólica ao estado de subalternidade que lhes foi imposto.

•

Pode-se considerar, entretanto, que o mais relevante de todos os cantares afro-brasileiros em Minas, com fortes vínculos aos escravos que atuavam nas áreas de mineração, eram aqueles conhecidos como festa conga, congo ou congada.[346] Esta segunda expressão foi inicialmente empregada por Spix e Martius em 1818[347] e seguida por Richard Burton em 1868[348] para designar a dança dramática protagonizada pela corte negra e seu séquito em algumas datas expressivas do calendário litúrgico católico.[349] Tornou-se bastante divulgada por seu emprego

---

346 Segundo o IPHAN, os termos congado e congada são equivalentes, cf. IPHAN. *Congadas de Minas – Congado.* Disponível em: http://portal.iphan.gov.br/mg/galeria/detalhes/333/#:~:text=Congado%20ou%20Congada%20%C3%A9%20uma,formas%20expressas%20na%20religiosidade%20africana. Acesso em: 8 ago. 2021.

347 Segundo a autora, "o termo está presente no original do texto de Spix e Martius, como pode ser constatado na edição alemã, *Reise in Brasilien 1817-20*, Stutgart: Brockhaus, 1966, v. II, p. 469" (SOUZA, 2014, p. 380).

348 "Certa vez, os negros mostraram-nos o que no Industão se chama 'tamaska', na Espanha e Portugal uma 'folia', no Egito e Marrocos uma 'fantasia' e aqui uma 'congada'." (BURTON, 1941 [1868], v. 1, p. 379).

349 Além das celebrações dedicadas a Nossa Senhora do Rosário, que culminaram no dia 7 de outubro, as congadas poderiam ser realizadas no encerramento das festas natalinas, no mês de janeiro.

em relatos folcloristas a partir do final do século XIX: Luis Câmara Cascudo, comentando estudo de Melo Moraes Filho de 1889, diferencia "a) danças e cantos pela coroação dos reis de Congos, já existentes em 1711, coroados nas igrejas e exercendo autoridade tradicional entre seus companheiros; b) danças e cantos, interpretativos ou narrativos, de fatos históricos ou tradicionais na África, ligados pela memória comum e executados quando das festas religiosas católicas [...]" (1954, p. 192).[350]

Não obstante, este folclorista reconhece que essas duas expressões mostravam-se perpassadas por uma religiosidade santoral, geralmente apoiada na devoção a santos negros ou a Nossa Senhora do Rosário, neste caso dotada de narrativa fundante:

> [...] a que se encaixa mais no contexto mineiro e que é apresentada pelos congadeiros conta que a imagem da santa [do Rosário] foi encontrada em uma gruta de pedras. Várias pessoas tentaram levar a imagem da gruta para a Igreja, até mesmo o padre, seguido de uma procissão, tentou fazê-lo efetivamente, porém sem sucesso, pois sempre voltava para o lugar onde foi encontrada na calada da noite. Depois de inúmeras tentativas, os negros congadeiros dançaram e cantaram em honra a Nossa Senhora do Rosário em sua gruta e assim a levaram à Igreja (NEDER, 2015, p. 46-47).[351]

A devoção à Virgem do Rosário foi difundida na Europa desde a Idade Média, sobretudo por frades dominicanos, estando associada à prece do terço.[352] Aí ela foi assumida por distintos segmentos populares, uma vez que a sequência de ave-marias poderia ser recitada por aqueles que não dominavam o latim ou a escrita. Em Portugal, esse culto ganhou repercussão após a vitória portuguesa contra os muçulmanos na batalha de Lepanto, em 1571, considerada uma graça obtida da Senhora do Rosário. Em paralelo, o terço portaria similitudes com objetos constituintes da religiosidade africana, como o rosário de Ifá.[353]

---

350 Luis Câmara Cascudo reconhece ainda uma terceira manifestação dos autos negros no Brasil, os 'bailes de reconstituição social, como os maracatus pernambucanos" (1954, p. 192), que não ocorrem em Minas.

351 Esta narrativa também é descrita por MEGALE, 1980, p. 336.

352 Objeto de devoção, comportando a terceira parte de um rosário, isto é, uma sequência de preces de cinquenta ave-marias intercaladas por cinco pai-nossos. Seu formato é de um colar de contas a serem passadas pelos dedos, a medida em que as preces são sendo recitadas. O rosário é composto, assim, por cento e cinquenta ave-marias.

353 O rosário de Ifá ou *òpelè-ifá* é um colar aberto, composto por um fio trançado de palha da costa ou fio de algodão, que traz pendentes oito metades da fava de opele. É um instrumento divinatório dos sacerdotes de Ifá.

Muitos africanos escravizados e seus descendentes foram inicialmente incorporados, em Portugal e suas colônias, às irmandades religiosas, sobretudo de Nossa Senhora do Rosário. Essas confrarias, que também eram compostas por pessoas brancas, foram sendo paulatinamente desdobradas em instituições distintas, com base em critérios de cor.[354] Note-se que a primeira gramática de quimbundo (um dos idiomas banto) que se tem notícia, escrita na América Portuguesa pelo jesuíta Pedro Dias e publicada em Lisboa em 1697, tem como sugestivo título *A Arte da lingua de Angola, oferecida a Virgem Senhora N. do Rosário, Mãe e Senhora dos mesmos Pretos* (LUZ, 2016, p. 28).[355] Desta maneira, na devoção à Senhora do Rosário, de tez branca e feições europeias, mas relida por escravos e forros nas irmandades, ordens terceiras e confrarias negras,[356] verifica-se o diálogo, certamente tensional, entre expressões e valores da cultura afrodescendente e elementos da fé cristã. Outras devoções que também congregavam africanos e afrodescendentes eram as dos santos negros São Benedito, Santo Eslebão e Santa Ifigênia.[357]

---

354 "Temos a impressão de que a irmandade de Nossa Senhora do Rosário dos pretos surgiu em Portugal de uma transformação gradativa, nascendo realmente das irmandades de brancos que já tinham a mesma invocação. É possível que, a princípio, tivessem os dominicanos atraído os elementos de cor para as associações de seus conventos e, posteriormente, se tenham estes tornado tão numerosos que acabaram criando agrupamentos autônomos" (SCARANO, 1978, p. 40).

355 Segundo a autora, esta gramática foi elaborada a partir da observação da língua utilizada em Salvador pelos negros vindos de Angola. A autora também informa a existência de um manuscrito, publicado apenas em 1944, *Obra Nova da Língua Geral da Mina*, que foi redigido em Ouro Preto por Antônio da Costa Peixoto (LUZ, 2016, p. 29).

356 Embora não sejam sinônimas, no cotidiano da prática religiosa na América Portuguesa e no Império Brasileiro, essas três modalidades de associações católicas aproximavam-se bastante. Segundo KÜHN, 2010, p. 122: "as associações de fiéis que tenham sido eretas para exercer alguma obra de piedade ou caridade se denominam pias uniões, as quais, se estão constituídas em organismos, se chamam irmandades. E as irmandades que tenham sido eretas para o incremento do culto público recebem o nome particular de confrarias. Ao contrário das confrarias, as ordens terceiras são associações pias [leigas] que se preocupam com a perfeição da vida cristã de seus membros". O autor reporta-se a BOSCHI, Caio C. *Os leigos e o poder* – Irmandades leigas e política colonizadora em Minas Gerais. São Paulo, Ática, 1986. p. 254. Pode-se acrescentar que as irmandades derivaram, ainda no período medieval, das corporações de artes e ofícios, enquanto as ordens terceiras vinculavam-se a ordens religiosas masculinas (ou ordens primeiras), integradas por frades e monges, enquanto as ordens religiosas femininas eram tidas como ordens segundas.

357 "São Benedito, conhecido como 'o mouro', era descendente de escravos africanos e viveu na Sicília, entre 1526 e 1589, tendo realizado alguns milagres que lhe valeram a canonização em 1807. [...] Santa Ifigênia teria sido uma princesa núbia, convertida ao cristianismo e batizada pelo apóstolo Mateus, modelo de virtude e fundadora de um convento de freiras carmelitas. Santo Elesbão, foi, segundo a tradição, o 47º neto do rei Salomão e da rainha de Sabá, imperador da Etiópia no século VI, defensor do cristianismo, tendo no final da vida se tornado um anacoreta. Ambos provavelmente tiveram suas histórias criadas por setores da Igreja, que assim inventaram uma tradição a serviço da cristianização dos negros" (SOUZA, 2014, p. 377).

Um aspecto importante das irmandades negras mineiras, dedicadas a Nossa Senhora do Rosário e aos santos negros, foi a de congregação de diferentes etnias e nações africanas em seu interior. Assim, tais irmandades atuariam como um espaço de contínua negociação de conflitos entre as lideranças negras, bem como de reconstrução identitária no opressivo sistema escravista. No interior dessas irmandades negras, eram escolhidos os reis congos, que seriam coroados e reverenciados nas congadas: sobretudo "a partir do século XIX, escasseiam as referências aos reis de nação, ao passo que as festas comemorativas de eleição de reis congo foram descritas por vários observadores, principalmente estrangeiros" (SOUZA, 2014, p. 270). Posteriormente, por comportarem a coroação, esses festejos também ficaram conhecidos como reinados.[358]

A referência ao reino do Congo, não era casual. A fama de sua importância havia se difundido pela África Centro-Oriental, bem como o poderio decorrente de sua aliança com os portugueses, com conversão da elite congolesa ao cristianismo. Assim, embora tenha se desestruturado, em termos políticos, na virada do século XVII para o XVIII em função das guerras civis ali travadas, continuou tendo um importante papel simbólico. Além disso, a festa de coroação do rei congo ocorria com mais intensidade nas regiões que receberam maiores contingentes de africanos de etnias banto, à qual pertenciam os bacongos, habitantes daquele reino (SOUZA, 2014, p. 259). Dessa maneira, em aquarelas de Carlos Julião, a exemplo da reproduzida a seguir, representando a

> [...] coroação de reis negros no Rio de Janeiro e no Serro Frio (Minas Gerais) [...] reis e rainhas se achavam ricamente vestidos e protegidos por um grande guarda-sol. Semelhante ao distintivo usado por alguns membros reais das cortes políticas do Reino do Congo, este objeto poderia remeter a outros significados para além da funcionalidade prática de proteção solar que, aparentemente, representa o aspecto mais visível. [...] o séquito, formado por mulheres, tocava instrumentos, provavelmente relacionados aos tambores, o ganzá[359] e a marimba[360] (DELFINO, 2017, p. 13-14).[361]

358 Segundo a pesquisadora Silvia Hunold Lara, os termos reinado e congado reportam-se a experiências sócio-religiosas muito similares, especialmente em Minas Gerais (LARA, 2002).

359 Tipo de chocalho, geralmente em formato cilíndrico e preenchido com areia, grãos e pequenas contas. Popularizou-se, na atualidade, com sua inclusão nas baterias das escolas de samba.

360 Sobre a marimba, ver Capítulo 2.

361 A autora complementa em nota, com base em Laura de Mello e Souza, que "o guarda-sol tinha por objetivo marcar a centralidade da figura real, por isso trazia uma função muito mais simbólica do que prática".

A despeito das muitas variantes das festividades comportando a coroação do rei congo, é possível elencar algumas práticas recorrentes, descritas sobretudo por visitantes europeus. Seus relatos indicavam que, a cada ano, os integrantes das associações religiosas negras (ou dos grupos escravos em fazendas onde inexistiam tais associações) promoviam a eleição anual de um rei e uma rainha, bem como dos que exerceriam cargos, no caso das irmandades ou organizações similares (um tesoureiro, um escrivão e os irmãos que iriam compor a mesa, além dos juízes em mesmo número que os santos de devoção).

No dia da festa de Nossa Senhora do Rosário ou de um santo padroeiro local ou da associação religiosa, os reis eram levados em cortejo até a igreja para serem coroados em seu interior por um sacerdote. Em seguida, rei, rainha e séquito eram acompanhados pelo cortejo até o local de apresentação das danças dramáticas, geralmente acompanhadas por um banquete. Segundo Francis Castelnau, que esteve em Sabará em 1843: "A cena era muito curiosa, misturando singularmente as reminiscências da costa africana com os costumes brasileiros e cerimônias religiosas. A princípio, o rei do Congo, em companhia de sua metade, vem ocupar uma das cadeiras postas de antemão para uso da corte" (CASTELNAU *apud* SOUZA, 2014, p. 298).[362]

Os enredos dessas danças geralmente tematizavam a conversão ao cristianismo por povos pagãos derrotados pelo exército do rei congo. As simbologias eram de grande importância: Burmeister descreve que "O 'rei' usa uma coroa de papelão dourado e um cetro, enquanto a 'rainha' apresenta-se cingida por um rico diadema; os 'dignitários' costumam usar chapéu de dois bicos" (BURMEISTER *apud* SOUZA, 2014, p. 306).[363] Também no relato de Castelnau,

> Ambos [rei e rainha] estão magnificamente vestidos, trazem coroas de prata maciça e cetros dourados. [...] Coisa digna de reparo, o rei traz uma máscara preta, como se tivesse receio de que a permanência no país lhe tivesse desbotado a cor natural. A corte, em cujo traje se misturam todas as cores e os enfeites mais extravagantes, senta-se de cada lado do casal de reis; vem depois uma infinidade de outros personagens, os mais consideráveis dos quais eram sem dúvida grandes capitães, guerreiros famosos ou embaixadores de potências longínquas, todos paramentados à moda dos selvagens do Brasil, com grandes topetes de penas, sabres de cavalaria ao

362 A autora reporta-se à obra de CASTELNAU, Francis. *Expedição às regiões centrais da América do Sul*. São Paulo: Companhia Editora Nacional, 1949 [1850]. p. 171.

363 A autora reporta-se à obra de BURMEISTER, Hermann. *Viagem ao Brasil através das províncias do Rio de Janeiro e Minas Gerais*. Belo Horizonte: Itatiaia; São Paulo: Edusp, 1980 [1851]. p. 264.

> lado, e escudo no braço. [...] A escuridão acabou por engolir estes personagens, que não podiam querer mais do que nela se confundir (CASTELNAU *apud* SOUZA, 2014, p. 298-299).[364]

Músicos acompanhavam os cortejos de escolta dos reis congos, com marimbas de arco com ressoadores de cabaça e caixas (espécie de tambor tensionado por cordas em "V" e percutidos com baquetas), as quais revestiam-se, nas mãos dos congadeiros, de um caráter sagrado. Investidos de força mística, evocavam, por meio de seus toques, os antepassados africanos na proteção espiritual (MONTEIRO; DIAS, 2010, p. 357). Alguns grupos também utilizavam instrumentos europeus trazidos da Europa, como a viola e a sanfona.[365] Castelnau, por exemplo, em comentário perpassado por valores etnocêntricos, considerou que "A coisa mais divertida era porém um preto mascarado de branco, e vestido com a farda vermelha do soldado inglês; trazia um violão e era acompanhado por uma orquestra, por assim dizer nacional" (CASTELNAU *apud* CASCUDO, 1956, p. 108).[366]

Os estereótipos vinculados às congadas mantiveram-se ao longo do século XIX, fosse de forma implícita, como na fotografia de Augusto Riedel, fosse de maneira mais perceptível, a exemplo do relato de Richard Burton sobre a congada realizada na mina de Morro Velho:

> Um grupo de homens, depois de passear pelo estabelecimento, veio à casa-grande. Vestiam-se, ou imaginavam estar vestidos segundo o estilo da Casa de Água Rosada, descendente do grande Manicongo, senhores hereditários da terra do Congo. Mas as *toilettes*, ainda que vistosas, com sedas e cetins de cor, eram puramente fantasiosas. Alguns usavam o canitar, ou coroa de plumas na cabeça, a arasvia ou franja da cintura e traziam o tacape ou *tomahawak*, tudo de origem vermelha. Estavam todos armados de espada e escudo, exceto o rei, que, em sinal de dignidade, trazia cetro, um pau grosso e forte. Este velho, mascarado, de barba branca, maxilar trêmulo, voz vacilante e modos rabugentos, era habilmente representado por um jovem negro de Sabará. Ao seu lado sentava-se o capitão da guerra, primeiro-ministro. À sua esquerda, o jovem príncipe, seu

364 A autora reporta-se à obra de CASTELNAU, Francis. *Expedição às regiões centrais da América do Sul.* Tradução de Olivério M. de Oliveira Pinto. São Paulo: Companhia Editora Nacional, 1949 [1850]. p. 171-172.

365 As próprias caixas eram também utilizadas como instrumento nas batalhas militares na Europa.

366 O autor transcreveu a mesma edição indicada na nota 67.

> filho e herdeiro, um negrinho sem interesse. Está visto que havia um palhaço da corte de Daomã. A patuscada consistia em dar nele pontapés e cachações, como se fosse um dos nossos palhaços ou arlequins (BURTON, 1983 [1867], p. 328).

Como analisado por Marina de Mello e Souza, Burton fez questão de evidenciar sua erudição, inicialmente mencionando as linhagens nobres congolesas, cuja memória, preservadas pela tradição oral, foram inseridas na congada. Em sequência, Burton associou o estilo dos trajes festivos aos usados pela linhagem congolesa: os chefes africanos mantinham apreço por tecidos e adereços europeus (empregados por eles como sinais de seu poder), enquanto os bacongos utilizavam penas nas cabeças para evocar a comunicação entre o mundo dos vivos e o dos mortos (SOUZA, 2014, p. 309).

Fig. 37 – Cortejo da Rainha Negra na Festa dos Reis. Carlos Julião. c. 1776.[367]

367 Disponível em: http://bdlb.bn.gov.br/acervo/handle/20.500.12156.3/16218. Acesso em: 2 out. 2020.

Fig. 38 - Congado dos negros da Serra Antiga (Mina de Morro Velho). Augusto Riedel. 1868/1869.[368]

Na continuação da descrição da congada, Burton então refere-se a uma dança dramática que recriava memórias conflitivas das sociedades africanas:

> A peça era a representação das cenas que mais agradam a esta pacífica e afável raça negra: ordens para uma caçada de escravos; marcha acompanhada de muita correria em torno e ruído de espadas, que todos empunham como facas de açougueiro; surpresas, arrastamento de prisioneiros, instruções para matar ministros e guerreiros poltrões, envenenamentos e antídotos. Enfim: a 'África selvagem'. Sua Majestade usava largamente de seu bordão, malhando todo mundo realisticamente. Os discursos eram feitos em tom meio cantado: a língua oficial era luso-hamítica e havia um esboço de cadência e rima. A matança do inimigo e o beber o seu sangue eram os tópicos prediletos, entremeados com alusões disfarçadas ao superintendente e seus hóspedes. Após meia hora receberam uma gratificação e foram mostrar as habilidades em outro lugar (BURTON, 1983, p. 380-381).

368 Disponível em: https://pt.wikipedia.org/wiki/Ficheiro:Festa_da_Rainha_in_Minas.jpg. Acesso em: 1 out. 2020.

Marina Mello e Souza, em sua interpretação, acrescenta que "Ressaltando alguns aspectos africanos da festa, que identificava por já ter viajado pela África, Burton não enxergou seus aspectos católicos. Tal olhar justifica a inexistência de qualquer referência, na dança dramática, ao processo de conversão ao cristianismo, no qual o rei congo assumia a liderança" (SOUZA, 2014, p. 310).

Um outro aspecto também merece ser realçado, relativo à menção feita por Burton às alusões a agressões ao superintendente da mina e seus hóspedes. Pode-se entender tal teatralização musical dos escravos como

> [...] uma crítica à banalização a que sua própria cultura era submetida cotidianamente na sociedade em que passaram a viver. [...] Por meio da dança, os escravos [...] denunciam a violência, contra eles, dos senhores de escravos e do sistema de escravidão. Mas o protesto social manifestado por meio de sua representação artística circunscrevia-se no interior de claros limites. [...] Como poderiam eles manifestar seu protesto sem ser punidos pelos seus proprietários? Eles precisaram usar símbolos ambíguos que revelavam e ao mesmo tempo escondiam a sua real significação. Assim, seus proprietários não encontrariam razão aparente para puni-los. Tal manipulação de símbolos requeria muita habilidade (BARREIRO, 2017, p. 580-581).

Em algumas ocasiões, porém, a denúncia e a reação ao estado de escravidão, potencialmente implicados nos festejos da congada, não pareciam aos senhores tão simbólicos assim: em uma carta escrita nos idos de 1719, o Conde de Assumar, no cargo de governador da Capitania de São Paulo e Minas do Ouro, alertava o monarca português quanto ao perigo de sublevação por ocasião da escolha do rei, da rainha e dos demais oficiais militares, "que seriam os líderes do movimento" de sedição; decretou então a prisão, na Comarca do Rio das Mortes, dos "reis das nações Mina e Angola e outros negros nomeados oficiais militares" (*apud* SOUZA, 2014, p. 245).

Mas desde o final do I Reinado, na década de 1830, as comemorações negras e suas manifestações musicais passaram a ser cerceados, diante dos riscos simbólico-políticos que pareciam representar ao sistema social hierárquico e escravista. Com isso, o número e a pompa das procissões diminuíram e, em parte, esses festejos perderam sua popularidade (ABREU, 1994, p. 185). Daí, por exemplo, a emissão de parecer por parte da Assembleia Legislativa da Província de Minas Gerais, nesse mesmo ano, em favor da "supressão das Festas do Congo, bem como outras quaisquer, por motivo público, [...] seja antecipado a todas as câmaras que nenhuma despesa se lhes abonará com festas [...] e, assim, foi aprovado". Desde então, os festejos dos reis congos passaram a ser tratados como caso de polícia – "à mercê do Juiz de Paz das freguesias, recebiam punição por se dizerem reis do Congo nos domínios do Imperador D. Pedro I" (*apud* GABARRA, 2007, p. 8). Tais repressões ocorreram principalmente nos centros urbanos maiores; contudo, os congos resistiram, perdurando em várias regiões do Brasil, entre as quais as de Minas Gerais,[369] em uma prática que vivificou continuamente a "luta contra o racismo e pela valorização de um patrimônio cultural construído no cativeiro e identificado como negro" (ABREU, 2015, p. 186).

•

Dessa maneira, como indica a historiadora Júnia Furtado, o campo linguístico era um dos locais onde se travava a luta acirrada entre a civilização portuguesa nos trópicos e as outras culturas na América, como os escravizados. Seu ingresso no cativeiro era acompanhado por um nome de batismo, que demarcava sua nova condição. Aqueles que dominavam o português eram chamados de "ladinos", por contraposição aos "boçais". Muitos africanos promoviam táticas cotidianas para se comunicar em sua própria língua, mantendo ativos, dessa maneira, elementos, ainda que fragmentários de sua cultura (FURTADO, 2008, p. 40). Instauravam-se, assim, brechas sonoras, atravessando regimes de escuta de viés teológico-católico, ilustrado e romântico.

4.2. Ruidosa extração

As sonoridades da mineração mesmo quando apreendidas em associação aos ganhos econômicos a serem obtidos, encontravam-se igualmente "filtradas" por um regime de escuta que, enraizado na pragmática ilustrada, particularmente na fisiocracia, privilegiava a agricultura como fonte de prosperidade dos povos. Não havia crítica frontal às sonoridades da mineração; afinal, a riqueza aurífera era importante fonte de ganho, no século XVIII e início do XIX, para a Coroa portuguesa, e quanto mais a extração aurífera e de pedras preciosas apresentava sinais de esgotamento, mais tornava-se evidente para a elite letrada luso-brasileira a necessidade de implementar estudos de geologia e novas técnicas da "arte de minerar", a fim de que minas antigas pudessem ser revitalizadas e novas minas descobertas.[370] É, porém, perceptível nas escritas sobre as práticas mineradoras

369 Um marco do congado como prática de resistência do povo negro, atravessando os séculos de cativeiro, tem como "evento fundador na década de 1920, com a criação da Associação congadeira como entidade civil. Era a luta pelo direito de fazer sua própria festa, em plena Primeira República, mesmo com tantas proibições e impedimentos" (ABREU, 2017).

370 "José Vieira Couto, por exemplo, publicou em 1799 a sua *Memória sobre a Capitania de Minas Gerais* [...]. O principal objetivo do trabalho era discutir o problema da decadência da

promovidas no Setecentos e no Oitocentos um certo resguardo na descrição das sonoridades, e mais ainda acerca das escutas que daí podiam ser promovidas, pois tratava-se de um mundo em geral alheio aos protocolos iluministas de civilidade. Assim, as sonoridades ligadas às apostas de ganho com a mineração apresentavam-se difusas, até mesmo caóticas, e simultaneamente barulhentas, na intensidade ansiosa do "burburinho dos livres pobres e dos escravos" (ANDRADE; REZENDE, 2013, p. 388), conjugados aos bramidos de seus equipamentos e engrenagens de minerar.

Nos primeiros tempos, a extração do ouro era promovida principalmente no leito dos rios, com os mineradores entrando na água e colocando cascalho encharcado em pratos ou bateias que, movimentados circularmente, concentravam o ouro no seu fundo, por ação da gravidade. Este método conservou-se na figura dos faiscadores, termo advindo da emissão de faíscas ou brilhos dourados na apuração do ouro (FONSECA, 2004) como indicado na descrição do viajante germânico Georg Freireyss e pela fotografia de Marc Ferrez, produzida já ao final do Oitocentos.

> Quando pela primeira vez em Minas Gerais vi os rios turvados pelas lavras de ouro, eu fantasiava grandes estabelecimentos; enorme, porém, foi a minha surpresa quando aqui e acolá mostraram-me dois negros nus, cujos instrumentos para essa importante operação consistiam em uma enxada, uma gamela redonda de madeira e uns pedaços de flanela. A primeira servia para tirar a terra do leito do rio das barrancas, que, por meio da gamela, era levada a uma espécie de calha, sobre a qual estendiam os pedaços de flanela, e nestes o ouro se prende depois de ter sido tratado com água, que leva consigo a terra lavada. [...] No centro de Vila Rica, no rio que a atravessa, veem-se muitos ocupados desse modo, porém o trabalho é penoso, porque os operários têm de permanecer na água até o joelho e estão sem abrigo do sol ou da chuva (FREIREYSS, 1982 [1814-1815], p. 46).[371]

---

mineração e das formas de reanimar essa atividade. Para o autor, tal decadência era decorrente sobretudo da incompetência técnica. O desenvolvimento de uma 'arte metalúrgica nacional', com o uso de máquinas e tecnologia moderna, poderia reanimar aquela produção, já que ainda existiam minérios em quantidade para serem explorados. Para isso seria necessário diversificar a produção, dando maior atenção ao potencial de exploração do ferro. Outra proposta básica era a de melhorar o sistema de transportes, utilizando as vias naturais representadas pelos rios e construindo canais de ligação entre estes e o litoral. Novas estradas deveriam ser abertas, substituindo as que estavam em péssimas condições. Além disso, era preciso inovar os meios de transporte [...]. As medidas infraestruturais deveriam ser complementadas por um programa geral de estímulo ao progresso econômico por intermédio de isenções fiscais, que mais tarde seriam compensadas com o aumento na arrecadação provocado pelo enriquecimento coletivo" (PÁDUA, 1999).

371 A primeira tradução do relato de viagem de Frereyss para o idioma português, por nós encontrada, data de 1907, na *Revista do Instituto Historico e Geographico de São Paulo*. Por isso, optamos por indicar, entre colchetes, seu período de permanência no Brasil.

Os "operários" mencionados por Freireyss[372] eram muito possivelmente escravos africanos e seus descendentes, embora houvesse grande contingente de forros e livres empobrecidos. Em sua labuta diária de retirada do ouro de aluvião, eles produziam um ruído característico: o atrito dos pequenos seixos com a areia molhada soava metálico nos pratos de estanho e surdo nas bateias de madeira (VIANA, 2011, p. 30).

Com o tempo, esse método foi sendo aperfeiçoado. Os mineradores perceberam que o cascalho mais profundo no leito do rio também era rico em ouro. Para acessá-lo, passaram a desviar os ribeiros, fazendo uma barragem e abrindo um canal lateral em uma das margens, com água em quantidade e velocidade capaz de arrastar as areias. os quais se distribuíam ao longo do canal, revolvendo o fundo com o auxílio de um almocafre (pequena enxada com uma peça pontiaguda ou bifurcada na parte superior, usada para moldar e escavar a terra). Por essa técnica, as partículas mais leves escorriam, enquanto as mais pesadas depositavam-se no fundo. Depois de uma hora, a areia do fundo era recolhida e levada para os depósitos de lavação, recomeçando-se o processo logo a seguir, até que o canal ficasse completamente remexido e esgotado, quando partia-se para outro canal. Nos locais de grande declividade, os canais atingiam de dez a 20 palmos de profundidade. Em razão das infiltrações, o trecho do rio desviado era muitas vezes mantido seco, com ajuda dos rosários hidráulicos, geralmente utilizados por mineradores de maior cabedal. Esses trabalhos eram realizados durante a estação seca, de abril a setembro, pois com as fortes chuvas, o rio se avolumava rapidamente, desfazendo a barragem (FONSECA, 2004).

Se as margens do rio não permitissem abrir um canal, os mineiros cercavam apenas um pedaço do rio através de cercos, aí empregando um instrumento de pedra de cascalho, o "pá de saco". Ele consistia em um aro de ferro fixado em uma vara comprida, a que era preso um saco de couro. Os homens avançavam pelo rio e lançavam a pá de saco ao fundo; até que ele se enchesse de cascalho (FONSECA, 2004). O som daí característico era o das alavancas e dos almocafres (VIANA, 2011).

No início da década de 1720, o ouro de aluvião[373] começou a dar sinais de esgotamento (FREITAS; CASTRIOTA, 2017, p. 4). Rapidamente, a extração transferiu-se do leito para as margens dos rios, num serviço conhecido como

372 No final do século XVIII, o vocábulo "operário" tinha o sentido de "obreiro, trabalhador", cf. *Diccionario da lingua portugueza composto pelo padre D. Rafael Bluteau, reformado, e accrescentado por Antonio de Moraes Silva*. V. 2. Lisboa : Na Officina de Simão Thaddeo Ferreira, 1789. p. 134.

373 Ou seja, o ouro existente em solos que mesclavam areia, argila, cascalho etc. provenientes de erosão recente, transportados e depositados por correntes de água.

"tabuleiro". Como não era preciso proceder ao desvio das águas, essa prática mostrou-se mais acessível aos que se aventuravam na extração. O principal método empregado era a cata, isto é, escavações de terra, redondas na superfície e aprofundadas em forma de funil, atingindo 10 a 15 metros de profundidade, onde se encontravam as areias ricas em ouro (FONSECA, 2004).

A extração foi sendo concomitantemente realizada nas encostas das montanhas, em um processo conhecido como grupiara, o qual foi ilustrado no livro publicado pelo viajante inglês John Mawe e a seguir reproduzido. Para que o metal fosse extraído das pedras, a água dos rios era conduzida ao ponto mais elevado de cada colina por meio de canais, cuja construção era cara, dependendo da distância da água a ser trazida. Para essa captação, eram empregados o rosário hidráulico e o pilão, equipamentos adaptados dos engenhos utilizados na produção agrária (FONSECA, 2004). Em paralelo, eram construídos canais com pequenas inclinações e com sucessivas barragens, para que a terra, atingida pelo fluxo da água, pudesse escorrer. A intensidade da água que jorrava deveria decompor as rochas auríferas, sendo a lama daí resultante recolhida ao pé dos morros em reservatórios chamados mundéus. Este canal era revolvido pelos escravos, de forma análoga aos tabuleiros.

A quebra das rochas produzida pelo choque térmico, deixando-se escorrer água fria sobre as pedras aquecidas com fogo, causava sons peculiares (FONSECA, 2004; VIANA, 2011). No caso de rochas duras, procedia-se à trituração, por meio de dois processos igualmente sonoros. Um deles esmagava o minério por escravos armados de malhas de ferro, e outro o submetia a trituradoras análogas às europeias (VIANA, 2011, p. 31): "Junto ao sopé da Serra do Caraça (em Cata-Preta), visitamos ainda diversas minas, antigamente muito ricas, nas quais o metal é extraído moendo a pedra com pilões" (SPIX e MARTIUS, 1981 [1917-1820]. p. 247). Por ser mais difícil e dispendiosa, esse tipo de exploração em rocha era praticado apenas pelos mais abastados. Os brancos pobres e os negros forros faiscavam os resíduos dos desmontes, depositados nos leitos dos rios e córregos.

A mineração também exigia que, além da retirada do minério, fosse promovida uma sequência de lavações, para separação do ouro. Para tanto, no caso da extração nas margens dos rios, o cascalho rico em minério era transportado em carumbés (recipiente de formato cônico, posto sobre a cabeça ao ser carregado) até o local da lavagem. Já na mineração em colinas, as lavagens eram realizadas principalmente através de condutos inclinados, por onde as areias auríferas, junto com a água, escorriam sobre peles de animais ou tecidos de lã, que retinham as partículas de ouro. Em seguida, o couro e a lã eram postos para secar e batidos, quando então o som da água corrente multiplicava-se em várias cascatas artificiais (VIANA, 2011, p. 30-31).

Fig. 39 – Escravos no garimpo de ouro. Marc Ferrez. Diamantina, 1888.[374]

Fig. 40 - Exploração do ouro e diamantes na região de Minas. John Mawe. 1812.[375]

374 Fotografia. Disponível em: https://jornalggn.com.br/noticia/reliquias-de-marc-ferrez. Acesso em: 2 out. 2020.

375 *Travels in the interior Brazil*: With notices on its climate, agriculture, commerce, population, mines, an customs: and a particular account of the gold and districts, including a voyage to the

Por fim, quando as encostas mostravam-se muito erodidas, o ouro passou a ser procurado no interior das montanhas, mediante escavações de galerias, conforme emblemática fotografia de Marc Ferrez. A rede desses corredores subterrâneos costumava ser, em sua maior parte, baixa e estreita, dando passagem apenas a um homem deitado. Não havia vagonetes; o minério e a água continuavam a ser retirados nos carumbés dispostos nas cabeças dos escravos (FONSECA, 2004). Quando essas galerias se prolongavam muito, o ar faltava (mesmo quando faziam sarrilhos de ventilação) e não raro o teto desabava, em razão do escoramento ser mal feito, principalmente em períodos de chuva; já durante a estiagem, ocorriam as infiltrações (FONSECA, 2004). A descrição de um dentre os muitos desastres que então ocorriam nessas minas foi promovida pelo historiador francês Ferdinand Denis:

> Há vinte cinco ou trinta anos, o antigo proprietário, Antônio Pereira [que deu nome ao atual distrito de Ouro Preto], havia mandado abrir uma galeria na montanha; descuidou-se, infelizmente, porém, de mandar dispor escoras para sustê-las. Passado algum tempo, os trabalhadores deram com um veio tão rico, que o ouro, que numa hora dela se podia extrair, subia já a somas consideráveis. Por ordem do dono, seus numerosos escravos prosseguiram os trabalhos toda a noite; ao amanhecer, porém, indo Antônio Pereira visitar a nova escavação, já não encontrou vestígios nem dos escravos, nem dos tesouros: um desmoronamento, fácil de prever, havia devorado tudo (DENIS, 1980 [1837], p. 359).

A lavagem do minério retirado do interior das montanhas também deveria ser promovida, conforme representado na ilustração de Richard Hickson, produzida em uma época em que várias minas eram compradas por companhias inglesas. Outra mina assim adquirida foi a de Passagem de Mariana, cujo processo de lavagem do minério, descrito por Ernest de Courcy, mantinha bastante similitude com o praticado nas extrações de "talho aberto":

> Em frente, estão instaladas mesas de lavagem, com dois pés de largura, cerca de 8 metros de comprimento e cobertas de grossos tecidos. Um fio de água que passa sob os pilões arrasta como lama líquida o que foi moído para sobre essas mesas, que são ligeiramente inclinadas. Tudo que é terra e leve corre com a água para fora das mesas; tudo o que é pesado – chumbo, prata, ouro, consequentemente se deposita, ao contrário, sobre o tecido.

---

rio la Plata. London: Longman, 1822. Disponível em: http://mapa.arquivonacional.gov.br/index.php/menu-de-categorias-2/273-casas-de-fundicao-1822-1832. Acesso em: 12 set. 2020.

A busca de obtenção do metal precioso como recurso para o rápido enriquecimento (ainda que provisório, devido aos riscos implicados nessa atividade) envolvia, de forma concomitante, um aparato de ostentação pública, inclusive sonora. Os paulistas, primeiros exploradores da região, introduziram o hábito de serem precedidos por escravos trombeteiros que iam à frente de seus senhores pelos caminhos e vilas, tocando trombetas, clarins ou ainda caramelas[376] e batendo caixas. Logo, instrumentos de apito e percussão foram empregados em Minas como símbolo de ostentação e poder (FURTADO, 2008, p. 29-30).

Tal aparato simbólico-sonoro não eliminava, contudo, a dimensão de violência física, replicada nos conflitos travados na região mineira em função da conquista dos lugares melhor aquinhoados com a presença do metal precioso. Expressões cruentas de brechas sonoras, são mencionadas já em 1711 por Antonil, que as associa, sob um imaginário de viés teológico, a um castigo divino diante do descalabro da exploração aurífera:

> Convidou a fama das minas tão abundantes do Brasil homens de toda a casta e de todas as partes, uns de cabedal, outros vadios. Aos de cabedal, que tiraram muita quantidade dele nas catas, foi causa de se haverem com altivez e arrogância, de andarem sempre acompanhados de tropas de espingardeiros, de ânimo pronto para executarem qualquer violência, e de tomar sem temor algum da justiça, grandes e estrondosas vinganças. [...] Os vadios que vão às minas para tirar ouro não dos ribeiros, mas dos canudos em que o ajuntam e guardam os que trabalham nas catas, usaram de traições lamentáveis e de mortes mais que cruéis [...]. Nem há pessoa prudente que não confesse haver Deus permitido que se descubra nas minas tanto ouro para castigar com ele ao Brasil, assim como está castigando no mesmo tempo tão abundante de guerras aos europeus como o ferro (ANTONIL, 1982 [1711], p.194).

376 Ou charamela. Antigo instrumento musical, constituído de uma palheta metida em cápsula **ou** barrilete, onde se soprava com força, como nas buzinas. Também poderia ser feito com o corno de uma cabra.

Fig. 41 - Casa de lavagem de ouro da mina de Gongo Soco. Richard Skerret Hickson. s.d.[377]

Fig. 42 - Primeira foto do trabalho no interior de uma mina de ouro [Minas Gerais]. Marc Ferrez. 1888.[378]

377 Aquarela. Coleção Pimenta Camargo – SP. https://pt.slideshare.net/museuminasmetal/historia-do-ouro-no-brasil

378 Fotografia. Instituto Moreira Salles. Disponível em: http://brasilianafotografica.bn.br/brasiliana/handle/20.500.12156.1/2603. Acesso em: 12 set. 2020.

A narrativa de Antonil possivelmente versava, ainda que implicitamente, sobre as sangrentas e ruidosas escaramuças entre paulistas e emboabas ocorridas na região na primeira década do século XVIII.[379] Como narrado no manuscrito *A história do distrito do Rio das Mortes*, de José Álvares de Oliveira, datado de aproximadamente 1750-1751:

> [...] pela menor desconfiança, vinham [os paulistas] dar a povoação, entrando por ela com gente armigerada e o Senhor na frente, de pé descalço, em ceroulas de algodão, arregaçadas ao cós, catana[380] talingada,[381] patrona[382] cingida, pistolas no cinto, faca no peito, clavina[383] assobraçada e na cabeça ou carapuça de rebuço ou chapéu de aba caída, ao som de caixa e clangor[384] de trombeta vozeando: 'morram os emboabas' (*apud* TAUNAY, 1981, p. 101)

Mais do que o som dos instrumentos musicais, era o estampido dos tiros que irrompia diuturnamente no violento cotidiano da região. Observa-se que nos primeiros registros escritos sobre Minas, predominava um discurso de valorização da presença emboaba. A região mineira era concebida como um lugar destinado por portugueses e para eles. E se a descoberta do ouro em Minas já era atribuída aos paulistas, tal ato não era, até então, exaltado como um feito memorável; pelo contrário, havia uma visão pejorativa dos paulistas, associados a um modo de vida selvagem, tal qual os índios (FURTADO, 2009, p 164-165). Dessa forma, no mesmo documento de cerca de 1750-1751, foi afirmado que

> Cuidaram logo os emboabas de formarem arraial e fazerem ranchos (ditas assim as casas de vivenda por serem levantadas de taipa de ruão com cobertura de palha) [...]. E os paulistas se arrancharam por fora, buscando sempre a vizinhança do mato para se comunicarem com as feras de quem herdavam os corações [...]. Assim principiou e cresceu a povoação, e com ela os insultos e insolências dos paulistas [...] não era necessário qualquer emboaba cair, bastava tropeçar, fazendo tanto apreço da vida de um emboaba como a de um cachorro, do que nasceu o dito vulgar, ouvindo tiro: 'lá morreu cachorro ou emboaba' (*apud* TAUNAY, 1981, p. 101)

---

379 Conforme mencionado na Introdução.

380 Espécie de espada, com uma lâmina curva de um único fio.

381 Ligada, atada, presa.

382 Artefato geralmente feito de couro, usado à cintura ou a tiracolo, onde são guardados cartuchos para arma de fogo.

383 Arma de fogo medindo de 1,0 a 1,2 metros. Também conhecida como carabina.

384 Som forte, estridente, como o de alguns instrumentos metálicos de sopro (trombeta, trompa etc.).

E a narrativa prosseguiu:

> E não só com estas tumultuosas amotinações, mas com as bravezas de um taubateano cognominado Jauguara, que pela língua da terra é o mesmo que cachorro bravo. O qual, quando se embriagava, tomava por empresa em fazer-se pôr a cavalo e armado com seus escravos encaminhava-se por distância de mais de uma légua para esse arraial e entrava por ele dando mostras de sua bebacidade pelas bocas de suas espingardas, semeando as ruas de chumbo (*apud* TAUNAY, 1981, p. 101-102).

A partir da década de 1780, contudo, fortaleceu-se um pensamento pró--paulista, o que não significou o surgimento de um nativismo, mas a percepção da alteridade de Minas, mantendo-se sua centralidade no interior do Império português. Valorizava-se, assim, o papel dos súditos de além-mar; em paralelo, firmava-se a noção de pátria não como local de nascimento, mas como local de escolha de residência e atuação (FURTADO, 2009, p. 167-168)

Perdurando em seu emprego como brecha sonora, a usurpação da voz por rebeldes tornava pública a insubordinação à ordem colonial. Dessa maneira, por exemplo, nos Motins do Sertão,[385] ocorrido em 1736, vários amotinados, saindo às ruas, gritavam "Viva El Rei, viva o Povo e morra o Governador!". Assim, gritos e apupos eram costumeiramente empregados em questionamentos às determinações oficiais:

> Em 1715, Morro Vermelho armou-se e juntou-se, em revolta aberta, à Vila Nova da Rainha (hoje Caeté) e Vila Real (Sabará). Os amotinados negaram-se a pagar o quinto de ouro exigido de cada bateia, e pediram a remissão do tributo anual, que era apenas de 480 quilos do precioso metal. Tiveram, realmente, a insolência de comparecer diante do Governador, o 'Ilustríssimo e Excelentíssimo Dom Brás Baltasar da Silveira', e com a abundante 'barbaridade' – para usar sua própria expressão – gritaram, em seus nobres ouvidos: 'Viva o Povo!' (BURTON, 1976 [1869], p. 244)

385 Trata-se de uma revolta ocorrida na Comarca do Rio das Velhas, com sede em Sabará. Foi motivada pela mudança no sistema de impostos na região, com introdução da cobrança da capitação em 1735 em toda Capitania de Minas, pela qual os moradores deveriam recolher uma certa quantidade de ouro por pessoa, incluindo escravos. Até então, vigorava o pagamento do quinto do ouro extraído, e aqueles que não atuavam diretamente na mineração estavam isentos, cabendo-lhes recolher os dízimos e as taxas de circulação de mercadoria por ingresso ou saída da área mineradora. Este imposto vigorou até 1751.

Igualmente o som das caixas, se apropriado pelos revoltosos, podia servir de incitação à eclosão dos conflitos, como em 1713, quando alguns moradores da Vila de Nossa Senhora do Carmo, insatisfeitos com as prisões de seus escravos a mando do ouvidor geral, obrigaram os moradores, ao som de caixas, a iniciar a uma sedição (FURTADO 2008, p. 32).

Muitas dessas manifestações reclamavam da exorbitância dos impostos e dos abusos de poder dos mandatários, sobretudo dos magistrados, que estariam se beneficiando de seu *status* além do permitido pelas convenções políticas e sociais do Antigo Regime (CAPANEMA, 2020, p. 182).[386] Reconhecendo tais movimentos, com suas sonoridades, como riscos à ordem colonial, o Conde de Assumar, em discurso sobre a Revolta de 1720 em Vila Rica, chegou a tecer uma analogia entre o contínuo remexer da terra em busca de ouro um suposto caráter inquieto dos mineiros. Sua conclusão foi a de que os motins seriam "naturais de Minas": "dizem os mais experientes que onde costuma haver semelhantes ruídos, têm a diligência e exame descoberto várias folhetas,[387] e sem dúvida há maior pancada de ouro [...] e é propriedade e virtude do ouro tornar inquieto e buliçosos os ânimos dos que habitam as terras onde ele se cria" (FURTADO, 2008, p. 32).[388] A prosopopeia[389] era um recurso retórico utilizado para a transposição recíproca entre sonoridades do meio e as disposições político-sociais: "Quanto às pessoas, aos súditos que ali habitam o julgamento não se desvencilha de uma sonoridade aparente. Os grandes e poderosos causam 'estrondos' [...] 'pelas bocas das suas catas, como por bocas do inferno' [...]" (GASPAR, 2008, p. 97-98).

A disputa de poder entre os reis e os súditos também transcorria, portanto, no campo da linguagem (FURTADO, 2008, p. 32), inclusive com emprego estratégico dos rumores:

> [...] os boatos transmudavam-se em poderosa arma de luta, assumindo foros de verdade certa e inquestionável e desencadeando ao mesmo tempo reações desesperadas. Afinal, na Época Moderna, o 'ouvir di-

386 Segundo os postulados teológico-políticos da Segunda Escolástica, a cobiça seria um vício que atingiria inclusive os poderosos e, por conseguinte, viria a "corromper toda a República, que como corpo místico, tinha por finalidade a justiça e a felicidade dos povos" (ROMEIRO *apud* CAPANEMA, 2020, p. 182). A autora reporta-se ao texto de ROMEIRO, Adriana. O governo dos povos e o amor ao dinheiro. *Revista do Arquivo Público Mineiro*, v.51, n.1, p.107-120, 2015. p. 114.

387 Filetes de ouro ou lâminas de ouro.

388 A autora reporta-se, como fonte, ao *Discurso histórico e político sobre a sublevação que nas Minas houve no ano de 1720*. Estudo crítico de Laura Mello e Souza. Belo Horizonte: Fundação João Pinheiro, 1994. p. 60.

389 Figura de linguagem que empresta sentimentos humanos e palavras a seres inanimados, a entes não humanos, como animais, além de mortos ou ausentes.

zer' não estava ainda descolado da realidade: nos tribunais civis e inquisitoriais, aceitava-se como testemunho fidedigno aquilo que se ouvira dizer e, que, na linguagem da época, confundia-se com a 'fama pública'. [...] Ao longo do levante emboaba, os forasteiros souberam manejar com desenvoltura os rumores, valendo-se deles para conduzir os acontecimentos segundo sua conveniência (ROMEIRO, 2008, p. 81).

Não obstante, segundo o ideário ilustrado do século XVIII, a domesticação dos sons mostrava-se fundamental para efetivar o processo civilizatório na região. Por isso, à medida que a autoridade da Coroa portuguesa ia sendo imposta, as diversas sonoridades até então exercidas sob os ditames de lideranças locais passaram a ser monopolizados pelos governantes. Dessa forma, era quando o monarca enviava novas ordens à região que novamente se ouvia o rufar das caixas e o tocar dos clarins, em preparação ao anúncio dos ditames régios em voz alta nas praças das vilas. Tal leitura permitia tornar pública a legislação para a maioria da população, que era iletrada, de forma conjunta à tentativa de evitar deturpações da mensagem (FURTADO, 2008, p. 30)

Até o silenciamento podia ser empregado para sustentação do poder dos mandatários da Coroa portuguesa sobre as localidades, contrapondo-se aos insistentes reclamos contra a cobrança de impostos, como indicado por José Joaquim da Rocha:

> Já as minas, nesse tempo, se achavam decadentes, e os povos clamavam por não poderem contribuir com o tributo da capitação, cujo clamor ocultou Gomes Freire de Andrada, talvez por não querer patentear ao soberano a decadência da Capitania que governava. Os clamores da capitação chegaram aos pios e reais ouvidos da Majestade, que querendo compassivo acudir a miséria última de seus vassalos, aboliu este método de cobrança do quinto e estabeleceu as Casas de Fundição [...]. E da mesma forma se praticou, segunda vez, nos anos de 1769 a 1771 [...], apesar do grave clamor dos povos, que eram obrigados a contribuir, não só os mineiros, mas ainda os moradores do sertão, que vivem das suas criações, pagando delas dízimos e quinto, quando as vão vender às mesmas Minas (ROCHA, 1995 [1778], p. 147).[390]

Assim, encontravam-se dispostas, lado a lado, a habilidade no uso da linguagem e no domínio do sonoro como estratégia para assegurar o mando (FURTADO, 2008, p. 32).

---

390 A partir de 1751, passou a vigorar na Capitania de Minas o sistema de cobrança da derrama, a fim de assegurar um valor mínimo de 100 arrobas anuais.

4.3. Estalidos de terror sob os apitos do progresso

Ao final do século XIX, uma outra produção sonora, acompanhada por uma nova modalidade de escuta, emergiu associada às práticas econômicas que começavam a estabelecer-se em Minas, enfoque direcionado ao ideário do progresso e da modernidade, acoplado a seus respectivos sons. Segundo o musicólogo Murray Schafer, iniciada na Inglaterra entre 1760 e 1840, "a Revolução Industrial introduziu uma multidão de novos sons. [...] As principais mudanças tecnológicas que afetaram a paisagem sonora incluíam o uso de novos metais, como o ferro e o estanho fundidos, bem como novas fontes de energia, como o carvão e o vapor" (SCHAFER, 2001, p. 107). Nas práticas diretamente associadas à mineração em Minas, um maquinário utilizando as inovadoras energias passou a ser paulatinamente incorporado. Assim, "a lâmpada de Davy foi inventada em 1815,[391] os ventiladores a vapor em 1830,[392] a nitroglicerina em 1847,[393] o uso de ar comprimido para acionamento de máquinas de drenagem, corte e transporte de carvão em 1863, a dinamite de Alfred Nobel em 1866 (SOUZA, 2009, p. 72).

Havia ainda, no âmbito da introdução de novos equipamentos e procedimentos industriais na exploração minerária, os britadores de pedra, disponíveis no mercado a partir de 1850-1860; os moinhos rolantes para pulverização, em 1890; o processo de cianetação, descoberto em fins de 1880; as perfuratrizes, utilizadas em Minas após 1897, entre várias outras mudanças (SOUZA, 2009, p. 73; 136).[394] Os ruídos emanados da utilização desses aparelhos eram "ensurdecedores" (SOUZA, 2009, p. 169-170): "Quando Frank Vincent estava ainda distante da *St. John d'el Rey* percebeu que 'O ruído do moinho é ouvido a longa distância'. [...] podemos imaginar o quanto contribuiu para a queda da capacidade auditiva, cefaleia e *stress* dos homens ocupados em alimentá-los e daqueles que

391 Lanterna de segurança inventada pelo químico inglês Humphry Davy para evitar as explosões causadas pela ignição do metano em minas de carvão. Sua chama era protegida por uma fina tela metálica, impedindo que o fogo se propagasse.

392 Utilizados para condução do gás para as correntes de ar principais, as quais, por sua vez, dirigiam-se fora das minas, diminuindo os riscos de explosão (MARTINS, 2017, p. 33-34).

393 No período de 1627 a 1865, o explosivo utilizado [na mineração] era a pólvora negra, que era [...] extremamente perigosa, devido à sua facilidade de iniciação diante da presença de quaisquer faíscas. Já em 1847, o químico italiano Ascanio Sobrero, desenvolveu a nitroglicerina [...].Tal descoberta tornou-se a principal base para fabricação da dinamite e da gelatina inventadas por Alfred Nobel em 1867 e 1875" (RESENDE, 2011, p. 2).

394 Em relatório enviado aos acionistas da empresa *The Ouro Preto Gold Mines*, em Passagem de Mariana, de 1898, é afirmado que: "O trabalho das perfuratrizes tem sido perfeitamente satisfatório, a taxa de condução tem sido mais ou menos de três horas e meia de trabalho manual. O custo por metro é consideravelmente mais elevado do que o de trabalho manual, devido à maior proporção de dinamite utilizada, bem como o elevado imposto especial sobre este artigo, mas é de uma enorme vantagem para nós, por ser capaz de desenvolver rapidamente a parte mais profunda da Mina" (*apud* SOUSA, 2009, p. 162).

trabalhavam próximos a essa seção" (SOUZA, 2009, p. 151) – a grande maioria dos quais mantidos em condição de escravidão, é importante ressaltar-se[395]

O incremento produtivo trazido com a industrialização reverteu parcialmente o estado de retração (por vezes, até de estagnação) em que se encontravam as minas de ouro não apenas em Minas Gerais, mas também em diversas partes do mundo (ALVES, 2014, p. 3).[396] Nessa conjuntura, a mineradora inglesa *Imperial Brazilian Mining Association* instalou-se em Minas já em 1824, mantendo-se produtiva até 1856, quando foi desativada:[397] era "um empreendimento de grande lucratividade, empregando centenas de trabalhadores escravos e livres nas abarrotadas lavras de Gongo Soco [atual Caeté]" (ANDRADE, 2012, p. 7). Ela foi seguida por diversas outras empresas que tinham, no território mineiro, o capital inglês como acionista majoritário: *General Mining Association* (1825 a 1829), localizada em São João del Rey; *National Brazilian Mining Association* (1828 a 1912), sediada em Caeté e Cocais; *Brazilian Company* (1829 a 1844), situada em Cata Branca [atual Itabira do Campo, Ouro Preto]; *Saint Jonh Del Rey Mining Company*, que depois da compra pelos ingleses em 1834 foi transferida de São João del Rey para Congonhas das Minas de Ouro, atual Nova Lima, funcionando até 1960; *Anglo Brazilian Gold Company Limited* (1863 a 1927), de Passagem de Mariana; *Serra da Candonga Gold Mining* (1834 a 1840), no atual Serro; Companhia de Mineração de Minas Gerais (1836 a 1842), situada em Santa Bárbara (ANDRADE, 2012, p. 8).

As sonoridades provindas das inovações industriais, sobretudo da explosão da dinamite, foram descritas por D. Pedro II em sua visita à Mina de Morro Velho, comprada pela *Saint John del Rey Mining Company*:

> Às 3 estava à borda da mina. Vesti-me como mineiro, com minha vela pregada com argila ao chapéu. Começou a descida no ascensor às 3 ½. Movimento muito suave. Muita água escorria das paredes do poço. Em ¼ tocávamos o fundo, a 457 metros. Há outro andar

395 Trecho transcrito de VINCENT, Frank. *Around and about south America.* Twenty months of quest and query. New York: A. Appleton and Company, 1897. p. 279. *Apud* e tradução de SOUZA, 2009, p. 151.

396 "O país, em plena revolução industrial, dispunha de excedente de capital e necessitava de matéria-prima, sobretudo de metal. Isso acabou levando os investimentos ingleses às regiões decadentes, mas ainda ricas em minério [...]. Além de estradas de ferro, portos e sistema de comunicação, os ingleses investiram capital, tecnologia e mão de obra europeia especializada nas minas de ouro em Minas Gerais" (ALVES, 2014, p. 3).

397 Nesse ano, a Mina foi atingida por uma inundação de grandes proporções, que culminou em sua desativação.

> inferior que vi bem dos poços, estando o fundo bem alumiado com estopa queimada, velas, magnésio etc. [...] Demorei dentro da mina mais de 1 [hora] ½. Arrebentaram minas que pareciam ruído de terremoto e agitavam o ar dentro de espessas paredes de pedra. A subida fez-se igualmente bem (PEDRO II, 1957 [1881], p. 82).

Em outra menção, o imperador relatou que

> Conversei muito com o diretor de Morro Vermelho, até perto de Sabará. Segui primeiro o bom caminho que serve de passeio ao diretor e sua família, até pouco além de um dos 2 pontos de dinamite. Bela vista do lado da serra do Curral, avistando-se ao longe pontas da serra da Piedade. Garoa forte. 180 brocas – cada uma de 3 palmos de fundo e menos de polegada de diâmetro cheia de 1 a 3 cartuchos de dinamite, dão 2 toneladas por explosão de mina, 360 toneladas de minério por dia (PEDRO II, 1957 [1881], p. 83).

O som dos estrondos suscitou, inclusive, a criação de uma denominação peculiar para os encarregados de inserir a dinamite nas pedras e acender seu pavio: este era o trabalho dos "choqueiros", "cujo nome deriva de 'choco', o barulho seco produzido pela queda das rochas. Muitas vezes, o volume de rocha desprendido [...] era maior do que o esperado e apanhava o próprio choqueiro. Essa função de fogueteiro/choqueiro era, sem sobra de dúvidas, uma das mais perigosas e mortais realizadas no subsolo" (SOUZA, 2009, p. 136). Eram situações como essa que configuravam a ambiguidade do discurso proferido sobre a mineração no período, mesclando os elogios do progresso às denúncias, perpassadas pela ideário romântico, acerca da desumanização promovida por esta atividade.

Todavia, durante várias décadas, as duas dinâmicas produtivas – de cunho manufatureiro e artesanal –, conviveiram nas terras mineiras, aí fazendo ecoar suas respectivas sonoridades. Assim, por exemplo, George Gardner, que visitou as instalações da *National Brazilian Mining Association* em Minas em 1840, verificou a continuidade do uso de ventiladores movidos à água, apesar do uso de ventiladores a vapor ter ocorrido na década anterior; já Richard Burton indicou que na *Saint John del Rey Mining Company*, não era aplicável o uso do maquinário a vapor devido à abundância de água no local, em paralelo ao alto custo do carvão na região, sendo mais econômico o recurso aos pilões hidráulicos (SOUZA, 2009, p. 74). Ademais, o desmonte do minério, nessas duas minas, perdurou a ser feito com brocas e malhos, ao invés de perfuratrizes (SOUZA, 2009, p. 133).

Por vezes, as novas tecnologias eram empregadas para viabilizar economicamente processos anteriormente vigentes, como os aparelhos movidos à força hidráulica. Nesse sentido, uma das alternativas adotadas foi a alteração do curso de rios e de quedas d'água, como descrito por Ernest de Courcy:

> [...] virada de um enorme contraforte rochoso e no pico do Itacolomi, no qual teve de se abrir o leito do canal com explosões de dinamite. Nesse lugar, ela se encontra suspenso, quase verticalmente, a 80 metros de altura, sobre a corrente cujas águas, permanecendo livres, correm estrondosamente, de cascata em cascata espumante no fundo do abismo. Foram, segundo consta, operários italianos que ousaram empreender essa abertura. Olhando o ribeirão do Carmo, que ruge lá em baixo, somos quase tomados de vertigem. O que devem então ter aguentado aqueles que, suspensos por cordames presos no alto da montanha, abriram a golpes de martelo na rocha os buracos destinados aos cartuchos explosivos? (DE COURCY, 1997 [1886], p. 102-103).

A empreitada parece ter dado o resultado esperado pela empresa mineradora que o realizou: "[...] [fui] ver funcionar o canal, que se encheu de água durante nosso sono. Sua corrente é muito rápida, e é fácil perceber sua potência, pois a usina adquiriu uma atividade bem diferente da que tinha na véspera. Os 25 pilões funcionam com um barulho retumbante, à razão de 65 golpes por minuto; sentem-se que a vida e a fortuna chegaram com essa nova força motriz [na Mina de Passagem]" (DE COURCY, 1997 [1886], p. 85). Com isso, foi possível aumentar a produção: "Dentro de um ano aproximadamente, 90 máquinas triturarão o minério de Passagem e farão ressoar os ecos do vale com seus golpes repetidos" (DE COURCY, 1997 [1886], p. 87).

Houve também uma diversificação do mineral extraído em Minas, pois além do ouro, o interesse voltou-se para o salitre, o chumbo, a prata e o paládio (recentemente descoberto).[398] Daí, por exemplo, a criação da Real Fábrica de Chumbo do Abaeté, dedicada à extração da prata naquela região, iniciativa de Eschwege, sucedido no empreendimento pelo engenheiro francês Jean Monlevade (FARIA; FILGUEIRAS, 2019a).

---

398 "O paládio [...] é um elemento químico cuja descoberta está relacionada à história da mineração em Minas Gerais. Esse metal teria sido anteriormente confundido com a platina ou mesmo nomeado como 'ouro podre', quando era encontrado em certas proporções em ligas naturais de ouro aluvionar, extraído das areias de rios ou em minas profundas. Descoberto entre 1802-1803 [...]". Foi utilizado no século XIX como um substituto da platina para cunhagem de moedas (FARIA; FILGUEIRAS, 2019b).

Contudo, desse conjunto de jazidas que passaram a chamar atenção, o metal mais atrativo foi o ferro. No contexto das transformações tecnológicas para sua fundição, viabilizadas pela revolução industrial iniciada na Inglaterra, foram criadas em Minas as primeiras siderúrgicas, voltadas para processamento dessa matéria-prima em grande escala, dentre as quais a Real Fábrica de Ferro do Morro do Pilar, que funcionou de 1812 a 1831, com inúmeras interrupções,[399] e a Fábrica de Ferro do Prata (também denominada Patriótica), em Congonhas do Campo, inaugurada pelo já engenheiro W. L. von Eschwege e pelo Conde de Palma, que funcionou de 1811 até 1821. Pouco depois, o francês Jean Monlevade instalou, em 1823, um conjunto de forjas no vale do rio Piracicaba, nas quais, segundo descrição promovida em 1881, "Existem 8 tendas onde o ferro é desmanchado, principalmente em enxadas, foices, machados, ferragens e outros objetos mais delicados, devidos ao trabalho de um escravo que, depois de ter feito 2 relógios de parede concluiu agora uma máquina de costura. Em cada tenda, um mestre ferreiro e um aprendiz fazem por dia 8 foices ou 15 enxadas. Fazem também puxavantes, bigornas, martelos, torquezes, freios, etc." (SENA *apud* BRITTO, 2012, p. 4).[400] Novamente, imiscuíam-se o ideário e práticas ligadas à modernidade e a manutenção da escravidão!

Além desses empreendimentos de maior vulto, podem ser mencionadas a Fábrica do Girau e a do Onça, ambas em Itabira. Saint-Hilaire as visitou, assim como conheceu as forjas de Penha, Bonfim e Ribeirão. Nelas eram produzidos "machados, ferraduras e outros implementos agrícolas, atendendo um mercado regional pequeno. Diversos proprietários argumentam que a produção poderia ser maior, mas não encontra saída por falta de estradas e comunicações. Uma delas, em ltabira do Mato Dentro, incluía uma manufatura de espingardas, com o apoio do governo" (LANDGRAFF; TSCHPTSCHIN; GOLDENSTEIN, s. d).

Já o uso da energia elétrica popularizou-se na região apenas após 1890. Durante os períodos colonial e imperial, a iluminação das ruas era feita com óleo de baleia ou querosene, seguida pela utilização do gás acetileno.[401] A partir da última

399 Em Minas Gerais, o intendente dos diamantes, Manuel Ferreira da Câmara, companheiro de José Bonifácio nos estudos de minas e metalurgia na Europa, inicia sua fábrica de ferro, em 1812, pretendendo construir três altos-fomos, 12 fornos de refino, estabelecer a navegação do Rio Doce e produzir ferro para o país e seus vizinhos. Foi, provavelmente, o primeiro a obter ferro fundido no Brasil, com o auxílio do mestre alemão Schõnewolf. Sua produção máxima foi de 37 toneladas em 1820, sendo liquidada em 1831" (LANDGRAFF; TSCHPTSCHIN; GOLDENSTEIN, s. d).

400 O autor transcreveu passagem do texto de SENA, Joaquim Cândido da Costa. Viagem de Estudos Metalúrgicos no centro da província de Minas Gerais. *Annaes da Escola de Minas*. Ouro Preto, v. 1, 1881. p. 117.

401 O acetileno era obtido por meio de uma reação química que acontecia na própria lanterna com a mistura de água e carbureto. Para dar início à reação química que liberaria o gás, deixava-se a água gotejar sobre o carbureto. Quando o gás acetileno começava a se formar, era preciso

década do século XIX, o recurso à luz elétrica mostrou-se, paulatinamente, mais rentável e eficiente, além de estar revestido de forte carga simbólica, associada à modernidade. Paralelamente, buscava-se utilizar máquinas elétricas para os trabalhos da mineração, a despeito das dificuldades técnicas ainda existentes,[402] investindo-se na "descoberta que fez tanto barulho há ainda pouco tempo" (DE COURCY, 1997 [1886], p. 93).

Assim, se em 1887 foi inaugurada em Ouro Preto a iluminação pública pelo sistema a gás, em 1890 foi contratada a Companhia Industrial Ouropretana de Força, Luz e Telefone (MANTOVANI, 2005, p. 34-38). Já na cidade vizinha Mariana, nesse mesmo ano de 1890 foram estabelecidos dois convênios: com a Companhia *Ouro Preto Gold Mines*, encarregada da eletrificação da área da Mina da Passagem, e com a própria Companhia Industrial Ouropretana, desde então responsável pelo fornecimento de energia nas vias públicas e para um nascente setor industrial (MANTOVANI, 2005, p. 38). As costumeiras representações do urbano e mesmo da ruralidade mineira começaram a ser alteradas, com inclusão de postes, fios, maquinário...; essas novas figurações, por sua vez, a partir daí perduraram nas paisagens mineiras por várias décadas, como se depreende das duas primeiras fotografias a seguir reproduzidas, uma da central telefônica de Morro Velho e outra de rua Tiradentes, na cidade de Ouro Preto, que datam da primeira metade do século XX.

Simultaneamente, a exemplo do que ocorrera com as inovações movidas a carvão e vapor, a chegada da eletricidade não eliminou o recurso a outras fontes de energia e modos de trabalho no cotidiano social. Bastante expressiva, assim, é a imagem que registra a prática de fiação manual em Mariana na década de 1950, ainda que cerca de vinte anos antes a Fábrica de Tecidos São José tivesse iniciado suas atividades na cidade,[403] bem como outra fábrica de tecidos estivesse operante em Ouro Preto desde a década de 1890, cujo maquinário foi também captado em registro fotográfico.

Aliás, se a tecelagem foi um dos setores em que as sonoridades mais conheceram alterações com a introdução da tecnologia industrial, ela comportou, no território mineiro, grandes ambiguidades sonoras:

---

acendê-lo com uma chama, ato perigoso, por tratar-se de um material muito reativo à combustão. Para a chama não apagar, a lanterna era protegida por um vidro. Havia também a dificuldade em limpar e desobstruir os dutos do sistema, além do cheiro do gás.

402 As novas máquinas elétricas não resistiam ao ar quente e úmido, carregado de pó, e as descargas de dinamite interrompiam seu funcionamento (SOUSA, 2009, p. 74).

403 A inauguração dessa fábrica ocorreu em 1934.

O gemido dos carros de boi e os guizos dos burros anunciaram pelos caminhos a chegada do maquinário importado para o interior mineiro. [...] as máquinas para instalação das fábricas de tecido mineiras chegaram às fazendas onde seriam instaladas. [...] Na Companhia União Itabirana, [...] o tempo de trabalho na fábrica era regulado pelo apito da caldeira. O primeiro anunciava o despertar, às cinco horas da manhã. 'Três silvos agudos, ouvidos à distância, cortavam o ar das madrugadas geladas' [...] ao longo do dia, repeti[dos] para marcar as paradas para o almoço, para o café e o término do expediente. A caldeira mencionada era utilizada para produzir vapor e movimentar as máquinas a ela conectadas. [...] Os sons da modernidade industrial interagiam com os do mundo rural para promover o desenvolvimento do setor fabril-têxtil mineiro (MAGALHÃES, 2008, p. 129;131).

Fig. 43 – Central telefônica da Mina de Morro Velho. Anônimo. s.d..[404]

404 Fotografia. Disponível em: http://historianovalima.no.comunidades.net/fotos-antigas-download-xxxiii. Acesso em: 17 fev. 2021.

Fig. 44 – Rua Tiradentes, em Ouro Preto, com postes de iluminação, s. d.[405]

Fig. 45 - Fiadeiras em Mariana. Ferber. s. d. [1957].[406]

405 Fotografia. Disponível em: http://brasilianafotografica.bn.br/brasiliana/handle/20.500.12156.1/2861. Acesso em: 17 fev. 2021.

406 Fotografia. Disponível em: http://www.siaapm.cultura.mg.gov.br/modules/fotografico_docs/photo.php?lid=29430. Acesso em: 17 fev. 2021.

Fig. 46 - Companhia Industrial Ouropretana (Fábrica de Tecidos), Ouro Preto. Anônimo. s. d..[407]

De forma similar, o domínio da eletricidade repercutiu diretamente na relação com as sonoridades, não apenas pela ampliação da reverberação sonora das máquinas no ambiente, mas também pela introdução de dispositivos para acondicionamento e transmissão dos sons através do tempo e do espaço (SCHAFER, 2001, p. 107). Assim,

> Entre 1873 e 1876, Alexander Graham Bell, professor de surdo-mudos, procurando melhorar a fala dos alunos, sente a necessidade de gravar as suas vozes para analisar as deficiências. Desenvolve uma série de pesquisas e se torna um especialista na transmissão elétrica de ondas. Cria o telégrafo harmônico, o audiômetro e o telefone, com o auxílio de Helmholtz e Thomas Watson. O telefone torna-se realidade comercial com a criação da Bell Telephone Company, precursora da AT&T, empresa de Gardiner Hubbard, sogro de Graham Bell. Os sons passam a ser transmitidos a uma distância muito além da capacidade auditiva humana. [...] Em 1877, o inventor Thomas Edison cria o primeiro fonógrafo, e, pela primeira vez, os sons são 'guardados' e reproduzidos, tal como as imagens nas pinturas e nas fotografias (RÊGO, 2006, p. 30-32).[408]

407 Fotografia. Disponível em: https://www.vitruvius.com.br/revistas/read/arquitextos/17.196/6225. Acesso em: 17 fev. 2021.

408 Não obstante, os estudos científicos sobre a acústica podem ser remontados ao século XVIII, quando "[...] filósofos e físicos debatem a existência do som. Os primeiros afirmam que um som

As mudanças acústicas da modernidade também ocorreram em Minas pela implementação da rede de telégrafo, que veio somar-se ao antigo serviço de correio. O telégrafo foi instalado no Brasil em 1852, por um cabo subterrâneo que ligava o Palácio de São Cristóvão e o Quartel Central no atual Campo de Santana, cidade do Rio de Janeiro. Da Europa vieram os aparelhos do tipo Morse, fios e isoladores, instalados a seguir em algumas repartições públicas da Corte (como os quartéis dos bombeiros e os da polícia. Em 1857, foi inaugurada a estação telegráfica de Petrópolis, mas a partir daí houve uma paralisação desse sistema de comunicação, que só voltou a expandir-se com a eclosão da Guerra do Paraguai. Em Minas, o telégrafo foi estabelecido mediante concessão a companhias privadas (SILVA, 2011).[409]

Os sons da industrialização igualmente adentravam pela área rural mineira pela abertura de estradas de ferro, promovidas, mais uma vez, por braços escravos. As tentativas de construção de uma via férrea no Brasil haviam sido inicialmente promovidas durante o período regencial, mas não avançaram. Em 1852, Irineu Evangelista de Sousa (futuro Visconde de Mauá) obteve concessão para a criação e exploração da primeira ferrovia. Em 1854, foi inaugurado o trecho inicial de 14 quilômetros, integrante de um projeto que deveria comunicar a região cafeicultora do vale do rio Paraíba e Minas Gerais ao porto do Rio de Janeiro. Em 1856, os trilhos chegaram até a estação de Inhomirim, já em Raiz da Serra, atual município de Magé. Porém, a limitação tecnológica inviabilizou a construção de trilhos na subida da serra. Apenas em 1888 foi finalmente inaugurado o ramal da Estrada de Ferro D. Pedro II,[410] que ligava a estação situada no distrito de Miguel Burnier e a cidade de Ouro Preto.

No final do século XIX, coexistiam duas poderosas empresas férreas: A Estrada de Ferro D. Pedro II, com capitais do Estado, e a Leopoldina Railway,[411] com recursos financeiros ingleses e norte-americanos, que lhe permitiram absorver "o impressionante número de 38 ferrovias nas províncias de Minas Gerais, Espírito

---

só existe se há um ouvinte. Os segundos afirmam que um som existe se um meio vibra, sendo, ou não, escutado" (RÊGO, 2006, p. 30).

409 "Em 1873, o Rio de Janeiro já estava ligado, por telégrafo, a Minas Gerais, Pernambuco, Bahia e Pará" (SÁ; SÁ; LIMA, 2008, p. 781).

410 "A E.F. D. Pedro II foi a terceira linha férrea brasileira aberta ao tráfego, pois a inauguração do trecho inicial, entre o Campo de Santana e Belém, atual Japeri, foi realizada em 29 de março de 1858. Desse ponto a linha se direcionava para Barra do Piraí, onde chegou em agosto de 1864. [...] O prolongamento para além de Barra do Piraí na direção do Paraíba do Sul e do Porto Novo do Cunha, em Minas Gerais, formou a denominada Linha do Centro" (JURUÁ, 2012, p. 86).

411 "A instalação de seu primeiro ramal [da *Leopoldina Railway*] foi aprovada pela Lei nº 1.826 da Província de Minas Gerais, de 10 de outubro de 1871, que autorizou a concessão de subvenções para a criação de uma ferrovia entre a cidade de Porto Novo do Cunha à cidade de Leopoldina" (JURUÁ, 2012, p. 11).

Santo e Rio de Janeiro" (JURUÁ, 2012, p. 89). Ademais, havia uma estreita correlação entre as antigas trilhas e estradas que se dirigiam para as áreas de mineração e os caminhos de ferro, como "a estrada de Garcia Rodrigues Pais, filho do governador das esmeraldas, ligando Vila Rica a Irajá e ao Rio; as balizas do caminho que de Taubaté ia às Minas Gerais de Cataguazes" (AZEVEDO *apud* JURUÁ, 2012, p. 120).[412]

A via férrea era utilizada para transporte de pessoas e mercadorias da capital da Província mineira ao Rio de Janeiro, com redução do tempo de viagem para um único dia, além de diminuição dos riscos à vida e aos bens que acompanhavam os viajantes em seu deslocamento através das serras e rios. Também as notícias circulavam muito mais rapidamente, com os jornais e revistas trazidos da capital federal (MANTOVANI, 2007, p. 129). Em 1914, foi inaugurado o ramal da Estrada de Ferro Central do Brasil ligando Ouro Preto a Mariana, em novo empreendimento das elites políticas regionais.

Em poucas décadas, os ruídos provindos das estradas de ferro, em sua variedade, tornaram-se um marco sonoro das terras de Minas, como o toque das sinetas que alertavam quanto à saída da locomotiva, com seus códigos: "um toque só: desce; dois toques: sobe", ou a buzina, que comunicava as manobras do trem (PEREIRA, 2017a, p. 76).[413]

Em paralelo às estradas de ferro, algumas vias de transporte interprovincial foram paulatinamente pavimentadas, a começar pela estrada que ficou conhecida como União e Indústria, na ligação entre Petrópolis a Juiz de Fora.[414] Tal modernização, ocorrida entre 1856-1860 sob o impulso da cafeicultura, requereu o uso do macadame hidráulico, ao passo que manteve o antigo trajeto pela Serra da Estrela, variante do Caminho Novo, que já havia sido alargada na década de 1840. A partida das diligências era demarcada pelos sons: "Às 6 horas de uma enfarruscada e escura manhã, [...] Godofredo, um jovem e robusto alemão, ex-marinheiro, natural do então aventuroso Ducado de Luxemburgo, segurou as rédeas e com um toque de trompa e chapéus sacudidos, iniciamos a viagem [de Juiz de Fora a Barbacena]". (BURTON, 1976 [1869], p. 63). Acústicas similares podiam ser ouvidas na saída de Petrópolis para Minas, como descreveu o fotógrafo Revert Klumb em 1872, que registrou sua viagem em impactantes imagens, como a reproduzida a seguir.

412 A autora reporta-se à obra de AZEVEDO, Fernando de. *Um trem corre para o Oeste*. 2.ed. São Paulo: Melhoramentos, s.d. [1958], p. 37.

413 Segundo tradição oral entre os ferroviários, "o apito das locomotivas surgiu [na Inglaterra] a partir de um acidente envolvendo uma carroça com 80 dúzias de ovos. Os maquinistas na época usavam uma corneta para chamar a atenção de sua presença, porém não foi o suficiente pra alertar a carroça a sua frente ocasionando o acidente. O relato avisa que por esse motivo em 1836 todas as locomotivas já usavam apitos idênticos feitos por um fabricante de instrumentos de música" (PEREIRA, 2017a, p. 61).

414 A construção desta Estrada foi capitaneada por Mariano Procópio Ferreira Lage.

> São seis horas da manhã. Os sons agudos da trombeta fazem-se ouvir. É o condutor que nos chama à diligência. As mulas impacientes batem o chão com as patas frementes; já dispararíam, se não fossem retidas pela mão vigorosa do criado de estrebaria. Esse barulho discordante, reunido aos da trombeta, nos dizem suficientemente que não temos um instante a perder. Entrem, entrem; partimos! (KLUMB *apud* FASOLATO, 2020, p. 117).[415]

Ainda, difundia-se, de forma geral, entre as camadas médias e elitizadas da região central mineira, um ideário do progresso, prenunciado ao final do século XVIII por José Vieira Couto:

> Parece-me que já vejo um novo horizonte, um novo céu: milhares de fornalhas cobrem as planícies, que levantam espessos rolos de fumo às nuvens; os montes já são minados [mineirados] e, por uma boca estreita, vomitam as suas ricas entranhas; o estrondo de mil máquinas fere os meus ouvidos; um povo laborioso, contente e alegre cobre em bandos à superfície da terra; os ricos metais à maneira de um rio caudaloso que cada vez se engrossa mais, vão demandando já, como um mar, o tesouro do Estado (COUTO, 1994 [1799], p. 78)

Fig. 47 - Locomotiva a vapor no trecho de Mauá até Inhomirim. Final do século XIX. [416]

415 O autor reporta-se ao livro KLUMB, Revert Henry. *Doze horas em diligência*: guia do viajante de Petrópolis a Juiz de Fora. Rio de Janeiro: Pereira Braga, 1872. p. 20.

416 Fotografia. Disponível em: http://tremdaserradoriodejaneiro.blogspot.com/2016/07/estrada-de-ferro-principe-do-grao-para.html. Acesso em: 1 out. 2020.

Fig. 48 - Estrada União e Indústria. Revert Henry Klumb. 1860.[417]

Mas a apologia do progresso não conseguia ensurdecer os gritos de dor e medo que acompanhavam quer a extração mineral e saga cruenta da industrialização em Minas no transcorrer do Oitocentos. Dessa maneira, em tempos de cultura romântica, a conquista econômica das montanhas mineiras foi acompanhada por metáforas religiosas sonoras, que mesclavam fascínio e terror, sob uma estética do sublime.[418]

Em uma dessas expressões, o inglês Richard Burton, que esteve na mina de Passagem, na cidade de Mariana, em 1867, reportou-se a figuras da mitologia grega e ao inferno bíblico para descrever o trabalho ali realizado:

> Afinal, chegamos a uma caverna abobadada, a 77 metros de profundidade. Achava-se iluminada com tochas, e os mineiros, todos escravos, dirigidos por feitores brancos, estavam cobertos de suor, e entoavam, alegremente, seus cantos e coros selvagens, acompanhan-

417 Fotografia. Disponível em: http://brasilianafotografica.bn.br/brasiliana/handle/20.500.12156.1/403. Acesso em: 17 fev. 2021.

418 Conforme inicialmente discutido no capítulo 1 deste livro.

> do o compasso com o bater dos malhos e das brocas. A escuridão, o pálido clarão das luzes, a falta de ar, o cheiro peculiar de enxofre e os cantos selvagens, com as paredes pendentes como o rochedo de Sísifo e a espada de Dâmocles, tudo sugeria uma espécie de inferno material de Swendenborgian e o negrinho Chico balbuciou, quando perguntada sua opinião: 'Parece o Inferno!' (BURTON, 1976 [1869], p. 285).[419]

O horror perdurava, como indica Richard Burton:

> Perfeitamente dantesca era a depressão entre as enormes paredes da montanha, que davam a impressão constante de que iriam desabar a qualquer momento. Tudo, mesmo o som de uma voz familiar, parecia mudado; os ouvidos eram feridos pela aguda crepitação e pelas pancadas metálicas dos malhos sobre as brocas e pelo barulho destas furando a pedra. Outros sons persistentes, curiosamente complicados pelo eco, eram o cair da água no caminho subterrâneo, o matraquear das pedras de ouro lançadas na caçamba e o ruído das correntes e da própria caçamba. [...] Era um lugar 'Onde muito se pensa, e onde pouco se fala' (BURTON, 1976 [1869], p. 217).

Prática semelhante foi promovida por Ernest de Courcy em 1881, denominando tal produção econômica sob a imagem dos infernos romanos, o "domínio de Plutão":

> O ruído das correias, os gritos selvagens lançados por esses homens quase nus, para ajudar seus esforços, o som estridente dos apitos que comandam a manobra, os golpes surdos e regulares dos mineradores no fundo dos trabalhos repercutem com tons sinistros na sonoridade do abismo negro e escancarado no meio do qual fiquei como que suspenso. De repente, um surdo ribombo proveniente das entranhas da terra fez-se ouvir, cresce, aumenta mais, semelhante aos ribombos do trovão, fazendo tremer tudo que me cerca, passa como o relâmpago nas trevas perto de mim e vai perder-se nas regiões superiores: é um imenso balde cheio de minério que sobre à superfície, correndo por meio de uma roda sobre barras de ferro fixas nas muralhas da escavação; por momentos, estalidos sinistros escapam dos gigantescos madeiramentos que parecem ser vencidos e vergados sob o peso formidável dos 600 metros de rochas que têm

419 Em análise deste relato, SOUZA, 2009, p. 130, afirma que "A opinião de Chico é um dos raros momentos em que é concedida a estes protagonistas anônimos da história a oportunidade de se manifestarem, de ocuparem a posição de agentes discursivos ativos no processo de produção de conhecimento diante dos viajantes e futuros leitores".

> a missão de sustentar. Seria possível julgar-se no sombrio domínio de Plutão e aí ver as almas malditas que se agitam e gemem no fundo de sua horrível morada (DE COURCY, 1997 [1886], p. 97).

A descrição ganhou contornos trágicos com o soterramento ocorrido em 1886 nessa mina, em função do qual morreram 34 mineiros. No romance *Morro Velho*,[420] torna-se "audível e palpável o pranto das vítimas e a miséria das viúvas e órfãos [...]" (SOUZA, 2009, p. 224). Por essa narrativa,

> Uma enorme pedra da abóboda vinha gemendo há tempos, ofegante 'assim como a gente quando tem pneumonia'. O 'ruído melancólico quase emudecido' como de um ser vivo atordoava os trabalhadores. Cegos pelo lucro e pela necessidade de economizar, os engenheiros negligenciaram as preocupações do Capitão Grande. Os estalidos do madeirame aumentavam a cada dia. Até que 'ouviu-se um urro fragoroso da abóboda, um grito estertoso do madeiramento esfacelado e vencido, como um ululo ensurdecedor da rocha vitoriosa repercutindo no abismo' (FÓSCOLO *apud* SOUZA, 2009, p. 224).[421]

Outra experiência que também remeteu ao *tropos* mítico-religioso do inferno foi relatada por Frank Vincent sobre a mina de São João del Rey, à qual se aplica, em termos de condições de produção, às demais minas mineiras do período:

> Por toda a mina, o visitante fica sobressaltado e alertado com a variedade de estrondos e reverberações contínuos. Os gritos dos homens de uns para os outros e as ordens dos chefes também têm um som agourento. Estes clamores de gnomos, penetrando através da escuridão tenebrosa, combinados com as lanternas dos mineiros, os quais arremessam muitas das velhas lanternas viciadas, rodeiam como um pandemônio (*apud* e tradução de SOUZA, 2009, p. 131).[422]

---

420 Livro inédito até 1999, quando foi publicado pela Editora da Universidade Federal de Minas Gerais, de autoria do escritor anarquista Avelino Fóscolo, nascido em Minas Gerais em 1864 e falecido em 1944. "*Morro Velho* narra o cotidiano dos habitantes d[a cidade de] Nova Lima que tinham relação direta ou indireta com a famosa mina de ouro da cidade. Por volta de 1870, ainda criança, o autor trabalhou por alguns dias na mina. Suas lembranças dessa experiência foram a base para o romance de cunho marcadamente político-social" (CIRINO, s. d.).

421 Os trechos transcritos entre aspas simples foram retirados do livro de FÓSCOLO, Avelino. *Morro Velho*. Edição, apresentação e notas de Letícia Malard e José Américo Miranda. Belo Horizonte: EdUFMG, 1999.

422 Trecho transcrito de VINCENT, Frank. *Around and about south America.* Twenty months of quest and query. New York: A. Appleton and Company, 1897. p. 279. *Apud* e tradução de SOUZA, 2009, p. 131.

Vincent também ouviu os escravizados cantando "um refrão selvagem", o que mais o aproximou do repertório literário das paragens infernais, relatadas na *Divina Comédia* por Dante:

> Eles pararam por um minuto para saudar nosso grupo com um duplo 'Viva!' e então o estrondoso, o ressonante e estranho embora não-musical canto continuou. Que figura horrível formou-se! Eu me lembro de algumas ilustrações de Dante feitas por Doré, as quais podem ser exatamente reproduzidas aqui; enquanto os inexplicáveis choros, pragas, perjúrios e rumores, com pouca extensão da imaginação, podem ser pensados para se ajustar à 'grande capital de Satã e seus pares' (*apud* e tradução de SOUZA, 2009, p. 131).

A despeito, todavia, das denúncias das condições de trabalho escravo, sobretudo nas minas, os relatos dos viajantes, de forma geral, consideravam possível proceder a uma reforma das relações escravistas, sem defender sua completa abolição. Suas escritas, de forma geral, visavam tornar o escravismo mais "humanitário" (de acordo com premissas morais cristãs) e, simultaneamente, mais produtivo, em claros alinhamentos senhoriais quanto ao modelo sócio-político a ser constituído no país.

•

A contraposição, inclusive sonora, entre modernidade industrial e ressignificação romântica dos sofrimentos do cativeiro, não foi suficiente para impedir a transferência da capital de Minas para o antigo arraial de Curral Del-Rei, depois denominado cidade de Belo Horizonte. Tal alteração traduzia a mudança na composição política mineira, com redução do peso da antiga elite da zona central, ligada à extração do ouro, e ampliação daquele das lideranças do Sul e da Mata. Em termos simbólicos, Ouro Preto era apresentado como símbolo de uma era agitada e turbulenta, com um urbanismo de ruas estreitas e ladeiras íngremes, que deveria ceder lugar a novos arranjos econômicos e de poder.

Capítulo 5
Liturgias da vida e da morte

Quando finalmente os viajantes e comerciantes chegavam às áreas mais urbanizadas das terras de Minas, ou seja, às vilas coloniais e cidades imperiais, deparavam-se com outras tantas sonoridades, visões e movimentos.[423]

> No mundo labiríntico das ruas e becos era possível, segundo [...] as pesquisas realizadas por alguns historiadores, encontrar-se por todos esses espaços diversas formas de silêncios e sons provenientes da voz. Nesse contexto, deparava-se com homens livres e pobres, como os garimpeiros de vida difícil e incerta, que silenciosa e cotidianamente subiam e desciam as ladeiras [...]. Pelo universo multifacetado de ruas e becos, defrontava-se, frequentemente, com homens de poucas e ásperas palavras, como os sisudos capitães do mato [...]. Cruzando as pequenas praças, deparava-se frequentemente com a presença ruidosa e incômoda de diversos desclassificados (OLIVEIRA, 2008, 45).

Através de uma ilustração de Herman Burmeister, datada de 1853, é possível perceber como igrejas (e também os prédios governamentais), representativos de valores compartilhados com o poder metropolitano e, em seguida, imperial, comumente situavam-se em lugares elevados, ou

---

423 Cf. ARAÚJO, 2008a, p. 13: "Alain Corbin aponta que a compreensão da cidade não pode se reduzir à percepção de que seja uma arquitetura de pedra, isto é, a uma natureza morta. Ultrapassa em muito esta materialidade. Os ruídos, os seus odores e o seu movimento constituem a identidade da cidade, tanto quanto o seu desenho e as suas perspectivas. A espacialidade urbana não existe em si mesma. Cria-se na interação daqueles que a habitam, a percorrem ou a visitam e lhe conferem uma multiplicidade de sentidos". A autora reporta-se ao capítulo de CORBIN, Alain. Do Limousin às culturas sensíveis. *In*: RIOUX, Jean-Pierre; SIRINELLI, Jean-François. *Para uma história cultural*. Lisboa: Editorial Estampa, 1998. p. 107.

pelo menos vistosos. À sua volta, havia um espaço amplo e o mais plano possível – "largos" em que os sons ecoavam em menor volume, porque tinham mais espaço para se propagarem. Essa diminuição do nível sonoro, particularmente da voz humana, contribuía para reforçar a monumentalidade do lugar. Isso, porém, exigia que as proclamações ali realizadas fossem pronunciadas vagarosa e fortemente, ampliando a solenidade do enunciado (VIANA, 2011, p. 118): "A palavra, quando proferida em voz alta, ou mesmo gritada, era uma extensão do poder, e imprimia mais poder" (FURTADO, 2008, p. 32).[424]

O registro fotográfico da cidade de Mariana feito na década de 1860 por Augusto Ridel indica, por sua vez, como as ruas centrais desses espaços urbanos costumavam ser estreitas (e, em vários locais, também tortuosas, devido à topografia acidentada).[425] As casas margeavam os dois lados das ruas principais e o contorno das praças, e sempre que seus proprietários tinham recursos, eram edificadas em dois pavimentos. Dessa maneira, o circuito urbano dava impressão de coesão e unidade, mas limitava o alcance do olhar e a propagação do som.

Em contrapartida, a consulta a outra ilustração de Herman Burmeister e a uma fotografia de Marc Ferrez sobre o cotidiano urbano de Ouro Preto permite projetar a grande balbúrdia promovida nas ruas das cidades mineiras, movimentadas desde as primeiras horas do dia: escravos, forros e livres pobres saíam para lavar roupas nos ribeirões próximos, levar recados e objetos para seus senhores ou outras tantas atividades; vendiam frutas, alimentos e quitutes, apregoados aos gritos; nos chafarizes, revezavam-se para encher os barris ou as moringas de água; nas vendas, ecoava o burburinho dos compradores regateando o preço; a tudo isso, somava-se o barulho dos carros e animais transportando mercadorias (FURTADO, 2008, p. 53; VIANA, 2011, p. 40; 42). Em paralelo,

> [...] na zoeira das ruas, competindo com os sons da faina cotidiana, as crianças realizavam suas brincadeiras [...], que refletiam a rudeza da vida [...]. Bastante popular, o jogo do beliscão consistia em dar um beliscão na criança mais próxima e a última era jogada no chão e apanhava de todas as demais, que cantavam: 'Veja bem que vinte são / e recolha seu pezinho; na conchinha de uma mão, que lá vai um beliscão' (FURTADO, 2008, p. 55).

---

424 Conforme abordado no capítulo 4.

425 Como Mariana, na conjuntura de sua elevação à condição de cidade episcopal, teve seu centro urbano redesenhado segundo o traço do brigadeiro Alpoim, as ruas desse circuito estavam dispostas em sentido geométrico, o que não ocorreu em várias outras sedes urbanas setecentistas.

E mesmo que muitos materiais utilizados nas construções da época fossem absorventes do som, como a madeira e o barro, as ruas estreitas e pavimentadas com pedras produziam acentuada reverberação do ruído (VIANA, 2011, p. 118-119). Aliás, eram comuns os sons de construções. As obras particulares de maior envergadura, assim como as das associações religiosas leigas,[426] eram costumeiramente feitas por escravos: aterros, feitura do pau-a-pique ou adobe; extração, corte e transporte da pedra... Entalhadores, escultores e pintores igualmente dispunham de escravos como auxiliares. Já as obras públicas podiam recorrer à mão de obra forçada dos prisioneiros (VIANA, 2011, p. 43).

Fig. 49 - Igreja de São Francisco de Paula, em Ouro Preto. Herman Burmeister. 1853.[427]

Fig. 50 – Cidade Episcopal de Mariana. Auguto Riedel. 1868-1869.[428]

426 Conforme capítulo 4, nota 28.

427 Litografia. Disponível em: https://pt.wikipedia.org/wiki/Ficheiro:Hermann_burmeister_igreja_sao_francisco.jpg. Acesso em: 11 fev. 2021.

428 Papel albuminado. Disponível em: http://brasilianafotografica.bn.br/brasiliana/handle/20.500.12156.1/288. Acesso em: 11 fev. 2021.

Fig. 51 - Rua na parte baixa de Ouro Preto. Herman Burmeister. 1853.[429]

Fig. 52 - Mercado da Freguesia de Antônio Dias - Ouro Preto. Marc Ferrez. c. 1880.[430]

---

429 Litografia. Disponível em: https://pt.wikipedia.org/wiki/Ficheiro:Hermann_burmeister_ouro_preto_parte_baixa.jpg. Acesso em: 12 out. 2020.

430 Fotografia. Disponível em: http://arquivopublicoop.blogspot.com/2014/03/abastecimento-de-generos-em-ouro-preto.html. Acesso em: 12 out. 2020.

Toda essa agitação da faina diária causava estranhamento aos ouvidos europeus, acrescido pela desqualificação atribuída à população negra e mestiça empobrecida, como pode ser percebido no relato deixado por Richard Burton acerca de seu pernoite em uma hospedaria em Mariana:

> O estabelecimento era a estalagem típica do velho Brasil. [...] Os negros e negras preferem olhar, cochichar e rir, do que fazer qualquer trabalho, mesmo leve; jamais deixa de haver pelo menos uma criança chorando, para tornar a noite pavorosa; geralmente, há dois cães que latem furiosamente e, não perdem oportunidade, por menor que seja, de demonstrar a sua vigilância (BURTON 1976 [1869], p. 273).

As sonoridades produzidas pelos grupos subalternizados na sociedade mineira "lhes denunciavam a condição social [...]. Acostumados a comunicarem-se por meio de berros e gritos estridentes, suficientemente altos para serem ouvidos a metros de distância, esses sujeitos sociais, com suas vozes e gestos ruidosos, contribuíam para definir os territórios a serem ou não frequentados pelos 'homens de bem.'" (OLIVEIRA, 2008, 45).

Outros tantos sons provinham das residências. Nas sedes urbanas maiores, como em Vila Rica, onde as casas eram costumeiramente geminadas face ao aproveitamento de toda largura disponível dos lotes,[431] eram reservadas expressivas porções de terra nos fundos. Nesses quintais eram cultivados alimentos e criados animais para subsistência, além de serem locais para realização de serviços de manutenção da casa, cuidados com as crianças e proteção dos moradores, particularmente das mulheres, que aí eram mantidas reservadas:

> [...] era entrar homem estranho em casa e ouvia-se logo o ruge-ruge das saias de mulher, fugindo, o barulho de moças de chinelo sem meia se escondendo pelos quartos ou subindo as escadas. O que se dava tanto nos sobrados das cidades como nos engenhos. [...] Do mesmo modo que no interior de Minas, as mulheres da cidade de São Paulo desapareciam, ao se anunciar visita de homem, nas sombras da camarinha[432] ou entre as plantas e as palmas dos jardins – os jardins por detrás das salas ou no centro das casas, que eram também lugares tabus, lugares da maior intimidade, onde as

431 Um lote era definido pela testada, que tinha frequentemente duas, três ou quatro braças (cada braça medindo 2,20m). Ele estendia-se até encontrar outro lote, uma rua, um córrego ou outro obstáculo natural (VIANA, 2011, p. 121).

432 Quarto de dormir.

> mulheres podiam tomar fresco sem ser vistas da rua ou por estranhos (FREYRE *apud* KOPPKE, 2017, p. 199).[433]

A particularidade dos sons aí produzidos não se misturava, portanto, ao das vias urbanas, justamente por serem emitidos nos fundos das habitações (VIANA, 2011, p. 121-122):

> Dos quintais urbanos dos pequenos aglomerados populacionais das Minas Gerais do tempo colonial vêm sons de animais domésticos e de atividades de pessoas no trabalho. [...] Esses sons prevalentes na paisagem das urbes coloniais, imaginados a partir da interpretação histórica, traduzem a importância dos quintais nas Minas Gerais do tempo em foco. Sons de ações, do trabalho, do convívio das pessoas, da produção; onde a vila é mais ativa. Lugares de pomares e de hortas, das flores, das especiarias para temperos e das ervas medicinais, dos galinheiros e dos chiqueiros, de domesticidade e de contatos com a vizinhança, os quintais são espaços primordiais para se entender a cultura setecentista e oitocentista de Minas (MENESES, 2015, p. 70).

As casas eram, assim, estritamente separadas do espaço da rua: "A luz entrava apenas pelos vãos frontais e de fundos e um pouco pela telha-vã dos quartos. Havia medo do sol e do ar fresco. Apenas os mascates [e escravos] levavam a esses 'quase conventos' o ruído da rua e as novidades da praça" (KOPPKE, 2017, p. 202).

Já à noite, por determinação das Câmaras das vilas e, posteriormente, das municipalidades das cidades, deveria imperar o silêncio, pois um rumor poderia indicar perigo, como ataques de quilombolas e assaltantes. Por isso, até mesmo um assobiar noturno era proibido, como determinou o Senado da Câmara em Vila Rica em 1795, sob pena de prisão (VIANA, 2011, p. 44; 119). Como descrito por Joaquim Felício dos Santos em *Memórias do Distrito Diamantino da Comarca do Serro do Frio*, publicado em 1868, "era assim que, à noite, as ruas do Tijuco tornavam-se melancólicas e silenciosas, como lúgubres galerias de um vasto cemitério: apenas se ouviam o tinir das armas e o andar compassado e monótono dos soldados que rondavam" (SANTOS *apud* OLIVEIRA, 2008, p. 44).[434]

---

433 A autora reporta-se à obra de FREYRE, Gilberto. *Sobrados e mucambos*: decadência do patriarcado rural e desenvolvimento do urbano. 5ª. ed. Rio de Janeiro: Livraria José Olympio Editora; Brasília: INL, 1977. p. 38.

434 O autor reporta-se à obra de SANTOS, José Felício dos. *Memórias do Distrito Diamantino da Comarca do Serro Frio*. Belo Horizonte: Itatiaia, 1976 [1868]. p. 110.

5.1. Badaladas de fé e de ordem

Uma específica sonoridade, todavia, ecoava incessantemente, de dia ou de noite, nas terras de Minas: aquela vinculada à dimensão religiosa da vida, orientada ou mesclada ao catolicismo. Tais sons provinham, em grande parte, de capelas e igrejas matrizes eretas tanto na área rural quanto em vilas e cidades mineiras. A capela, elucida o historiador Sérgio da Mata,

> [...] é o centro do arraial. Ela é o edifício mais imponente, orgulho dos moradores do lugar. Muito frequentemente, é no terreno que lhe foi doado como patrimônio que erguem-se as primeiras casas, onde surge uma praça, onde pouco a pouco delineia-se o traçado das primeiras ruas. [...] O templo constitui o eixo simbólico de uma povoação. Aí se administram os 'bens da salvação', sem os quais o cristão não pode morrer ou viver em paz [...] espaço sagrado onde imanência e transcendência se comunicam regularmente (MATA, 2002, p. 150).

Essas construções religiosas encontravam-se subordinadas, conforme as disposições eclesiásticas da época colonial e imperial, quer a freguesias encomendadas (criadas pelo bispo e que tinham sua remuneração vinculada à diocese), quer a paróquias coladas (cujos párocos recebiam proventos – as côngruas – da Coroa, em contrapartida aos dízimos por ela coletados em função do regime de Padroado). Por sua vez, freguesias e paróquias, respectivamente dotadas de suas igrejas matrizes, encontravam-se, na região das Minas, regidas pelo bispado do Rio de Janeiro até 1745, quando foi criado o bispado de Mariana.

> Os motivos da escolha de Mariana para sede do novo bispado foram apresentados pelo cronista do panegírico intitulado Áureo Trono Episcopal, elaborado por ocasião da entrada solene do primeiro bispo de Mariana [em 1748]. [...] A primeira [razão] é de natureza cronológica, pois a vila de Nossa Senhora do Ribeirão do Carmo é a mais antiga povoação da região mineradora. [...] A segunda razão é de ordem política, talvez a mais determinante, pois evoca a sedição de Vila Rica, em 1720, contra o Conde de Assumar, governador da Capitania de Minas Gerais. Os moradores de Ribeirão do Carmo ofereceram apoio ao governador. [...] A terceira razão é de ordem geográfica, pois a vila do Ribeirão do Carmo fica no meio, no coração do território da nova diocese. [...] Em 1727, o rei ordenou a paralisação do canteiro de obras da catedral em Vila Rica. Em 1745 o rei anuncia a escolha da Vila do Carmo à revelia dos pareceres contrários e debaixo dos protestos de São João del

Rei. Em 1745, pela bula *Candor lucis aeternae*, o Papa Bento XIV criou a diocese de Mariana, desmembrada do Rio de Janeiro, juntamente com a diocese de São Paulo e as prelazias de Goiás e Cuiabá (ROCHA, 2019, p. 4).

As capelas e igrejas com que a nova Diocese mineira encontrava-se dotada, além de atender às motivações de fé dos habitantes, igualmente desempenhavam "funções (é certo que marcadas por desvios) de enquadramento político da população e de enraizamento territorial do Poder do centro (a instância do Rei e dos seus representantes diretos)" (ANDRADE, 2007, p. 153).[435] Justamente por isso, no cotidiano da vida social mineira na Colônia e no Império, as divisões político-administrativa e eclesiástica acabavam entrecruzando-se (e muitas vezes conflitando). Afinal, as espacialidades correspondentes a essas divisões encontravam-se sob o controle de potentados locais, que detinham o domínio da propriedade fundiária, das tropas militares, de cargos administrativos (inclusive ocupando cadeiras no Senado da Câmara), jurídicos (com nomeação de juízes e, posteriormente, de delegados) e religiosos (podendo integrar importantes irmandades e ordens terceiras, além de disporem de clérigos como membros da família).

Nesse contexto, o soar dos sinos das capelas e igrejas matrizes, hábito que advinha da cristandade medieval,[436] detinha fundamental expressividade, tendo seus sentidos diretamente vinculados ao regime de escuta teológico-retórico, o qual não se dissociava, no Império português e, posteriormente, brasileiro, de fortes conotações políticas. Ademais, era fator de prestígio para uma comunidade ou associação religiosa quando seu templo passava a estar dotado de sinos.

A sonoridade dos sinos portava um simbolismo tão grande, que as badaladas continuavam a demarcar os ritos e ritmos dos dias mesmo quando foram instaurados relógios públicos nas vilas e cidades mineiras, como ocorreu no prédio da Câmara e cadeia de Vila Rica – nesta construção, a torre do sino perdura acima do mecanismo do relógio, como figura na fotografia produzida por Augusto Riedel.[437] A nova tecnologia de contagem de tempo, representação

435 Ainda que a relação dos bispos, vinculados pela formação, pela fé e pelas regras canônicas à Santa Sé também comportasse inúmeras tensões com o poder monárquico e seus representantes na administração colonial e imperial.

436 "Um som se erguia constantemente acima dos ruídos da vida ativa e elevava todas as coisas a uma esfera de ordem e serenidade: o ressoar dos sinos. Eles eram para a vida cotidiana os bons espíritos que, nas suas vozes familiares, ora anunciavam o luto, ora chamavam para a alegria; ora avisavam do perigo, ora convidavam à oração. [...] Toda a gente sabia o significado dos diversos toques que, apesar de serem incessantes, não perdiam o seu efeito no espírito dos ouvintes" (HUIZINGA, 1985, p. 7).

437 "O relógio que se encontra atualmente na torre foi adquirido pelo senador Rocha Lagoa para a Igreja São Francisco de Paula, da mesma cidade, não se tratando portanto do primitivo

de um ideário moderno a ser inserido no padrão civilizatório, não anulou, nos séculos XVIII e XIX, a relevância da sonoridade dos sinos: igrejas paulatinamente passaram a dispor de relógios,[438] assim como a própria catedral de Mariana, dotada de duas torres sineiras,[439] como captado pela fotografia disponibilizada no site do IPHAN.

Fig. 53 – Catedral de Mariana, com as duas torres sineiras.[440]

---

relógio da cadeia velha demolida de autoria de Manuel de Afonseca Neto". Esta informação foi produzida pelo IPHAN e encontra-se disponível em:

http://portal.iphan.gov.br/ans.net/tema_consulta.asp?Linha=tc_hist.gif&Cod=1387. Acesso em: 16 fev. 2021.

438 Paulatinamente, várias igrejas mineiras passaram a dispor de relógios, como a de Santa Ifigênia em Vila Rica, instalado pela Irmandade de Nossa Senhora do Rosário a partir de 1762 (SANTOS, 2016).

439 "Em 1759 [D. Frei Manoel da Cruz, primeiro bispo de Mariana] inicia o conserto das torres [da Catedral] e coadjuva as providências do Cabido para o assentamento do relógio, do primitivo relógio, que trabalhou até a instalação da arquidiocese, em 1907". (TRINDADE, 1953, p. 109).

440 Fotografia. Disponível em: http://portal.iphan.gov.br/galeria/detalhes/328. Acesso em: 16 out. 2021.

Fig. 54 - Cadeia em Ouro Preto. [com sinos e relógio na torre]. Augusto Riedel. Ouro Preto, 1868/1869. [441]

De forma geral, nas terras mineiras, a cadência diária era marcada por três sinais diferentes: o *Angelus* (nascer do sol, meio dia e pôr do sol), composto por 9 badaladas, agrupadas de três em três; o das almas (dados pelas matrizes) e o de recolher (dado pela Câmara), de maneira a permitir a recitação de uma das três partes da oração do *Angelus,* seguida de uma ave-maria (VIANA, 2011, p. 55)

> Lembro-me que estando em Chapada, me achava na praça pública, no momento em que soava o *Angelus*, e ouvi praticar um uso que é comum na região. Quando o sino toca, todos param, descobrem-se, juntam as mãos e rezam. Terminado este ato, saúdam-se os conhecidos, e continua-se a tratar de suas ocupações. O mesmo costume está em voga no interior das casas, todas as vezes que toca o *Angelus* (SAINT-HILAIRE, 2000 [1816-1822], p. 290).

O toque das almas, dado uma hora depois das ave-marias, ou seja, por volta das 19 horas, era semelhante ao sinal do *Angelus* (nove badaladas, divididas em grupos de três), para oração do salmo *De profundis*, que era recitado na intenção dos defuntos. Finalmente, das oito para as nove horas da noite, ouvia-se o toque de recolher, o qual, além do fechamento das vendas e lojas, indicava que os moradores deveriam dirigir-se às suas casas. Para as mulheres, o recolhimento era antecipado para a hora das ave-marias (VIANA, 2011, p. 56).

441 Fotografia. Disponível em: https://www.wdl.org/pt/item/1998/. Acesso em: 12 out. 2020.

Às segundas-feiras, depois da missa, ouvia-se também três sinais fúnebres, que indicavam a realização da oração pelas almas, a ser promovida através de uma pequena procissão feita com a cruz e água benta dentro das igrejas ou capelas, e também pelo adro, se nele houvesse defuntos. Em todas as sextas-feiras, às 15 horas, ao ouvir o sino, os fiéis deviam rezar de joelhos cinco pai-nossos e cinco ave-marias. Aos domingos e dias santos, além dos sinos dobrarem para as missas, eles davam o sinal para a oração do terço e, à tarde, para a audição das lições de doutrina cristã promovida pelos párocos (VIANA, 2011, p. 56).

Segundo as *Constituições Primeiras do Arcebispado da Bahia*, cabia aos sacristãos "tanger ou mandar tanger" os sinos.[442] Em Minas colonial e imperial, os toques dos sinos adquiriram uma particular sonoridade devido às maneiras de percutir das culturas africanas. Afinal, muitos dos "sineiros" eram escravos trazidos daquele continente, embora somente nas catedrais houvesse oficialmente tal cargo. Na região aurífera, os "sineiros" costumavam ser alugados para executar o dobre, tarefa que exigia grande força física, além de destreza. Segundo estudos, a sonoridade dos sinos tocados por eles aproximava-se da "estrutura dos toques de terreiro de candomblé [...], ou seja, três instrumentos que emitem uma só nota por repercussão, afinados em alturas e timbres diferentes e que variam na sua estrutura em agudo, médio e grave" (PEREIRA, 2017, p. 55).

A partir da tradição ainda hoje existente, foi possível reconhecer duas modalidades basilares para o toque dos sinos: a improvisação, ou seja, embalos que eram livremente executados, e os padrões previamente estipulados pelo costume para cada tipo de evento religioso ou social que estivesse ocorrendo[443] (VIANA, 2011, p. 55). Nesse segundo caso, os sinos poderiam ser repicados de diferentes maneiras, segundo as circunstâncias, principalmente em igrejas matrizes que chegavam a possuir vários deles. Richard Burton descreve que "Em São João [del Rei], ouvimos o toque de sinos de Oxford: durante todo o dia e metade da noite, escutava-se o 'dobre', toque vagaroso, quando é usada a corda, e o 'repique', toque ligeiro, em que o badalo é manejado com a mão. Era uma 'fornalha de música', uma 'sinfonia de tempestade'." (BURTON, 1976 [1869], p. 107). O som dos sinos nessa cidade o impressionara: "A Igreja da Ordem Terceira de São Francisco [em São João del Rei] [...] O campanário tem 33 metros de altura [...] Pode-se subir com facilidade nas torres; uma grade de ferro as torna seguras e o repique dos quatro sinos é melhor que o habitual" (BURTON, 1976 [1869], p. 117).

---

442 Conforme disposto neste documento no Livro III, Título XXXVII, parágrafo 615. As *Constituições Primeiras do Arcebispado da Bahia* constituem-se em uma compilação de normas vigentes na Igreja luso-brasileira, surgidas a partir do Sínodo de bispos da América Portuguesa realizado em Salvador em 1707, vindo a tornar-se na principal legislação eclesiástica no Brasil Colonial.

443 A exemplo dos toques atualmente denominados, na cidade de São João del Rei, de "batucada", "batuquinho", "terentena" e "tanquins" (PEREIRA, 2017, p. 80).

Se os sons dos sinos estavam diretamente relacionados com a vida religiosa, eles não se limitavam a ela. Como na época o sagrado não se separava do restante da vida, o convite à oração, feito pelos sinos, tinha implicações laicas: trabalho e descanso, nascimento, casamento, doença, incêndios e enchentes, morte e exéquias... A maioria dos sinais ocasionais ecoados pelos sinos pedia ajuda da comunidade para situações difíceis: se havia uma parturiente com problemas, davam-se três badaladas a Nossa Senhora do Parto, espaçadas o suficiente para se rezar uma ave-maria depois de cada toque; em caso de doença prolongada ou risco de morte, dava-se comunhão ao enfermo em sua casa (viático), com toque dos sinos anunciando a saída do Santíssimo Sacramento da igreja e campainha pelas ruas, convidando os fiéis a acompanhá-lo. Já com a extrema unção, ouviam-se as badaladas da agonia, com pedidos de uma boa morte. Se o doente era um membro da família real, bispo ou papa, tais sinais eram uma convocação (VIANA, 2011, p. 57). Os sinos também noticiavam o falecimento dos moradores, lembrando os fiéis de encomendar suas almas a Deus. Quanto aos "anjinhos" (crianças de até sete anos), não se usava o dobre fúnebre, mas o repique festivo. Dessa maneira, o soar fúnebre respeitava a diferenciação de gênero e idade; os toques geralmente ocorriam na igreja matriz onde o defunto morava ou onde fosse enterrado. Para as exéquias, seguia-se o mesmo esquema, sendo os sinos soados vésperas noturnas, pela manhã e durante os ofícios (VIANA, 2011, p. 58).

Os sinos eram igualmente empregados como sinal de distinção social e de reconhecimento ao decoro devido a um cargo de autoridade. Assim, conforme indicado pela fotografia de Augusto Riedel, "[Em Vila Rica] um sino, na cadeia, dá o sinal da audiência no dia de despacho, quando as partes comparecem, de manto, e discutem suas causas" (POHL, 1976 [1817-1821], p. 103). De forma concomitante, os sinos tornaram-se insígnias do poder: "[Sabará] Ao sul, fica um prédio pretensioso e antigo, de pedra-sabão embaixo e adobe em cima, tendo na frente uma sacada, apoiada em quatro colunas de madeira. O sino e as armas imperiais em cima mostram que se trata da Municipalidade [...]" (BURTON, 1976 [1869], p. 355). Os sinos chegaram a ser utilizados, inclusive, como medida de demarcação político-administrativa: "Em 1867, um censo aproximado de 3.600 habitantes [em Barbacena] dentro do 'toque do sino'." (BURTON, 1976 [1869], p. 84).

Daí os conflitos que emergiam quando os preceitos associados ao badalar dos sinos segundo a dignidade das autoridades políticas ou eclesiásticas não era obedecido, como ocorreu durante a visita pastoral do bispo do Rio de Janeiro à Vila do Ribeirão do Carmo em 1743:

> [...] ao contrário do que já era esperado, e à medida em que se adiantava a hora da partida, [...] os 'costumados repiques dos sinos' tanto da igreja matriz quanto das demais da localidade não se fizeram ouvir. [...] Algumas pessoas mais temerosas das consequências de tal ato de insubordinação ainda tentaram remediar o desrespeito e utilizaram 'martelos de ferro para se despedirem com a devida dignidade do prelado'. Inconformado com a quebra do protocolo e com a desatenção pública à sua figura, o bispo, em vez de seguir viagem, permaneceu no local, onde deu início a uma investigação para apurar o incidente. Descobriu que os badalos dos sinos das igrejas haviam sido roubados, em total afronta à sua dignidade de prelado (FURTADO, 2008, p. 20).[444]

Nos sítios e fazendas, os sinos também demarcavam a jornada de trabalho dos escravos, como indicado por John Mawe: "Seus dias de trabalho [dos escravos] são longos: antes do levantar do sol, um sino os chama à oração, rezada por um dos feitores e repetida pelo auditório; em seguida, partem para o trabalho e nele ficam até o pôr-do-sol, quando rezam como pela manhã" (MAWE, 1978 [1812], p. 139).[445] Função idêntica era exercida nos espaços de mineração, com os sinos demarcando os horários de trabalho: "[Em Morro Velho] O sino toca às cinco horas da manhã, e meia hora depois, os ajudantes brasileiros, em presença de Mr. Smyth, chamam os nomes, primeiro dos homens, depois das mulheres e, finalmente, dos recém-chegados, que sendo algumas vezes de índole rebelde, têm de ser amansados" (BURTON, 1976 [1869], p. 209).[446] Os toques dos sinos, dessa maneira, mostraram-se os principais meios de comunicação coletiva – e de exercício de poder – nas terras de Minas por mais de dois séculos (VIANA, 2011, p. 55).

444 A autora reporta-se à obra de KANTOR, Íris. Entradas episcopais na capitania de Minas Gerais (1743 e 1748): a "transgressão formalizada". *In*: JANCSÓ, István; KANTOR, Íris (org.). *Festa*: cultura e sociabilidade na América Portuguesa. São Paulo: Edusp/Hucitec/Imprensa Oficial, 2001.

445 Alguns relatos deixados por viajantes indicam que o chamado dos escravos à prece ao findar do dia de trabalho era uma prática comum, mesmo nos locais em que não havia menção ao toque do sino: "[Próximo ao rio Jequitinhonha] Toda natureza parecia mergulhada em profundo sono, e não havia outro ruído além dos cantos [...] dos negros da fazenda vizinha, que louvavam a Deus no fim do dia" (SAINT-HILAIRE, 2000 [1816-1822], p. 241).

446 Em outra passagem, Richard Burton afirma: "O dia de trabalho regular em Morro Velho é o seguinte: 5 horas da manhã. Alvorada anunciada pelo gongo, e meia hora depois, a revista" (BURTON, 1976 [1869], p. 235).

5.2. Música sacra, *ma non troppo*

Em paralelo ao toque dos sinos, a música sacra era um outro fator propiciador do papel teológico-político desempenhado pela Igreja Católica, sendo promovida sobretudo nos templos de maior porte e recursos. Não obstante, ao longo do Setecentos e do Oitocentos, foram contínuas as preocupações eclesiásticas quanto à sua composição e execução, na busca de distingui-la de peças de contornos profanos, conforme discriminado no documento editado pela Sagrada Congregação dos Ritos em 1883:[447]

> Os tratadistas chamam [música] profana aquela que é feita nas salas [de concerto] e teatros do mundo; religiosa, aquela do oratório, como do *Messias* de Haendel, da *Criação* de Haydn, *Paulo e Elias* de Mendelssohn [...] etc.; sacra, em sentido amplo aquela que serve ao uso do culto genuíno e público, isto é, do culto social ou do povo, que se chama de liturgia por excelência, como são a missa, o Ofício Divino e outras funções que a Igreja realiza publicamente por meio de seus ministros segundo regras estritas a fim de render a Deus a homenagem que lhe convém ou de lhe suplicar nas necessidades públicas. [...] As outras funções são chamadas de paralitúrgicas, e nestas, a música sacra não é restrita, senão pelas determinações gerais, por exemplo, que não desrespeite a santidade do lugar, a gravidade da oração e nunca desça ao gênero profano e trivial. Assim, a Igreja não proíbe totalmente o canto popular e o sacro na língua vernácula dentro das paredes do templo sagrado, mas tão somente proíbe que esta forma de cantar possa substituir aos cantos litúrgicos e ser executada durante as suas funções, como na missa cantada, nas Vésperas, na benção do Venerável [Santíssimo Sacramento] no lugar do *Tantum ergo*, nas cerimônias da Semana Santa, na procissão de *Corpus Christi* nos ofícios fúnebres, etc. (*apud* DUARTE, 2016, p. 122-123).

As tentativas de explicitação dos elementos que caracterizariam seu caráter litúrgico tornaram a música sacra uma linguagem especializada, conhecida apenas por aqueles que detinham formação e prática no campo musical. A

---

447 Nessa perspectiva, o Decreto XX do Concílio de Trento (*Decretum de observandis et evitandis in celebratione Missæ*, ou, em português, *Decreto do que se deve observar e evitar na celebração da Missa*), de 1562, proibiu a execução de "músicas, onde assim no órgão, como no canto se mistura alguma coisa impura e lasciva". Seus preceitos foram retomados pela *Constituição Piae sollicitudinis studio*, de Alexandre VII, de 1657, e depois pela *Encíclia Annis qui hunc*, de Bento XIV, de 1749.

maioria da população desempenhava a função de ouvinte nos ofícios religiosos em que ela se fazia presente, mas essa não era uma escuta passiva e muito menos silenciosa – além de atribuírem sentidos ao que estava sendo expresso em canto e em sons instrumentais, a população detinha maneiras próprias de se conduzir durante esses ritos litúrgicos. Assim, enquanto transcorria o culto, podia-se ouvir o burburinho das pessoas, já que as missas e outras celebrações católicas apresentavam-se como um dos principais espaços de socialização dos núcleos urbanos mineiros. No interior das igrejas, todos se viam e eram vistos, mas também escutados (FURTADO, 2008).

Diante disso, os eclesiásticos, sobretudo no decorrer de visitas pastorais, repreendiam os moradores pelo "pouco respeito e a irreverência com que muitas pessoas se portam na casa do Senhor, onde se deve estar com o mais profundo silêncio e acatamento, estando todos distraídos com conversações, ao passo que se estão celebrando os mais sagrados mistérios de nossa redenção", como indicado em documento de 1777 (*apud* FURTADO, 2008, p. 42).[448] Nos domingos e dias santos, o comércio deveria permanecer totalmente fechado durante o tempo da oração e da missa, e nas demais horas as vendas teriam de ser feitas de portas fechadas (VIANA, 2011, p. 41-42).

No âmbito de seu caráter especializado, a música sacra mineira adotou diferentes configurações sonoras entre os séculos XVIII e XIX. Conferindo sentidos específicos ao regime de escuta teológico-retórico, essa música encontrava-se, nas primeiras décadas do Setecentos, dotada de aspectos rebuscados e triunfalistas, de exaltação da divindade e das dinastias dispostas no Trono por suposto desígnio da Providência. Daí o emprego de um coro em polifonia (ou canto figurado), acompanhada pelo órgão e outros instrumentos (CASTAGNA, 2001, p. 1). Esse coro era normalmente constituído por quatro pessoas: três homens para as vozes de "baixa", tenor e contralto (este último falsetista) e uma criança para o *tiple* (soprano). Adotava-se, em geral, a alternância de passagens a quatro vozes (coro), a duas (duo vocal) e a uma (solo vocal), com acompanhamento instrumental.

Foi da polifonia que se desdobrou o sistema tonal adotado pela música sacra mineira, o qual comportava, por sua vez, duas variações: o *stile antico* (estilo antigo), a qual mantinha os recursos técnicos e estéticos do Renascimento (especialmente os derivados do gênero Palestrina) e o *stile moderno* (estilo moderno), que recebia elementos da ópera e do madrigal.[449] Esses dois estilos, porém, não

448 Cf. ARQUIVO ECLESIÁSTICO DA ARQUIDIOCESE DE DIAMANTINA. [Visita pastoral ao Tejuco pelo padre José Justino de Oliveira Godim, 1777]. *In*: *Lançamento de pastorais e capítulos de visitas dos bispos da frequesia da Vila do Príncipe do Bispado de Mariana (1745-1844)*, caixa 557, f. 32-32v]

449 Gênero musical profano que surgiu entre os séculos XIII e XVI.

consistem em categorias restritas, podendo agrupar diferentes expressões estilísticas da música sacra cultivadas no mundo católico até o final do século XIX (CASTAGNA, 2001, p. 1-2).

De forma alternativa ao canto polifônico, perdurava o cantochão, igualmente com suas variantes, sendo uma delas o *reto-tono,*[450] que não se atinha a partituras ou a elaborados registros musicais; para seu emprego era preciso apenas definir em que modo (ou altura da nota final) uma prece deveria ser recitada,[451] estabelecendo-se, com isso, uma escala possível à entoação. A segunda variante do cantochão era o canto gregoriano,[452] o qual comportava certa precisão melódica (havendo notação musical), além de permitir, em sua execução, determinados acompanhamentos instrumentais.

Dessa maneira a música sacra em Minas, ainda na primeira metade do século XVIII, promovida preponderantemente em perfil teológico-retórico, encontrava-se dotada de grande complexidade e criativas adaptações dos padrões legitimados na Metrópole portuguesa e também na Itália:

> A arte sacra produzida nas Minas devia seguir as regras ditadas pela Igreja, trazidas do Reino e absorvidas na Colônia. [...] No caso da música, podemos [...] observar o conhecimento do sistema composicional europeu [...] [em] música delicada, bem elaborada e singela, com a clara preocupação com a valorização do texto, se baseando em um material harmônico simples, condizente com as condições de ensino e transmissão da música nas Minas Gerais (OLIVEIRA; RÓNAI, 2011, p. 153; 163).[453]

---

450 O reto-tom é um recitativo procedente da salmodia judaica, que foi levado com o cristianismo para a Itália ainda no século I. Era entoado não somente nas catacumbas romanas, mas também em diferentes liturgias, como a ambrosiana (organizada por santo Ambrósio, em Milão), galicana (por Santo Hilário, em Poitiers), bizantina (por santo Efrém) e sevilhana (por santo Isidoro ou Isidro). Tal recitativo recebeu a denominação de *cantus planus* a partir do século XIII, numa tentativa de particularização perante o canto gregoriano (REIS, 1993, p. 69).

451 O sistema modal musical baseia-se numa escala de sete sons, diferindo da notação de cunho tonal predominante na música ocidental após o século XVII: "A teoria modal bizantina [que remonta à Antiguidade grega] [...] emprega quatro alturas finais (ré, mi, fá e sol), com subformas em um âmbito mais alto (autêntico) e mais baixo (plagal) para cada final" (DICIONÁRIO GROVE DE MÚSICA, 1994. Verbete "Cantochão"; REIS, 1993, p. 74-75).

452 O canto gregoriano era compreendido, até algumas décadas, como uma modalidade de música litúrgica compilada entre 590 e 604 pelo papa Gregório Magno. Ele teria sido reunido em dois livros, *Antiphonarium* e *Cantatorium*, outrora amarrados em correntes no altar da igreja de São Pedro, em Roma, como símbolo da unidade do catolicismo. Pesquisas mais recentes, todavia, indicam tratar-se de um canto produzido no Império carolíngio (c. 800), quando ali foi introduzida a liturgia romana. O termo "gregoriano", contudo, surgiu apenas no século XIX, por sugestão dos monges beneditinos de Solesmes. (DICIONÁRIO GROVE DE MÚSICA, 1994).

453 Os autores referem-se às composições de Lobo de Mesquita.

No tocante aos estilos de composição, essa música sacra era elaborada e executada segundo o padrão dos "afetos barrocos", com os recursos melódicos e harmônicos destinados a explorar os apelos sentimentais do texto (CASTAGNA, s. d., p. 10). Simultaneamente, no âmbito da moralidade, essa produção sacra vinculava-se ao fortalecimento do decoro,[454] premissa modelar para a vida em sociedade, então idealizada sob um perfil cortesão (D'ACOL, 2015, p. 31). Dessa forma, o cotidiano das Minas,

> [...] como parte integrante do Império Português, er[a] marcado pelo espírito religioso. [...] o culto [católico] deveria ser uma experiência absorvida por todos os sentidos e para isso seus aspectos exteriores eram valorizados. [...] O exagero das formas, o gosto pela curva, pelas formas abertas, pela utilização do contraste entre o claro e o escuro, pelo ilusório, pela pompa, tudo contribuía para imprimir no coração do fiel a sensação de estar mais próximo ao céu. Esse ambiente pictórico era embalado pelos sons das ladainhas dos padres e pela música dos órgãos, esta última parte essencial para completar o ambiente religioso (FURTADO, 2008, p. 41).

Todavia, em torno de meados do século XVIII, importantes mudanças foram sistematizadas pelo Papado no tocante à música sacra, diretamente associadas ao regime teológico-retórico de escuta. Em divergência aos pressupostos anteriores, tais alterações defendiam a simplicidade e o comedimento (GODINHO, 2008, p. 28), embora mantivessem o entendimento, já em diálogo parcial com o pensamento iluminista, de que a formação musical contribuía para a educação moral, sendo um fator necessário ao cultivo de um *honnête-homme* ilustrado (PILLA, 2016, p. 161).[455] Em desdobramento, em 1749, o papa Bento XIV emitiu a encíclia *Annus qui hunc*, preconizando uma separação mais explícita entre a música propriamente litúrgica e os demais gêneros musicais que muitas vezes eram empregados nas igrejas. Segundo a tradução dos textos latino e italiano dessa encíclica, apresentada pelo musicólogo Paulo Castagna,

454 "*El Siglo de Oro propone a los estudiosos tres definiciones del decoro [...] Puede significar cierta inclinación virtuosa que impulsa al hombre a conducirse con arreglo a unos valores esencialmente morales [,,,] Refleja por otra parte, de manera más específica, el concepto horaciano de confonnidad con la naturaleza y verosimilitud de los caracteres [...]* [Nesse segundo sentido] *Escribe Cascales* [em 1620]: *'Los mozos de su naturaleza son lascivos, largos en dar y gastar, ambiciosos, coléricos [...]'. [Uma terceira concepção] identifica el decoro con las buenas maneras"* (CHEVALIER, 1993, p. 5-6). Dessa maneira, em uma sociedade estamental, o decoro pode ser pressuposto para atribuição de tendências e condutas distintas aos diferentes grupos sociais, cuja falta acarretaria rotulações depreciativas.

455 Ainda que coubesse a tal sujeito apreciar a música, ele não deveria sobreviver profissionalmente de sua prática.

> No parágrafo 10º o papa aprofunda a questão já apresentada no parágrafo 3º, afirmando que 'necessitamos estabelecer os limites entre o canto e o som de igreja e aquele dos teatros', acrescentando que 'precisamos definir a diversidade entre os dois, porque hoje o canto figurado ou harmônico, acompanhado pelos instrumentos, é usado tanto nos teatros como nas igrejas' (CASTAGNA, 2011, p. 10).

Com isso, no referente ao coro, verificou-se um predomínio, a partir de meados do século XVIII, de peças musicais homofônicas – ou seja, priorizando-se a simplicidade –, com raras passagens polifônicas ou fugadas.[456] Instrumentos deveriam ser utilizados apenas "para dar ênfase ao canto das palavras", justificava a encíclica em seu 12º parágrafo, "o sentido delas seja impresso na mente dos ouvintes e as almas dos fiéis sejam impelidas para a contemplação das coisas espirituais e para o amor a Deus e às coisas divinas" (CASTAGNA, 2001, p. 10).

Quanto aos instrumentos utilizados na música sacra mineira dessa conjuntura histórica, as pesquisas indicam que ela comportava apenas raras passagens exclusivamente instrumentais, e estas normalmente eram destinadas a reforçar o enunciado do texto. A encíclica *Annus qui hunc* proibia o uso de alguns instrumentos em celebrações religiosas, os quais, em uma atualização para os termos atualmente empregados para designá-los, poderiam ser listados como tímpanos, trompas, trompetes, oboés/flautas transversais, flautas, flautins, cravo/harpa, bandolins/alaúdes. Eram permitidos, também em conformidade a nomenclaturas contemporâneas, órgão, contrabaixo, violoncelo, fagote, violas e violinos (CASTAGNA, 2011, p. 24).

Todavia, com a paulatina prevalência de um regime de escuta ilustrado luso-brasileiro e a valorização da ópera italiana, aspectos que avançaram a partir das últimas décadas do século XVIII, uma gama mais diversificada de instrumentos era utilizada em Minas, alguns dos quais empregados para acompanhamento das vozes, geralmente harpa e baixão[457]. Desde os anos 1760, houve introdução de instrumentos de cordas, comumente constituídos de dois violinos e um baixo. Havia, em paralelo, presença frequente de um par de trompas e pares de flautas e/ou oboés. Assim, grande parcela dessas determinações pontifícias não foi acolhida, e a música litúrgica continuou a contar com peças de rica instrumentação.

---

456 No canto, havia uma coexistência dos estilos silábico e melismático. Melisma é a técnica de transformar a nota de uma sílaba de um texto, enquanto ela está sendo cantada. Já na música silábica, cada sílaba de texto corresponde a uma única nota (CASTAGNA, s. d.)

457 Antecessores dos fagotes.

Tal coexistência pode ser visualizada na pintura de Mestre Ataíde no teto da Igreja de São Francisco de Assis em Ouro Preto, apresentada a seguir. Segundo o musicólogo Paulo Castagna, aí se observa

> [...] a Virgem cercada de anjos músicos, que executam violinos e violoncelos com arcos de curvatura externa, que de há muito já estavam abolidos na Europa. Aparecem também flautas de madeira e charamelas - antecessores dos modernos oboés - além de um trompete, uma trompa, uma harpa e um fagote. Instrumentos estranhos à música religiosa também foram pintados, como alaúdes, um bandolim e dois triângulos. Alguns anjos [...] seguram partes instrumentais e vocais, sendo as únicas legíveis a que está próxima da harpa e a que é segura pelo anjo com o trompete (CASTAGNA, 2010, p. 25).

Este mesmo artífice pintou o teto da Igreja de Santa Bárbara, no atual município de mesmo nome, onde pode-se perceber outro detalhe, igualmente reproduzido, o qual também aparece no templo de São Francisco em Ouro Preto: "Alguns anjos seguram papéis de música enrolados, representando regentes em atitude de direção do coro ou do conjunto instrumental" (CASTAGNA, 2010, p. 25). Como elucida o Museu da Música de Mariana,

> Além dos anjos mineiros, Mestre Ataíde pintou-os cantando partes musicais (partes, e não partituras!), ou melhor, mostrando-nos as partes que eles estão cantando. Por que um dos anjos está segurando sua parte enrolada? Porque esse era o jeito de dirigir o coro no século XVIII e talvez ainda no início do século XIX. Vários anjos cantores de Ataíde, nesta e em outras igrejas mineiras, seguram partes musicais enroladas. Há um retrato de Bach segurando uma parte musical enrolada.[458]

Sob influência italiana, a música sacra então composta incorporou o melodismo operístico (CASTAGNA, 2008, p. 93), decrescendo, em paralelo, a utilização dos "afetos barrocos". A ênfase sonora era assim deslocada para fórmulas padronizadas de efeito teatral, as quais primavam pelo virtuosismo e dramaticidade provindos da ópera. Desde o período regencial, a orquestra tornou-se mais numerosa e aumentou a frequência de trechos orquestrais sem o coro.

---

458 Disponível em: https://www.facebook.com/MuseuDaMusicaDeMariana/photos/mestre-ata%C3%ADde-o-pintor-da-m%C3%BAsicamanuel-da-costa-ata%C3%ADde-ou-athayde-como-ele-mesmo/737414179650274/. Acesso em: 16 out. 2020.

Fig. 55 – Anjos cantando na parede lateral da capela mor da Matriz de Santa Bárbara. Manoel da Costa Ataíde. Início do século XIX.[459]

Fig. 56 - Anjos músicos, detalhe na pintura do teto da Igreja de São Francisco em Ouro Preto. Manoel da Costa Ataíde. Início do século XIX.[460]

459 Disponível em: https://www.facebook.com/MuseuDaMusicaDeMariana/photos/mestre-ata%C3%ADde-o-pintor-da-m%C3%BAsicamanuel-da-costa-ata%C3%ADde-ou-athayde-como-ele-mesmo/737414179650274/. Acesso em: 16 out. 2020.

460 Disponível em: https://pt.wikipedia.org/wiki/Ficheiro:Manuel_da_Costa_Ata%C3%ADde_-_Anjos_m%C3%BAsicos.jpg. Acesso em: 19 jun. 2020.

Outros instrumentos passaram a ser empregados na música sacra perpassada pela ascendência italiana, como violas (normalmente reforçando o baixo), trompetes e clarinetes. Esporadicamente, as peças podiam também empregar fagotes, trombones e tímpanos (CASTAGNA, s. d. p. 3; 9-10; 12). Em paralelo, a simplicidade vocal concentrou-se nas partes corais, enquanto os momentos vocais solísticos, além dos instrumentais, podiam apresentar-se mais elaborados (CASTAGNA, s. d., p. 9; 12).[461]

Posteriormente, no decorrer do Segundo Reinado, de forma concomitante ao regime de escuta de cunho romântico, houve um *revival* da religiosidade católica de maneira vinculada à reinterpretação francesa.[462] A peculiaridade desta leitura foi a inter-relação (e não oposição) entre catolicismo, civilização e progresso através da concepção de civilização cristã, difundida principalmente a partir da publicação, em 1802, do livro *O gênio do cristianismo ou belezas da religião cristã*,[463] de François-René Chateaubriand. Este autor católico considerava que o conhecimento formulado com base na apreensão do mundo pelos sentidos, pela inteligência e pela sensibilidade, para ser válido, deveria estar simultaneamente impregnado pela consciência moral e pela fé cristã – só assim seriam constituídas as bases de uma efetiva civilização (BUARQUE, 2011). O audível, destacadamente as sonoridades sacras, apresentava-se, em desdobramento, como uma das mediações para implementação dessa civilização cristã:

> Costuma-se dizer que a imaginação de Chateaubriand é mais visual e plástica do que sonora. O toque dos sinos e do órgão, no entanto, ocupa um lugar importante no devaneio e na reflexão de Chateaubriand [...]. Ele dá ao órgão uma origem cristã e à música um propósito espiritual. Desenvolve as lições do Concílio de Trento sobre o papel dos sensíveis na propagação da fé e as adapta ao contexto de uma França revolucionada. Procura superar qualquer contradição entre arte e natureza, o sensível e o religioso (BAUDOIN, 2012, p. 529. Tradução nossa).

461 O autor acrescenta que os duos vocais alternavam passagens homorrítimicas, em terças ou sextas paralelas, com passagens em que as vozes adquirem maior liberdade. Houve também maior exploração do estilo melismático (CASTAGNA, s. d., p. 12).

462 Observe-se o enlace mantido pela constituição identitária da nacionalidade brasileira com o pensamento francês, a exemplo da criação do Instituto Histórico e Geográfico Brasileiro, em 1838, inspirado no Institut Historique de Paris.

463 No original: *Le Génie du christianisme ou beautés de la religion chrétienne*. Este livro foi escrito na década de 1790.

Se a concepção francesa de civilização cristã permitiu uma aproximação (inquestionavelmente seletiva) do catolicismo a produções intelectuais, científicas e artísticas da modernidade, foram produções germânicas que também incidiram no Brasil, inclusive em Minas, no campo da música sacra na segunda metade do século XX. Assim, por exemplo, o visconde de Taunay elogiava a composição musical do padre José Maurício Nunes Garcia para a Capela Real na primeira metade do Oitocentos, considerando-a próxima à

> [...] estética alemã, contrariamente à influência rossiniana que vinha sendo condenada por setores católicos europeus a partir da segunda metade do século XIX, movimento ao qual aderiram, no Brasil, já na década de 1890, Alberto Nepomuceno e [...] Rodrigues Barbosa, entre outros. [...] Taunay chega a comparar José Maurício com um conjunto de autores germânicos (nem todos alemães ou atuantes na Alemanha) que se tornaram celebridades na história da música e gozavam de grande apreço no círculo romântico carioca, como Bach, Haendel, Haydn, Mozart e Beethoven, aos quais opunha Rossini, Berlioz e Verdi, cuja música sacra era cada vez mais reconhecida como fácil e frívola (CASTAGNA, 2007, p. 23)

Já no final do século XIX, na conjuntura da reforma ultramontana que se fortalecia na Europa e nas Américas,[464] (disputa político-ideológica que, inclusive, demandava o revigoramento do regime de escuta teológico-retórico) a música sacra passou por novas reformulações. Elas culminaram, em 1903, no *motu próprio tra le Sollectudini*, do papa Pio X, documento que além de reiterar a oposição ao uso da língua vernácula nas missas, em nome da sacralidade do latim, retomava a defesa de sua clara separação da música profana. Os gêneros musicais litúrgicos preconizados remetiam principalmente à Palestrina[465] e ao canto gregoriano. Em termos instrumentais, em nome da almejada sobriedade, os metais deveriam ser evitados enquanto o órgão era valorizado, mas ainda assim seu papel deveria limitar-se a sustentar o canto, sem interferências solísticas (GODINHO, 2008, p.

464 Ao longo do século XIX, o catolicismo adotou uma postura cada vez mais reativa, em sua quádrupla rejeição à reforma protestante, à filosofia das Luzes, à revolução de 1789 e ao Estado liberal. Trata-se de um modo de resistência às ameaças da mudança histórica. A relação mantida pela Igreja com a sociedade civil e com as demais religiões processa-se na base do enfrentamento. Para tanto, paradoxalmente, a Igreja Católica também procedeu a uma dinâmica criativa nas artes e na teologia, nelas reelaborando os legados medieval e tridentino, obviamente em estrito respeito à ortodoxia doutrinária por ela defendida.

465 Termo derivado do músico italiano Giovanni Pierluigi da Palestrina, que viveu no século XVI e deu uma profunda contribuição à música da Reforma Católica. Permitia que música executada em polifonia fosse claramente compreensível aos ouvintes.

61-62). Tal alteração visava reforçar a identidade e a atuação da Igreja diante de instituições e de uma cultura ocidental secularizadas, inclusive nas terras mineiras.

No âmbito desse tríplice regime de escuta – teológico-católico, ilustrado e romântico – por vezes coexistente, Minas promoveu expressiva contribuição à produção musical sacra. Se nas primeiras décadas do século XVIII parece ter havido um pequeno número de composições mineiras, sendo mais utilizadas obras trazidas de Portugal (CASTAGNA, s. d., p. 3), esse quadro foi sendo paulatinamente alterado, com os músicos mineiros criando vários gêneros de peças musicais.

O gênero mais elaborado era a forma "missa", composta de cinco textos distintos: *Kyrie Eleison, Gloria, Credo, Sancuts* com *Benedictus* e *Agnus Dei.* Estes textos fazem parte do Ordinário, assim denominado por serem cantados o ano inteiro. Missas dominicais costumavam ser cantadas nas igrejas de maior porte, e certamente ocorriam em ocasiões celebrativas, como nascimento, casamento ou morte de membros da família real (FURTADO, 2008, p. 41).

> A missa era às 10,30 da manhã, e encontramos uma pequena multidão, cujos componentes eram pretos em sua maioria, reunidos em torno da capela. [...] todos entraram, os brancos tomando à frente e os pretos atrás, os homens de pé e as mulheres sentadas no chão. O velho costume continua no interior; somente nas cidades mais civilizadas do Brasil, as igrejas dispõem de bancos. [...] A conduta do 'rebanho' era, sob todos os aspectos, exemplar; seus cantos eram mais entoados e havia mais fervor do que na igreja rival. O motivo talvez seja que o culto é rápido e o sermão mais rápido ainda. [...] (BURTON, 1976 [1869], p. 197-198).[466]

Algumas missas eram especialmente solenes, com celebração do *Te Deum*, citado inclusive por D. Pedro II: "[...] fui às 7 ao *Te Deum* na matriz [de São João del Rei]. Já tinha visto esta igreja de manhã. Não é feia, mas não sei por que pintaram as pedras no exterior. A música do *Te Deum* foi a melhor que ouvi em Minas, dizem ser composição do padre José Maria [Xavier]" (PEDRO II, 1957 [1881], p. 113). Os compositores brasileiros, porém, não se limitaram aos textos do Ordinário da Missa, acrescentando outras modalidades de peças musicais, como hinos, ofertórios e salmos. O Museu da Música de Mariana detém valiosos exemplares originais dessas produções, como o indicado na fotografia a seguir apresentada.

---

466 Passando por Juiz de Fora, Emanuel Pohl descreve que "a igreja principal, de Santo Antônio, é um belo edifício [...] na ocasião se celebrava um serviço religioso e, durante toda a missa cantada, a que assisti, nuvens de incenso subiam [...]" (POHL, 1976 [1817-1821], p. 88).

A música sacra mineira em patrocinada, em grande parte, por irmandades, confrarias e ordens terceiras que, sediadas nos templos, buscavam sobressair-se na realização das celebrações litúrgicas (CASTAGNA, s. d. p. 4).[467] Além dessas associações, tiveram papel destacado as câmaras das vilas e, posteriormente, das cidades. De forma concomitante, parcela do patronato musical em Minas também foi exercida pela catedral de Mariana. Com a criação da Diocese, a catedral, simultaneamente constituída, foi dotada de uma estrutura destinada à prática musical, financiada pela Coroa portuguesa e depois brasileira, ambas sob o regime de Padroado.

Os principais cargos ligados à prática musical eram o de subchantre, os capelães-cantores, o mestre de capela e o organista, mas vários outros clérigos participavam do canto das missas e ofícios divinos, desde o bispo até os moços do coro. O subchantre dirigia o coro de cantochão dos capelães cantores, muitas vezes acompanhando o organista, enquanto o mestre de capela era responsável pela música polifônica, executada por vozes e instrumentos tocados por músicos não eclesiásticos, geralmente contratados por ele (CASTAGNA, 2008, p. 93). Inicialmente, tais cargos exigiam a chamada "pureza de sangue" por parte de quem os exercia, mas a política ilustrada do Marquês de Pombal aboliu esse critério em 1773, de forma concomitante à maior tolerância de elementos profanos na música religiosa (VIANA, 2011, p. 69). Segundo Diogo Vasconcelos, no início do século XIX, a Catedral de Mariana encontrava-se dotada, no início do século XIX, de "quatro meninos de coro, [...] um mestre de capela [...] e um organista [...]." (VASCONCELOS, 1994 [1807], p. 125).

Todavia, os baixos salários pagos ao mestre de capela pela Coroa, com a quantidade de igrejas matrizes e capelas sob sua responsabilidade na diocese, além da catedral, não permitiam que o acompanhamento das práticas musicais pudesse ser exercido. Surgiu então o hábito do "estanco" na música, que consistia na venda do monopólio dos serviços musicais: o mestre de capela cobrava uma taxa dos músicos independentes, os quais passavam a atuar nas matrizes e nas capelas das irmandades, sendo esses músicos pagos por quem os contratava. O bispo, por sua vez, podia cobrar um percentual do mestre de capela, pela concessão do monopólio. Outra questão era a preocupação de quais músicas poderiam ser cantadas nas igrejas. O mestre de capela, ou quem recebesse a concessão, assumia também a função de "revedor" dos papéis de música. A preocupação era evitar a profanidade e a indecência, tanto na letra como na melodia. A prática do estanco na música era ilegal, pois só a Coroa poderia vender tais concessões,

467 Tais confrarias não tinham licença da Igreja para execução de música em todas as cerimônias do calendário litúrgico, sendo distribuídas autorizações específicas para cada uma delas (CASTAGNA, s. d. p. 4).

como o fazia com o sal, o tabaco, o correio e outros produtos, mas vigorou na Colônia, gerando várias disputas entre a Metrópole e os bispos. Em Minas, esta prática foi extinta, por ordem do rei, por provisão de 1753 do bispo de Mariana. Mantinha-se, porém, a função de revedor dos papéis de música. Mas esse controle sobre a música não foi muito eficaz, sofrendo, por exemplo, a resistência dos músicos de Vila Rica (VIANA, 2011, p. 66-69).

Dos mestres de capela da Catedral de Mariana,[468] Manoel Coelho Leão foi o mais atuante, tendo recebido várias provisões consecutivas, muitas vezes acumulando a função de organista. Homem branco, nascido em Pernambuco, não solicitou provisões para o uso de ordens (como habitualmente promovido por seus predecessores). Nas últimas décadas do século XVIII, os mestres da capela deixaram de atuar como músicos (domínio que sequer lhes era exigido para sua nomeação), tornando-se esse um cargo burocrático relativo às contratações e administração da prática musical na Catedral.

O órgão da catedral, cuja imagem é reproduzida a seguir, foi trazido de Portugal, tendo sido comprado das oficinas Arp Schnitger. Houve um esforço para aproximar o instrumento ao estilo barroco ibérico, a exemplo da opção pelo teclado partido, incomum na manufatura do mestre. A Coroa portuguesa decidiu doá-lo para a nova Diocese em 1752 (FREIXO; CAVICCHIOLI, 2010, p. 240).[469] Além dele, havia órgãos em outras igrejas mineiras, sendo um instrumento de destaque para os templos que os possuíssem. Em 1721, a Matriz de Nossa Senhora do Pilar possuía um órgão instalado (VIANA, 2011, p. 62). Em São João del Rei, Richard Burton notou que na igreja Matriz, "[...] consagrada a Santo Antônio. À esquerda, há um coro ou lugar para o órgão de formato curioso, sustentado por esquisitas cariátides e cornucópias, e copiosamente enfeitada e pintada. O órgão é tolerável e, na verdade, dizem ser o melhor de Minas; o organista teve a bondade de nos apresentar uma demonstração de sua arte" (BURTON, 1976 [1869], p. 131). Já [Em Congonhas do Campo] "No lugar do órgão, há um pequeno instrumento e o coro, à sua esquerda, projeta-se no corpo da igreja". (BURTON, 1976 [1869], p. 156). A ausência de órgão parece indicar a carência dos padrões de civilidade de um determinado lugar, como indica Emanuel Pohl nas entrelinhas de sua narrativa: "Mesmo nas igrejas falta o órgão" (POHL, 1976 [1817-1821], p. 102).

468 Alguns nomes destacaram-se como mestres de capela da Catedral de Mariana desde sua criação até o final do século XIX: Caetano José, Manoel Coelho Leão, José Joaquim da Silva, Manoel do Couto Ribeiro, João de Deus de Castro, José Felipe Corrêa Lisboa e Antônio Nunes Cruz, entre outros (CASTAGNA, 2008, p. 95).

469 Este órgão teve seus tubos cortados no século XIX, o que tornou seu som menos agudo (FREIXO; CAVICCHIOLI, 2010, p. 240).

Na Catedral de Mariana predominou a música para coro e órgão sob influência italiana, de forma distinta das catedrais de São Paulo e Minas, onde vigorava a música portuguesa (CASTAGNA, 2008, p. 93). Contudo, a crise financeira seguida à proclamação da independência prejudicou, durante décadas, o patrocínio real às práticas musicais da Igreja Católica, principalmente às catedrais (MONTEIRO, 2009, p. 90).

Fig. 57 - Órgão da Catedral de Mariana, possivelmente construído por Johann Heinrich Hulenkampf em Lisboa em 1723, trazido a Mariana em 1753. Eduardo Tropia.[470]

470 Fotografia. Disponível em: https://pt.wikipedia.org/wiki/Barroco_no_Brasil#/media/Ficheiro:%C3%93rg%C3%A3o_tr%C3%B3pia-LF.png. Acesso em: 16 out. 2020.

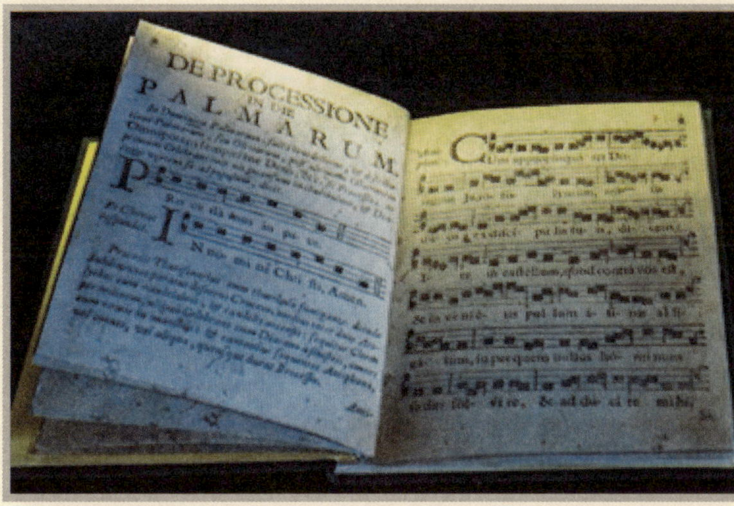

Fig. 58 – Composição musical sacra. Museu da Música de Mariana/Vítor Gomes.[471]

Em contrapartida, além da importante atuação no campo do ensino de música promovida pelo Seminário de Mariana, fundado em 1750, foram criadas novas instituições no Brasil Oitocentista, direta ou indiretamente vinculadas à produção da música sacra, em paralelo à dinamização da produção musical da Capela Real (após a Independência, Capela Imperial). Assim, em 1818, foi aprovada a "primeira Lei Oficial criando um curso de música no Brasil, onde a política educacional era voltada à formação de profissionais musicais do nível superior para suprimir uma demanda do Estado" (LEITE, s. d., p. 2).[472] A despeito disso, mesmo nesses espaços de legitimação mútua entre a Igreja e a monarquia, as imbricações entre o sagrado e o profano, destacadamente sob influência da ópera italiana, mostraram-se contínuas, como descreveu Visconde de Taunay em 1899:

> Fui ouvir a 'Missa Mimosa' do Padre José Maurício [Nunes Garcia] na Igreja da Cruz dos Militares... Segundo as 'boas tradições' que todo o empenho e esforço da comissão de música sacra não poderão abalar, começou a cerimônia religiosa pela *ouverture*, tão ouvida, corriqueira e estafada da *Gazza ladra* de Rossini. Adequado preparo para uma função religiosa, aquela saltitante protofonia da 'Pega ladra'! Enfim, seja tudo pelo amor de Deus! (TAUNAY *apud* SCHUBERT, 1980, p. 20).

---

471 Fotografia. Disponível em: http://www.marianahistoricaecultural.com.br/album/8/museu-da-musica-de-mariana?page=2. Acesso em: 18 out. 2020.

472 Pouco depois, em 1841, foi fundado o Imperial Conservatório de Música do Rio de Janeiro.

5.3. Festejos e liturgias populares

Outras práticas sociais nas quais a música sacra em Minas colonial e imperial fazia-se presente eram as festas religiosas e governamentais, realizadas nos espaços públicos das vilas e cidades; embora elas diferissem no motivo e no fausto, congregavam grande número de pessoas. Como poucos privilegiados conseguiam acesso à ambiência da corte ou da vida nobiliárquica (mesmo durante o regime imperial brasileiro), tais festas tornavam-se um acontecimento social, com seu anúncio sendo promovido por mascarados e sua realização comportando luminárias, indumentárias especiais, missas cantadas, cargas de mosquetaria disparadas pelas companhias dos dragões, aclamação de poemas e tantos outros sinais de excepcionalidade perante o cotidiano.

Para realização dessas festas, confluíam os Senados da câmara, as associações religiosas, os cônegos da catedral e até mesmo o bispo da Diocese. Afinal, em função do Padroado, tais eventos entrecruzavam o sagrado e político, num calendário que se estendia ao longo do ano, a exemplo das celebrações de São Sebastião (20 de janeiro, em uma invocação contra epidemias), *Corpus Christi* (corpo de Deus, geralmente em junho), Visitação de Santa Isabel (2 de julho), Anjo Custódio (terceiro domingo de julho) (CASTAGNA, s. d., p. 1-2). Além dessas datas fixas, havia as comemorações eventuais, derivadas, por exemplo, da chegada de um governador, da ascensão ou falecimento de um monarca etc.

Uma das mais importantes festas religiosas celebradas na região aurífera de Minas ocorreu em 1733, o Triunfo Eucarístico. Ela consistiu na comemoração pela inauguração da nova Igreja de Nossa Senhora do Pilar, em Vila Rica, com trasladação do Santíssimo Sacramento da Eucaristia, que se encontrava temporariamente abrigado na Igreja de Nossa Senhora do Rosário daquela Vila. Outro emblemático evento celebrativo do sagrado ocorrido nas Minas teve lugar por ocasião da instalação do Bispado de Mariana, em 1748, sob a denominação de Áureo Trono Episcopal. Um terceiro e imponente evento aconteceu em função das exéquias do rei D. João V, em 1750, novamente em Vila Rica, além de importantes celebrações terem também sido realizadas em São João del Rei. Em todos esses acontecimentos, o recurso à dimensão auditiva era crucial:

> [...] a música, trombetas, tambores ou pífanos, servia para despertar a curiosidade dos que estavam atrás das portas, atrair ainda mais a atenção dos passantes e tirá-los de sua rotina. Durante os preparativos dos festejos do Áureo Trono Episcopal notou-se o uso de repiques de sino e concertos de música, para aumentar ainda mais a publicidade do evento. [...] Também no Triunfo Eucarístico, o cronista atestou a 'estrondosa harmonia dos sinos, a melodia artificiosa das músicas, o estrépito das danças'. A música era também fartamente

> utilizada durante a procissão, servia não só para atrair a atenção dos assistentes, sobre algum carro ou pessoa em particular, para causar surpresa, mas também criar um clima diferente, artificial e de encantamento. A estética barroca criava todo um cenário audiovisual, onde o ilusório e o inesperado estavam sempre presentes, isto explica o uso constante de estampidos, tambores, apitos, clarins, trombetas, tiros de mosquetes. No Triunfo Eucarístico, um grupo de músicos abria o desfile e no meio iam um gaiteiro, um moleque tocando tambor e quatro negros tocando trombetas. Na missa de exéquias de D. João V em São João Del Rei, o clima fúnebre e algo etéreo, num tempo suspenso entre a vida e morte, foi criado na Igreja, por dois coros, dois rabecões e um cravo (FURTADO, s. d., p. 8-9).

A música executada nessas festas, assim como na liturgia das igrejas durante as celebrações religiosas, era promovida por músicos inicialmente originários de Portugal e de outras regiões luso-americanas, mas rapidamente formados nos arraiais e vilas mineiras (CASTAGNA, s. d., 2-3). Eles eram contratados pelos Senados das câmaras, pelas associações religiosas ou por um dos cônegos da catedral, geralmente através de um mestre, que assinava os recibos, recebia a verba devida e repassava aos demais músicos o valor da sua parte.[473] O mestre detinha a posse das partituras ou anotações musicais, por vezes composições de sua autoria.[474] Era hábito chamar tais corporações de músicos *partido* e ao regente *partidista* (VIANA, 2011, p. 62). [475]

É importante ressaltar, porém, que se no interior das igrejas, a música sacra era objeto de maior controle, nas festas que mesclavam celebrações políticas e religiosas outras tantas práticas musicais eram ouvidas, desde o adro dos tempos às praças e ruas. Tais sonoridades foram promovidas, ao longo do século XVIII,

473 A partir de 1760, a contratação de músicos e de "partidos" passou a ser realizada pelo sistema de arrematações, promovidas nos últimos dias do mês de dezembro, com previsão de execução dos serviços de música para o ano vindouro, com a especificação das práticas musicais almejadas, desde os músicos e seus registros vocais aos instrumentos a serem utilizados (CASTAGNA, s. d., p. 4).

474 Entre essas agremiações musicais da região de Vila do Ribeirão do Carmo/Mariana e Vila Rica/Ouro Preto podem ser citados aqueles dirigidos pelos padres Manoel de Oliveira e Antônio de Souza Lobo, além dos músicos leigos Bernardo Antônio e Francisco Xavier da Silva, entre outros (CASTAGNA, s. d., p. 3).

475 A diversidade de constituição desses partidos pode ser exemplificada pela criação de uma Irmandade especificamente composta por músicos, em Vila Rica ao final do período colonial: a Irmandade de Santa Cecília dos Professores da Arte da Música. De acordo com Paulo Henriques Alves (2019, p. 53; 123), ela foi criada por militares em 1812 e "Possuía, pois, características muito próximas às antigas Corporações de Artes e Ofícios que, na Idade Média, reunia pessoas qualificadas para trabalhar numa determinada função, a fim de se defenderem e de negociarem seus produtos de forma mais eficiente e justa. No caso da Irmandade de Santa Cecília, o produto em questão, era a música".

por "barbeiros", conjuntos de negros e mestiços, geralmente forros e livres, que se dedicavam simultaneamente a esses dois ofícios[476] para prover sua subsistência.[477] Alguns desses grupos poderiam inclusive ser contratados pelos mestres capela e pelos mordomos das irmandades, ordens terceiras e confrarias, como já ocorria com as demais agremiações musicais do período. Os músicos-barbeiros subsistiram no decorrer do Império, também sendo conhecidos, ao longo do Setecentos e do Oitocentos, como ternos de barbeiros ou de charamelas (NASCIMENTO NETO, 2020, p. 251).[478] A imensa maioria desses grupos não dispunha de manuais nem de partituras, evidenciando a importância das tradições orais e comunitárias em sua prática musical.[479] Vários instrumentos musicais por eles utilizados foram recriados na América Portuguesa, como a marimba, de origem africana (COSTA, 2012b, p. 49-50).[480] Tais grupos encontravam-se intimamente associados, por sua vez, às devoções do catolicismo santoral, como indicado na pintura de Frederic Briggs, representando integrantes de uma associação religiosa e músicos-barbeiros condutores de uma procissão.

Foi justamente como tentativa de garantir a observância dos cânones da música destinada ao culto, em sua execução pelos diversos músicos e seus agrupamentos, que as autoridades eclesiásticas criaram o licenciamento, que funcionou na Colônia durante o reinado de João V. Para obter a habilitação de mestre de música, o candidato deveria ser examinado pelo Tribunal Eclesiástico, que verificava, através de testemunhas, as habilidades musicais do aspirante. O licenciamento não dava direito a nenhum cargo, mas facilitava o acesso aos postos de trabalho disponíveis, ou seja, às contratações pelas irmandades, ordens terceiras, Câmara e pela própria Catedral (VIANA, 2011, p. 68).

---

476 O ofício de barbeiro implicava, além das atividades de barbear e cortar cabelos, também na execução de algumas práticas terapêuticas, como extração de dentes, aplicação de sanguessugas, de emplastos e de ventosas (p. 251).

477 "Fazer música foi, primeiramente, uma das poucas oportunidades de trabalho, como qualquer outra atividade manual; depois, meio de promoção social. [...] O grande envolvimento dos mulatos com a música fez surgir uma terminologia que se tornou usual sobre a atividade musical no Brasil, principalmente na Capitania Geral de Minas Gerais, desse período: 'Mulatismo Musical'." (MONTEIRO, 2006). Pesquisas recentes ser a prática musical uma atividade bastante rentável, e por isso não secundária em relação a outras atividades promovidas pelos mesmos sujeitos, como as terapêuticas ou as de barbeiro (NASCIMENTO NETO, 2020, p. 253).

478 O autor baseia-se em TINHORÃO, José Ramos. *História social da música popular brasileira*. São Paulo: Editora 34, 1998. 1998. p. 159.

479 Pesquisando os músicos barbeiros de Salvador, Luiz Domingos Nascimento Neto (2020, p. 124) faz a seguinte ressalva: "Todavia, nos meandros do cotidiano, muita coisa é possível, principalmente com as presenças da Irmandades de Santa Cecília em Salvador e de mestres da música aptos a reproduzir em partes ou completamente manuais e partituras".

480 Sobre a marimba, ver Capítulo 2.

Especialmente em Minas, os músicos mestiços eram a quase totalidade entre os barbeiros e os *partidos*,[481] inclusive "José Joaquim Emerico Lobo de Mesquita [...] considerado o maior dos músicos mineiros de sua época", ou seja, da segunda metade do século XVIII (MONTEIRO, 2009, p. 91). Já nas primeiras décadas do Oitocentos, o nome de realce era o de João de Deus de Castro Lobo, autor de cerca de 40 obras, muitas das quais dialogavam com o estilo operístico (CASTAGNA, s. d., p. 11-12). Outras tantas referências na música sacra podem ser citadas: em "Vila Rica (atual Ouro Preto) Inácio Parreiras Neves, Francisco Gomes da Rocha, Marcos Coelho Neto e Jerônimo de Souza Lobo, entre outros. Destacaram-se também, de outras cidades mineiras, [...] Manoel Dias de Oliveira" (CASTAGNA, s. d., p. 6-7).

Nas festas públicas que empregavam a música sacra, observa-se um efeito similar àquele percebido no soar dos sinos: os regimes de escuta, dependendo do período histórico, geralmente imbricavam-se – em tais celebrações, dependendo da época, a dimensão teológico-retórica, embora expressiva, não se isolava de racionalidades pragmáticas mais secularizadas ou de uma estetização afetiva da vida social, próxima ao romantismo:

> Durante minha residência na cidade, chegou notícia que causou sensação. D. Pedro II, o jovem imperador, fora chamado a assumir as rédeas do governo, em oposição ao desejo do Regente, antes de ter atingido a idade estabelecida por lei. Parece que o fato mereceu aprovação decidida da maioria da população, havendo por isso manifestações de regozijo. À tarde houve missa cantada na igreja matriz, estando presentes todos os membros do Conselho Municipal, bem como toda a corporação da guarda nacional da cidade. À noite houve iluminação pública e a guarda-nacional, após várias descargas de salvas em frente à casa do comandante, desfilou pelas ruas principais, com banda de música à frente, acompanhada do Conselho Municipal e de todos os principais habitantes da cidade. Marchei com o conselho, ao que fora convidado pelo presidente, tendo assim boa oportunidade de observar toda a cerimônia: aqui e ali, faz-se alto em frente à casa de algum cidadão respeitável, recitando cinco ou seis pessoas versos compostos durante o dia em honra do fato, enquanto das sacadas as senhoras da casa atiravam flores perfumadas com água de colônia. Também de vez em quando a multidão cá em baixo era honrada com uma canção por uma das belas. Isso se repetiu por três noites sucessivas. (GARDNER, 1975 [1836-1841], p. 211).

---

481 Cf. "A música sacra erudita era executada e composta por mulatos com perfeito domínio das normas cultas, os quais produziam música semelhante à europeia do período" (MONTEIRO; PAULO, 2010, p. 362).

A música sacra também fazia presente em outra modalidade de evento religioso, o qual revestia-se de particular importância em Minas colonial e imperial por estar diretamente situada na fronteira entre a vida e a morte, num território e período histórico em que a violência cotidiana, expressa de tantas maneiras diferentes, geralmente não tardava a se fazer sentir – os ofícios fúnebres.

Morrer, na América portuguesa e no Brasil imperial consistia em uma cerimônia pública. O falecido era geralmente conduzido até a Igreja por várias pessoas – desde familiares até irmãos da confraria da qual fazia parte. Esses cortejos eram normatizados pelas *Constituições Primeiras da Arquidiocese de Bahia*, de 1717, a fim de que acontecessem com decência e gravidade. Havia prescrições inclusive para casos especiais: as exéquias não poderiam ser realizadas de forma solene nem cantadas durante a Semana Santa, nem na Páscoa e nas festas de Natividade.[482] Em situações excepcionais, as orações e preces nessas datas deveriam ser apenas recitadas em voz baixa (PAULA, 2006, p. 97).

Os que dispunham de maiores recursos eram solenemente acompanhados em seus últimos instantes, conforme ilustrado por Debret na imagem que representa a condução do sacramento da eucaristia àquele em vias de falecer; tais sujeitos ilustres também deixavam encomendados, em testamento, solenes ofícios fúnebres, geralmente rezados em latim[483] (FERREIRA, 2019, p. 51-65). Quando o ofício e a missa de réquiem fossem de corpo presente, o enterro era realizado de maneira solene e cantado, segundo o *Cerimonial Romano*:

> O padre deve vestir pluvial (capa) de cor preta, e os assistentes levam consigo caldeirinha e hissope (para armazenamento e aplicação da água benta), o turíbulo e a naveta (incensório e caixa onde se guardam os incensos) a cruz da procissão e os castiçais com velas e partirem em direção a casa do defunto. Chegando lá, segundo o costume, coloca-se o corpo amortalhado, rodeado por velas, de forma que o clero se acomode nas duas extremidades. O Padre se posiciona aos pés do corpo e [...] diz sem cantar a antífona *Si iniquitatis* o salmo *De Profundis* e repete a mesma antífona. Logo após entoa a antífona *Exultábunt Dómino* e o salmo *Miserere mei Deus.* Todos partem em procissão em direção à igreja [...]. Chegando a Igreja , o padre repete a antífona *Exultábunt Domine* e canta-se o responsório *Subvenite.* O corpo é depositado no meio da igreja e começa, quando é o caso, o Ofício de defuntos (com Invitatório,

482 Quando deveriam ser antecipadas ou realizadas no dia posterior a essas solenidades.

483 Vários deles foram descritos no *Theatro Ecclesiastico* de Domingos do Rosário, um dos livros integrantes do arquivo musical da Catedral de Mariana. “Frequentemente reimpresso de 1743 a 1817 foi amplamente difundido no Brasil, sendo importante obra para a implementação das normas tridentinas” (FERREIRA, 2019, p. 58)

> Notunos e Laudes) e em seguida a missa de Réquiem. Terminada a missa, entoam o *Libera me*, o celebrante incensa o corpo com o turíbulo e no fim diz *Kyrie eléison*. Em direção ao local do enterro canta-se a antífona *In Paradiso*. O Padre diz as orações adequadas, asperge o caixão e a sepultura três vezes. Em seguida entoa a antífona *Ego sum*, o *Benedictus* (cântico de Zacharias) e repete novamente a antífona. Canta o *Kyrie* e os cantores respondem *Christe eléison*. O padre repete o *Kyrie* o *Pater noster*, asperge novamente três vezes. No fim diz *Requiem eternæ* e os cantores cantam o *Requiescat in pace* (PAULA, 2006, p. 98-99).

No caso do falecimento de soberanos, havia ainda a cerimônia da quebra dos escudos,[484] além dos tradicionais dobres de sinos e de músicas especialmente contratadas para a ocasião (PAULA, 2006, p.121-122).

Em todas essas celebrações fúnebres, os cantos buscavam suscitar empatia com os sofrimentos de Cristo e Maria, contrição dos pecados, esperança de perdão e confiança na misericórdia divina. Assim, geralmente eram entoados o *Stabat Mater Dolorosa* (Estava a Mãe Dolorosa) e os responsórios *Libera-me*, *Memento mei Deus* e *Requiescat in pace*. Muitos desses cantos, inicialmente enunciados em gregoriano, passaram a ser tratados polifonicamente no Oitocentos, com ou sem instrumentos musicais.

Nas associações religiosas negras, como as irmandades, no tocante ao sepultamento no interior das igrejas, as regras católicas eram costumeiramente seguidas; já fora da igreja, as celebrações retomavam a cultura africana. Por sua vez, as práticas de "encomendação da alma", paraliturgia muito utilizada quando o falecido não dispunha de recursos, também continham adaptações vinculadas às culturas locais. Ainda no início do século XVIII, D. Antônio de Guadalupe, que então respondia pelo território mineiro, protestava perante práticas de escravos africanos que "num ajuntamento de noite com vozes e instrumentos em sufrágio de seus falecidos, ajuntando-se em algumas vendas, onde compram várias comidas e bebidas, e depois de comerem lançam os restos à sepultura" (*apud* REIS, 1991, p. 160).

484 Nessa cerimônia, escudos reais deveriam ser quebrados pelos funcionários das Câmaras organizados hierarquicamente. "Para as Exéquias de D. João V em Vila Rica, foram confeccionadas [...]os três escudos e mais quarenta varas. Portar uma vara significava respeito e subserviência ao Rei. [...] O som da quebra neste momento ganha significado junto ao ritual. É claro que sua representação não aparece desassociada da ação visual, mas desperta no espectador através da sonoridade, uma sensibilidade que remete à comprovação pública de que é morta a majestade" (PAULA, 2006, p. 127-128)

No século XIX, a dimensão musical dos ritos fúnebres passou a ser também conduzida pelas bandas de música civis, com suas composições específicas para a ocasião, além de peças consagradas. Tanto as composições de músicas fúnebres quanto o costume de acompanhar com música enterros e procissões foram trazidos para o Brasil, após 1808, por compositores, pianistas e músicos de bandas militares europeias. Estas composições estrangeiras serviram de inspiração para a composição das marchas fúnebres nas Minas (MELO, 2013, p. 150; 262).

Fig. 59 - **Procissão. Frederico Guilherme Briggs, s. d.** [485]

Fig. 60 - *Le St. viatique porté chez un malade*. **Jean-Baptiste Debret.1839.**[486]

485 Litografia. Disponível em: http://objdigital.bn.br/acervo_digital/div_iconografia/icon703594.jpg. Acesso em: 16 fev. 2021.

486 Litografia. Disponível em: http://objdigital.bn.br/acervo_digital/div_iconografia/icon393054/icon393054_147.jpg. Acesso em: 16 out. 2020.

Além dos ofícios fúnebres, outras paraliturgias[487] mostravam-se recorrentes e variadas em Minas colonial e imperial: cânticos em tríduos, setenários, novenas e trezenas;[488] orações entoadas no espaço público ao badalar dos sinos anunciando o *Angelus*;[489] preces coletivas no interior dos lares;[490] procissões...[491] Algumas delas, como as novenas e trezenas, detinham uma sequência previamente estabelecida:

> Embora com variantes locais e pequenas mudanças ao longo do tempo, a estrutura base das Novenas incluía as seguintes unidades funcionais, objeto de tratamento musical: Invitatório; *Veni Sancte Spiritus* (em geral designado por hino neste contexto, mas tratando-se na realidade de uma Sequência); Jaculatória; Ladainha; Antífona alusiva à festa; *Tantum Ergo*, mais 3 Jaculatórias na parte final. No dia da festa [do santo ao qual a Novena era dedicada] era habitual interpretar-se o *Te Deum* [...]. Da Trezena de Santo António, além destas seções, fazia parte o Responsório *Si quaeris miracula* e no Setenário de Nossa Senhora das Dores tinha particular destaque o *Stabat Mater* (FERNANDES, 2014, p. 219).

Compositores mineiros dedicaram-se à produção de obras paralitúrgicas como os "Motetos[492] dos Passos, cantados durante as procissões da Quaresma.

487 Cf. DICIONÁRIO ELEMENTAR DE LITURGIA: "Chamava-se 'paraliturgia' a uma celebração [...] piedosa que não pertence propriamente ao que a Igreja chama liturgia (sacramentos, liturgia das horas, sacramentais etc.), mas que se lhe assemelha na sua estrutura e textos. Durante alguns anos, deu-se este nome ao que hoje se prefere chamar 'atos de piedade', [...] [como] a Via-sacra, o Rosário [...] e outras".

488 "Durante nossa estada [no arraial do Tijuco], rezou-se uma novena em uma das outras igrejas, a de N. S. das Mercês, onde estive várias vezes" (GARDNER, 1975 [1836-1841], p. 208).

489 "Nas esquinas das ruas por que passamos, havia grupos de pessoas de classe humilde, orando diante de imagens da Virgem colocadas em nichos e iluminadas por círios. Uma pessoa recitava as Vésperas, em tom baixo e solene; a multidão respondia. Tirava meu chapéu ao passar por esses grupos, por saber que se espera este sinal de respeito de todos os transeuntes" (MAWE, 1978 [1812], p. 122).

490 "Faltava tudo no miserável rancho em que acampei; o que, porém, achei aí mais desagradável era o ruído que se fazia ouvir continuamente à tarde. O momento da oração era cruel para mim. Às pessoas da casa juntava-se Manuel da Silva, os negros de uma caravana que estava havia vários dias em Ouro Fino. Essa boa gente cantava com voz muito afinada, mas tão alto que fazia uivar todos os cães da vizinhança" (SAINT-HILAIRE, 2000 [1816-1822], p. 138). Observa-se aqui, mais uma vez, a diferença cultural entre os padrões sonoros europeus e aqueles circulantes em Minas oitocentista.

491 "No domingo de Ramos, após o pôr do sol, houve também uma procissão de penitentes da irmandade de São Francisco. Estavam vestidos com uma espécie de alva branca que lhes cobria a nuca, e caminhavam lentamente em duas filas, cantando com voz pouco elevada" (SAINT-HILAIRE, 2000 [1816-1822], p. 151).

492 "O moteto é um gênero musical polifônico surgido no século XIII, onde, inicialmente, usavam-se textos distintos para cada voz. Dessa característica vem a origem do termo, derivado

Em paralelo, foram também produzidas diversas Antífonas ou Ladainhas a Nossa Senhora, face à intensa religiosidade mariana da região" (MONTEIRO, 2009, p. 89). Em paralelo, "a interpretação de peças musicais mais elaboradas, por vezes com conjuntos instrumentais de dimensões consideráveis a acompanhar as vozes, tinha já uma forte tradição no Brasil no século XVIII, como atestam numerosos estudos – [...] [a exemplo] de conjuntos instrumentais nas festividades contratadas pelas irmandades religiosas em distintas comarcas das Minas Gerais" (FERNANDES, 2014, p.223). Algumas partituras de peças paralitúrgicas foram impressas em Portugal, mas a maior parte desses registros circulava em forma manuscrita.

Ainda assim, como as devoções paralitúrgicas eram menos codificadas pelas normas eclesiásticas do que os ofícios litúrgicos e a presença de um sacerdote não era exigida para sua realização, nelas emergiam com mais facilidade as brechas sonoras. E mesmo quando eclesiásticos estavam conduzindo os ritos, as fronteiras culturais e simbólicas entre a ortodoxia católica e as religiosidades populares, por sua vez, não eram rigorosamente estabelecidas. Assim, nas terras mineiras durante a Colônia e o Império, não raramente irrompiam expressões musicais vinculadas aos grupos subalternizados, como os africanos e seus descendentes e, posteriormente, apresentações de bandas de música, no interior das igrejas. Tais sonoridades estavam entrelaçadas ao catolicismo santoral e mantinham fortes vínculos étnicos e culturais na sociedade mineira, a exemplo das práticas ocorridas nas imediações de Borda do Campo (nas proximidades do atual município de Barbacena), onde "o padre Manuel Rodrigues da Costa, durante o serviço religioso, recitava o mesmo número de ladainhas que o número de bofetadas e chicotadas que Jesus Cristo sofreu de seus algozes. Ao mesmo tempo, com o violão ressoando ao fundo, a 'capela vibrava com o ruído das bofetadas que se aplicavam aos presentes e todos respondiam Louvado seja Deus.'" (*apud* FURTADO, 2008, p. 43).[493]

Outra expressão dessas interculturalidades foi constatada por Saint-Hilaire em um recolhimento feminino de Minas. Tais casas religiosas abrigavam mulheres sob as mais diversas circunstâncias: era para elas que famílias encaminhavam esposas e moças solteiras no caso das figuras masculinas terem de ausentar-se e não haver outros parentes homens que pudessem ampará-las; que pais conduziam

de *mot,* palavra em francês. O moteto se tornara uma das grandes formas da música polifônica, sendo o apogeu de seu uso no contraponto modal do século XVI, apesar de sua importância para a música barroca e da recorrência a ele até por compositores românticos". "Moteto". Disponível em: https://irp-cdn.multiscreensite.com/951f8786/files/uploaded/hmmot5a.pdf. Acesso em: 12 fev. 2021.

493 A autora reporta-se à obra de SOUZA, Laura de Mello e. *O diabo e a terra de Santa Cruz*. São Paulo: Cia. das Letras, 1986.

filhas sem previsão de casamentos vantajosos ou ao menos aceitáveis; que maridos aprisionavam cônjuges que não acatassem seus mandos e cuja conduta era tida como questionável. Em paralelo, muitas mulheres buscavam viver, por vontade própria, nos recolhimentos, fosse para escapar de um matrimônio ou de partos indesejáveis, fosse para seguir uma vida de piedade, ou ainda para ter acesso ao aprendizado da leitura e da escrita (SOUZA, 2020, p. 81-82). No recolhimento feminino localizado no então distrito (depois município) de Minas Novas,[494] Saint-Hilaire percebeu a singularidade do cantar religioso em língua vernácula, algo até então particularmente inusitado numa instituição católica, ainda que não erigida de forma canônica:

> Disse que nenhuma ordem monástica podia estabelecer-se na Província de Minas;[495] existem, todavia, em várias partes dessa província, casas em que mulheres se reúnem para viver sob uma regra comum. Dá-se-lhe o nome de *freiras*, que é o das verdadeiras religiosas; mas não podem ser consideradas como tais, visto que não são presas por nenhum voto. Um missionário fundou em Chapada uma reunião desse gênero. Se bem que absolutamente livres, as mulheres que a compõem tiveram necessidade de autorização do Rei para ficar reunidas. Tendo escassos bens, essas reclusas recebem esmolas. Usam o hábito das carmelitas; seguem a regra de Santa Tereza e ouvi-as cantar durante a missa hinos em vulgar, o que não se pratica em nenhuma outra parte. É de crer, aliás, que casa das enclausuradas da Chapada não subsista por muito tempo; pois essas mulheres são todas velhas, e ninguém se apresenta para substituí-las (SAINT-HILAIRE, 2000 [1816-1822], p. 224).[496]

494 Este recolhimento, conhecido na segunda metade do século XVIII como Casa de Oração do Vale das Lágrimas, posteriormente mudou-se para região menos insalubre do que a que foi fundado e teve seu nome alterado para Recolhimento da Chapada. Em 1779, as recolhidas pediram autorização real para o estabelecimento (ALGRANTI, 1992, p. 113-114).

495 A presença de ordens religiosas masculinas e femininas em Minas foi proibida por determinação metropolitana a partir de 1720, pois seus integrantes eram considerados um risco em potencial para o contrabando do ouro e para desobediência ao Rei e ao bispo, uma vez que estariam subordinados a um Superior Geral de nacionalidade, em geral, não portuguesa. Face a esta proibição, as casas religiosas femininas não tinham o estatuto de conventos ou mosteiros, e sim de recolhimentos, pois eram ocupadas por mulheres sem votos canônicos perpétuos.

496 A vida religiosa feminina em Minas Gerais, mantida nos recolhimentos com o duplo propósito de contemplação religiosa e educação de meninas e moças dos segmentos sociais elitizados, conheceu um processo de declínio na primeira metade do século XIX, sendo sucedida por uma modalidade de vida religiosa não enclausurada, voltada às atividades de assistência social em hospitais, orfanatos e asilos, bem como do ensino, com abertura de inúmeros educandários. As Filhas da Caridade foram pioneiras nas terras de Minas na instauração desse novo gênero de vida religiosa, tendo inaugurado o Colégio Providência na cidade de Mariana em 1850.

Em geral, nos cânticos das paraliturgias, a língua portuguesa limitava-se às jaculatórias,

> [...] invocações breves que adquirem normalmente o perfil de uma fórmula melódica própria facilmente memorizável, tanto nas versões mais simples do repertório como nos contextos de composições mais elaboradas. [Todavia] Convém contudo ter em conta que o uso do português não era apenas uma forma de comunicação simplificada ligada às passagens cantadas pela assistência [...] há algumas jaculatórias atribuídas a músicos profissionais no repertório mais tardio; por outro, existem secções em latim (em cantochão) que também são atribuídas ao povo, tanto nas novenas e trezenas como noutro tipo de obras [...] (FERNANDES, 2014, p. 224).

Jaculatórias e outras rezas associadas ao catolicismo santoral, pela insistência na repetição de sua temática e de sua melodia, promoviam um "efeito mântrico", de expressiva força ilocucionária (SÁ JÚNIOR, 2009, p. 174-175).

Dessa maneira, as sonoridades paralitúrgicas podiam mostrar-se bastante inovadoras, ampliando seus sentidos, suas expressões audíveis, suas repercussões na vida pessoal e social. Nos cantares dos benditos, ladainhas, novenas etc., os sujeitos religiosos reinterpretavam antigas melodias e palavras, "recompondo-as" segundo as circunstâncias em que a prece era entoada. O próprio idioma poderia ser "reinventado", a exemplo das alterações na enunciação de orações em latim pelas comunidades que viviam em povoados mineiros: "aparecem cantos em um latim 'macarrônico'; esses cantos fazem parte de novenas e procissões, servem para dar ao rito um ar de maior solenidade" (SÁ JÚNIOR, 2009, p. 42). [497] Percebe-se a importância do acionamento da oralidade e da memória nessas sonoridades paralitúrgicas, que alçavam o sujeito que através delas vivenciava sua fé para além dos limites do individual e do tempo contingente e finito da existência.[498]

---

497 O autor transcreve o depoimento de Eugênio Mimoso, morador do Vale do Jequitinhonha, em Minas Gerais: "recordo que o Canto de Verônica minhas primas cantavam na Quaresma, o *Veni Creatore* minha mãe também cantava, o Agnus Dei era pra dizer o que o anjo anunciou a Maria, o *Kirie Eleison* é uma recordação do ato penitencial da missa... mamãe também recorda que estes cantos existiram... Automaticamente as ladainhas e ofícios eram cantados em latim. Eu não sei cantá-los, mas consigo saber de fato que os mesmos existem" (*apud* SÁ JÚNIOR, 2009p. 43).

498 Tais cânticos, assim, diferenciavam-se de práticas modernas como autobiografias, ou mesmo naquelas reforçadas pelos preceitos tridentinos, como as confissões.

Capítulo 6

Sensibilidades profanas

Aqueles que chegavam às vilas ou às cidades mineiras, principalmente a partir da segunda metade do século XVIII, além de escutarem sua intensa sonoridade religiosa, deparavam-se simultaneamente com musicalidades de cunho profano. Dessa maneira, paulatinamente, enquanto a Igreja buscava ater-se a questões de cunho litúrgico, delineava-se uma redefinição da "[...] sociabilização do espaço público, direcionando a rua para a vida em padrões seculares" (MACHADO NETO, 2008, p. 289). E tal "processo de laicização se caracterizou, entre outros aspectos, pela emergência crescente, já fora do tradicional contexto de sociabilidade religiosa, de novos espaços de interação social em que, por sua vez, se radicaram práticas artísticas de todos os tipos, designadamente as da música" (NERY, 2006, p. 11).

A própria noção de "público" foi sendo redefinida nesse processo, sobretudo após a Independência, sob o escopo do movimento romântico e da preocupação político-cultural com o delineamento da nacionalidade: ela precisava, de forma bastante paradoxal, abarcar o "cidadão", mas com exclusão de um grande contingente social (sobretudo de escravos, dos despossuídos de bens e das mulheres). Não casualmente, as festas cívicas, realizadas no espaço das ruas,[499]

---

499 Cf. INÁCIO; FARIA FILHO, 2019, p. 54: "Quanto aos sujeitos envolvidos, as celebrações reuniam as autoridades eclesiásticas, militares e civis e a população da localidade, enfim, 'os verdadeiros amigos da Constituição' ([jornal mineiro] *O Universal*, 1833). Dentre esses sujeitos, destacavam-se as autoridades civis: presidente da província, vereadores, deputados-gerais, professores, mas, principalmente, os juízes de paz. Eram eles que quase sempre organizavam as festas, ofereciam os jantares e refrescos e faziam os discursos [...] embora os párocos também se pronunciassem. Esses últimos, não raras vezes, ocupavam cargos públicos e concentraram numa mesma figura a autoridade civil e a eclesiástica". Verifica-se, assim, como indicado no capítulo anterior, a permanência da presença de elementos religiosos e de figuras eclesiásticas em eventos políticos, mas que passavam a ser primordialmente regidos por valores ilustrados e românticos vinculados ao ideal civilizatório e ao fortalecimento da nacionalidade.

> [...] nos revelam intenções políticas [...]. Uma delas era a de querer ser um veículo de civilização e de apego às coisas públicas. Os relatos das festas, principalmente os encontrados nos jornais, se diziam 'prova do avanço do espírito público nos povoados e de exemplo para os demais', 'do desenvolvimento do patriotismo' e do 'amor pela pátria'. Desejando que os festejos cívicos celebrados não ficassem 'sepultados no escuro silêncio' os autores dos relatos narravam as festas como uma forma de educar e de registrar o exemplo que os povoados mineiros deviam tomar para si. Exemplo a ser seguido, por isso tão insistentemente relatado (CHAMON *apud* LOPES; GIANNETTI; 2019, p. 24).[500]

Além das festas cívicas, imbricadas a esse ideário político-cultural, a música assumia outros tantos contornos profanos. Nisso, ela aproximava-se da concepção de civilidade ressignificada pelo romantismo, na qual a identidade social, publicamente apresentada, devia coadunar-se com a subjetividade do indivíduo. Algumas espacialidades urbanas, cujas sociabilidades deslocavam-se entre o público e o privado, tornaram-se paradigmáticas dessa transformação sociocultural, como descreveu um jornal mineiro ao final do Oitocentos:

> Ali, é um baile ou *soireé*, onde a música soa ruidosa e alegre, fazendo as delícias do mundo elegante, e onde é numeroso o concurso de damas e cavalheiros, turbilhoando nas salas, [que] parecem embriagados de prazer de perfume das flores e '*toilletes*'. [...] Mais além é uma serenata, e outra, percorrendo, em rumos diversos, as ruas da cidade até alta noite e cantando modinhas ao som do violão; ou uma música de banda, que toca escolhidas peças, de porta em porta a fim de obsequiar a algumas famílias. (*O Arauto de Minas*, 23 jun. 1883 *apud* ALMEIDA, 2010b, p. 70).[501]

Tal mudança veio acompanhada por uma pluralização ainda maior da prática musical, que diferindo daquela "associada às igrejas e aos conventos, cria[va] para cada um destes terrenos convenções estéticas que não são opostas, mas assumem certamente perfis cada vez mais autônomos" (NERY, 2006, p. 12).

---

500 Os autores reportam-se à obra de CHAMON, Carla Simone. *Festejos imperiais*: festas cívicas em Minas Gerais (1815-1885). Bragança Paulista: EDUSF, 2002. p. 23-24.

501 Cf. também NERY, 2006, p. 11-12: "surge assim o fenômeno do salão doméstico, [...] sempre com presença muito relevante da música e da dança [...]. Na esfera pública, alarga-se significativamente a rede das salas de ópera suportando um vasto repertório que vai da ópera propriamente dita aos demais gêneros do teatro musical [...], multiplicam-se os concertos públicos de música vocal e instrumental".

Nessa perspectiva, generalizou-se a noção de que uma sonoridade solene seria mais adequada às composições eclesiásticas, enquanto a música profana era tida, pelo contrário, como a mais apropriada para uma escrita mais ligeira, ornamental e ritmada (NERY, 2006, p. 12).

6.1. Folgazões barulhentos das ruas

Uma das expressões da música profana já presente nas casas de fazenda ou nos termos das vilas mineiras, ainda nas primeiras décadas do século XVIII, era a das serenatas, prática musical que portava, contudo, características distintas das atualmente conhecidas. Naquele período, serenatas eram apresentações musicais ao ar livre, realizadas geralmente à noite, com propósito de comemoração de um evento oficial, como um nascimento ou aniversário real. As serenatas tinham lugar junto a cenários elaborados e figurinos ricos, embora sem ação cênica; havia uma orquestração e pelo menos dois cantores solistas, representando figuras pastoris, alegóricas ou mitológicas. Em ocasiões particularmente importantes, podia ser introduzido um coro (DICIONÁRIO GROVE DE MÚSICA, 1994, p. 854). Assim, por exemplo, o Senado da Câmara de Vila Rica decidiu solenizar os seguidos casamentos dos príncipes de Portugal e Espanha, ocorridos em 1727 e 1728, através de festas que durariam três dias na praça da Vila, com touradas, "comédias, serenatas, luminárias, festas de Igreja e outras mais públicas demonstrações de alegria, e com todo o fausto e dispêndio" (*apud* SAYEGH, 2016, p. 147).[502]

Pouco depois, por ocasião das celebrações de trasladação do Santíssimo Sacramento para a Igreja de Nossa Senhora do Pilar em Vila Rica, ocorrida em 1733, novas serenatas foram executadas: "Em todas as noites desses dias se continuaram ao mesmo Senhor [Jesus Cristo] excelentes serenatas de boas músicas, e bem vestidas figuras nas casas onde estava no Ouro Preto" (*apud* ÁVILA, 1967, p. 276), conforme relatou Simão Ferreira Machado em *Triunfo Eucarístico*, texto publicado em 1734.[503] Mas nesses festejos, houve um diferencial: ao invés de juntarem-se à população no espaço público das ruas, "o governador [da Capitania] e a nobreza secular e eclesiástica ouviram serenatas nas casas em que estavam hospedados e compareceram a um banquete particular" (FURTADO, s.d., p. 38).

Todavia, a realização de serenatas em residências não deixava de causar preocupação às autoridades, sobretudo as eclesiásticas, por suscitar maior sociabilidade

502 A autora cita como fonte da transcrição os *Acórdãos Câmara de Vila Rica de 1726-1731*, sob a guarda do Arquivo da Prefeitura de Ouro Preto, f. 22.

503 Tal relato tem como subtítulo *Exemplar da Cristandade lusitana em pública exaltação da fé na solene trasladação do Diviníssimo Sacramento da Igreja da Senhora do Rosário para um novo templo da Senhora do Pilar em Vila Rica.*

entre homens e mulheres, o que era tido como potencial risco à severa moral que regia as condutas femininas. Assim, quando o bispo do Rio de Janeiro, D. Frei Antônio de Guadalupe, a quem estavam subordinadas as terras de Minas até 1745, realizou visita pastoral na região de São João del Rei, foram proibidos, sob a pena de excomunhão, "bailes e serenatas em que entrarem pessoas de diversos sexos, compreendendo também os que assistirem a elas, pela ocasião que há de pecado".[504] Tais interdições sucederam-se: o religioso visitador das Comarcas do Ribeirão do Carmo, Sabará e Pitangui, D. Manuel Rosa Coutinho, igualmente vetou "bailes e serenatas em que entrarem pessoas de diverso sexo" nas reuniões em que ele estivesse presente no Termo da Vila de Ribeirão do Carmo em 1730 (CASTAGNA, 1998, p. 5).[505] Como recorda o musicólogo Paulo Castagna, "é interessante lembrar [que] ao se proibir determinada prática, essa proibição é um sinal de que esta já ocorria em proporção suficiente para colocar em perigo a ordem estabelecida" (CASTAGNA, 1998, p. 5). A despeito das restrições católicas, a serenata foi sendo paulatinamente transposta para o interior dos salões, ganhando o formato de um gênero musical simultaneamente vocal e instrumental, uma canção de câmara. Por vezes, ela foi mesmo introduzida na ópera, que assim ganhava árias em serenata (DICIONÁRIO GROVE DE MÚSICA, 1994, p. 854-855).

Em paralelo, eram também promovidas serenatas como as entendemos hoje: canções executadas à noite, com acompanhamento instrumental, por um enamorado à janela da amada.[506] Em algumas conjunturas, eram até realizadas "serenatas extraordinárias, em que tomavam parte mais de 10 ou 15 figuras de bons músicos, que levavam o cavaquinho, violino, flauta, clarineta, bombardino,[507] violoncelo e baixo" (*apud* ALVES, 2019, p. 97).[508]Contudo, essas modalidades de

---

504 Cf. indicado por CASTAGNA, 1998, p. 5, o original deste documento foi perdido, mas sua transcrição encontra-se no Arquivo Eclesiástico da Arquidiocese de Mariana - AEAM, em A1 G1 P1.

505 Cf. indicado por CASTAGNA, 1998, p. 5, o original deste documento encontra-se no Arquivo Eclesiástico da Arquidiocese de Mariana - AEAM, A1 G1 P2, f.1v. Ainda segundo Paulo Castagna, nesse relato de visita pastoral, à margem direita do trecho transcrito, encontra-se a informação: "Batuques", possivelmente acrescentada em época posterior.

506 "A serenata já apareceria descrita em 1505 em Portugal por Gil Vicente na farsa *Quem tem farelos?* No Brasil, o costume das serenatas era referido pelo viajante francês Le Gentil de la Barbinais, de passagem por Salvador em 1717, ao contar em seu livro *Nouveau voyage autour du monde*, que "à noite só se ouviam os tristes acordes das violas" tocadas por portugueses (espadas escondidas embaixo dos camisolões) a passear debaixo dos balcões de suas amadas", cantando, de instrumento em punho, com "voz ridiculamente terna" (ENCICLOPÉDIA DA MÚSICA BRASILEIRA, 2003, p. 724).

507 Também conhecido como eufônio ou êufono, trata-se de um instrumento de sopro, produzido em metal, com largo diâmetro cônico, similar (embora menor) à tuba.

508 O autor reporta-se, como referência bibliográfica, à obra de CABRAL, Henrique Barbosa da Silva. *Ouro Preto*. Belo Horizonte: edição própria, 1977. p. 184.

serenata enquadravam-se nas proibições quanto aos ruídos noturnos, vigentes durante o período colonial e do Reino Unido (VIANA, 2011, p. 44):[509]"Músicas, que se não deem de noite às portas de outrem, sob pena de dez cruzados, e de serem presos, e terem trinta dias de cadeia, e perderem os instrumentos, e armas" (*apud* CASTAGNA, 1998, p. 4).[510] Em 1795, essa norma ganhou a seguinte versão:

> Por se evitarem os inconvenientes que se seguem nas músicas, que algumas pessoas costumam dar de noite, cantando ou tangendo com alguns instrumentos às portas de outras pessoas; defendemos, que pessoa alguma, de qualquer qualidade e condição que seja, não se ponha só, nem com outros a tanger, nem cantar à porta de outra alguma pessoa, desde anoitecer, até que o sol seja saído (*apud* ALVES, 2019, p. 97).[511]

Porém, tratou-se de mais uma legislação pouco acatada no Brasil, com as serenatas continuando a ser realizadas até serem judicialmente permitidas pelo Código Criminal do Império, aprovado em 1830.[512] Dessa maneira, o visitante inglês Richard Burton pôde presenciá-las e gratificar-se com elas: "As fogueiras da vigília não foram acesas de novo, mas um grupo de dez homens passeou pelas ruas, e acabou nos fazendo uma serenata. [...] Passei muitos "alegres Natais" menos alegres na Alegre Inglaterra, e não esqueceremos logo aquele dia [...], no ano da graça de 1867" (BURTON, 1976 [1869], p. 143).

Um elemento comum, portanto, subsistia entre as duas variantes de serenata praticadas em Minas nos séculos XVIII e XIX: elas consistiam em uma récita musical em homenagem a alguém, uma expressão sonora de respeito, apreço ou afeto, compartilhada em público.

•

509 Cf. CASTAGNA, 1998, p. 3, "Não existem informações explícitas sobre a prática musical nas *Ordenações Manuelinas*[compilação das leis de Portugal, realizada entre 1512-1513 a 1603] ou nas *Ordenações Afonsinas* [criadas em 1446].As *Ordenações Filipinas* [recopilação das leis de Portugal durante a União Ibérica e mantidas após 1640], no entanto, no Livro V, título 81, contêm uma determinação intitulada 'Dos que dão música de noite'".

510 O autor reporta-se à *Colleção da legislação antiga e moderna do Reino de Portugal*: Parte II - Da legislação moderna. Por resolução de S. Majestade de 2 de setembro de 1786. V. 4, p.638-639.

511 O autor baseou-se na edição promovida por ALMEIDA, Cândido Mendes. *Código Philipino ou Ordenações e Leis do Reino de Portugal.* 14ª. ed. Rio de Janeiro: Tipografia do Instituto Filomático, 1870. Dos que dão música de noite. Livro V, título LXXXI, p. 1230.

512 CF. CASTAGNA, 1998, p. 4, que transcreve a edição de 1870 das *Ordenações Filipinas*, editada por Cândido Mendes de Almeida, na qual constava a seguinte nota: "Dão música de noite, i.e., fazem serenatas. Este fato, se não tem por fim algum delito, não é presentemente crime".

Juntamente com as serenatas, as bandas de música foram uma outra manifestação musical promovida nos espaços públicos mineiros desde épocas passadas. Segundo vários estudiosos, diversas agremiações mineiras apresentavam-se, desde o século XVIII, sob o formato de "bandas",[513] como os grupos de "barbeiros" e as associações musicais dirigidas por um mestre-regente, ambos executantes de peças sacras e profanas.[514] Tais grupos, ainda que em menor número face às novas instituições musicais que surgiam, continuaram atuantes durante o período imperial e primeiros anos da República, mas assumiram novas configurações, ao passo que perduravam a presença negra e mestiça e os instrumentos da musicalidade afro, como representados na gravura de Thomas Ewbank[515] e na fotografia de Arthur Ramos.

Fig. 61 –Pedindo esmola para a folia do Espírito Santo, com banda de música. Thomas Ewbank. 1856.[516]

513 Entre os pesquisadores que reconhecem a existência de bandas de música em Minas desde o século XVIII, podem ser citados Curt Lange (1966, p. 42), José Ramos Tinhorão (1972) e Paulo Henrique Alves (2019). Outra vertente de estudiosos defende que as bandas civis derivaram das bandas militares, criadas após a vinda da Corte Portuguesa para o Brasil em 1808 e, principalmente, após a criação da Guarda Nacional, em 1831, a exemplo de Bruno Kriefer (1976), Fernando Pereira Binder (2006) e Manuela Areias Costa (2012), cf. COSTA, 2012b; ALVES, 2019.

514 Os músicos-barbeiros e as agremiações musicais de maior estruturação foram abordados no Capítulo 5.

515 Esta iconografia retrata um grupo de músicos na cidade do Rio de Janeiro, mas consideramos que expresse similitude com os grupos de barbeiros mineiros.

516*Life in Brazil* (New York, 1856), p. 251 (copy in Special Collections Department, University of Virginia Library). Disponível em: https://play.google.com/books/reader?id=2ABGAQAAMAAJ&hl=&printsec=frontcover&source=gbs_api&pg=GBS.PA62. Acesso em: 20 fev. 2021.

Fig. 62 - Cantadores de toada (ganzá[517] e reco-reco). Arthur Ramos, início século XX.[518]

Trazidas para as terras de Minas com a colonização portuguesa, [519] o ápice das bandas de música ocorreu a partir de meados do século XIX, quando "os habitantes reun[ia]m-se nas cidades paroquiais, vindos de todas as direções; cada lugar tem sua fogueira, desfile de bandas" (BURTON, 1976 [1869], p.137). Ao longo do Oitocentos, as bandas de música mineiras foram assumindo variados contornos:[520] algumas atinham-se a instrumentistas de sopro e percussão, enquanto outras contavam com cantores e instrumentistas de corda (COSTA,

517 Sobre o ganzá, ver nota 31 do Capítulo 4.

518 Fotografia. Disponível em: http://objdigital.bn.br/objdigital2/acervo_digital/div_iconografia/icon299056/icon979690.jpg. Acesso em: 15 out. 2020.

519 A expressão provém do latim medieval *bandum* (estandarte), referente à bandeira sob a qual marchavam os guerreiros, acompanhados por um grupo de músicos tocando instrumentos de sopro e percussão. Em paralelo, tais bandas de música também apresentavam-se em cortejos associados ao exercício do poder civil e em procissões religiosas. Posteriormente, as bandas passaram a empregar instrumentos musicais de sonoridade mais potente, como a charamela (precursora do oboé, da clarineta e do fagote), o trompete e a sacabuxa (precursor do trombone de vara), conseguindo fazer reverberar as músicas por elas tocadas nos espaços abertos dos centros urbanos da Europa (DICIONÁRIO GROVE DE MÚSICA, 1994, p. 74).

520 Devido a essa variedade instrumental, alguns pesquisadores, como indicado em nota anterior, consideraram que nem todos os conjuntos musicais de Minas colonial podiam ser considerados bandas, pois comumente o termo aplica-se a agregações sonoras de sopro e percussão, enquanto as associações setecentistas geralmente contavam também com instrumentos de sopro.

2012b, p. 49);[521] existiam bandas de músicas nas fazendas, compostas por militares, criadas por civis...

Os agrupamentos de músicos nas fazendas eram mantidos pelos senhores de terras e escravos, perdurando durante todo sistema escravista, como citado por D. Pedro II ao visitar uma propriedade rural na região aurífera de Minas: "Da estrada de ferro viemos em trole até a fazenda. Atravessa o bosque. Chegada aqui eram 6h1/2. A frente da casa que é boa estava lindamente iluminada. O oficleide[522] tocou muito bem umas variações. No Pântano, a banda era de escravos da casa. Tocou muito bem." (PEDRO II, 1957 [1881], p. 117). Com base neste relato, é possível perceber que embora o suporte econômico-social das bandas rurais mineiras tenha sido mantido por quase dois séculos, seus instrumentos foram sendo alterados, com os fagotes, oboés e trompas vindo a ser substituídos, em alguns casos, por oficleides, trombones de vara, saxhorns,[523] tubas e trombetas com pistões. A tecnologia industrial alcançava, assim, a produção de instrumentos de sopro em metal.[524]

A partir da década de 1830 surgiram as primeiras bandas de música no formato hoje conhecido. Eram associações militares, vinculadas à Guarda Nacional sediada nas municipalidades,[525] e também realizavam concertos públicos, nos quais músicos fardados executavam trechos de músicas populares e de concerto. De forma similar às bandas das fazendas, eram mantidas por oligarquias rurais. Tomando por base a experiência aí adquirida, vários músicos organizaram agremiações musicais civis ou "bandas de música paisanas", que, todavia, mantinham o *ethos* militar nos uniformes (que lembravam as fardas) e nos repertórios (com predomínio das marchas).

Essas bandas eram contratadas pelas autoridades locais e por instituições católicas para tocar em cerimônias religiosas, sobretudo nas atividades externas ao templo (como procissões, quermesses etc.). No caso das bandas que conseguiam dispor de um coral, este assumiu um formato diferente das épocas anteriores, pois passou a contar com vozes femininas, podendo, inclusive, ser formado apenas por mulheres. Os corais das bandas paisanas cumpriam a função exclusiva da música sacra, tanto nas procissões como nas celebrações internas das igrejas (ALVES, 2019, p. 221).

---

521 Nesse caso geralmente contratados para apresentações religiosas cujo repertório exigisse tais sonoridades.

522 Oficleide, também conhecido por oficleide ou figle, é um instrumento de sopro da família dos metais (ALVES, 2019, p. 188).

523 Também chamado de saxotrompa ou sax-trompa, é um instrumento de sopro da família dos metais.

524 Este sistema foi idealizado pelo alemão Heinrich Stölzel em 1815. Os pistões permitem ao instrumento produzir cromaticamente, ou seja, empregando todos os tons e semitons da escala musical ocidental (ALVES, 2019, p. 206).

525A Guarda Nacional foi criada em 1831, substituindo as milícias e ordenanças. Há registros de criação de bandas militares vinculadas à Guarda Nacional no Brasil nesse mesmo ano (BINDER, 2006, p. 74).

A presença das bandas militares e civis em Minas oitocentista foi registrada por fotografias, como as reproduzidas a seguir, bem como por relatos de viajantes, como o deixado por Richard Burton ao passar por Matozinhos: "fomos detidos pela procissão do dia de Corpus Christi [...] O sacerdote mais importante carregava o Santíssimo, sob um pálio bordado, e militares com banda de música vinham atrás" (BURTON 1976 [1869], p. 107). Ele também presenciou a atuação de bandas em festejos cívicos e eventos comemorativos: "No início da construção do prolongamento da Estrada de Ferro D. Pedro II foram trocados muitos discursos de saudação e a banda de música nos escoltou até o nosso rancho" (BURTON, 1976 [1869], p. 141).

Até nas instituições de ensino e liceus eram organizadas bandas de música, como a do Seminário de Mariana ou do Colégio do Caraça, esta tida por "sofrível" pelo imperador, por ocasião de sua visita a Minas (PEDRO II, 1957 [1881], p. 98). Já as bandas de maior porte eram por vezes designadas como "filarmônicas" (COSTA, 2012b, p. 59),[526] como a citada por D. Pedro II: "Dobrei a esquina para uma rua onde vi a bonita casa, externamente pelo menos, da Filarmônica" (PEDRO II, 1957 [1881], p. 111). De forma similar, José Joaquim da Silva, em 1877, mencionou a existência de "uma excelente banda para orquestra" na cidade de Pitangui (SILVA, 1997 [1877], p. 94).

Fig. 63 - *Provincia des Mines: La Musica de la colonia de S. M. D. Pedro II.* Revert H. Klumb. s.d.[527]

526 As "bandas filarmônicas" costumavam ser legalmente registradas e atuar como instituições filantrópicas, não estabelecendo vínculos empregatícios com os músicos, nem gerando renda.

527 Juiz de Fora, s. d. Cópia fotográfica albuminada. Disponível em: http://brasilianafotografica.bn.br/brasiliana/handle/20.500.12156.1/906. Acesso em: 12 out. 2020.

Fig. 64 - Primeira Banda de Música do 4º Corpo Policial. Diamantina, c. 1891.[528]

Ocorreram expressivas mudanças no repertório das bandas ao longo do Oitocentos, com inclusão de sonoridades de entretenimento, sobretudo de gêneros como a ópera e de danças praticadas nos saraus, sendo que as músicas europeias, não raro, tinham sua melodia e seu ritmo "abrasileirados". Em contrapartida, algumas bandas incorporaram expressões musicais caracteristicamente estrangeiras, o que ocorreu sobretudo com a chegada de colonos europeus ao final do século XIX. Assim, descreveu D. Pedro II em seu diário: "[Em Ubá] [...] vi a procissão de colonos italianos com archotes. Falei-lhes e ao padre Filó que os dirige. Tocou gaita de foles, cantou um e 2 dançaram. [...]" (PEDRO II, 1957 [1881], p. 117). Em todos esses casos, as apresentações não podiam prescindir dos dobrados e das marchas, muito ao gosto do público (COSTA, 2012b, p. 51-52). Com isso, "as composições do século XVIII foram sendo cada vez mais abandonadas, tornando-se vítimas das traças nas estantes dos arquivos onde jaziam condenadas ao esquecimento. Mortos os velhos regentes, sua coleção de obras foi dispensada, vendida a interessados, para embrulhar mercadorias ou servir de papel resistente nos fogos de artifício" (HOLANDA *apud* COSTA, 2012b, p. 57).[529] Em paralelo, o comércio das novas partituras e instrumentos musicais ampliava-se, principal-

528 Fotografia. Disponível em: https://www.policiamilitar.mg.gov.br/portal-pm/3bpm/conteudo.action?conteudo=295&tipoConteudo=itemMenu. Acesso em: 14 out. 2020.

529 A autora refere-se à obra de HOLANDA, Sérgio Buarque. *História geral da civilização brasileira.* Rio de Janeiro/São Paulo: Difel, v. 2, 1976. p. 139-140.

mente a partir da vinda da Corte em 1808, quando "pequenas peças de música começaram a ser incluídas nos jornais da moda, para aparecerem depois avulsas" (HOLANDA *apud* COSTA, 2012b, p. 56).[530]

As bandas de música foram agrupamentos socioculturais de grande importância em Minas Gerais. Através delas, as novidades do repertório musical eram difundidas entre a população; arranjos e composição de inúmeras peças musicais foram promovidas; inúmeros forros e homens livres aprenderam a tocar um instrumento, obtiveram formação em música e conseguiram ganhar ou complementar seu sustento. Além disso, as bandas propiciavam práticas de sociabilidade entre os habitantes, que para escutar suas apresentações dirigiam-se ao espaço das ruas, congregando-se junto aos coretos, praças ou residências rurais: "Música e dança impregnavam o cotidiano dos habitantes das Minas, o que significa dizer que aquela sociedade construiu, em torno dessas práticas, incontáveis formas de convivência e coexistência, assim como espaços de sociabilidade os mais distintos" (PAIVA *apud* ALVES, 2019, p. 85).[531]

•

Outra manifestação sonora no espaço público dos arraiais e vilas mineiras do século XVIII era o entrudo, festividade de três dias que antecedia o período religioso da Quaresma.[532]Trazido para a América Portuguesa junto com outros arcabouços culturais da Metrópole, o entrudo diferia parcialmente do festejo de mesmo nome realizado em Portugal,[533] embora ambos partilhassem as características de embate (por vezes não muito) simbólico travado nas ruas: "criadas e servas molhavam guardas, policiais e outros passantes de sua condição. [...] Agressões verbais e os cânticos repletos de pornografia, tal como observados na Europa renascentista, por sua vez, também continuavam presentes no entrudo português. [...] As ruas de Lisboa viviam sob constante patrulha de policiais montados em cavalos, enquanto outros, fardados ou não, esforçavam-se a fim de desenrolar a paz" (SANTOS, 2014b, p. 23-24).

---

530 A autora refere-se à mesma obra indicada na nota acima, v. 3, p. 384.

531 O autor refere-se à obra de PAIVA, Eduardo de. Depois do cativeiro: a vida dos libertos nas Minas Gerais do século XVIII. *In*: VILLALTA, Luiz Carlos; RESENDE, Maria Efigênia. *História de Minas Gerais: as Minas Setecentistas*. v. *1*. Belo Horizonte: Autentica, 2007, p. 299.

532 Cf. BIBBÓ, 2017, p. 76: "O entrudo inicialmente celebrava o início da primavera com ritos de fertilidade e teve seu significado alterado após a inserção do calendário cristão".

533 Cf. SANTOS, 2014b, p. 23-24, nas terras portuguesas, o entrudo comportava a realização de um cortejo pelas ruas, com "a presença de um boneco chamado Entrudo, ou João, acompanhado pela já mencionada Dona Quaresma, um ritual também similar ao realizado na Itália nos séculos XVII e XVIII. Também havia um ambiente marcado pelo consumo, com presença de barracas de alimentação [...] havia o jogo de troças, a presença de grupos de mascarados que tocavam tambores barulhentos e, ao fim da celebração principal, o desfile dos bonecos gigantes com danças e bailes".

O "Intrudo" (conforme a grafia da época)[534] era descrito, na Colônia, como "regozijos que então se fazem [...] nos quais é uso entre nós divertir-se o povo com se molhar, empoar, fazer peças e outras brincadeiras, e banquetear-se (DICCIONARIO DA LINGUA PORTUGUEZA, 1813, p. 348; 718).Assim, durante o entrudo, "os foliões molhavam-se, uns aos outros, com baldes de água fria, limões, vinagre e sujavam-se com pó de arroz, farinha de trigo e tinta" (ALVES, 2019, p. 96). Por isso, ele era mencionado como "jogo de entrudo" nos documentos das Câmaras das cidades mineiras do Oitocentos, ficando subentendido tratar-se de um folguedo perpassado pela espontaneidade, pelo deboche e mesmo por certa violência.

A preparação para os festejos do entrudo requeria certa antecedência. Muitas famílias dedicavam-se a produzir e a vender os "limões de cheiro", tarefa costumeiramente atribuída às mulheres. Esses "limões" consistiam em pequenas esferas feitas de cera com formato dessa fruta, preenchidas com líquido que poderia exalar odores agradáveis ou, pelo contrário, bem repulsivos, escolhidos segundo o alvo que se desejava atingir (BIBBÓ, 2017, p. 77). Também eram fabricadas as "seringas" (feitas de folhas de flandres ou bambus), polvilhos e farinhas, sendo que esses dois últimos itens eram geralmente atirados sobre negros e mulatos, para provocar a contraposição com a sua cor da pele, "provocando muitos risos por sua aparência" (ARAÚJO, 2011, p. 46)

Nas ruas, eram os homens que protagonizavam as brincadeiras, espreitando os passantes, escondendo-se em vendas ou atrás das portas, com seringas e gamelas de água (ARAÚJO, 2011, p. 48); as mulheres, contudo, não deixavam de participar, sobretudo jogando os limões de cheiro (ARAÚJO, 2011, p. 49). A participação dos escravos, porém, era bem mais cerceada, não sendo considerado admissível que atingissem senhores de categoria social elevada ou autoridades – apenas em determinados contextos, como "ao buscarem água em chafarizes [...] e ao final do trabalho, os escravos encontravam seus pares e suas próprias maneiras de brincar o entrudo" (GOMES, 2018, p. 92).

Realizado nas vias públicas das principais cidades e distritos mineiros, o entrudo não incorporou a música e a dança mas, nas ruas, podia-se ouvir o som do batuque, que "se misturava a trompas e clarins, usados apenas para chamar a atenção, sem entoar qualquer melodia" (ARAÚJO, 2008b, p. 161).

Progressivamente, a prática do entrudo passou a ser criticada por uma elite que o considerava demasiadamente turbulento e, portanto, prejudicial à civilidade e à ordem social. Nas posturas da Câmara de Ouro Preto de 1830, no

---

534 Corruptela da palavra latina *introitos*, que significa "entrada, começo, princípio", seja da estação da primavera, seja do período quaresmal, precedendo a Páscoa (celebração da ressurreição) cristã.

capítulo "Sobre contravenções contra as pessoas", o entrudo teve sua realização proibida "nas ruas e praças das povoações [sob a forma d]o brinquedo de água com ou sem cheiro ou quaisquer outras coisas que possam induzir perigo, ou causar dor" (*apud* BIBBÓ, 2017, p. 77). Outras interdições seguiram-se ao longo do século XIX, emitidas pela Intendência da cidade; contudo, "mesmo sob vigilância e penalização aos infratores, o entrudo continuava sendo praticado e [...] era necessária a reafirmação de sua ilicitude para tentar conter 'o brinquedo que resultava muitas vezes em desordem e moléstias incalculáveis.'" (*apud* BIBBÓ, 2017, p. 77).[535] Assim, uma das normas do *Estatuto de Ouro Preto*, datado de 1894, estipulava que

> Nem nos povoados, nem fora deles, se permitirá a renovação dos antigos e proscritos folguedos denominados entrudo-queima de Judas-danças de batuque, proibidas estas sob qualquer teto, ainda mesmo em lugar ou sítio desabitado. Não se compreendem nesta disposição os entretenimentos de entrudo no interior do lar e entre janelas ou varandas fronteiras, desde que não alcancem os transeuntes, não se estendam às ruas, nem por estas se exponham à venda objetos a esse fim destinados (*apud* BIBBÓ, 2017, p. 78).[536]

Dessa maneira, era promovido um grande esforço, na combinatória de repressões policiais e censuras veiculadas nos principais meios de comunicação da época, para eliminação do entrudo, diretamente associado à imagem de atraso de uma sociedade com forte legado colonial. Tais iniciativas foram ainda mais acirradas com o projeto de transferência da capital mineira para a cidade de Belo Horizonte, ainda que, por fim, não tenham conseguido impedir sua concretização. Em contrapartida, à medida que o entrudo ia desaparecendo, novas práticas emergiam, como os *bal-masqués* no teatro, inspirados nos carnavais de Veneza e de Paris (ALVES, 2019, p. 96). Assim, paulatinamente, as festividades de rua que antecediam a Quaresma foram adquirindo contornos de carnaval, embora até os anos iniciais do século XX, os festejos do entrudo continuassem a ser praticados em algumas cidades mineiras, embora expurgados de suas maiores expressões de violência simbólica, como indicado pelo jornal *Lavoura e Comércio*, publicado na cidade de Uberaba em 1902:

---

535 A autora transcreve documento sob a guarda do Arquivo Público Mineiro-APM - CMOP 3/2, Cx. 05 Posturas 14/04/1886 - 01/05/1888, Série: Documentação interna, Subsérie: Posturas – acervo virtual.

536 A autora reporta-se ao artigo 36 do título VII, intitulado "Prohibição de jogos, espetáculos ou divertimentos ilícitos", do *Estatuto Municipal*. Ouro Preto: Typographia Malvar, 1908

> No meio da mais franca alacridade, risos e rejubilações, surgiu entre nós, o tradicional jogo do entrudo, fazendo estar alerta os que se atiram a esse pugilato, inofensivo e amigo. Dizemos pugilato, porque não é ele mais que íntima e alegre batalha, em que pessoas amigas, encontrando-se, trocam renhidamente entre si, ora uma nuvem de confetes ou serpentinas douradas, de pétalas ou corolas, ora uma fricção aromada, com o mesmo ardor, às vezes, do soldado que troca balas na arena de combate. Essa luta tem os encantos da meiguice. Ela se empenha nos limites onde reina a amizade, a união e a confiança. Nestes dias que atravessamos, a pessoa que subir à rua, passando perto de um sortimento de confetes e serpentinas, não poderá ficar magoada ou se enfiar com o fato de em se lhes atirando, esses microscópicos corpos lhe salpiquem a veste, [....] os cabelos, pondo-lhe em ligeira confusão.
>
> São coisas da época, essa pândega, essa garrIdice, esse júbilo, enfim, que se comunica, e invade a alma popular. No Alto dos Estados Unidos e em algumas ruas da cidade temos notado já bem folgazão o travesso, o Entrudo.
>
> No teatro, as senhoritas vítimas deste inofensivo ataque hão de ter recebido com *muchas gracias* à fuzilaria que se lhes dirige freneticamente.
>
> Que se continue neste folguedo.[537]

O carnaval, que vinha sendo promovido no Brasil principalmente a partir do II Reinado, portava semelhanças com o entrudo, mas sem concentrar-se nas disputas de rua promovidas através de objetos mutuamente lançados. No carnaval oitocentista, predominavam bailes de máscaras e "cortejos secos" (BIBBÓ, 2017, p. 76), sendo que o primeiro desses bailes realizado em Ouro Preto teve lugar na Casa da Ópera, em 1857:

> Nos dias 22 e 24 do corrente [mês de fevereiro] terão lugar pela primeira vez nesta cidade as festas denominadas Carnaval, que constar[ão] de grande passeio a cavalo à tarde de pessoas gradas vestidas a caráter, e substituindo por flores o bárbaro jogo d'água denominado Entrudo; à noite terá lugar o baile no teatro d'esta cidade: anunciar-se-á depois o programa (*apud* BRESCIA, 2011, p. 100).[538]

537 Anúncio transcrito no blog do Arquivo Público de Uberaba. Disponível em: https://arquivopublicouberaba.blogspot.com/2016/02/o-carnaval-em-uberaba-no-final-do.html. Acesso em: 15 fev. 2021.

538A autora reporta-se à documentação sob a guarda do Arquivo Público Mineiro-APM, Jornais Mineiros do século XIX, *Correio Official de Minas* – 09 fev. 1857, Edição 10 - JM-1262468.

Os bailes de carnaval mineiros eram animados pelas bandas civis e militares tocando valsas, polcas, mazurcas e quadrilhas. Logo, até a passagem do século XIX para o XX, não existiam composições musicais específicas para o período carnavalesco, sendo executado, nesse período, o mesmo repertório selecionado para outras festividades ao longo do ano (ARAÚJO, 2008b, p. 160).[539]

Em paralelo aos bailes de máscara com elaboradas fantasias, realizados nas residências dos segmentos sociais mais elitizados de Minas, a população empobrecida veio a encontrar maneiras próprias de também divertir-se. Um exemplo disso foi a reelaboração da tradição lusitana da promoção de desfiles pelas ruas com o soar de tambores em batidas ritmadas.[540] Em Minas, deslocada do vínculo ao calendário religioso, existente em Portugal, a "barulhada" passou a ser promovida pelos populares nos dias de carnaval, conforme relata o folclorista Câmara Cascudo (1954, p. 659): "Cantiga, acompanhada por bombos, entoada na véspera de carnaval, anunciando a festa popular e também cantada durante os três dias tradicionais. Conhecida no Brasil desde meados do século XIX em todo território nacional. Diz-se Zé Pereira ao bombo e ao conjunto de foliões que o canta".[541]

Assim, em 1897, o jornal *Minas Geraes* noticiava que os festejos daquele ano seriam animados, pois em muitos pontos da cidade de Ouro Preto já estavam ocorrendo os jogos de *confetti*, e também os "ruidosos bandos dos tradicionais e populares Zé-Pereira, que ao toque de suas atroadoras caixas, percorriam as ruas da cidade" (*apud* ARAÚJO, 2008b, p. 161).[542] Algum tempo depois, em 1900, o

539 A autora reporta-se ao jornal *Minas Gerais*, Ouro Preto, n. 58, ano VI, terça-feira, 2 mar. 1897, p. 7.

540 Segundo CASCUDO, 1954, p. 810, "É de origem portuguesa, popular no norte de Portugal e Beiras, com o mesmo nome quanto ao grupo de bumbos que atroa alegre e ferozmente, não apenas no carnaval, mas na época das feiras locais e romarias". Também segundo GOMES, 2018, p. 101, "No livro *Instrumentos musicais populares portugueses*, o autor Ernesto Veiga de Oliveira reporta-se à festividade da Festa da Agonia em Viana do Castelo, em que o grupo de Zé Pereiras é composto por tocadores de caixas, bombos, gaiteiros (gaita de fole) e os 'cabeçudos' compõem a figuração das festividades religiosas".

541 Uma interpretação divergente para a designação "Zé Pereira" a esses grupos que saíam em cortejo percussionando instrumentos encontra-se na obra de FAZENDA, Viera, *Antiqualhas e memórias do Rio de Janeiro*, inicialmente publicada em 1906: seria uma corruptela do nome de José Nogueira de Azevedo Paredes, um português folgazão que teria introduzido esse costume no Brasil (ARAÚJO, 2008b, p. 62).

542 Em uma descrição do Zé Pereira no Rio de Janeiro, é relatado que "[...] na frente do zé-pereira vem a bandeira, que consiste quase sempre em três ou quatro esteiras velhas pregadas a um bambu [...]. Atrás das bandeiras desfilam os bumbos. Atrás dos bumbos vem os tambores de latas de biscoito rufando à toda força" (*apud* GOMES, 2018, p. 103). A autora reporta a transcrição à FRANÇA JUNIOR, J. J. *Política e Costume*. Folhetins Esquecidos (1867-1868). Rio de Janeiro: Civilização Brasileira, 1957.

jornal *Lavoura e Comércio*, de Uberaba, informava que "No domingo último, à noite, percorreu as ruas desta cidade um animado Zé Pereira que pintou a saracura. Ao que nos consta, nos três dias consagrados a Momo se exibirá uma sociedade carnavalesca que pretende dar muita sorte. Que venha".[543] Embora não tenha sido possível encontrar nenhuma iconografia referente aos grupos de Zé Pereira mineiros, a caricatura publicada pela revista *O Mosquito* em 1873, associada aos festejos cariocas, traduz a irreverência desses grupos,[544] assim como o ilustrado anúncio de venda de máscaras para os dias de carnaval.

Contudo, aos poucos, até mesmo o "Zé Pereira" foi sendo institucionalizado. Em 1867,ocorreu a fundação oficial do Clube dos Lacaios de Ouro Preto, em rivalidade aos "Machadinhos"(GOMES, 2018, p. 111),[545] outra agremiação dessa cidade:

> [...] os 'Machadinhos' representavam a classe mais abastada da cidade e eles chamavam os funcionários do Palácio dos Governadores de 'Lacaios'. Esta teria sido a motivação para a criação de um clube rival, o Club dos Lacaios, que apresentava ao povo ouro-pretano o bonecão cabeçudo Catitão, caricatura de um autêntico português com seu bigode proeminente e vestido de fraque e cartola, ironizando a elite opressora do Palácio dos Governadores e constituindo-se, portanto, uma ironia direcionada aos 'Machadinhos' (GOMES, 2018, p. 111)

A despeito dessa formalização, o "Zé Pereira" perdurou como uma expressão do "modo de festejar do povo comum", mantendo o tom "satírico das brincadeiras [...] para denunciar a desigualdade e a injustiça, além de explicitar a percepção que os negros tinham dos senhores". Não obstante, ele era mais tolerado do que o entrudo, sendo "interpretado como um conjunto de pessoas alegres", as quais, ainda que "beberronas", eram, grosso modo, "inofensivas" (GOMES, 2018, p. 96; 102), dada a dimensão mais implícita de violência simbólica contida nas práticas do "Zé Pereira".

543 Anúncio transcrito no blog do Arquivo Público de Uberaba. Disponível em: https://arquivopublicouberaba.blogspot.com/2016/02/o-carnaval-em-uberaba-no-final-do.html. Acesso em: 15 fev. 2021.

544 Na rede social mantida pelo grupo "Zé Pereira da Chácara" da cidade de Mariana, Minas Gerais, é comentado que: "A cena publicada na revista destaca três integrantes de um Zé Pereira que descansavam e comemoravam mais um carnaval: o fantasiado de diabo, situado no canto esquerdo da imagem, se encontra sentado sobre um bombo e abaixo dele há um homem que retira uma de suas botas e que porta uma cabeça gigante". Disponível em: https://www.facebook.com/zepereirachacara/. Acesso em: 14 fev. 2021.

545 Há uma outra versão sobre a data da fundação do clube. Segundo Renato Almeida, o Club dos Lacaios teria sido fundado em 1896 e reorganizado em 1942. Porém, não encontramos em outras fontes, informações que confirmassem tal indicação (GOMES, 2008, p. 111-112).

Fig. 65 - Zé Pereira. Revista *O Mosquito*, março de 1873.[546]

Fig. 66 – Anúncio de máscaras de carnaval na cidade mineira de Uberaba, 1900.[547]

546 Caricatura. Disponível em: https://www.facebook.com/zepereirachacara/photos/pcb.2065116107064545/2065115857064570/?type=3&theater. Acesso em: 14 out. 2020.

547 Fotografia. Disponível em: https://arquivopublicouberaba.blogspot.com/2016/02/o-carnaval-em-uberaba-no-final-do.html. Acesso em: 15 fev.2021.

6.2. Entre comédias e melodramas

Se o entrudo e o carnaval irrompiam em determinados dias do ano, nas outras épocas do calendário anual autos e espetáculos teatrais proporcionavam o almejado entretenimento. Nos primeiros tempos do século XVIII, nos arraiais e mesmo nas vilas maiores, não havia casas de espetáculo, sendo os autos e as exibições musicais apresentados em tablados armados em alguma praça, quando surgia a oportunidade (VIANA, 2011, p. 44-45). Geralmente eram encenadas comédias, entendidas como "peças alegóricas que dramatizavam simbolicamente os valores fundamentais para a afirmação da autoridade monárquica, aludindo sempre as duas devoções: Deus e o Rei" (MACHADO NETO, 2008, p. 303). Tais apresentações entremeavam "diálogos falados com pequenas peças cantadas. Sua origem encontra-se nos autos medievais e, em Portugal, alcançou seu esplendor na obra de Gil Vicente" (MACHADO NETO, 2008, p. 303). Essas "apresentações de circunstância", como as denomina o historiador Affonso Ávila,

> [...] patrocinadas na maioria das vezes pela classe dos advogados e oficiais de intendência mediante ordenação dos Senados das Câmaras, vão repetir-se nas vilas mineiras por todo período colonial, mesmo quando já se achavam em funcionamento as chamadas Casas da Ópera, que passam a ser em alguns casos o palco natural das encenações comemorativas e gratulatórias (ÁVILA, 1978, p. 5).

Conforme analisa este pesquisador, nas terras mineiras, o teatro desfrutava de boa apreciação social, devido, ao menos em parte, a um imaginário que destacava a efemeridade da vida, uma "cosmovisão que encarnava o sentido da teatralidade do mundo e o da experiência humana como um mero espetáculo que passa" (ÁVILA, 1978, p. 2). Entretanto, esse mesmo ideário, quando relido pela perspectiva da teologia católica da época, atribuía ao teatro o risco de exposição do fiel às tentações mundanas, a prazeres fugazes que poderiam culminar com a morte eterna (CUNHA, 2013, p. 163). Com efeito, não era incomum que as apresentações teatrais nos espaços públicos dessem ensejo a outros tantos folguedos recriminados pela Igreja: "Aos domingos, quando o pároco reúne a população, [...] o lugarejo se galvaniza de certo modo e às vezes, um mineiro de Morro Velho, embriagado, apresenta um espetáculo, que termina com uma 'dança de todos os personagens'." (BURTON, 1976 [1869], p. 171).

Buscando evitar a exposição das camadas sociais mais elitizadas a possíveis desordens, apresentações cênicas mais refinadas eram por vezes realizadas em recintos fechados, como, por exemplo, no Palácio dos Governadores, onde "Cláudio Manuel da Costa faz levar à cena, [em] [...] 1768, *O Parnaso obsequioso,* um 'drama para se recitar em música', por ele escrito em homenagem ao governador Conde de Valadares" (ÁVILA, 1978, p. 5). Nessa ocasião, Vila Rica já contava com sua Casa da Ópera, que foi inaugurada na primeira metade do século XVIII (BRESCIA, 2011, p. 92). Todavia, foi no contexto da Ilustração luso-brasileira que esse teatro passou a deter maior expressão social. Em 1751, por ocasião dos festejos da aclamação de D. José I ao trono, o prédio passou por reformas, com a demolição da parede frontal, a fim de que mais espectadores pudessem assistir às três óperas então encenadas. Porém, devido ao grande número de pessoas que compareceram a esses espetáculos, algumas paredes internas do teatro acabaram ruindo, o que deixou o espaço desativado. Apenas em 1769, um segundo edifício veio a ser erguido, tarefa delegada a um dos potentados da Capitania mineira, João de Sousa Lisboa,[548] sendo inaugurado em 1770. A construção ou reforma de outras casas da ópera na segunda metade do Setecentos e no século seguinte foi promovida em algumas cidades e vilas mineiras como estratégia político-cultural para elevação do grau de civilidade dessas localidades.[549] Pressupunha-se que os teatros poderiam, através de suas apresentações cênicas, atuar pedagogicamente no tocante ao exercício de etiquetas sociais e no reforço de preceitos morais.[550]

Mas se a função do teatro luso-brasileiro era um "investimento na sociabilidade", nem por isso ela deveria deixar de ser lucrativa (LIMA, 2010, p. 16). Assim, após ser novamente erguida, a Casa da Ópera de Vila Rica foi arrendada por Sousa Lisboa a interessados que se dispusessem, além de efetuar o pagamento do aluguel anual, a também adquirir, mediante uma rede de contatos em Minas, no Rio de Janeiro e até em Portugal, textos e partituras para as produções, bem como a contratar atores, atrizes, e diretores (às vezes também chamados 'operistas'), recebendo, em contrapartida, o rendimento da venda dos ingressos e assinaturas dos camarotes (BUDAZS, 2008, p. 42; BRESCIA, 2011, p. 96).

548 João de Sousa Lisboa havia acumulado grande fortuna através de contratos firmados com a Coroa para abertura de estradas e recolhimento de dízimos na Capitania de Minas. Todavia, tais contratos acabaram por tornar-se uma dívida considerável, que resultou em sua prisão, em 1766. Liberado do cárcere alguns meses mais tarde por ordem real, viu-se obrigado a erguer o novo prédio da Casa da Ópera em terreno de sua propriedade em Vila Rica, possivelmente em função do dinheiro que devia aos cofres régios (BRESCIA, 2011, p. 93).

549 A Casa da Ópera de Sabará foi inaugurada em 1819. José Joaquim da Silva, em livro publicado em 1877, mencionou a existência de "um teatro bem decorado" na cidade de Passos; "um bom teatro, com três ordens de camarotes" em Pouso Alegre; um "excelente teatro" em São João del Rei; outro "excelente teatro, denominado de Santa Cecília, construído pela sociedade União Auxiliadora" em Itajubá; "um teatro de cuja construção se encarregou uma sociedade de 20 chefes de família" em Ouro Fino (SILVA, 1997 [1877], p. 101, 109, 122, 147, 168).

550 Cf. LIMA, 2010, p. 16: "[...] esta educação postulada pelos novos dirigentes neste final do século XVIII era, certamente, uma educação ilustrada [...]; se não tinha como meta a derrocada do catolicismo lusitano, necessitava desenvolver na sociedade [...] valores profanos, que na arte e, consequentemente, na música, estavam ligados a novas concepções já em voga na estética europeia".

Com o falecimento de Sousa Lisboa em 1778, o prédio passou à propriedade da Real Fazenda Portuguesa, em função da cobrança de dívida mantida por seu construtor, o que dispôs o poder público como locador do teatro. As consequências de tais vínculos não passaram desapercebidas ao viajante inglês Mawe: "se [os atores] recebessem aplausos do público, ficariam sem dúvida mais satisfeitos. Sempre estiveram na dependência do governador e são tão constrangidos que só podem representar as peças que seu capricho lhes indicar como convenientes" (MAWE, 1978 [1812], p. 178). Ainda assim, ele aprovou a realização de espetáculos na Casa da Ópera: "Havia então representações teatrais em Vila Rica: fui duas vezes assisti-las, muito satisfeito de que esse divertimento, digno de seres racionais, tivesse substituído os cruéis combates de touros. O teatro e suas decorações eram lindos e os atores passáveis" (MAWE, 1978 [1812], p. 178).

Com a emancipação política do país, a Casa da Ópera de Ouro Preto tornou-se bem da Tesouraria da Fazenda do Império, que a transferiu, em 1854, para o governo da Província de Minas Gerais, juntamente com os encargos para sua manutenção. Efetivamente, pouco depois, em 1861, o edifício passou por reformas: a fachada principal do teatro foi alterada, introduzindo-se elementos decorativos de estilo neoclássico, conforme fotografia reproduzida a seguir. Já no âmbito interno, foram colocadas uma estrutura de sustentação dos camarotes e balaustradas em ferro fundido (primeiro exemplo dessa arquitetura em ferro empregada na Província), além da promoção de várias outras mudanças. Apesar dessa intervenção, o teatro conserva quase integralmente, até hoje, as características do século XVIII (BRESCIA, 2011).[551] Destacando a pintura então promovida no arco do proscênio,[552] reproduzida na imagem a seguir, o pesquisador Paulo Alves explicita que ela retrata

> [...] em uma única imagem, todas as artes que se apresentavam naquela casa: na parte superior do painel encontram-se as máscaras, que eram a representação do teatro; logo abaixo, a partitura e os instrumentos musicais simbolizavam a música; no entanto, a lira, a trompa e o violino, representavam a ópera e a música erudita; já os timbales[553] (presentes na parte inferior da pintura), assim como o tambor e a corneta representam, claramente, a música da banda militar que também passara a fazer parte da programação cultural daquele espaço (ALVES, 2019, p. 185-186).

551 A Casa da Ópera de Ouro Preto é "o único exemplar que segue a tipologia dos teatros públicos portugueses setecentistas remanescente no mundo luso-brasileiro" (BRESCIA, 2011, p. 89).

552 Parte do palco situada antes do cenário, avançando até a plateia ou ao fosso da orquestra, quando houver.

553 Tambores de baixa altura, geralmente com apenas uma pele.

Fig. 67 – Casa da Ópera de Ouro Preto, s. d.[554]

Fig. 68 - Pintura do arco do proscênio da Casa da Ópera de Ouro Preto, com símbolos da arte musical.[555]

554 Fotografia. Disponível em: https://casadaoperadotcom.files.wordpress.com/2013/06/imagem-4.jpg. Acesso em: 14 out. 2020.

555 Fotografia. Arquivo de Paulo Henrique Pinto Coelho Rodrigues Alves. *Apud* ALVES, 2019, p. 186. Figura 20.

No período imperial, perduraram os valores de civilidade e moralidade apregoados pela elite ilustrada das décadas anteriores, a serem difundidos nos espaços e práticas teatrais, reiterando-se também a prerrogativa dos governos ao exercício da censura e da repressão policial, sempre que fosse considerado necessário.[556] De forma concomitante, houve uma associação entre a prática teatral e o ideário da nacionalidade, imbricado, por sua vez, à estética romântica. Ademais,

> [...] a dimensão educativa das festas e dos espetáculos teatrais não passou despercebida aos políticos e letrados que se congregaram nas associações mineiras do período regencial. [...] temos fortes indícios de que seus membros, ou sujeitos a eles ligados, ocupando cargos públicos como os de juiz de paz e vereadores, estiveram às voltas com a realização de festas públicas e de espetáculos teatrais. Além disso, os jornais vinculados às sociedades divulgaram intensivamente esses eventos. Assim, parece-nos que as festas e os espetáculos teatrais foram, como a Biblioteca de Ouro Preto e os jornais, estratégias importantes para a execução dos projetos político-culturais formulados pelas agremiações. Essas manifestações eram maneiras de colocar em prática os projetos político-culturais elaborados no interior das associações (INÁCIO; FARIA FILHO, 2019, p. 52).

No tocante à música, havia um esforço, desde a fundação da Casa da Ópera, com aquisição, permuta ou empréstimo de partituras. Ao final do século XVIII, boa parte do repertório desse espaço teatral era formada por autos ou oratórias sacras, às vezes também chamadas de "óperas". Tais peças costumavam ser apresentadas durante os períodos penitenciais católicos, como a Quaresma, favorecendo a entrada de recursos pela afluência de um público mobilizado pela devoção, além de permitir que o teatro abrisse em ocasiões que o calendário religioso desaconselhava a frequência a divertimentos. Algumas das composições então exibidas eram mistas, com números cantados e diálogos falados; foram também escritas em português, numa distinção do padrão adotado para a música sacra (BUDAZS, 2008).

Em paralelo, trechos de óperas traduzidas do teatro italiano, francês e espanhol para o português, processo que muito frequentemente contava com a inclusão à trama de personagens cômicos, conhecidos como "graciosos", também

556 "Toda preocupação dos governos era e é impedir por todos os meios ao seu alcance, a representação de peças dramáticas em que possa haver aquilo que no seu entender seja um ataque às autoridades constituídas, um desrespeito à moral pública, ao decoro da plateia" (PAIXÃO *apud* SILVA, 2006, p. 41). A autora reporta-se à obra de PAIXÃO, Múcio da. *O teatro no Brasil*. Rio de Janeiro: Brasília Editora, 1936 [?]. p. 477.

eram muito apreciados (BRESCIA, 2011). Outro gênero ao gosto da época eram as óperas portuguesas em três atos, cujas árias, duetos e coros cantados poderiam ser intercalados com textos declamados. Um aspecto muito peculiar das apresentações operísticas em Minas era a de aceitação de vozes femininas nas apresentações, já que os *castrati* não eram presença comum no Brasil, ao menos antes de 1808 (BUDAZS, 2008, p. 92-94; 104; 111; BRESCIA, 2011). Parcela desse repertório operístico transitou, por sua vez, para os espaços privados dos saraus e bailes, sobretudo na segunda metade do século XIX.

Uma expressiva mudança de gosto artístico foi promovida entre o período da vinda da Corte Portuguesa para a América e o final do I Reinado. Cada vez mais foi conferido lugar à ópera italiana, particularmente a Rossini e a Bellini: "A ópera belliniana, considerada o marco do romantismo nascido do neoclassicismo, se caracteriza pela carga de sentido que o acompanhamento da orquestra ajuda a construir, unindo-se aos gestos e palavras da personagem" (CHIARI, 2015, p. 53). Data também desse período a consolidação da atividade profissional do compositor em estilo dramático; os músicos brasileiros, contudo, demoraram algum tempo para familiarizar-se com as mudanças, mantendo-se dedicados principalmente à criação de novas peças de música sacra.

Já na segunda metade do século XIX, emergiu um novo gênero de teatro musical nacional, baseado, por um lado, na comédia de costumes e no teatro de revista. Tais modalidades cênicas provinham do entremez luso-brasileiro, quadros cômicos ligeiros, de cunho mais "popular", compostos de um ou mais atos, geralmente representados nos intervalos da peça principal com vistas a distrair a plateia, que havia gozado de certa notoriedade no século XVIII (BUDAZS, 2008, p. 104; 109; ARAÚJO, 2004, p. 65). Por outro lado, faziam sucesso as peças melodramáticas, que com isso mostravam-se "muito mais rentáveis do que as peças mais literárias, pois embora fossem mais comerciais, eram cenicamente mais efetivas" (CHIARI, 2015, p. 193).

> O melodrama surge no século XVII e refere-se a dramas inteiramente cantados. Origina-se com a aproximação do teatro e a música, como o *vaudeville*, e tal como ele sofre modificações ao longo do tempo. Um século adiante, chega à França e tem uma pequena alteração: passa a se referir a peças que utilizam a música como apoio para efeitos dramáticos [...]. Aproximadamente em 1795, melodrama passa a designar um novo gênero muito apreciado: a pantomima muda ou dialogada e o drama de ação. Também mantém fortes relações com o drama burguês e o gênero romanesco, empresta deste último as muitas possibilidades de intrigas e peripécias. Tais intrigas estarão relacionadas com uma missão moral e civilizatória.

> [...] Para cumprir com a missão moralizante e gerar a surpresa no espectador, são polarizados dois núcleos principais de personagens: os bons oprimidos pelos maus. Sendo estes últimos que agirão com maior ímpeto e movimentarão o enredo dramático. Já os bons é que serão responsáveis por zelar pelos valores positivos que se pretende ressaltar (GARCIA, 2013, p. 18-19).

Ademais, "a comédia e o melodrama guardam uma semelhança intrínseca tanto no que se refere à estrutura dramatúrgica e a temática, quanto em relação à sua encenação [...]. Ambos os gêneros apresentam finais de histórias edificantes com o objetivo de educar a população" (GARCIA, 2013, p. 20); sua diferença reside na maneira de atingir tal propósito, pois

> [...] enquanto na comédia o que determina este 'aprimoramento' é a exposição dos defeitos individuais ou do grupo ao ridículo, no melodrama se buscará, aristotelicamente, o 'terror e a compaixão' para alcançar os mesmo fins. Tanto um quanto outro, todavia, apresentam uma característica comum, que é exatamente o que vai atrair sobre ambos o desprezo da 'crítica especializada': são espetáculos eminentemente populares. (BRAGA *apud* GARCIA, 2013, p. 20).[557]

Também a partir da segunda metade do Oitocentos, pequenos teatros foram sendo construídos nos distritos de certa dinamização econômica. Assim, "[Em Morro Velho], No prédio do depósito da Companhia [inglesa de mineração] está, também, o teatro, que fica sempre repleto, e que merece louvores do moralista, como agente da civilização. [...] Tivemos diversões de todas as espécies: menestréis negros, os 'Nerves', e todas as últimas cançonetas cômicas. [...] gargalhadas e aplausos [...] saudavam cada farsa [...]" (BURTON, 1976 [1869], p. 211).

Na Casa da Ópera de Ouro Preto, nos pequenos teatros locais e mesmo nos tablados improvisados dos arraiais, um outro tipo de apresentação, por vezes minimizado pela crítica de arte, despertava grande interesse dos mais diversos segmentos sociais – as exibições circenses.

> [...] em Minas foi um fascínio similar que arrancou aplausos dos espectadores anônimos ao assistirem à pequena acrobata Didita, em Ouro Preto; que levou outros tantos a se sentirem arrebatados com os ursos e serpentes do Circo Americano; que influenciou o menino Avelino Fóscolo a engajar-se e mambembar por anos com

557 A autora reporta-se à obra de BRAGA, Claudia. *Em busca da brasilidade*: teatro brasileiro na primeira república. São Paulo: Perspectiva/ Belo Horizonte, FAPEMIG/ Brasília, CNPq, 2003. p. 78.

> a companhia do prestidigitador norte-americano Keller, ou que deixou atônitos os espectadores de Diamantina que viram dois trapezistas despencarem das alturas num dos espetáculos (SOUZA, 2019, p. 310).

De forma geral, os espaços cênicos desempenharam importante papel na tessitura das relações sociais locais – neles eram promovidas também sessões de leitura de poesias, homenagens, discursos, comemorações oficiais, conferências, debates, além de flertes. Atuavam também como uma espécie de "caixa de ressonância" dos desdobramentos políticos, e ao final do Império vieram a encenar peças vinculadas ao abolicionismo e, pouco depois, a abrigar celebrações relativas à proclamação da República.

6.3. Volteios dançantes nas *soirées*

Além das apresentações teatrais, uma nova forma de sociabilidade foi introduzida com a chegada da Corte, possibilitando a convivência de homens e mulheres das camadas médias e altas da sociedade mineira nos salões das residências (espaços intermediários entre a rua e o lar), abertos para realização de saraus noturnos, jantares e festas. Segundo o viajante inglês Emanuel Pohl,

> Há em Vila Rica o costume, não só do governador geral, como também das pessoas mais notáveis, de se promoverem reuniões regulares, à noite, das quais participam os dignitários da cidade e estrangeiros distintos. [...] Nessas reuniões, que se limitam no máximo a 20 pessoas, joga-se, dança-se ou faz-se música [...] (POHL, 1976 [1817-1821], p. 398-399).

Não obstante, no século XVIII, a realização de saraus podia estar recoberta por sentidos pejorativos, como relatado na devassa eclesiástica ocorrida em 1734 no arraial do Tejuco, onde em uma "casa de alcouce [...] em forma que nela se ajuntam todas as noites quase todas as mulheres-damas que há neste arraial e quantidade de homens de toda a qualidade, e na dita casa estão todas as noites até fora de horas conversando [...] fazendo saraus e galhofas" (*apud* OLIVEIRA, 2013, p. 13).[558] Também na visita pastoral nas minas dos Guayazes, em 1780,[559]

558 A autora reporta-se ao documento do Arquivo Eclesiástico da Arquidiocese de Mariana-AEAM intitulado "Devassas", 1734, f.73v,74,75.

559 Desde 1748, a região pertencia à Capitania de Goiás, desmembrada da Capitania de São Paulo. A fonte foi incluída neste estudo pela proximidade sociocultural das práticas nela relatadas com as promovidas na Capitania de Minaso

o religioso visitador chegou a ameaçar de excomunhão os que participavam de tais festas "com músicas e concurso de muita gente de ambos os sexos, que por fim vêm a parar em bailes, saraus, batuques, e outros profanos divertimentos, indignos de se praticarem entre cristãos, por serem misturados com ações indecentes e escandalosas, e por isso em tudo semelhantes àqueles que a gentilidade fazia aos seus falsos deuses [...]" (*apud* LOIOLA, 2008, p. 66).[560]

Com a alteração dos padrões de civilidade após 1808, os saraus passaram a ser tidos como espaços de refinamento social e de entretenimento, nos quais a presença feminina veio a estar inserida:

> Só depois da chegada do atual governador passaram a ser admitidas nessas sociedades também senhoras, que anteriormente eram mantidas distantes de tais serões. Antigo e arraigado preconceito, que ainda prevalece entre a maioria da população, continua a vedar às mulheres a participação nas reuniões masculinas [...] (POHL, 1976 [1817-1821], p. 398-399).[561]

Várias mulheres, contudo, de forma alguma limitaram-se a uma posição ornamental nos saraus, espaços onde seus dotes poderiam ser exibidos na busca de alianças matrimoniais vantajosas. Alguns saraus mineiros da segunda metade do século XIX foram convertidos em espaços de questionamento social: "mineiras participaram ativamente da luta política pela emancipação dos escravos e escravas, organizando festas e saraus, promovendo eventos beneficentes, coletando doações e apoios, escrevendo artigos, poesias e romances em torno da temática, concedendo alforrias. Nesse sentido, os concertos, saraus e 'outras diversões' foram um dos cenários privilegiados para a atuação abolicionista das mineiras" (MACENA; MUNIZ, 2017, p. 51).

De forma concomitante, uma outra mudança processou-se com a emergência dos saraus como divertimento elitizado – a música passou a ser apreciada como expressão artística autônoma: "Até a chegada da família real ao Brasil não se pensava na música como arte e, por conseguinte, no músico como um artista; a

560 A autora reporta-se ao documento do Instituto de Pesquisas e Estudos Históricos do Brasil Central-IPEHBC, intitulada "Cópia da Primeira e última visita do Doutor Alexandre Marques do Valle, visitador que foi das Minas de Goyaz" (1734-1824), p. 84v.

561 Note-se que este viajante inglês detinha concepções bastante preconceituosas quanto às mulheres da sociedade mineira, conforme indicado no prosseguimento do relato acima transcrito: "[...] a maioria das senhoras que delas sejam mantidas afastadas [das reuniões] de modo algum possam ser apresentadas sob o prisma favorável quanto à moralidade e aos costumes. É fato conhecido que, em geral, a exemplo dos maridos, elas se entregam a relações clandestinas ilícitas" (POHL, 1976 [1823 e 1837],p. 398)

música era exclusivamente funcional (música para o culto religioso; música para a dança; música para encomendação da alma quando ocorria a morte de alguém etc.) e a profissão de músico era considerada como forma de ocupação manual mecânica, qualificada socialmente entre os demais artífices" (ALVES, 2019, p. 86). Embora os saraus oitocentistas, com suas apresentações instrumentais e danças, fossem animados, em sua maior parte, por músicos amadores, nos eventos de maior pompa costumavam ser contratados "professores da arte da música", com suas pequenas orquestras, ou mesmo bandas de música. Ser músico, nas terras mineiras do século XIX, transitava, assim, da condição de artesão para a de artista (ALVES, 2019, p. 92).

Quanto aos instrumentos musicais europeus utilizados nos saraus até meados do século XIX em Minas, as flautas, rebecas[562] e violões apareciam como os mais comuns, secundados pelas harpas, cítaras e cravos, de circulação mais restrita (MUNIZ, 1999, p. 132): "As diversões sociais são os jogos de cartas e a música, especialmente o toque da viola. Raramente se escuta o violino ou a flauta" (POHL, 1976 [1817-1821], p. 102). Em outra passagem de seu relato, Emanuel Pohl reitera:

> Quanto ao entretenimento musical, faltam instrumentos e arte para que possa ser considerado um deleite. Um piano, uma flauta e um deplorável violino é tudo quanto aqui se encontra em matéria de instrumentos musicais. Não obstante, não raro se ouvem cantar nesses saraus trechos de óperas de Rossini, sem arte e sem sentimento, e o aplauso geral é a recompensa generosamente tributada ao executante (POHL, 1976 [1817-1821], p. 398-399).

O piano emerge com força como o instrumento musical preferido dos segmentos elitizados e médios de Minas em meados de 1850. Assim, John Mawe, em torno da primeira década do século XIX, afirmara: "O grande afastamento de um porto de mar é a causa de não haver ainda no Tijuco um piano. Se não fosse isso, estes instrumentos aí teriam grande procura, porque as senhoras em geral gostam de música e tocam violão com muito sentimento e graça" (MAWE, 1978 [1812], p. 176). Algumas décadas depois, a conjuntura era bastante diversa:

> A vila de Congonhas [...] se tornou uma pequena cidade com confortos e recursos de todos os tipos. O estado-maior da usina é muito numeroso; muitos funcionários da mina se casaram, e *misses*, em vilegiatura de maridos, chegam com frequência do interior da Inglaterra, para trazer a essa longínqua região um perfume de

562 Sinônimo de rabeca. Instrumento de origem árabe, composto por um arco, precursor do violino.

> juventude e elegância. Dança-se, lancha-se, canta-se em Congonhas, como em todos os centros civilizados do velho continente; o piano legendário aí se aclimatou como em outras partes; o inverno tem seus *five o'clocks*, suas *soirées*, seus bailes (DE COURCY, 1997 [1886], p. 99).

Mercadoria cara e ostentatória, o piano comportava um valor simbólico de distinção, sendo sua posse almejada por famílias de diferentes estratos sociais: adquiri-lo era o sinal visível de uma diferenciação, real ou presumida. O instrumento se fazia presente até mesmo em fazendas bem afastadas, sendo para elas transportado em carros de bois e em ombros de escravizados. A disseminação do piano foi acompanhada por um repertório quase exclusivo de dança e ópera (MUNIZ, 1999, p. 129-133), com partituras importadas da Europa através do porto do Rio de Janeiro (ALVES, 2019, p. 86-87). Em paralelo, nos educandários femininos, os currículos passaram a incluir aulas de piano, geralmente pagas à parte (MUNIZ, 1999, p. 133-134). Assim, comenta o visitante Ernest de Courcy,

> Qual não foi nosso espanto ao ouvir a filha do nosso anfitrião [coronel João Paulo de Faria, morador na Vila de Passagem], jovem e bela mulata de 21 a 22 anos, tocar ao piano, com expressão, talento real e de cor, as partituras de Rubinstein, de Meyerbeer, de Schumann e de Chopin. Certamente essa encantadora jovem, que nunca ouvira alguém interpretar esses grandes mestres, poderia, com bem pouco estudo, ainda pretender grande sucesso na Europa. Ela nos deu um enorme prazer, pois com uma intuição verdadeiramente extraordinária, soube fazer vibrar em nós essas deliciosas impressões musicais que nos lembravam a França (DE COURCY, 1997 [1886], p. 103).[563]

Junto com as apresentações musicais, os saraus mineiros incluíam a prática de danças, em vários estilos. A partir de meados do século XIX, ganharam primazia aquelas importadas da Europa, como as contradanças (VIANA, 2011, p. 45), mistura de danças e melodias diversas, obedecendo aos seus executantes à voz de um condutor dos passos a serem promovidos, como indicado por John

563 Pouco antes, em 1864, o *Almanak Administrativo Civil e Industrial de Minas Gerais* informava que era "notável a habilidade das sras. ouro-pretanas para o piano e canto; algumas hábeis cantoras e pianistas" (*apud* ALVES, 2019, p. 90). O autor reporta-se, como fonte, a MARTINS, A. de Assis; OLIVEIRA, J. Marques de. *Almanak Administrativo e Industrial de Minas Geraes*. Rio de Janeiro: Typographia de Actualidade, 1864. p. 61.

Mawe: "A dança é o divertimento favorito e parece terem um vivo prazer com as contradanças inglesas" (MAWE, 1978 [1812], p. 176).[564] Emanuel Pohl descreve que "Em casa do governador são dados eventualmente grandes bailes [que] [...] começava[m] com uma contradança. Os jovens participavam da dança, os velhos jogavam [...]" (POHL, 1976 [1817-1821], p. 398-399). Também Saint-Hilaire menciona que

> D. Manuel de Castro e Portugal, governador da Província, procurara, todavia, usar de sua influência para reunir em sua casa uma sociedade luzidia composta de homens e senhoras; mas essas reuniões tinham lugar em circunstâncias extraordinárias. No dia seguinte ao da nossa chegada, houve um baile em palácio e fomos convidados. [...] Entre duas contradanças, fazia-se música [...] (SAINT-HILAIRE, 2000 [1816-1822], p. 75).[565]

Em desdobramento às contradanças, também eram apreciadas as quadrilhas, dança originária da Inglaterra no século XIII e posteriormente adaptada à cultura francesa, obtendo grande difusão nos salões aristocráticos no século XVIII. Tornaram-se muito difundidas no Brasil durante o período regencial, "utilizando o mesmo modelo de contradança francesa a dois ou quatro pares (quadrilha dupla), de som alegre e movimentado, dividida em cinco partes, com diferentes figuras, todas em *allegro* ou *allegretto*. Para além dos salões, a quadrilha também passou a ser cultivada pelas camadas populares em terreiros, ao ar livre, na área do mundo rural e na periferia dos centros urbanos" (ALVES, 2019, p. 235).[566] Destacadamente, o galope, parte final da quadrilha, fazia muito sucesso, havendo várias composições arranjadas para as bandas de música com esse estilo. Datam de 1842 os seguintes versos sobre a quadrilha:

> O furor das contradanças / por toda parte s'estende
> A todo gênero humano / a quadrilha compreende.
> Nas baiucas mais nojentas / onde a gente mal se vê
> Já se escuta a rabequinha / já se sabe o *balancê*.
> (*apud* CASCUDO, 1954, p. 526).

---

564 A contradança era inicialmente "designada *country dance*, [...] e foi transformada pelos franceses em *contredanse*, até chegar à 'contradança' dos portugueses" (ALVES, 2019, p. 85).

565 Observe-se também, nesta passagem, a distinção promovida por Saint- Hilaire entre a contradança e a música instrumental, que se autonomizava, como arte, de demais práticas religiosas e laicas.

566 Conforme abordado no capítulo 3 deste livro.

Também passaram a ser tocadas nos saraus domésticos outras melodias europeias importadas, como valsas, polcas, mazurcas e *schottish* (NAPOLITANO, 2002, p. 17). A valsa é uma dança de pares independentes e enlaçados, em compasso ternário e andamento rápido (em moldes vienenses) ou moderado (sob padrões franceses). Suas origens são obscuras, mas sua popularidade é datada do final do século XVIII e início do XIX, apesar das objeções então levantadas em nome de cuidados médicos (a velocidade com que os pares rodopiavam pelo salão) e morais (os casais se prendiam num abraço tido como muito estreito) (DICIONÁRIO GROVE DE MÚSICA, 1994, p. 977). Chegou ao Brasil com a vinda da Corte Portuguesa no início do século XIX, só ficando conhecida na segunda metade do mesmo século. A polca, por sua vez, é um gênero musical de dança em compasso binário e andamento vivo que se originou na Boêmia (atual República Tcheca) no início do século XIX. Rapidamente difundiu-se, tornando-se, ao lado da valsa, a dança mais popular do período. Já a mazurca é uma dança folclórica de origem polonesa de compasso ternário que é dançada em pares que, enlaçados, formam figuras geométricas. Chegou ao Brasil na década de 30 do século XIX e se popularizou em todas as províncias do país. Por fim, o *schottisch* é uma dança de origem germânica parecida com a polca; chegou a ser chamada de polca alemã e despertou grande entusiasmo entre a elite imperial.

É interessante supor-se os hibridismos a que tais estilos poderiam conhecer nas terras mineiras, como fica patente pelo cotejamento das duas ilustrações dedicadas à polca, a seguir reproduzidas, uma oriunda na Europa e outra empregada como capa da partitura de uma peça musical brasileira.[567]

Tais mesclas interculturais também se faziam presentes nas músicas ibéricas trazidas para os salões de Minas, como o fandango, "que é apreciado com entusiasmo, especialmente pelo belo sexo" (POHL, 1976 [1817-1821], p. 399). Essa dança consistia em uma imbricação de danças ibéricas[568] com musicalidades africanas e elementos americanos. Difundiu-se sobretudo nas "roças", tendo por instrumentos "o violão, a viola de arame, o cavaquinho, sob a toada dos quais se canta e se sapateia ao ritmar das palmas, dos pratos e dos pandeiros" (SILVEIRA, 2014, p. 46), estando associada, pelas elites da nova nação independente, ao atraso colonial.[569] No fandango mineiro não havia rígida separação entre dançarinos e

567Tais hibridismos foram "se infiltrando nas danças de salão, mesmo as mais consagradas, fora e dentro do Brasil, como a polca, gerando outros gêneros musicais, como o maxixe, o choro e futuramente o samba" (LIMA, 2010, p. 25).

568 CASCUDO, 1954, p. 256: "Fandango é sempre um auto popular, já tradicional na primeira década do século XIX, convergência de cantigas brasileiras e de xácaras portuguesas". A xácara é uma canção narrativa de versos sentimentais, popular na Península Ibérica; também considerada sinônimo de toada.

569 Segundo Sílvio Romero, tinha "uma função popular na predileção dos pardos e mestiços em geral", os quais "ao som das violas e pandeiros, pula[vam] [e]m par ao meio do recinto a dançar

músicos; não era promovida por pares enlaçados e sim com os dançarinos distribuídos em pares separados, dispostos em roda, com música promovida por viola e pandeiro (SILVEIRA, 2014, p. 47). Por ocasião dos refinados saraus das cidades mineiras, o fandango era exibido sob contornos do exotismo do trópico, como descreve Saint-Hilaire:

> D. Manuel de Castro e Portugal, governador da Província, procurara, todavia, usar de sua influência para reunir em sua casa uma sociedade luzidia composta de homens e senhoras; mas essas reuniões tinham lugar em circunstâncias extraordinárias. No dia seguinte ao da nossa chegada, houve um baile em palácio e fomos convidados. [...] Para pagar, sem dúvida, um tributo aos costumes do país, fez-se com que uma mulata dançasse uma espécie de fandango, e essas mesmas damas, as quais mal nos era permitido a palavra, mantiveram-se calmas espectadoras dessa dança extremamente livre, sem que ninguém pensasse sem e admirar disso (SAINT-HILAIRE, 2000 [1816-1822], p. 75).

Fig. 69 – Casal dançando polca. Ilustração europeia. c. 1840.[570]

com animação e requebros singulares" (ROMERO *apud* SILVEIRA, 2014, p. 46). O autor refere-se à obra de ROMERO, Silvio. *Cantos populares do Brasil.* Rio de Janeiro: Livraria Francisco Alves, 1883.p. 56.

570 Ilustração. Disponível em: https://pt.wikipedia.org/wiki/Polca#/media/Ficheiro:Polka_(NYPL_b12147626-5094855).jpg. Acesso em: 15 fev. 2021.

Fig. 70 - Quem quê, quê, quem não quê vá andá: excomunhão ta hi!: polka lundu. Francisco Libânio Colas. [18--].[571]

A despeito dos comentários do viajante francês, pode-se observar na ilustração da polca-lundu as ressalvas promovidas pela moral católica a tais apropriações sonoras, alusivas à sensualidade que emanaria de tais danças, acompanhadas por ameaças de consequências de cunho religioso, como excomunhão e mesmo a danação eterna.

Por sua vez, a dança entremeava-se ao canto e à poesia durante os saraus: "[...] algumas das senhoras cantaram bastante agradavelmente, e um soldado veio recitar um pequeno discurso de sua autoria" (SAINT-HILAIRE, 2000 [1816-1822], p. 75). Dentre as peças cantadas, destacavam-se os lundus, cujas letras eram alegres, engraçadas e maliciosas, recheadas de expressões de duplo sentido e geralmente, acompanhadas por violas.[572] Os lundus eram originalmente

571 Capa de partitura. Disponível em: http://objdigital.bn.br/objdigital2/acervo_digital/div_musica/mas195187/mas195187.pdf. Acesso em: 15 fev. 2021.

572 Havia também o lundu instrumental, que era acompanhado por danças. Segundo ALVES, 2019, p. 97, o lundu era um gênero musical "[...] composto em compasso binário e na maioria das vezes no modo maior [...] maliciosos, variando bastante nos esquemas formais. A referência mais remota encontrada sobre o lundu-canção está na *Viola de Lereno*, coletânea de composições de Domingos Caldas Barbosa, publicada em Portugal em 1798".

músicas de origem africana, mas ao final do século XVIII haviam se tornado um gênero cultivado nos salões aristocráticos das cidades brasileiras e de Portugal. Na década de 1780, já eram dançados até no palácio do governador de Minas Gerais, em Vila Rica.[573] Também sem demora os lundus conquistaram o teatro, em particular nos entremezes, com seus enredos bem simples entremeados por dança (ARAÚJO, 2004, p. 64).

Ainda nas fronteiras do permissível em termos de padrões de civilidade encontrava-se um segundo tipo de canto presente nas celebrações realizadas pelas famílias. Nesses eventos, podia-se cantar a "arromba", que ficou na memória local através da expressão "festa de arromba" (BUDASZ, s. d.). Assim, por exemplo, nos festejos do Divino Espírito Santo em Vila Rica, em 1738, vários padres percorreram as ruas em uma carroça, "tocando violas e, entre eles, uma negra chamada Vivência, cantando vestida de homem. Vivência cantava o 'arromba' e outras modas da terra, as mais desonestas" (MELLO E SOUSA, 2004, p. 228).

Lundus e arrombas tinham lugar nos saraus aristocráticos na condição de apresentações peculiarmente exóticas. As "modinhas" também ocupavam lugar de destaque, enquanto canções de contornos líricos q obtiveram grande difusão a partir da passagem do século XVIII para o XIX[574]. Pesquisas do campo da musicologia consideram que a apropriação desse gênero musical pela elite lusitana e colonial foi favorecida pela promoção de algumas mudanças na sonoridade da moda portuguesa, como substituição do cravo e do pianoforte pela viola de arame.[575] As modinhas tornaram-se recorrentes nos salões oitocentistas mineiros: "[Em Ouro Preto] Comparecemos a um sarau musical, com muitas modinhas, oferecido pela amável família do ex-Secretário de Governo, José Rodrigues Duarte, que mais tarde encontrei em Rio das Velhas [...] (BURTON, 1976 [1869], p. 307). Contudo, sua introdução na cultura luso-brasileira não se fez sem resistências, principalmente por parte da ortodoxia católica. Assim, ainda em 1728,

573 O autor reporta-se ao texto "Cartas chilenas", de Tomás Antônio Gonzaga. *Obras completas*. Edição de M. Rodrigues Lapa. Rio de Janeiro: Biblioteca Nacional, 1957. v. 1, carta XI, versos 101-118.

574 Sobre o gênero modinha destaca-se a pesquisa de Alberto Pacheco, como podemos conferir na obra As modinhas, do Pe. José Maurício Nunes Garcia. Fontes, Edição e Prática.

575 Caldas Barbosa, pardo da América portuguesa que emigrou para a corte de D. Maria I na década de 1770, aí atuando na condição de protegido de alguns nobres lusitanos, foi um dos compositores que mais contribuiu para a difusão da modinha nos salões aristocráticos. Ele editou canções de sua composição no livro *Viola de Lereno*, em dois volumes, datados de 1798 e 1826. "No texto de uma dessas cantigas, refere-se às suas modas, palavra que, por modéstia ou humildade, preferiu usar no diminutivo *modinhas*, criando assim o gênero poético-musical". Outro compositor que favoreceu tal apropriação das modinhas pela elite lusitana foi Joaquim Manoel, também pardo, que teve algumas de suas canções publicadas na França em 1824 (ENCICLOPÉDIA DA MÚSICA BRASILEIRA, 2003, p. 525).

no *Compêndio Narrativo do Peregrino da América*, de 1728, chega a ser afirmado que o demônio canta modinhas...

> [...] a maior parte dessas modas lhes ensina do demônio; porque ele é grande poeta, contrapontista, músico e tocador de viola, e sabe inventar modas profanas para as ensinar àqueles que não temem a Deus. Conta o Padre Bento Remigio no seu livro *Prática Moral de Curas e Confessores* (página 9) e no outro livro intitulado *Deus Momo*, que entrando o demônio em uma mulher rústica, foi um sacerdote a fazer-lhe os exorcismos dentro de uma igreja, e entrando-lhe a curiosidade, perguntou ao Demônio o que sabia. Respondeu-lhe que era músico. E logo lhe mandou vir uma viola, e de tal maneira a tocou, e com tanta destreza, que parecia ser tocada por um famoso tocador. E dizendo-lhe o sacerdote que cantasse, repetiu o demônio uma letra, que se usava naqueles tempos ao humano [...]
>
> Outras muitas músicas desonestas tenho ouvido cantar; como é uma moda, que se usou, e ainda hoje se canta, e acaba dizendo: *Berra a tua alma*. Parece que quem tal canta, e folga de ouvir cantar, já estão anunciando-o como lhes há de vir a suceder quando forem ao inferno, chorando e berrando, pelas profanas músicas com que nesta vida pecaram e foram causa de fazerem pecar a muitos (PEREIRA, 1939 [1728], p. 216-217).

Vários compositores da América Portuguesa e, em seguida, do Império brasileiro dedicaram-se à criação de modinhas,[576] as quais, no II Reinado, receberam como letra os poemas de grandes literatos nacionais, como Gonçalves Dias, Castro Alves, Álvares de Azevedo, Fagundes Varela, Casimiro de Abreu (ENCICLOPÉDIA DA MÚSICA BRASILEIRA, 2003, p. 596). Constituía-se, assim, a "modinha" com suas peculiaridades. Segundo Richard Burton, "Quando essas [modinhas], como está na moda, são recitadas, e não cantadas, a peculiaridade favorece uma patética ou sentimental queda no tom da voz, de acordo com o tema" (BURTON, 1976 [1869], p. 137). Tais modinhas, por vezes também chamadas de "árias", geralmente eram acompanhadas por piano, flauta ou viola:

> Os inúmeros filhos da casa esforçavam-se, entretanto, por nos entreter com cantigas singelas nacionais, que acompanhavam ao som da viola. O mais celebrado poeta de Minas é Gonzaga, que foi ouvidor de São João del Rei, porém, depois, ao estalar a Revolução Francesa, deixou-se arrastar a um movimento sedicioso, e foi banido para

576 Entre os quais Cândido Inácio da Silva, Gabriel Fernandes da Trindade, padre José Maurício Nunes Garcia, padre Teles Leal e outros (ENCICLOPÉDIA DA MÚSICA BRASILEIRA, 2003, p. 525).

> Angola, onde morreu. Além da coleção *Marília de Dirceu*, impressa, muitas canções desse poeta andam na boca do povo – canções que, como aquelas, são inspiradas pela doce musa do infeliz. [...] Quando um dia o Brasil tiver literatura independente, a Gonzaga caberá a glória de ter ensaiado os primeiros arpejos anacreônticos[577] da lira, às margens idílicas do Rio Grande e do romântico Jequitinhonha (SPIX; MARTIUS, 1976 [1824], p. 166).

Um segundo grupo de modinhas, compostas com letra e música próprias, também era apreciada, como descrevem os viajantes Spix e Martius, "a música fazia parte da nossa vida diária, pois não se passava noite alguma sem que, antes de nos recolhermos, soasse o violino de um dos viajantes, ora com ingênuas modinhas regionais brasileiras, ora com melodias alemãs que ao agradável sentimento do presente ligavam a lembrança da pátria" (SPIX; MARTIUS, 1976 [1824], p. 163-164). Tais modinhas, muitas das quais anônimas, foram incluídas no repertório dos músicos amadores que realizavam serenatas, inclusive porque poderiam ser executadas por instrumentos de fácil transporte e locomoção (como flauta, violão, clarinete, viola) (ALVES, 2019, p. 98). As letras de várias dessas modinhas comportavam um erotismo subjacente, evocando amores impossíveis, muitas vezes entre senhores brancos e escravas negras e mulatas (FURTADO 2008, p. 49).

Mas o gosto pelas modinhas não alterou hierarquias sociais seculares, que se traduziam também na prática musical. Assim, as imagens a seguir contrapõem, por um lado, a projeção do segmento social idealizado como consumidor cultural das modinhas e, por outro, aqueles que deveriam, mediante seu trabalho cotidiano, assegurar as condições necessárias para que as camadas mais elitizadas pudessem fruir dos salões e dos demais entretenimentos urbanos.

Não obstante, o início do século XX trouxe impactantes mudanças no campo musical. Novos gêneros emergiram, como o maxixe, com seu ritmo bem sincopado (NAPOLITANO, 2002, p. 44-45). De forma concomitante, um dos maiores sonhos de consumo da população mineira passou a ser o de comprar um fonógrafo, introduzido no Brasil pela Casa Edison em 1902, para que pudessem ser escutadas, nas residências, trechos das conhecidas operetas, modinhas e valsas, que tanto sucesso fizeram nas décadas anteriores. (NAPOLITANO, 2002, p. 46). Mas esse já é um assunto para o segundo tomo dessa reconstituição das sonoridades históricas de Minas Gerais.

577 Relativo à obra de Anacreonte, poeta lírico grego do século VI a. C.

Fig. 71- *Suspira coração triste*. Modinha:arranjo. J. H. Zimmermann.[578]

Fig. 72- Trabalhadores carregando piano. [Entre 1900 193-].[579]

578 Capa de partitura. Disponível em: http://objdigital.bn.br/acervo_digital/div_musica/mas178510/mas178510.pdf. Acesso em: 15 out. 2020.

579 Fotografia. Disponível em: https://bdlb.bn.gov.br/acervo/handle/20.500.12156.3/291133. Acesso em: 15 fev. 2021.

Conclusão

Nesta última etapa do percurso histórico-sonoro que singramos juntos nas terras de Minas, vamos expor as conclusões que chegamos em nossa pesquisa, embasadas no diálogo que mantivemos com o historiador jesuíta e teórico interdisciplinar Michel de Certeau.[580] Mas, para tanto, precisaremos proceder a uma retrospectiva das premissas em que nos apoiamos neste estudo, sinteticamente apontadas na Introdução. Assim, consideramos que as sonoridades, historicamente constituídas com específicas sociabilidades e linguagens, com interconexões ao simbólico e ao imaginário, contribuem para instituir, fortalecer ou questionar sistemas e poderes. Em desdobramento, postulamos que as sonoridades históricas, diversamente significadas por diferentes regimes de escuta, operam como relevante fator de constituição do espaço social.[581] Foi nessa perspectiva que o artista plástico André Barbachan Silva afirmou: se "Para Certeau, outros elementos [...] justificam e configuram espaço [...] gostaria de acrescentar que também faz parte da concepção do espaço a sua sonoridade, ou seja, a sua atmosfera acústica como elemento de influência para a prática e a configuração de 'espaço'." (SILVA, 2016a, p. 69). Por sua vez, Cláudia Maria Rocha, produtora de cartografias sonoras, também inspirada em Certeau, argumentou que

580 Este autor, bastante conhecido no campo das Ciências Humanas por sua obra *L'Invention du Quotidien* (1980), também produziu vários artigos acerca do conhecimento historiográfico, bem como dos dilemas e das alternativas do cristianismo no bojo da modernidade. Todavia, specificamente no tocante às sonoridades, Certeau formulou somente um artigo, intitulado "Utopies Vocales: glossolalies", publicado em 1980 na revista *Traverses*.

581 Para Certeau, o "Espaço é o efeito produzido pelas operações que o orientam, o circunstanciam, o temporalizam e o levam a funcionar em unidade polivalente de programas conflituais ou de proximidades contratuais"; em suma, para Certeau, "o espaço é o lugar praticado" (CERTEAU, 1994, p. 202).

> O som é um fenômeno que nos permite sentir as dinâmicas de um lugar. As sonoridades refletem ainda um conjunto dos costumes e hábitos dos praticantes do espaço, formando um *ethos* sonoro de uma determinada coletividade, época ou região. [...] Espaços são criados pelo som, relações de poder se refletem no espectro sonoro. [...]. A investigação do ambiente urbano através do sonoro é capaz de desvelar tensões e questões de caráter social, cultural e político bem como relações de poder em territórios (ROCHA, 2017, p. 7-8).

Em paralelo, sustentamos que brechas sonoras, esgarçantes dos regimes de escuta, podem suscitar e potencializar resistências às ordenações sociais estabelecidas. Em um dos textos em que interpreta as práticas de oralidade, Certeau destacou a proximidade do sonoro com a dimensão lúdica da existência,[582] enfatizando sua dinâmica criativa e subversiva, capaz de romper ou ressignificar práticas e sentidos sociais.[583] Em afinidade a esta abordagem, Claudia Maria Rocha explicitou que "As manifestações sonoras podem também atuar como táticas (cf. Certeau) de contra-uso do espaço por agentes que aspiram visibilidade e marcação de territórios" (ROCHA, 2017, p. 128).

De forma concomitante, reputamos que brechas sonoras geralmente emergem em condição de subalternidade, ou seja, no âmbito de processos de espoliação impostos a diferentes agentes sociais, em grande parte também submetidos a exploratórios regimes de trabalho e desqualificação de seu modo de vida, além de subtraídos à legitimidade de uma autorrepresentação.[584] O estado de subal-

582 No capítulo "A oralidade ou o espaço do outro: Léry", integrante do livro *A escrita da História*, Certeau menciona a rica ambiguidade e os ardis do som, que em princípio a grafia visa eliminar (CERTEAU, 1982a, p. 304-305).

583 No capítulo mencionado na nota anterior, Certeau argumenta que, bem no cerne da Época Clássica estudada pelo filósofo Michel Foucault, "[...] o outro retorna sob a forma de 'ruídos e urros' ou de 'doces e graciosos sons'. [...] Tanto o objeto visto é descritível, homogêneo às linearidades do sentido enunciado e do espaço construído, como a voz cria um abismo, abre uma brecha no texto, restaura um corpo-a-corpo. Voz em '*off*'. O que sai da boca e o que entra pelo ouvido pode ser da ordem do arrebatamento. Então os 'ruídos' superam a 'mensagem' e o cantado supera o falado" (CERTEAU, 1982a, p. 230; 234).

584 A questão da subalternidade ganhou destaque na historiografia contemporânea com o Grupo de Estudos Subalternos, surgido na Índia na década de 1970. Sua era proposta analisar criticamente não só a historiografia colonial elaborada por europeus, como a historiografia que, embora produzida nacionalmente, mantinha perfil eurocêntrico, assim como a historiografia marxista ortodoxa. O termo "subalterno" foi retomado das reflexões de Antonio Gramsci, que no texto "Nos Confins de História" (6º volume dos *Cadernos do Cárcere*), o emprega para referir-se a grupos excluídos do regime de representação política. A partir da década de 1980, os Estudos

ternidade, assim, tende a provocar a incorporação de uma visão pejorativa sobre si por parte dos próprios grupos despossuídos. Contudo, ao entrecruzarmos tais análises com aquelas provindas de estudos acerca da chamada "cultura popular", nos foi possível perceber que tal situação de múltiplas restrições coexiste, paradoxalmente, com expressões reveladoras de grande resiliência por parte das populações "desclassificadas": "No sentido político, seriam os desprovidos de poder. [...] por outro lado, [...] esses sujeitos sociais agem, pensam, criam e transformam seu próprio mundo (valores, gostos, crenças) e tudo que lhes é imposto em função da herança cultural que receberam e de sua experiência histórica" (ABREU, 2003, p. 95). Logo, a condição de "subalternidade popular" abarca importantes dinâmicas de transformação e hibridismo, bem como convive com permanentes situações de tensão e conflito, pois suas expressões defrontam-se com leituras estereotipadas, através das quais são transmutadas espetáculo ou mercadoria, podendo ser até mesmo criminalizadas (quando se tornam alvo de uma repressão que invisibiliza e elimina) (ABREU, 2003, p. 95-96).

Dessa maneira, reiteramos o entendimento anteriormente apresentado: grande parte das brechas sonoras produzidas pelos grupos subalternizados constituem-se em "invenções anônimas", as quais manifestam-se nos saberes-fazeres cotidianos como "artes do fraco" (CERTEAU, 1994): "A ordem efetiva das coisas é justamente aquilo que as táticas 'populares' desviam para fins próprios, sem a ilusão de que mude proximamente" (CERTEAU; GIARD; MAYOL, 2009, p. 83). Buscando reconstituir uma operatória própria a tais práticas e produções populares, Certeau a descreveu da seguinte maneira:

> Na instituição a servir se insinuam assim um estilo de trocas sociais, um estilo de invenções técnicas e um estilo de resistência moral, isto é, uma economia do *dom* (de generosidades como revanche), uma estética de *'golpes'* (de operações de artistas) e uma ética *da tenacidade* (mil maneiras de negar à ordem estabelecida o estatuto da lei, de sentido ou de fatalidade) (CERTEAU; GIARD; MAYOL, 2009, p. 83. Itálicos da edição).

Não obstante, essas mesmas premissas teóricas que nos orientaram decisivamente na elaboração dos seis capítulos deste livro, também despertaram em nós algumas inquirições. Por um lado, nos perguntamos se elas teriam validade retrospectiva, ou seja, se poderiam ser empregadas para interpretação das específicas configurações da espacialidade mineira do Setecentos e Oitocentos, em

---

Subalternos tornaram-se conhecidos fora da Índia, especialmente através dos trabalhos de Partha Chatterjee, Dipesh Chakrabarty, Gayatri Chakrabarty e Spivak (BALLESTRIN, 2013; LINO, 2015).

seu delineamento por sonoridades, regimes de escuta e brechas sonoras. Simultaneamente, questionávamos se a operatória traçada por Certeau acerca de uma "economia do dom", de uma dinâmica de táticas cotidianas e de uma "ética da tenacidade" por parte dos grupos e sujeitos subalternizados teria respaldo em efetivas experiências históricas ou se ela estaria mais próxima de um manifesto ético-político-ideológico, desejoso de tecer um quadro teórico norteador de mudanças socioculturais. Uma leitura certeauniana respaldaria, no bojo desse diálogo interdisciplinar que encetamos entre História e Música, Ciências Humanas e Artes, nossa reflexão sobre sonoridades, brechas sonoras e suas relações com os regimes de escuta?

Findando este livro, mostra-se gratificante perceber a consistência da análise formulada por Certeau, que utilizamos em interlocução com os indícios sonoros por nós trabalhados na pesquisa, de forma conjugada às concepções epistêmicas e existenciais que assumimos ao longo de nossas trajetórias de vida. Foi a partir desse amálgama que pudemos então formular as duas conclusões com as quais finalizamos este livro.

No tocante à constituição da espacialidade social, concluímos que as sonoridades promovidas em Minas no decorrer dos séculos XVIII e XIX, em sua interação com os regimes de escuta, conferiram características próprias a uma sensibilidade histórico-espacial ambígua, mescla de atração, estranhamento e medo, que então imbricava-se à região.[585] Nessa linha de raciocínio, consideramos um exemplo emblemático dos efeitos suscitados pelas sonoridades mineiras a transcrição promovida pelo folclorista Câmara Cascudo, a qual descreve como, a partir do trinado dos pássaros, afluem sonoridades de outros tempos, com seus sofrimentos e esperanças afetando aqueles que as escutam, despertando incômodos, empatias, comprometimentos:

> Alma de preto transformada em pássaro que fica ao escurecer na porteira das fazendas, dos pastos ou nos lugares ermos, gemendo e chamando os transeuntes pelos nomes, e às vezes ao meio-dia canta e lamenta a vida que levou como escravo e diz: Zumbí... biri... coitado!... Zumbi... biri... ri... coitado! (Sul da Província de Minas) (CASCUDO, v. II, 1956, p. 335).[586]

585 Como destacadamente abordado no capítulo 1 deste livro e em estudos historiográficos, a exemplo de FURTADO, 2008, p. 23: "[...] um morador das Minas contou [...] que 'tudo era feroz e contrário à penetração humana nessas terras misteriosas e sinistras'.". A autora transcreve fonte mencionada em outro livro de sua autoria, FURTADO, Júnia Ferreira. *Homens de negócio*: a interiorização da metrópole e do comércio nas Minas setecentistas. São Paulo: Hucitec, 1999. p. 190.

586 Câmara Cascudo informa que obteve esta informação do senhor Carlos Frederico de Oliveira Braga.

Mais particularmente no tocante às brechas sonoras, concluímos que eram promovidas a partir da incidência conjunta de três elementos, os quais viabilizavam sua efetivação.

Como primeiro desses elementos, elencamos o acionamento de balizas sonoro-culturais matriciais dos grupos despossuídos, pois como as brechas sonoras não eram norteadas por protocolos letrados, elas mostraram-se suficientemente flexíveis para reinventarem-se de maneiras diversas, deslocando-se entre o hegemônico e o subalternizado. Nesse processo, a experiência das brechas sonoras poderia viabilizar a tais segmentos socioculturais um duplo e simultâneo processo de autorreconhecimento: ao passo que evidenciavam a condição socialmente fragilizada em que viviam, também destacam vínculos e pertencimentos (ainda que porventura simbólicos) a instâncias comunitárias (locais e/ou imaginadas), justamente devido ao recurso às balizas sonoro-culturais matriciais.[587] Esse mútuo autorreconhecimento processava-se assim através de diferentes manifestações musicais, tais como os candombes; do soar instrumentos e emprego de oralidades em linguagem ameríndia ou afro; da fala "caipira"; do cantar e do dançar para suportar a dureza da vida... Ocorria até mesmo pela prática de um silenciamento que possibilitava o existir em um dado tempo e em um certo mundo, em comunhão com outros que eram amados ou lembrados.[588]

Como segundo elemento, concluímos que as brechas sonoras podem ser configuradas como travessias aurais – práticas, sensibilidades e relações que empregam de forma peculiar a fluidez do som, em si mesma já portadora de contornos subversivos diante de um imaginário ocidental pautado no contábil e no capitalizável. Afinal, "O som em sua dimensão experiencial é algo difícil de se encontrar, posto que está sempre ali e aqui, dentro e fora, ao mesmo tempo e sempre" (NAKAHODO, 2014 p. 13). Tal conclusão adveio diretamente das reflexões de Certeau, que sensibilizado pela presença de tantos desapossados ao longo da história (dos místicos do século XVII a moradores em situação de rua

587 Um dos grandes desafios com que se defrontam os sujeitos subalternizados advém do estabelecimento dessa relação, pois sua condição empobrecida, isoladamente, não assegura o estabelecimento de efetivos laços de solidariedade e cumplicidade nas agruras e esperanças cotidianas. Não é incomum que ao invés de tais apoios mútuos, haja uma negação ou rejeição da condição de subalternidade, a qual, quando ocorre, geralmente é acompanhada por tentativas individuais de ascensão social e incorporação de valores e hábitos condizentes a um maior *status* social.

588 Nessa perspectiva, tal silenciamento pode ser aproximado da bela descrição de Paul Ricouer: "É uma voz silenciosa, mas não muda. Silenciosa, pois não é um clamor como o dos furiosos, não muda, pois não é privada de palavra. Um discurso apropriado lhe é de fato dedicado, o do hino. Discurso do elogio e da celebração" (RICOEUR, 2008, p. 473). O texto de Ricoeur refere-se à experiência do perdão, que não está sendo promovida no âmbito da reflexão deste livro; contudo, no tocante ao silenciamento, há pontos em comum entre sua abordagem e nossa interpretação desta prática como brecha sonora.

na atualidade), agregou sentidos próprios à subalternidade popular, entendendo-a como um estado de desinstalação incessante, indissociável de depreciações a elas associadas: "se o delinquente só existe deslocando-se, se tem por especificidade viver não à margem, mas nos interstícios dos códigos que desmancha e desloca, ele se caracteriza pelo privilégio do percurso sobre o estado" (CERTEAU, 1994, p. 216-217). Dessa forma, enunciações e práticas culturais dos agentes subalternizados constituem-se através de travessias, "de movimentos: é [um espaço] *topológico*, relativo às deformações de figuras, e não tópico, definidor de lugares (CERTEAU, 1994, p. 216. Itálicos da edição).

As travessias aurais mostram-se de enorme importância na recomposição da dignidade pessoal e interpessoal dos grupos subalternizados. Consideramos que, por um lado, elas constituam-se um uma espécie de ritos sonoros fúnebres e de luto, nas ocasiões em que a perda mostra-se irreversível (GAGNEBIN, 2009, p. 43).[589] Isto é crucial, porque para muitos sujeitos duramente atingidos pela desinstalação, a continuidade da vida pode parecer-lhes demasiadamente dolorosa. Simultaneamente, essas travessias aurais podem atuar como elemento de resistência diante da exploração em que sujeitos e grupos subalternizados encontram-se, mediante uma transposição do luto em memórias sonoras de experiências, ancestralidades, cosmologias, que nas terras de Minas dos séculos XVIII e XIX, configuravam-se como ameríndias, africanas e santorais. O recurso à memória nessas travessias aurais mantém similitude com o trabalho psicanalítico de "translaboração", ou seja, ele não se limita a uma permanente repetição do evento-limite ou aniquilador;[590] de forma distinta, ele torna-se uma memória crítica, porque aberta a reelaborações, a novas vivências (RICOEUR, s. d., p 3-5).

Chegamos, por fim, ao terceiro elemento constitutivo das brechas sonoras: a dimensão utópica das travessias aurais – que justamente por isso são tão performativas. Certeau já havia afirmado que a oralidade (e, acrescentamos, as sonoridades) ressignificam o vivido enquanto fábula.[591] Sendo contrapostas

---

589 Sob este aspecto, pode-se acrescentar, em afinidade com Paul Ricoeur, que o luto opera como uma modalidade positivada de esquecimento: ativo, libertador, contrapartida e complemento do trabalho de lembrança (RICOEUR, 2008, p. 490-491). O trabalho do luto, ao mesmo tempo em que desliga paulatinamente aquele que sofreu a perda de sua referência de amor, também lhe permite interiorizar essa instância amada, que assim é ressignificada, ou mesmo recriada em si (RICOEUR, s. d.).

590 Ou seja, fixado na dualidade algoz-vítima, dominante-dominado (GAGNEBIN, 2004, p. 91).

591 O termo "fábula" já vinha sido utilizado por Certeau desde 1973, no bojo do diálogo que travou com Jean-Marie Domenach, diretor da revista *Esprit*, em programa de rádio e publicado em formato de livro no ano seguinte, sob o título *Le Christianisme Éclaté*. Neste texto, ao insistir sobre a urgência do discurso cristão de deslocar-se a um "degrau zero da linguagem", a fim de aí reencontrar algo a dizer a uma sociedade que buscava sentidos ao invés de certezas e dogmas, bem como para propor alternativas à reação violenta de fundamentalismos, Certeau mencionava justamente a produção de uma "fábula cristã" e de uma "fábula evangélica" (COUCHET, 2014, p. 406).

desde meados do século XVIII aos discursos eruditos, sobretudo escritos, as fábulas estariam desqualificadas enquanto saber por não se fundamentarem em critérios de verdade (indissociáveis de uma ontologia, pela qual uma palavra equivale a uma realidade pré-existente); elas manteriam afinidade, em paralelo, com a "ficção" (algo criado para exprimir sentido, tornando assim uma existência possível, ainda que esta não fosse mensurável ou cientificamente comprovável).[592] Em desdobramento, essa experiência "fabulosa" do mundo (através do audível) pode propiciar, para Certeau, de um auto-empoderamento simbólico dos sujeitos despojados (de seus recursos, sua força de trabalho, de sua dignidade).[593] As sonoridades subalternizadas, portanto, explicita o pesquisador Mauricio Eugênio Maliska, igualmente com base em Certeau, são "da ordem de uma utopia", pois "sabemos que o que se transmite não é transmitido através da mensagem ou da comunicação, mas através do desejo e este não está do lado do sentido, mas do lado da falta" (MALISKA, 2008, p. 4).

No tocante a Minas Gerais do final do século XVII ao final do XIX, a dimensão utópica das brechas sonoras podia ser escutada de inúmeras maneiras: nas bênçãos lançadas pelos "evangelizadores de viola" e por cantos dos vissungos; nas aclamações dos reis e rainhas congos; no entoar de rezas iniciadas com o badalar dos sinos nas áreas urbanas e rurais; nos ruídos tradutores de alguma interconexão com os seres e as forças da natureza, emitidos por aqueles que, em seu labor diário, conduziam tropas de mulas e carros de boi, roçavam, trabalhavam nas "artes de mineirar", buscavam água, acendiam o fogo... Mas tal utopia também fazia-se presente em contornos mais agressivos, como no deboche que acompanhava alguns festejos que se desenrolavam nas ruas.

•

592 A *palavra*, em particular, tão ligada às tradições religiosas, foi emudecida desde o século XVI, a partir de quando seus 'examinadores' ou 'observadores' científicos, no decorrer de três séculos, passaram a denominá-la de fábula. [...]. Para a *Aufklärung*, se a 'fábula' fala (*fari*), ela não sabe o que ela diz, sendo necessário aguardar que o escritor interprete o saber que ela exprime de forma inconsciente. Ela é, portanto, atirada para o lado da 'ficção', e como toda ficção, é suspeita de camuflar ou iludir o sentido que ela porta. [...] Uma questão eleva-se, de forma simultânea: o que *resta* da palavra, sem a qual não há fé? (CERTEAU, 1987, p. 23. Tradução nossa).

593 "Uma formalidade das práticas cotidianas vêm à tona nessas histórias, que invertem frequentemente as relações de força e, como as histórias de milagres, garantem ao oprimido a vitória num espaço maravilhoso, utópico. Este espaço protege as armas do fraco contra a realidade da ordem estabelecida. Oculta-as também às categorias sociais que 'fazem história', pois a dominam. E onde [certa] historiografia narra no passado as estratégias de poderes instituídos, essas histórias 'maravilhosas' oferecem a seu público (ao bom entendedor, um cumprimento) um possível de táticas disponíveis no futuro" (CERTEAU, 1994, p. 85).

Nossas conclusões, tecidas em diálogo com as reflexões de Michel de Certeau, nos aproximaram das propostas contemporâneas de uma cartografia sonora crítica, ou mais ainda, de uma cartografia da escuta sob viés pós-representacional: "[...] a escuta que cartografa, portanto, é considerada a escuta que produz uma classificação subjetiva dos elementos [sonoros] pela posição que elas ocupam, selecionando, criando prioridades, interpretando e relacionando-as a territórios subjetivamente configurados" (NAKAHODO, 2014, p. 26).

As cartografias críticas pós-representacionais recorrem, entre outras referências, à contribuição teórica pós-estruturalista de Michel Foucault e Gilles Deleuze. Para esses autores, a cartografia apresentava-se como um recurso de crítica e enfrentamento dos dispositivos de saber-poder que produzem, normalizam e assujeitam subjetividades. De forma simultânea, esses dispositivos constituem uma topologia disciplinar, abarcada, na modernidade, por prisões, manicômios, escolas e hospitais, entre outras espacialidades. Para que uma crítica a esses dispositivos de saber/poder venha ser promovida, caberia então formular cartografias críticas compostas como diagramas, rizomas ou redes. Tais cartografias destacariam as heterotopias, espaços que não se enquadram na topologia disciplinar, que a permeiam e tensionam em movimentos de escape e resistência. No tocante à produção de cartografias sonoras nesse feitio pós-representacional, segundo Katharine Norman,

> [...] a maioria dos mapas são representações que nos dizem o que procurar com o olhar, já que pontos de referência (*landmarks*) são estáveis. Já os marcos sonoros [*soundmarks*, termo conceituado por Murray Schafer] são efêmeros. Mas se o mundo pode parecer mais preciso pela visão, ele é mais amplo e poético pelos ouvidos. Através da escuta mapeada, identificamos, significamos e ressignificamos os sons em conexões rizomáticas. E ao mapear sonoramente o território, criamos um palimpsesto imaginativo que revela (e cria) tanto sobre nós quanto sobre o mundo (*apud* NAKAHODO, 2014, p. 77).[594]

Justamente por sua aproximação ao viés interpretativo pós-representacional, este livro não incorporou por completo a concepção de "paisagem sonora" (*soundscape*), sistematizada pelo musicólogo e compositor Murray Schafer (2001) na década de 1970. A despeito de sua inegável contribuição para interpretação das sonoridades imbricadas à experiência social, a proposta investigativa da paisagem sonora vincula-se, de forma preponderante, à dimensão representacional-identitária do espaço. Para isso, mantém o aporte de uma estética visual, seja pela

594 A autora baseia-se na obra de NORMAN, Katherine. *Sounding art*: Eight Literary Excursions through Electronic Music. Ashgate, 2004. p. 2-3.

distinção entre figura (o som) e o fundo (o ruído), seja pela incorporação das noções de perspectiva e de cenas compostas, onde o sujeito destaca-se do objeto e observa a partir de um ponto de vista privilegiado.[595] Ademais, em muitos trabalhos de cartografia sonora perdura um "desejo de colecionador", pois eles orientam-se pela proposta de preservação dos mais diversos elementos da realidade geográfico-sonora-afetiva.[596] Contudo, o aspecto que mais nos distanciou da concepção de paisagem sonora foi sua premissa de que o audível poderia (e de certa forma até deveria, na medida do possível) ser configurada de maneira harmônica, ordenada, com eliminação dos ruídos tidos como nocivos.[597]

Não obstante, devido à sua ampla apropriação, o conceito de paisagem sonora foi empregado sob perspectivas muito distintas, quer por análises de cunho representacional, quer pela ótica de uma leitura crítica (atenta às distintas versões ou visões da paisagem, de forma articulada a práticas pedagógicas e preservacionistas), quer inclusive por vertentes pós-representacionais, dedicadas à desestabilização e desautomatização das representações hegemônicas do cotidiano, sobretudo através de procedimentos artísticos.

Em paralelo, no processo de efetivação desta pesquisa, também procedemos a leituras de trabalhos provindos do campo antropológico, como os elaborados por Steven Feld, que na década de 1980 formulou a proposta teórica

---

595 Conforme indicado por TUGNY, 2015, p. 339, podemos tentar interpretar as sonoridades não como "[...] algum material definido – um agregado sonoro, um tema musical, um motivo, um acorde, um timbre instrumental, um som captado em gravadores e pensá-los com ou sem o pressuposto de uma cultura que o interprete. O termo objeto apenas vem se opor a sujeito. E se opõe estrategicamente até quando ele não se encerra mais em uma estrutura, em um conjunto material constituído antes da composição, dotado de funções e força pré-definidos".

596 Para as críticas efetuadas ao conceito de paisagem sonora, ver INGOLD, 2008 e NAKAHODO, 2014, p. 80, assim como a noção de territórios sonoros, de LaBarre, que "busca ampliar e desdobrar a noção de 'paisagens sonoras' criada por Murray Schafer, salientando os dissensos, biopoderes e disputas envolvidas na questão dos sons na contemporaneidade e nas cidades. Se na noção schaferiana de sonoridade foca-se numa orquestração e harmonia do mundo, a noção de territórios sonoros busca apontar exatamente para a desarmonia e a dissonância das culturas, das escutas e das cidades, em que sons de canções, acordes e vozes nos interessam tanto como aqueles comumente encarados como ruídos, encarados aqui como controvérsias" (PEREIRA; LÓPEZ MOYA, 2018, p. 6). As autoras reportam-se ao texto de LABARRE, J. de. Poder, território, som: alguns comentários. *El oído piensante*. V 1, n.1, 2014.

597 "precisamos ensinar às pessoas como ouvir mais cuidadosamente e criticamente a paisagem sonora; depois, precisamos solicitar sua ajuda para replanejá-la. [...] A maior parte dos sons que ouvimos nas cidades , hoje em dia, pertence a alguém e é utilizada retoricamente para atrair nossa atenção ou para nos vender alguma coisa. À medida que a guerra pela posse de nossos ouvidos aumenta, o mundo fica cada vez mais superpovoado de sons, mas, ao mesmo tempo, a variedade deles decresce. [...] Há muitas 'espécies em extinção' na paisagem sonora atual. Elas precisam ser protegidas, do mesmo modo que a natureza" SCHAFER, 2001, p. 12).

da acustemologia.[598] Inicialmente leitor de Murray Schafer, Feld depois interessou-se pela fenomenologia,[599] passando a compreender as sonoridades enquanto sistema simbólico-cultural, na combinatória (sempre tensional) entre diferentes materialidades, sensibilidades e expressões (FELD, 2018). Outro autor com quem travamos contato foi o antropólogo Tim Ingold, em seu esforço por superar as dicotomias sujeito-objeto (sonoro) e de compreensão das sonoridades como relações inscritas em um ambiente (e não um aspecto da paisagem) ou como efeito de representação do real (a partir de seu registro acústico) (INGOLD, 2008; VEDANA, 2018, p. 120).

No cotejamento das reflexões de Michel de Certeau com as provindas do campo da cartografia crítica e dos estudos antropológicos, vislumbramos então uma oportunidade para delinearmos, ainda que de forma embrionária, um tripé epistemológico orientador de estudos futuros acerca das sonoridades históricas. Tal epistemologia assim articula interpretações em viés interdisciplinar, o diálogo com políticas de reconhecimento e uma abordagem "ecológica" a ser conferida às ciências e às artes.

Em termos interdisciplinares, buscamos assim produzir uma pesquisa que atendesse às quatro premissas apontadas por Boaventura de Sousa Santos para produção de um saber com essa configuração (SANTOS, 2009). A primeira delas (que tentamos explicitar principalmente na Introdução e na Conclusão deste livro) é ousar inquirir teorias e disciplinas de forma distinta da habitual, o que permite apontar complementaridades e cumplicidades onde até então eram vistas rivalidades e contradições, bem como evidenciar questões com potencial disruptivo, um confronto com o impensado, destacadamente com as ausências e as emergências. Uma segunda premissa (que perpassa toda pesquisa) é o exercício da tradução recíproca, não somente entre teorias e disciplinas, mas entre saberes, como, neste caso, entre o conhecimento historiográfico e o artístico-musical. Já quanto à terceira premissa, relativa a uma artesania das práticas (ou seja, uma

598 "Resultado da junção dos termos 'acústica' e 'epistemologia' [...] Por pretender ir além do som humano, a noção de *acustemologia* visa também atenuar as tensões entre os campos de estudo da antropologia e da musicologia: a primeira, centrada no homem e a segunda, no conceito europeu de música". Para Feld, a acustemologia visa "compreender como a produção e a escuta do som (que inclui a música) pode ser um instrumento para a produção de conhecimento, de relações entre humanos e não humanos, e desses com o ambiente mais amplo" (BRITO, 2019).

599 Particularmente de Maurice Merleau-Ponty (*Fenomenologia da Percepção*, 1962) e Don Ihde (*Listening and Voice: a phenomenology of sound*, 1976) (FELD, 2008). Feld também inspirou-se no trabalho de "Bernie Krause, em *A grande orquestra da natureza: descobrindo as origens da música no mundo selvagem* (2013) – antropofonia (sons emitidos pelos seres humanos e por instrumentos construídos por ele); biofonia (sons emitidos por fontes biológicas não humanas, como animais e outros seres) e geofonia (sons emitidos por fontes não biológicas, como geleiras, rios, etc.)" (BRITO, 2019).

articulação de saberes mediante demandas da vida cotidiana), assim como à quarta, relacionada à implicação dos sujeitos de saber nos desafios e riscos de formulação de um pensamento-ação em um contexto de subalternidades, procuramos abordá-las sobretudo no último tópico desta Conclusão, escrita em deferência às comunidades atingidas pela queda da Barragem de Fundão, na cidade de Mariana, estado de Minas Gerais.

Simultaneamente, almejamos conferir a nossos futuros estudos um caráter cada vez mais interlocutório com as políticas de reconhecimento da diversidade cultural e dos direitos dos grupos subalternizados, seja nos tempos passados, seja na atualidade. O termo "reconhecimento" ganhou visibilidade nas Ciências Humanas em paralelo ao início das conturbações sociais derivadas do processo de desmonte do Estado de bem-estar social, já bem visível nos anos 1980. Juntamente à defesa do pluralismo identitário,[600] eram questionadas, através dessa mesma expressão, a concentração de riquezas e a desigualdade de recursos. Afinal, como viabilizar uma política de reconhecimento em um capitalismo globalizado, cada vez mais produtivista e individualizante, incentivador do consumo exponencial e do descarte (inclusive de corpos e de subjetividades)? Uma das alternativas apontadas foi a ênfase nas dinâmicas sociais de dialogismo, de bricolagem (ou seja, de inclusão das diferenças no interior das identidades).[601] Ressoou, assim, como inspiração propositiva a esta pesquisa, o enlace entre reconhecimento e interculturalismo:

600 Segundo o filósofo Vladimir Safatle (2015, p. 325-326), a interligação entre culturas e identidades singulares ganhou novas configurações pela confluência de três dinâmicas sociais iniciadas ao final da década de 1960. A primeira delas, exponencial nos movimentos de 1968, alterou as expectativas e engajamentos relativos ao mundo do trabalho, deixando de tomar a noção de classe social como referência. Já a segunda dinâmica reporta-se às lutas sociais provindas de grupos historicamente desqualificados (negros, gays, mulheres etc.), que mobilizaram a década de 1970. A terceira dinâmica situa-se na orientação política de esquerda nos anos 1980, voltado à defesa das minorias etnico-culturais e à luta pela institucionalização da diversidade de orientações sexuais. De forma conjugada, formulou-se uma reflexão filosófica sensível à superação de normatividades, a exemplo dos trabalhos de Deleuze-Guattari e Foucault.

601 Pode-se considerar que a perspectiva intercultural, na diversidade de suas abordagens, seja compartilhada pelo grupo Modernidade/Colonialidade, constituído em 2000, mesmo ano do lançamento da publicação *La colonialidad del saber:* eurocentrismo y ciencias sociales, de Aníbal Quijano. Este autor, em 1989, já havia formulado o conceito de colonialidade do poder, indicando que as relações de colonialidade nas esferas econômica e política não findaram com a destruição do colonialismo, mas atualizam-se processos que supostamente teriam sido apagados, assimilados ou superados pela modernidade. O conceito de colonialidade foi estendido a uma tripla dimensão: a do poder, do saber e do ser. O grupo Modernidade/Colonialidade é constituído por intelectuais do porte de Walter Mignolo, Immanuel Wallerstein, Catherine Walsh, Boaventura de Sousa Santos, entre outros (BALLESTRIN, 2013).

> A perspectiva intercultural que defendo quer promover uma educação para o reconhecimento do 'outro', para o diálogo entre os diferentes grupos sociais e culturais. Uma educação para a negociação cultural, que enfrenta os conflitos provocados pela assimetria de poder entre os diferentes grupos socioculturais nas nossas sociedades e é capaz de favorecer a construção de um projeto comum, pelo qual as diferenças sejam dialeticamente integradas. A perspectiva intercultural está orientada à construção de uma sociedade democrática, plural, humana, que articule políticas de igualdade com políticas de identidade (CANDAU, 2008, p. 52).

Por fim, a partir da pesquisa que culminou a escrita deste livro, passamos também a atentar à dimensão epistêmico-ecológica na produção científica e artística. Nessa perspectiva, acolhemos a provocação lançada pelos pesquisadores em Antropologia Carlos Alberto Steil e Isabel Carvalho (2014), defensores da formulação de "epistemologias ecológicas", que permitam superar objetivações e dualismos da ciência moderna, tais como natureza/cultura, sujeito/sociedade, corpo/mente etc. Na ótica de uma epistemologia ainda hegemônica, o sujeito se reconhece (e também ao outro) nos objetos que produz; o que não é objetivado, o que não vira "produto", permanece irreal ou desprovido de valor (VIVEIROS DE CASTRO, 2018, p. 50). Já no enfoque de uma epistemologia "ecológica", o saber deixa de ser tido como uma formulação do intelecto racional, para ser entendido como uma ação relacional (*agency*), capaz de produzir fazeres, sentidos, habilidades, mediante a imersão no corpo, no mundo, na matéria, ou seja, na experiência vivida.

•

Um outro fator, previamente mencionado na Introdução, revelou-se tão importante à redação deste livro quanto tais as análises teóricas acima mencionadas e à nova configuração epistêmica que vislumbramos através delas: o impacto provocado em nós pela queda da Barragem de Fundão, ocorrida em 5 de novembro de 2015, no município de Mariana, estado de Minas Gerais. Assim, através dessa pesquisa, desejamos prestar um tributo acadêmico principalmente às comunidades que residiam às margens do rio Gualaxo do Norte[602] e que, com a ruptura daquela estrutura de contenção de dejetos de minérios, foram as primeiras a serem catastroficamente atingidas.

---

602 Segundo a norma culta da língua portuguesa, o vocábulo "Gualaxo", referente aos rios com essa denominação, pode ser escrito com a letra "x" ou com o digrafo "ch". Neste livro, optamos pela escrita "Gualaxo", uma vez que a grafia com "x" é geralmente empregada para palavras de procedência indígena, como é o caso do termo em questão. Informações disponíveis em: https://www.dicionarioinformal.com.br/significado/gualacho/3099/. Acesso em: 29 dez. 2020.

As águas do Gualaxo do Norte emergem em torno de 1.380 metros acima do nível do mar, em encostas da Cordilheira do Espinhaço,[603] situadas no atual município de Ouro Preto,[604] e daí estendem-se por cerca de 60 quilômetros, cortando o município de Mariana e encontrando-se com o rio do Carmo no município de Barra Longa (PARREIRAS, 2015). O curso desse rio já era conhecido desde os primórdios da colonização mineira, quando era considerado "caudaloso e com perigo" (TRINDADE, 1962, p. 32). Na altura do antigo arraial de Bento Rodrigues, integrante do termo da Vila do Carmo, depois cidade de Mariana, "tinha seis metros e meio de largura, [sendo] outrora célebre por sua enorme riqueza em ouro" (POHL, 1976 [1823; 1837], p. 383).

Quando a Barragem de Fundão, de propriedade da empresa Samarco S.A.,[605] veio a ruir, derramou toneladas de lama tóxica nesse curso d'água. Em decorrência, grande parte da bacia do rio Doce foi contaminada até sua foz no Oceano Atlântico, já no estado do Espírito Santo, gerando gravíssimos danos ao ecossistema. De forma concomitante, com a ruptura da Barragem, 19 pessoas morreram, mais de 600 ficaram desabrigadas e milhares tiveram suas condições de vida comprometidas, pois obtinham renda de atividades agrárias ou pesqueiras diretamente associadas às águas recobertas pelos rejeitos da mineração: "Pelo barulho que ouvi, achei que era o mundo acabando" (*apud* MANENTI, 2015). Dessa maneira, conforme descrito em reportagem do jornal *A Sirene*,[606]

603 O nome dessa Cordilheira foi conferido no século XIX pelo geógrafo e metalurgista germânico Eschwege, numa menção ao formato pontiagudo da cadeia de montanhas: "Uma dessas principais cadeias montanhosas, chamada em alguns lugares de Serra da Mantiqueira, encerra os pontos mais altos do Brasil, tais como o Pico do Itacolomi perto de Vila Rica, a Serra do Caraça junto a Catas Altas e o majestoso Pico do Itambé, perto da Vila do Príncipe, e atravessa, pelo norte, as províncias de Minas Gerais e da Bahia seguindo até Pernambuco e para o sul, a de São Paulo até o Rio Grande do Sul. A ela denominei Serra do Espinhaço (*Rückenknochengebirge*), não só porque forma a cordilheira mais alta, mas, além disso, é notável, especialmente para o naturalista, pois forma um importante divisor não somente sob o ponto de vista geognóstico, mas também é de maior importância pelos aspectos da fauna e da flora" ((ESCHWEGE *apud* LOPES *et al.* 2011, p. 71). Os autores reportam-se ao escrito de ESCHWEGE, W. Von. *Quadro geognóstico do Brasil e a provável rocha matriz dos diamantes*. Belo Horizonte, *Geonomos* v. 13, n. 1-2, p. 97-109, 2005. p. 99. O original alemão data de 1822.

604 Mais especificamente no distrito de Antônio Pereira, situado neste município.

605 A Samarco é uma empresa brasileira controlada em partes iguais pela Vale S. A. e pela firma anglo-australiana BHP Billiton. Ela instalou-se na cidade de Mariana em 1977.

606 Este periódico foi criado a partir da mobilização do coletivo #UmMinutoDeSirene, formado por moradores da cidade de Mariana, contando com a colaboração direta de atingidos e atingidas, conjunto ao apoio da Arquidiocese de Mariana e do Instituto de Ciências Sociais Aplicadas da Universidade Federal do Rio de Janeiro (CELESTINO; SILVA, 2017, p. 189-191).

> O rio Gualaxo do Norte é o personagem natural central que corta o território atingido pelo rejeito da Samarco em Mariana. Em suas margens, nos córregos que o alimentam, e nos morros próximos, estabeleceram-se, nos últimos três séculos, modos de vida assentados em diferentes atividades econômicas, como a agropecuária e a exploração do ouro e do minério de ferro. Foi em meio a esse processo que se formaram e permaneceram ativos os povoados de Camargos, Bento Rodrigues, Bicas, Gama, Paracatu de Cima, Paracatu de Baixo, Borba, Pedras e Campinas (LIMA; MUNIZ, 2017, p. 12).[607]

Através da cartografia elaborada por Vitor O. Pastore, é possível perceber a disposição geográfica dessas comunidades ao longo do Gualaxo do Norte, bem como a "rota de destruição" seguida pela enxurrada de lama provinda da Barragem rompida. Em paralelo, toda essa devastação foi acompanhada pelo desaparecimento de práticas sonoras, as quais associavam-se, em sua diversidade, a referências identitárias e a memórias também plurais, constituídas histórica e socialmente pelos distintos grupos que, em seu cotidiano, interagiam nas comunidades próximas ao Gualaxo do Norte:

> Os sons em Bento Rodrigues aos finais de semana eram tradicionais: crianças brincando pelas ruas, pequenos bate-papos com vizinhos e amigos em frente de casa, festas e reuniões familiares. Com tudo debaixo da lama, o dia 6 de novembro [de 2015] era para ser o mais silencioso do pequeno povoado mineiro. Mas, dessa vez, o ambiente de Bento Rodrigues foi preenchido pelo barulho de helicópteros e grupos de resgate, que circulavam pelo vilarejo à procura de sobreviventes (LAGE, s. d.).

Assim, a violência das águas destroçou o patrimônio desses ambientes sócio-naturais, aí incluídas as condições de produção de inúmeras sonoridades, como descrito por uma moradora:

> [...] na hora da gente sair era aquela tristeza de a gente nunca mais voltar naquele lugar, nunca mais eu vou ter a minha casa e as pessoas não iam ter mais acesso ali, não teriam mais acesso para morar, para plantar, para curtir as festas, para curtir a vida, curtir sua liberdade, sua música, sua rua, seu rio, tudo! (*apud* CRUZ, 2018, p. 58).

607 Além dessas comunidades, também podem ser citadas Gama de Baixo, Paracatuzinho, Barreto, Gesteira, Volta da Capela, nos municípios de Mariana e Barra Longa.

Embora tais menções às sonoridades do entorno do Gualaxo do Norte remetam principalmente a uma dimensão de "perda" nas existências pessoais e comunitárias, cabe também considerar, como postula o músico e filósofo Vladimir Safatle, que essa ausência pode paradoxalmente insuflar uma tenaz mobilização para o continuar a existir (SAFATLE, 2008, p. 112-113).[608]

Por isso, portávamos o anseio, desde a redação do projeto de estágio pós-doutoral que culminou na elaboração deste livro, de que nossa pesquisa pudesse contribuir, ainda que de forma indireta e pontual, para a resistência sócio-cultural dos antigos moradores da região do Gualaxo do Norte. Dessa maneira, a exemplo do que passou a ocorrer no povoado de Bento Rodrigues,

> [...] como seus moradores contam, voltar ao lugar e realizar ali suas celebrações têm alimentado sua resiliência para enfrentar um cotidiano ainda incerto, com a perda de todos os seus bens materiais e de patrimônio imaterial de valor inestimável. Assim, a manutenção da conexão com o patrimônio se torna um recurso fundamental nesse processo de recuperação, fazendo-os reconhecerem seus valores e sua identidade (CASTRIOTA; NERI; ANDRADE; OTONI, 2019, p. 15).

Ansiamos, assim, que o acionamento das sonoridades históricas de Minas através desta escrita possa, de alguma maneira, subsidiar novas experiências para as comunidades atingidas, a partir do que foi por elas reverberado, escutado, sofrido e sonhado.[609]

---

608 "[...] o vocabulário da negatividade nada tem a ver com formas de julgamento resignado da vida [...]. Ao contrário, ele é fruto da consciência do descompassado entre modos de determinação da vida social e as potencialidades da vida" (SAFATLE, 2008 p. 116-117).

609 Simultaneamente, convidamos os(as) leitores(as) a acessar o site www.gualaxovivo.com, plataforma de divulgação da pesquisa aplicada "Cartografias histórico-sensoriais de Bento Rodrigues, Paracatu de Baixo e Gesteira", aprovada pela Chamada 09/2018 e institucionalmente vinculada às fundações Fapemig, Renova e Gorceix. Nesta pesquisa, em conjunto com uma equipe de pesquisadores, pós-graduandos e graduandos, disponibilizamos cartografias histórico-sonoras interativas, vídeos de performances histórico-musicais e produções pedagógicas tematizando os regimes de escuta e as travessias aurais do Gualaxo do Norte deste o final do século XIX à atualidade.

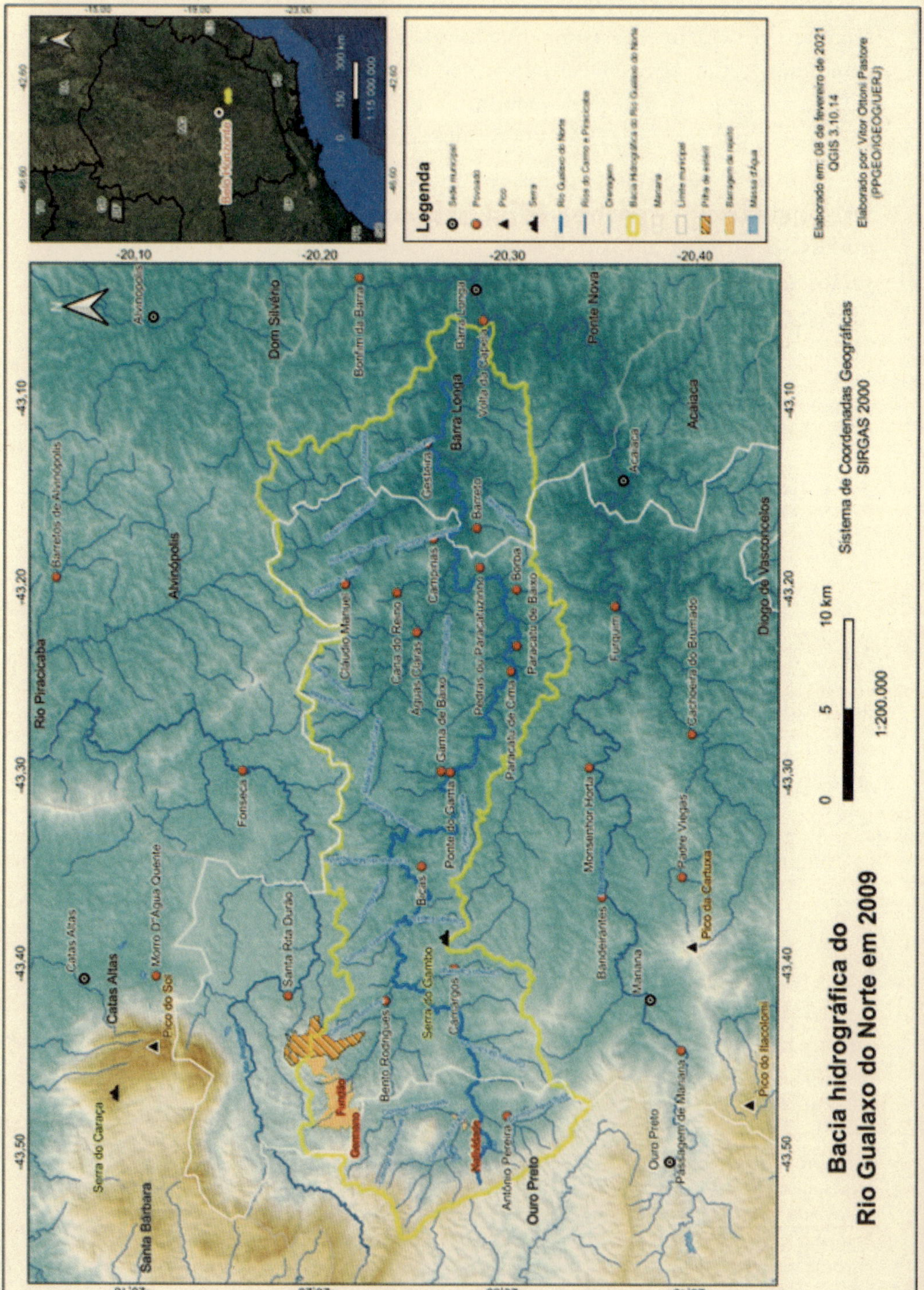
Bacia hidrográfica do
Rio Gualaxo do Norte em 2009
0 5 10 km
1:200.000
Sistema de Coordenadas Geográficas
SIRGAS 2000
Elaborado em: 08 de fevereiro de 2021
QGIS 3.10.14
Elaborado por: Vitor Ottoni Pastore
(PPGEO/IGEO/UERJ)
Legenda
Belo Horizonte
Serra do Caraça
Santa Bárbara
Catas Altas
Pico do Sol
Morro D'Água Quente
Santa Rita Durão
Fonseca
Rio Piracicaba
Barretos de Alvinópolis
Alvinópolis
Dom Silvério
Bonfim da Barra
Barra Longa
Volta da Capela
Gesteira
Barreto
Campinas
Borba
Cláudio Manuel
Cana do Reino
Águas Claras
Gama de Baixo
Pedras ou Paracatuzinho
Paracatu de Baixo
Paracatu de Cima
Ponte do Gama
Bicas
Serra do Gambá
Camargos
Bento Rodrigues
Fundão
Germano
Antônio Pereira
Ouro Preto
Passagem de Mariana
Pico do Itacolomi
Mariana
Bandeirantes
Monsenhor Horta
Padre Viegas
Pico da Cartuxa
Cachoeira do Brumado
Furquim
Diogo de Vasconcelos
Acaiaca
Ponte Nova

Índice dos Sujeitos Históricos[610]

ABREU, Casimiro (1839-1860) – Nasceu em Barra de São João (atualmente município Casimiro de Abreu) e faleceu em Nova Friburgo, estado do Rio de Janeiro. Renomado poeta. Teve grande destaque durante a segunda geração do Romantismo, sendo o autor da obra *Meus Oito Anos*, que é considerado um dos poemas mais populares da literatura brasileira. Em 1859, publicou seu livro de poesias *Primavera,* que se tornou o seu único, pois veio a falecer no ano subsequente.

ABREU, José Rodrigues (1682-1752?) – Nasceu em Évora, Portugal. Estudou Filosofia e Medicina. Embarcou para a América Portuguesa em 1705; do Rio de Janeiro dirigiu-se às Minas, a convite do governador Jerônimo de Albuquerque Coelho de Carvalho. Retornou à Europa em 1714, esteve na Itália e depois estabeleceu-se em Lisboa como médico, sendo nomeado Físico-mor das Armadas. Acompanhou as tropas portuguesas na expedição contra os turcos na Ilha de Corfu, em 1729. Em 1724, recebeu a Ordem militar de Cristo. Redigiu várias obras versando sobre medicina. No primeiro tomo de sua *Historiologia Médica*, publicado em 1733, descreve sua autobiografia em latim, sob o título *Authoris Memoria.*

ALEXANDRE VII, papa (1599-1667) – Nascido Fabio Chigi, em Siena, e falecido em Roma (Itália), foi o papa da Igreja Católica no período de 1655 a 1667. Fez o possível para impedir a crescimento do protestantismo, sobretudo na Itália e na Inglaterra. Tinha grande interesse na arquitetura e apoiou projetos urbanos em Roma.

---

610 Este Índice foi elaborado pelos bolsistas de iniciação científica Mariana Bicalho Camelo (UFOP), Clara Maria Macedo Abreu (UFF) e Paulo André Nascimento de Jesus Maria (UFRJ), bem como pelos mestrandos em História Isaías Gabriel Franco e Marcone de Souza Guedes (UFOP) e pela doutoranda Cibele Aparecida Viana (UFOP).

ALENCAR, José Martiniano de (1829-1877) – Nasceu em Messejana, no Ceará, e faleceu no Rio de Janeiro. Principal romancista brasileiro da fase romântica, orador, dramaturgo, jornalista, advogado. A partir da publicação do seu livro *O Guarani*, originalmente em forma de folhetim, ganhou um enorme sucesso e admiração de outros artistas e literatos.

ALMEIDA JÚNIOR, José Ferraz de (1850-1899) – Nascido em Itu e falecido em Piracicaba. Pintor, professor, desenhista e gravurista do século XIX, sendo considerado o primeiro artista plástico brasileiro a pintar pessoas anônimas vinculadas à vida cotidiana da chamada "cultura caipira". Tendo uma temática totalmente regionalista, fez uma grande oposição à monumentalidade que predominava nas artes plásticas do Brasil naquela época.

ALVARENGA, Oneyda (1911-1984) – Nascida em Varginha, Minas Gerais, e falecida na cidade de São Paulo. Jornalista, poetisa, ensaísta e folclorista brasileira. Cursou piano no Conservatório Dramático e Musical de São Paulo, sendo aluna de Mário de Andrade. Em 1935, fundou a Discoteca Pública Municipal de São Paulo, tornando-se a primeira diretora dessa instituição, por indicação do próprio Mário de Andrade.

ALVES, Castro (1847-1871) – Nasceu em uma fazenda pertencente à Vila de Nossa Senhora do Rosário do Porto da Cachoeira e falecido em Salvador (estado da Bahia). Foi um grande poeta, participante da terceira geração romântica no Brasil. Ficou popularmente conhecido como o "Poeta dos escravos", pois em suas obras exprimia indignações e protestos sobre os problemas sociais da época, em especial a escravidão.

ANDRADA E SILVA, José Bonifácio (1763-1838) - Nascido na cidade de Santos e falecido em Niterói. Estudou Ciências Naturais, Direito, Química e Mineralogia em Portugal. Tornou-se intendente-geral das minas de Portugal, passando a chefiar a polícia do Porto após a expulsão dos franceses. Em 1819, retornou ao Brasil. Como vice-presidente da Junta Governativa de São Paulo, tornou-se figura de projeção política a partir de 1821. Em 1822, ocupou o ministério do Reino, e teve relevante participação no processo de independência. Entrando em choque com D. Pedro I em 1823, foi deportado para a Europa e exilado por seis anos. Regressou ao Brasil em 1829. Reaproximou-se do Imperador que, ao abdicar à Coroa, em 1831, o indicou para tutor de seu filho, o futuro D. Pedro II. No ano de 1833, foi destituído da tutoria, pela Regência. Ficou em prisão domiciliar até 1835, e pouco depois faleceu.

ANDRADE, José Antônio Freire de (1708-1784) – Nascido em Estremoz e falecido em Portugal. 2º Conde de Bobadela. Tenente, cavaleiro da Ordem de Cristo, governador do Rio de Janeiro e governador interino de Minas Gerais. Posteriormente, foi governador de armas da província da Beira e do Minho, em Portugal.

ANDRADE, Mário (1893-1945) – Nascido e falecido em São Paulo. Escritor modernista, crítico literário, musicólogo, folclorista, poeta, ensaísta, fotógrafo e um grande ativista cultural brasileiro do século XX. Junto com outros artistas, teve um papel de suma importância na organização da Semana de Arte Moderna de 1922, defendendo a valorização da cultura brasileira.

ATAÍDE, Manoel da Costa (1762-1830) – Nascido e falecido em Mariana, estado de Minas Gerais. Mais conhecido como Mestre Ataíde, atuou como dourador, pintor, encanador e entalhador. É considerado importante artista durante o período barroco mineiro. Há poucos dados sobre sua vida e formação profissional e nem todas as suas obras foram documentadas, porém é possível encontrar um número considerável de obras de Ataíde espalhadas pelo território de Minas Gerais.

ÁUSTRIA, Mariana [Maria Ana] Josefa da (1683-1754) – Nascida em Linz, Áustria, e falecida em Lisboa, Portugal. Arquiduquesa de Áustria e rainha consorte de Portugal entre 1708 a 1750, enquanto esposa do Rei Dom João V.

AZEVEDO, [Antônio] Álvares (1831-1852) – Nascido em São Paulo e falecido no Rio de Janeiro. Foi um importante poeta brasileiro, contista e ensaísta. Começou seus estudos no Rio de Janeiro, mas concluiu Direito em São Paulo. Desde cedo ficou conhecido pelas produções literárias; sua obra mais conhecida é a “Lira de Vinte Anos”.

AZEVEDO, Luiz Heitor Correia de (1905-1992) – Nascido no Rio de Janeiro e falecido em Paris. Foi um musicólogo, folclorista, bibliotecário do Instituto Nacional de Música, atual Escola de Música da Universidade Federal do Rio de Janeiro. Também foi diretor executivo da *Revista Brasileira de Música*. De forma concomitante, redigiu programas radiofônicos sobre música na América Latina e atuou como responsável pela seção de Música da *Revista Cultura Política*.

BACH, Johann Sebastian (1685-1750) – Nascido em Eisenach e falecido em Lípsia, territórios do então Sacro Império Romano-Germânico, na atual Alemanha. Cravista, violinista, regente, organista, violista e compositor, considerado como um dos mais importantes artistas da música ocidental. Compôs oratórios, missas e cantatas que até hoje estão presentes e são interpretadas nas salas de concertos em todo o mundo.

BARBINAIS, Le Gentil de la (?-?) – Foi um comerciante francês nascido na Bretanha. Em 1714 embarcou rumo ao Chile e, para isso, precisou fazer escala no Rio de Janeiro. Alterando seus planos, decidiu ir para o Peru e, posteriormente, para a China. Em 1717, na escala de volta, precisou desembarcar em Salvador, Bahia. Le Gentil ficou conhecido como o primeiro francês a escrever sobre a viajem ao redor do mundo, realizada entre 1714 e 1731.

BARBOSA, Domingos Caldas (c.1738/40-1800) – Compositor, cantor, poeta, repentista, violeiro. Após a conclusão de seus estudos no Colégio dos Jesuítas, no Rio de Janeiro, serviu como soldado, porém em 1763 abandonou o posto e viajou para Portugal, pois desejava estudar em Coimbra. A partir de 1770, ainda em Portugal, começou a apresentar suas composições de modinhas e lundus na corte de D. Maria I, com grande sucesso.

BARBOSA, Waldemar Almeida (1907-2000) – Nascido em Dores do Indaiá e falecido em Belo Horizonte, Minhas Gerais. Professor, escritor, compositor de hinos e historiador. Participou do Instituto Histórico e Geográfico Brasileiro e dos Institutos Históricos e Geográficos dos estados de Minas Gerais, do Rio de Janeiro e de São Paulo, entre outras instituições. Atuou como secretário-geral da *Revista de História e Artes* de Belo Horizonte. Recebeu muitos prêmios ainda em vida.

BASTOS, Martiniano Ribeiro (1825- 1912) – Nascido em São João del Rey. Violinista e compositor, atuou também como diretor da orquestra Ribeiro Bastos. Foi aluno e sucessor do Mestre Francisco José das Chagas na direção do conjunto musical que atuava nas cerimônias religiosas da Igreja de São Francisco de Assis. Bastos assumiu a direção em 1859, tornando-o uma orquestra e ampliando sua participação para concertos e espetáculos teatrais. Permanecendo em sua liderança até o ano de seu falecimento.

BELLINI, Vincenzo (1801-1835) – Nascido em Catânia, Sicília, e falecido em Puteaux, perto de Paris. Foi um dos mais célebres compositores de ópera, destacando-se *I Capuletti ed i Montecchi*, *La sonnambula* e *I Puritani*, sendo *Norma* a mais famosa. Bellini desde muito jovem foi considerado uma criança prodígio. Faleceu poucas semanas depois de completar 34 anos.

BENTO XI, papa (1240-1304) - Nascido *Nicola Boccasini* em Treviso e falecido em Roma (Itália). Como eclesiástico dominicano, mediou diplomaticamente vários conflitos. Um de seus feitos foi o acordo de paz entre os reis da Inglaterra e França, Eduardo I e o Belo, respectivamente. Após ser escolhido papa, conseguiu apaziguar as tensões entre Roma e França. Contudo, seu pontificado durou pouco tempo, cerca de oito meses, pois faleceu repentinamente.

BIZET, Georges (1838-1875) – Nascido em Paris e falecido em Bougival, França. Pianista e compositor. Estudou no Conservatório de Paris e venceu muitas competições durante sua formação. Através de *Les pêcheurs de perles* e *La jolie fille de Perth*, alcançou o sucesso imediato, mas somente com *Carmen*, seu trabalho final, se tornou um dos compositores mais conhecidos do repertório operísticos.

BLEEK, Willelm Heinrich Immanuel (1827-1875) - Nascido em Berlim e falecido na Cidade do Cabo, África do Sul. Linguista. De 1845 a 1848 ele estudou Teologia em Bonn e foi para Berlim para estudar hebraico. Em 1853, viajou para a África para estudar as línguas banto. Produziu a *Gramática Comparativa de Línguas Sul-africanas*.

BLUTEAU, Raphael (1638-1734) – Nascido em Londres e falecido em Lisboa. Foi um religioso que pertenceu à Ordem dos Clérigos Regulares. Atualmente é lembrado principalmente como um grande lexicógrafo da língua portuguesa. Foi o autor do exemplar sistema moderno do léxico da língua (*Dicionário da Língua Portugueza composto pelo padre D. Raphael Bluteau*).

BORCHARD, Herman (?-?) - Pastor luterano. Chegou ao Brasil em 1864. Em 1868, junto com colegas, constituiu o Sínodo Evangélico Alemão da Província do Rio Grande do Sul, mas tal instância não foi reconhecida pela Igreja Luterana na Alemanha. Face a esse desfecho, retornou à Alemanha.

BRAGA, Francisco (1868-1945) – Nascido e falecido no Rio de Janeiro. Concluiu o curso de clarineta no Conservatório de Música em 1886, e quatro anos depois foi um dos quatro finalistas no concurso para o novo hino nacional brasileiro, obtendo uma bolsa financiada pelo governo para estudar na Europa. Conquistou admissão no Conservatório de Paris em primeiro lugar, mas após terminar seus estudos, em 1900, voltou para o Brasil e tornou-se professor do Instituto Nacional de Música. Compositor, um dos regentes mais ativos de seu tempo.

BRANCO, José Luís de Meneses Abranches Castelo (1743-1792) – Sexto conde de Valadares. Governador e capitão geral da capitania de Minas Gerais em 1768. Em 1785, foi enviado extraordinário e ministro plenipotenciário em Madri. Atuou também como deputado da Junta dos Três Estados e Inspetor Geral do Terreiro Público, além de exercer outros cargos.

BRIGGS, Frederico Guilherme (1813-1870) – Nascido e falecido no Rio de Janeiro. Pintor, litógrado e desenhista. Iniciou seus estudos em 1826, cursando arquitetura e pintura de paisagem na Academia Imperial de Belas Artes, com os professores Grandjean de Montigny e Félix Taunay. Em 1832, associa-se ao artista francês Édouard Philippe Rivière e a Litographia Rivière e Briggs. Anos depois viaja para Londres a fim de aperfeiçoar seus saberes litográficos. Um dos seus trabalhos mais conhecidos é a representação de diversos tipos urbanos do Rio de Janeiro.

BUNBURY, Charles James Fox (1809-1886) – Nasceu em Messina e faleceu em Suffolk (Inglaterra). Portava título de nobreza. Notabilizou-se nos campos da botânica e da paleontologia, tendo estudado especialmente os fósseis vegetais nos carvões. Viajou à América do Sul em 1833 e à África do Sul em 1838 para coletar espécimes de plantas. Chegou ao Rio de Janeiro de julho de 1833 e aí permaneceu até dezembro deste ano, quando embarcou para o Rio da Prata. Retornando ao Rio de Janeiro no mês seguinte, seguiu para as Minas de Ouro em maio de 1834, permanecendo na Província de Minas Gerais até janeiro de 1835. Daí retornou ao Rio e, a seguir, à Inglaterra. Também acompanhou Charles Lyell, um dos pioneiros da geologia, em expedição à Ilha da Madeira. Foi eleito sócio da Royal Society em 1851.

BURKE, Edmund (1729- 1797) – Nascido em Dublin (Irlanda) e falecido em Beaconsfield (Inglaterra). Filósofo e teórico político. Também foi autor de um enorme corpo de livros, nos quais expressou forte antagonismo com as ideias da Revolução Francesa. No século XX foi considerado um dos fundadores do conservadorismo moderno.

BURTON, Richard (1821-1890) – Nasceu em Torquai, Reino Unido, e faleceu em Trieste, Itália. Conheceu a cultura islâmica entre 1842 a 1849, quando atuou como militar na Índia. Sua fama ampliou-se com a viagem que, em 1853, fizera disfarçado a Meca e Medina, cidades proibidas aos não-muçulmanos, publicando suas impressões. Entre 1857-1859, participou de expedição à região dos Grandes Lagos na África Oriental. Membro da Royal Geographical Society, ingressou, na década de 1860, no serviço diplomático britânico. Poliglota, dominava dezenas de idiomas. Traduziu do árabe para o inglês *As mil e uma noites*, com intento de realçar os aspectos eróticos dos contos perante uma Inglaterra vitoriana. Colaborou também na publicação em inglês do Kama Sutra. Traduziu *Os Lusíadas* e outros poemas de Camões, e planejou escrever uma gramática tupi-guarani. Em paralelo, sua esposa, Isabel Arundell Burton, traduziu *Iracema*, de José de Alencar. O casal Burton viveu no Brasil de 1865 s 1868, enquanto ele foi cônsul britânico em Santos. No período, viajaram a São Paulo, Rio de Janeiro, Petrópolis e interior do Brasil, além de ver pessoalmente alguns dos campos de batalha da Guerra do Paraguai, que então se desenrolava. O imperador D. Pedro II deu-lhe várias demonstrações de estima. Após o Brasil, Burton foi enviado a Damasco e Trieste, onde faleceu.

BURMEISTER, Hermann (1807-1892) – Nasceu em Stralsund, atual Alemanha, e faleceu em Buenos Aires, Argentina. Foi um naturalista, zoólogo, entomologista, herpetologista e botânico. Estudou medicina em Grifswald e Halle e se qualificou como professor de história natural e professor de zoologia. Em 12 de setembro de 1850 chegou ao Brasil e seguiu para Minas Gerais, pois foi atraído pela fama da Lagoa Santa. Retornou à Europa em 1852 e publicou três livros sobre sua viagem ao Brasil.

CALCAGNO, Luiz Bartolomeu (?-?) – Famoso fotógrafo que residiu em Uberaba, Minas Gerais.

CALDAS, Antônio Pereira de Souza (1762-1814) – Nascido e falecido no Rio de Janeiro. Formado em Direito na Universidade de Coimbra. Suas *Obras poéticas* foram publicadas postumamente, em Paris, entre 1820-1821.

CÂMARA, Joaquim Manoel da (1780?-1840?) – Nascido no Rio de Janeiro. Violonista, cavaquinista e o primeiro compositor de modinhas que obteve destaque no século XIX. Foi localizada uma coleção das 20 modinhas de sua autoria, transcritas por Sigismund Neukomm, publicadas na França (atualmente sob a guarda da Biblioteca Nacional da França).

CARDIM, Fernão (1540-1625) – Nascido em Viana do Alentejo (Portugal) e falecido nas proximidades de Salvador. Jesuíta, foi um dos primeiros a escrever sobre os habitantes, a terra e os hábitos da América Portuguesa. Entrou da Companhia de Jesus em 1566, embarcou rumo ao Brasil e visitou regiões atualmente conhecidas como Bahia, Pernambuco, Espírito Santo, Rio de Janeiro e São Paulo.

CARVALHO, Antônio de Albuquerque Coelho (1655 1725) - Nascido em Lisboa, falecido em Angola. Fidalgo. Governador nomeado em 1709 das capitanias reunidas do Rio de Janeiro, São Paulo e Minas do Ouro, partiu de imediato para Minas, onde ocorria a Guerra dos Emboabas. Foi o responsável pela sugestão (acatada pela Coroa) da criação da Capitania de São Paulo e Minas Gerais, sendo nomeado ainda em 1709 o primeiro governador da recém-criada Capitania. A posse efetiva se deu em 1710.

CASCUDO, Luís da Câmara (1898-1986) – Nascido e falecido em Natal, estado do Rio Grande do Norte. Folclorista, historiador e jornalista. Professor na Faculdade de Direito de Natal, dedicou-se ao estudo da cultura e dos costumes populares brasileiros. Sua obra é bastante extensa, constituindo-se em importante conjunto para os estudos da cultura nacional. Seu *Dicionário do Folclore Brasileiro* (1952), hoje é tido como obra referencial. Pelo conjunto de sua obra, recebeu em 1956 o *Prêmio Machado de Assis* da Academia Brasileira de Letras e em 1977, o *Prêmio Juca Pato*.

CASTELNAU, Francis (1810-1880) – Seu nome de batismo era François Louis Nompar de Caumont LaPorte e seu título Conde de Castelnau. Nascido na França e falecido em Tallahassee, Flórida. Naturalista inglês a serviço da França. Efetuou expedições cientificas ao Canadá de 1837 a 1841. De 1843 a 1847, esteve na América do Sul e no Brasil.

CHALMERS, George (1857-1928) – Nascido em Falmouth e falecido em Londres. Minerador britânico radicado no Brasil. Foi superintendente da Mina de Morro Velho em Minas Gerais (próximo a atual Nova Lima), propriedade à época da *St John Del Rey Mining Company*. Reorganizou e modernizou os processos de extração, expandindo a produção de ouro. Permaneceu na direção da empresa até 1924.

CHAMBERLAIN, Henry (1796 – 1844) – Nascido na Inglaterra e falecido nas Ilhas Bermudas, território britânico. Desenhista e pintor. Oficial da Artilharia Real Britânica, acompanhou o pai em viagem ao Brasil em 1819, onde permaneceu até 1820. No período retrata por meio de pinturas e desenhos os costumes do Rio de Janeiro. De volta a Londres, publica o álbum *Views and Costumes of the City and Neighbourhood of Rio de Janeiro (1821) com as pranchas feitas no Brasil.*

CHASSELAT, Pierre (1753-1814) - Pintor francês, aluno de Joseph-Marie Vien.

CHATEAUBRIAND, François-René (1768-1848) – Nascido em Saint-Malo e falecido em Paris. Nobre francês também conhecido como Visconde de Chateaubriand. Escritor, ensaísta, diplomata e político. Comumente referido como escritor do primeiro romantismo francês.

COELHO NETO, Marcos (1740/46? -1806) – Nascido em Vila Rica. Trabalhou como compositor e regente junto à Irmandade do Santíssimo Sacramento. Exímio trompista.

COSTA, Cláudio Manoel da (1729-1789) - Nasceu na Vila do Ribeirão do Carmo, atual cidade de Mariana, e faleceu em Ouro Preto. Advogado, magistrado e poeta. Formou-se em Direito em Coimbra. Participou da Inconfidência Mineira ao lado de Tiradentes. O autor tinha um pseudônimo árcade: Glauceste Satúrnio, o qual era um pastor que se inspirava em sua musa Nise.

COSTA, Francisco Augusto Pereira da (1851-1923) – Nascido e falecido em Recife. Advogado, jornalista, historiador e político. Formou-se/em Direito em Recife em 1891. Atuou como secretário de governo do Piauí. Um dos fundadores da Academia Pernambucana de.? Publicou obras como: *A Confederação do Equador, Bispos de Olinda, Governo de Pernambuco de 1821 a 1889.*

COURCY, Ernest Roussel de (1827-1897) – Sua figura permanece obscura. Portava o título de visconde. Possivelmente tratava-se de um aristocrata rentista modesto, de alguma província francesa. Viajou ao Brasil em 1886, possivelmente com intuito de inspecionar minas auríferas de Minas Gerais, pertencentes a firmas europeias. O convite partiu de um dos administradores da Companhia *The Ouro Preto Gold Mines of Brazil Limited*, dois anos após a aquisição das minas de Passagem, Raposos, Espírito Santo e Borges e da própria formação da Companhia. Desta forma, cogita-se que tal viagem tivesse caráter promocional, com a finalidade de estimular a compra de ações no empreendimento por parte de investidores franceses. Publicou em 1889 *Six semaines aux mines d'or du Brésil*, obra em que relata viagem realizada pelo território mineiro em 1886, contendo ilustrações próprias.

COUTINHO, Manoel da Rosa (?-?) - Visitador que esteve nas Minas na primeira metade do século XVIII. Foi visitador nas Comarcas do Ribeirão do Carmo, Sabará, Pitangui. Em 1717, foi comissionado pelo bispo da diocese do Rio de Janeiro, D. Jerônimo, a visitar algumas localidades nas Minas, atividade que faria também sob a administração eclesiástica de D. Guadalupe. Desempenhou a função de vigário de vara em São João Del Rei em 1748 e foi um dos procuradores de D. Frei Manuel da Cruz, primeiro bispo da diocese de Mariana.

COUTO, José Vieira (1752-1827) – Nasceu no Arraial do Tijuco, atual Diamantina. Nascido em 1752 no Tejuco, era filho de portugueses. Sua família desfrutava de grande prestígio. Formou-se em Matemática e Filosofia pela Universidade de Coimbra, tendo atuado também como naturalista, mineralogista e médico. Tinha afinidade com as ideias iluministas, e sua grande biblioteca (228 obras em 661 volumes) continha vários livros associados a este movimento; as obras ali existentes recobriam diversos saberes, como medicina, química, geografia, física, botânica, astronomia e matemática, oratória, poesia, literatura... Dominava vários idiomas. Através da Real Academia de Lisboa, colocou seu conhecimento à disposição da Coroa. Assim como seus irmãos, ocupou importantes cargos públicos na real extração de diamantes e participou ativamente dos acontecimentos envolvendo a elite dominante do Arraial do Tijuco.

COUTO DE MAGALHÃES, José Vieira (1837-1898) - Nasceu em 1837 em Diamantina e faleceu no Rio de Janeiro. Foi político, militar e escritor. Ingressou em 1847 no Seminário de Mariana. Também estudou matemática na Escola Militar do Rio de Janeiro e artilharia de campanha em Londres, na Inglaterra, além de Direito em São Paulo. Iniciou a navegação a vapor no Planalto Central. Ocupou a presidência de quatro províncias: Goiás, Pará, Mato Grosso e São Paulo. Foi quem iniciou os estudos folclóricos no Brasil, publicando *O selvagem* (1876) e *Ensaios de antropologia* (1894), entre outros livros. Fundou em 1885 o primeiro observatório astronômico do estado de São Paulo, na sua chácara em Ponte Grande, às margens do rio Tietê.

CRUZ, Antônio Nunes (?-?) – Organista substituto de José Felipe Corrêa Lisboa em 12 de julho de 1833. Prestou serviços musicais para a Ordem Terceira de São Francisco de Mariana (a partir de 1833) e para a Confraria de Nossa Senhora das Mercês de Mariana (a partir de 1836).

CUNHA, Euclides (1866-1909) – Nasceu em Cantagalo, município do estado do Rio de Janeiro, e faleceu em Piedade, bairro da cidade do Rio de Janeiro. Escritor, jornalista e professor. Autor das obras *Os Sertões, Contrastes e confrontos, Peru versus Bolívia, Castro Alves e o seu tempo, À margem da História.* Foi enviado como correspondente ao Sertão da Bahia, pelo jornal *O Estado de São Paulo*, para cobrir a guerra no município de Canudos, experiência que descreve sob viés literário em *Os Sertões.*

Uruguai. Musicólogo, foi um dos grandes inspiradores dos nacionalismos musicais na América Latina. No Brasil incentivou o desenvolvimento da então incipiente musicologia, através dos esforços de busca e estudo de documentos musicais, principalmente de Minas Gerais.

CUVIER, Georges (1769-1832) – Nasceu em Montbéliard e faleceu em Paris, na França. Naturalista, zoólogo e paleontólogo. Em 1781, principiou os seus estudos sobre os moluscos. Lecionou Anatomia Comparada no Museu de História Natural do Jardim das Plantas. Em 1799, foi nomeado professor de História Natural no Collège de France, e, em 1803, foi nomeado secretário perpétuo da Academia das Ciências Físicas e Naturais. Foi o criador da Anatomia Comparada e da Paleontologia. De entre as obras de Georges Cuvier destaca-se *As revoluções do Globo*, escrita em 1821.

DEBRET, Jean Baptiste (1768-1848) – Nasceu e faleceu em Paris. Pintor, desenhista e professor. Integrou a Missão Artística Francesa que veio ao Brasil em 1817 e instalou-se no Rio de Janeiro, onde ministrou aulas de pintura em seu ateliê. Trabalhou como pintor da Corte, representando acontecimentos e feitos da monarquia, como o quadro Coroação de Dom Pedro I (1822), e se mostrou atento às questões sociais brasileiras.

DENIS, Ferdinand (1798-1890) – Nasceu e faleceu em Paris. Historiador e escritor. Viajou para o Brasil em 1816 e retornou a Paris em 1821, após acompanhar a agitação política pré-independência do Brasil. Escreveu livros que descreviam a natureza e a literatura brasileiras, sendo sua teoria sobre a literatura nacional e a crítica ao romantismo europeu um divisor de águas para os escritores brasileiros posteriores à sua obra, de 1826.

DESCOURTILZ, Jean Théodore (1796-1855) – Nasceu na França e faleceu no atual município de Aracruz, estado do Espírito Santo. Médico, naturalista, pintor e desenhista. Chegou ao Brasil em 1830, no Rio de Janeiro, onde foi pesquisador do Museu de História Natural. O ornitólogo contribuiu revelando novas espécies de aves e descrição dos hábitos, cores e formas de cada uma. Em 1845 foi enviado ao Espírito Santo pelo Governo Imperial, para fazer pesquisas mineralógicas e zoológicas.

DIAS, Gonçalves (1823-1864) – Nascido em Caxias e falecido em Guimarães, municípios do estado do Maranhão. Importante autor do romantismo, com uma abordagem indianista, também conhecido por seus poemas nacionalistas e patrióticos, como *Canção do Exílio*. Foi pesquisador das línguas indígenas e do folclore brasileiro.

DIAS, Pedro (1622-1700) – Nascido em Vila de Gouveia, Portugal, faleceu em Salador. Chegou menino ao Brasil e ingressou no Colégio Jesuíta do Rio de Janeiro em 1641. Foi superior da casa de Porto Seguro, reitor do Colégio de Santos e do Real Colégio de Olinda de 1683 a 1690. Atuou também como procurador dos engenhos.

DÓRIA, Luís Gastão d'Escragnolle (1869-1948) – Nascido e falecido no Rio de Janeiro. Formou-se em Ciências Jurídicas e Sociais pela Universidade de São Paulo, mas não optou pela advocacia. Lecionou História do Brasil no Colégio Pedro II e em 1910 foi pesquisar na Europa documentos relativos à História do Brasil. Em 1912 ingressou no Instituto Histórico e Geográfico Brasileiro e no período de 1917 a 1922 foi diretor do Arquivo Nacional.

DUQUE-ESTRADA, Joaquim Osório (1870-1927) – Nascido em Vassouras, estado do Rio de Janeiro, e falecido na cidade do Rio de Janeiro. Poeta, ensaísta, crítico literário e professor. Conhecido pela autoria da letra do Hino Nacional Brasileiro e por sua atividade como crítico literário na imprensa brasileira. Foi membro da Academia Brasileira de Letras.

EARLE, Augustus (1793-1838) – Nascido e falecido em Londres, Inglaterra. Pintor, aquarelista e desenhista. Passou um período de, aproximadamente, quatro anos no Brasil, entre 1820 e 1824. Reproduziu paisagens, cenas populares, retratos e espécimes de história natural, além disso, produziu aquarelas ligadas à escravidão e aos costumes dos brasileiros, como a *Punição de negros no Calabouço*.

ENDER, Thomas (1793-1875) – Nascido e falecido em Viena, Áustria. Pintor, aquarelista, gravador e desenhista. Viajou para o Brasil na Expedição Científica de História Natural, em 1817, com o objetivo de reunir informações sobre o país e constituir um museu brasileiro em Viena. No período de dez meses em que esteve no país, produziu cerca de 700 obras que retratam paisagens do Rio de Janeiro e de São Paulo.

ESCHWEGE, Wilhelm Ludwig von (1777-1855) – Nascido em Hessel e falecido em Kassel, territórios da atual Alemanha. Geólogo, geógrafo, arquiteto e metalurgista. Esteve em Portugal reorganizando as minas até 1808, quando foi transferido pela Coroa portuguesa para o Brasil, a fim de estudar o potencial mineiro na América, permanecendo até 1821. Implantou novas e melhores técnicas de extração de minério na antiga Colônia e contribuiu para a construção da fábrica de ferro Patriótica. Foi o primeiro a documentar a presença de manganês em Minas Gerais.

ESTRADA, Osório Duque.

FEIJÓ, Diogo Antônio (1784-1843) – Nascido e falecido no município de São Paulo. Sacerdote católico e estadista. Liberal, eleito deputado das Cortes Constitucionais, em 1821, em Lisboa. Foi defensor de ideias separatistas, perseguido pela Coroa portuguesa e, por isso, refugiado na Inglaterra. Retornou ao Brasil após a independência e atuou em diversos cargos políticos, como deputado, ministro da justiça, senador, regente do Império e presidente do Senado. Considerado um dos fundadores do Partido Liberal. Participou das revoltas liberais de 1842, que movimentaram São Paulo e Minas Gerais, foi preso e pouco depois faleceu.

FERREIRA, Alexandre Rodrigues (1756-1815) – Nascido na Bahia e falecido em Lisboa. Afamado naturalista luso-brasileiro. Foi nomeado em 1778 para chefiar a comissão científica encarregada de empreender viagem pelas capitanias do Grão-Pará, Rio Negro, Mato Grosso e Cuiabá. A expedição durou nove anos. O

Diário da Viagem filosófica pelas capitanias do Grão-Pará, Rio Negro, Mato Grosso e Cuiabá - 1783-1792 foi publicado na *Revista do Instituto Histórico e Geográfico Brasileiro* entre 1885 e 1888.

FERREZ, Marc (1843-1923) - Nascido e falecido no município do Rio de Janeiro. Fotógrafo. Convidado em 1875 a integrar, como fotógrafo, a expedição chefiada por Charles Frederick Hartt, cientista norte-americano, e financiada pela Comissão Geológica do Império, que o levou aos atuais estados da Bahia, Pernambuco e Alagoas, além de parte da região amazônica. Suas fotografias retratam diferentes aspectos da vida brasileira, desde paisagens naturais até panoramas urbanos e rurais.

FLEIUSS, Henrique (1842-1882) – Nascido em Colônia, no território da atual Alemanha, e falecido no Rio de Janeiro. Pintor de aquarelas, desenhista e caricaturista. Mudou-se para o Brasil em 1858, percorrendo a região norte do país, até se acomodar no Rio de Janeiro, em 1859. Iniciou a publicação da revista *Semana Ilustrada* em 1860, sendo ele o responsável pelas ilustrações, destacou-se pela atuação no desenvolvimento da sátira e da caricatura e pelo aperfeiçoamento das artes gráficas. Além disso, produziu pinturas e aquarelas de importância histórica e artística.

FLORENCE, Hercule (1804-1879) – Nascido em Nice, França, e falecido em Campinas, estado de São Paulo. Fotógrafo, pintor, desenhista, tipógrafo, litógrafo, professor, inventor e naturalista. Chegou ao Brasil em 1824, trabalhou no comércio e numa empresa tipográfica, até ingressar na Expedição Langsdorff como desenhista, entre 1825 e 1829. Lançou *O Paulista*, primeiro jornal do interior da província de São Paulo, em 1824, e imprimiu em sua litografia o *Aurora Campineira*, o primeiro jornal de Campinas, em 1858.

FÓSCOLO, Avelino (1864-1944) – Nascido em Minas Gerais. Escritor. Por volta de 1870, ainda criança, trabalhou por alguns dias na mina de Morro Velho, depois cenário de um de seus livros. Suas obras são pertencentes à estética do naturalismo tardio e encenadas em Minas Gerais, como *A Capital*. Iniciou sua carreira jornalística e literária na década de 1880, envolvendo-se nas lutas abolicionista e republicana.

FREIREYSS, Georg Wilhelm (1789-1825) – Nascido em Frankfurt e falecido no Brasil, em Nova Viçosa. Participou parcialmente, como zoólogo, da expedição ao Brasil conduzida por Maximilian zu Wied-Neuwied.

FROND, Victor (1821-1881) – Nascido em Montfaucon e falecido em Varredes, na França. Fotógrafo e pintor. Esteve no Brasil entre 1858 e 1862, mantendo um estúdio próprio no Rio de Janeiro. Foi o primeiro fotógrafo instalado no país a conceber um projeto de longo fôlego, que documentou a terra brasileira até a mais remota província, porém não foi concluído. Autor do primeiro livro de fotografia realizado na América Latina, *Brésil Pittoresque*, com texto de Charles Ribeyrolles. Registrou paisagens naturais e momentos cotidianos, como a vida rural e o trabalho escravo.

GAENSLY, Guilherme (1843-1928) – Nascido na Turgóvia, Suíça, e falecido em São Paulo. Fotógrafo. Mudou-se para o Brasil aos cinco anos de idade, onde permaneceu até seu falecimento. Trabalhou em conjunto com fotógrafos profissionais, registrando o cenário baiano. Posteriormente começou seu trabalho solo e participou de exposições com suas fotografias. Entre 1895 e 1925 foi um dos mais ativos criadores de cartões-postais da cidade de São Paulo.

GAMA, Basílio (1741-1795) – Nascido em São José do Rio das Mortes, estado de Minas Gerais, e falecido em Lisboa. Poeta luso-brasileiro. Escreveu poemas com o pseudônimo "Termendo Sipilho". Foi recebido na Arcádia Romana, com a proteção dos jesuítas, por ser um autor brasileiro. Dentre suas obras, uma das mais conhecidas é *O Uruguai*, poema épico que retrata jesuítas, índios e europeus nos Sete Povos das Missões, no Rio Grande do Sul.

GÂNDAVO, Pero de Magalhães (1540-1580) – Nascido em Braga, Portugal. Historiador e cronista. Jesuíta. Esteve no Brasil entre 1560 e 1570 e foi nomeado provedor da fazenda na Bahia. Foi o primeiro a escrever sobre a história do Brasil, dentre seus escritos há dois textos sobre a Colônia, juntamente com seu livro, publicado em 1576, *A História da Província de Santa Cruz.*

GARCIA, José Maurício Nunes de (1767-1830) – Nascido e falecido no Rio de Janeiro. Professor de música, maestro, multi-instrumentista e compositor mineiro, cuja maior parte das obras foi dedicada à músicas sacras e litúrgicas. Em 1808, foi nomeado por D. João mestre da sua Capela Real e adaptou seu estilo ao gosto musical do Príncipe Regente. É considerado um dos maiores músicos de seu tempo.

GARDNER, George (1812-1849) – Nascido em Glasgow, Escócia e falecido no Sri Lanka. Médico e botânico. Viajou para o Brasil em 1836, onde ficou cerca de cinco anos viajando pela região (com maior foco no cerrado e na caatinga), estudando e colecionando milhares de espécies de plantas para museus ingleses.

GIOTTO [DI BONDONE] (1266-1337) – Nascido em Vicchio e falecido em Florença, Itália. Pintor e arquiteto. Foi considerado o primeiro expoente da Pintura Renascentista, o elo entre o renascimento, pintura medieval e a bizantina. A grande característica de suas obras é a imagem dos santos como seres humanos de aparência comum, que ocupavam lugar de destaque nelas.

GOMES, Antônio Carlos (1836-1896) – Nascido em Campinas, estado de São Paulo, e falecido em Belém, estado do Pará. Considerado o mais importante compositor de ópera do país, destacou-se pelo estilo romântico, com o qual obteve carreira de destaque na Europa. Foi o primeiro compositor brasileiro a ter suas obras apresentadas no Teatro alla Scala. Dentre suas óperas, uma das mais conhecidas é *O Guarani*, baseada no romance de José de Alencar. Compositor.

GONZAGA, Tomás Antônio (1744-1810) – Nasceu na cidade do Porto, Portugal, e faleceu em Moçambique. Jurista, poeta e inconfidente. Chegou ao Brasil em 1749, esteve fora por um período de um ano, aproximadamente, e quando retorna é nomeado ao cargo de ouvidor geral na comarca de Vila Rica (Ouro Preto). Participou da Inconfidência Mineira e foi preso, levado ao Rio de Janeiro. É considerado um grande poeta do arcadismo.

GREGÓRIO MAGNO (540-604) – Nascido e falecido em Roma. Esteve no papado no período de 590 a 604. Fundou vários mosteiros e ajudou a estruturar institucionalmente a Igreja Católica. Considerado um santo importante pelos católicos, ortodoxos, anglicanos e alguns luteranos.

GUADALUPE, Antônio de (1672-1740) – Nascido em Amarante e falecido em Lisboa, Portugal. Bispo católico. Doutor em direito canônico pela Universidade de Coimbra. Atuou como juiz em Trancoso. Chegou ao Rio de Janeiro em 1725, para tomar posse do bispado e permaneceu nessa posição até 1740, quando foi transferido para Lisboa.

GUERRA, Gregório de Matos (1636-1696) – Nascido em Salvador e falecido em Recife. Advogado e poeta. Considerado um dos maiores poetas do barroco e o mais importante poeta satírico do período colonial. Satirizava o governo, a nobreza, o clero, a burguesia, usava de artifícios sociais e políticos, por isso ficou conhecido como "Boca do Inferno".

GUIMARÃES, Bernardo (1825-1844) – Nascido e falecido em Ouro Preto. Romancista e poeta. Também atuou, ao longo de sua vida, como juiz municipal, magistrado e professor de retórica, poética, latim e francês. Sua obra mais famosa é *A Escrava Isaura*, romance que o situava na campanha abolicionista.

HAENDEL, Georg Friedrich (1685-1759) – Nascido em Halle an der Saale, na atual Alemanha, e falecido em Londres. Compositor. Naturalizado britânico, foi considerado um dos grandes mestres do barroco musical europeu. Compôs mais de seiscentas obras, dentre elas dezenas de óperas. Tornou-se conhecido em várias partes do mundo.

HARRO-HARRING, Paul (1798-1870) – Nascido na Dinamarca e falecido nas Ilhas Jersey, no canal da Mancha, integrantes do Reino Unido. Poeta e pintor. Visitou o Rio de Janeiro em 1840, quando produziu um conjunto de obras denominado *Esboços tropicais do Brasil,* que tem importância histórica e estética. Além de belas paisagens, o pintor também retratou temas como a escravidão.

HICKSON, Richard Skerret (c.1812-1862) – Pintor inglês.

HIPPOLYTE, François Jaubert (1798-1874) – Nascido em Paris e falecido em Montpellier, França. Botânico e político. Participou da formação da Sociedade de História Natural de Paris, em 1821, e da Sociedade Botânica da França, em 1854. Em 1858 tornou-se membro da Academia das Ciências da França. Atuou na política como presidente do Conselho Geral de Cher, Ministro de Obras Públicas e deputado.

HOLLERBACH, Johann Leonhard (1835-1899) – Nascido no território da atual Alemanha. Pastor luterano. Foi enviado em missão ao Brasil em 1862. Iniciou um registro de todas as famílias evangélicas da região de Teófilo Otoni e viajava para atender evangélicos de diversas províncias.

HULENKAMPF, Johann Heinrich (século XVII - XVIII) – Nascido na região de Hamburgo, Alemanha. Construtor de órgãos, inclusive produzidos sob encomenda para igrejas portuguesas. Um deles foi levado ao Brasil por volta de 1751 e encontra-se na Sé de Mariana. Desconfia-se que, originalmente, o órgão pertencia ao Convento de São Francisco, em Lisboa, pois tem símbolos franciscanos e a assinatura de Hulenkampf.

HUMBOLDT, Alexander von (1769-1859) – Nascido e falecido em Berlim, atual Alemanha. Geógrafo, naturalista e explorador. Fez uma viagem exploratória pela América Central e América do Sul, entre 1799 e 1804, e pela Ásia Central, em 1829, que o fez ficar mundialmente conhecido. Sua obra mais famosa é *Kosmos*.

ISABEL [DE ARAGÃO] (c.1271–1336) – Nascida em Barcelona ou Saragoça e falecida em Estremoz. Foi rainha consorte de D. Dinis. Foi beatificada e canonizada por ter sido uma rainha muito piedosa e ter passado muito tempo de sua vida em oração e ajudando os pobres. É a santa padroeira de Coimbra.

JOÃO IV (1604-1656) – Nascido em Vila Viçosa e falecido em Lisboa. Rei de Portugal e Algarves de 1640 até à sua morte, e Duque de Bragança entre 1630 e 1645. Foi líder da Guerra da Restauração pela conquista e reconhecimento da independência de Portugal e restauração dos direitos da dinastia Bragança. Além disso tomou medidas de reivindicação das colônias perdidas no ultramar para as Províncias Unidas dos Países Baixos, como por exemplo, o "Brasil Holandês".

JOÃO V (1689-1750) – Nascido e falecido em Lisboa. Rei de Portugal e Algarves de 1706 até à sua morte. Seu reinado teve duas fases marcantes, a primeira em que Portugal teve um papel ativo e relevante na política europeia e mundial, e a segunda na qual é feita uma aliança estratégica com a Grã-Bretanha, que gradualmente assume maior importância, e o reino começou a sofrer uma certa estagnação. Seu último feito diplomático foi o Tratado de Madrid, de 1750, que estabeleceu fronteiras do Brasil.

JOSÉ I (1714-1777) – Nascido em Lisboa e falecido em Sintra, Portugal. Rei de Portugal e Algarves de 1750 até sua morte. Herdou estruturas administrativas, jurídicas e políticas do país, juntamente com as condições económicas falhas do reinado de João V, situação que o obrigou a colaborar com opositores às políticas do reinado anterior. Seu reinado é, sobretudo, marcado pelas políticas do seu secretário de Estado, o Marquês de Pombal, que reorganizou as leis, a economia e a sociedade portuguesa, transformando Portugal num país moderno.

JULIÃO, Carlos (1740-1811) – Nascido em Turim, Itália, e falecido em Lisboa. Pintor, desenhista, engenheiro, militar. Tornou-se alferes das Forças Armadas Portuguesas, em 1763. Uma viagem que fez ao Brasil deu origem ao álbum *Negros dos Usos do Rio de Janeiro e Serro do Frio* que é composto por aquarelas, produzidas nesse período, e tem como temática grupos sociais e cenas de costumes brasileiros.

JUSSIEU, Antoine-Laurent de (1748-1836) – Nascido em Lyon e falecido em Paris, França. Médico e botânico. Desenvolveu as ideias do seu tio, Bernard de Jussieu, sobre a classificação dos vegetais de acordo com um sistema baseado na morfologia das plantas. Publicou livros sobre botânica e, posteriormente, lecionou na Faculdade de Medicina de Paris. Em 1794, foi nomeado diretor do Museu Nacional de História Natural.

KALLEY, Robert Reid (1809-1888) – Nascido em Glasgow e falecido em Edimburgo, Escócia. Médico e Pastor. Chegou ao Brasil em 1855, residindo em Petrópolis. Em 1857, organizou, com a ajuda de sua esposa, Sarah Kalley, e de cidadãos brasileiros, a Igreja Evangélica Fluminense, que desempenhou um importante papel na divulgação da doutrina protestante no país. É uma das figuras históricas mais marcantes do protestantismo no Brasil.

KALLEY, Sarah (1825-1907) – Nascida em Nottingham, Inglaterra e falecida em Edimburgo, Escócia. Missionária e musicista. Chegou ao Brasil com seu esposo Robert Kalley em 1855, ajudando-o a organizar a Igreja Evangélica Fluminense. Desempenhou um importante papel na divulgação da doutrina protestante no país.

KLUMB, Revert Henrique (1825–c.1886) – Nasceu em território da atual Alemanha e faleceu em lugar ignorado. Foi um renomado fotógrafo teuto-brasileiro que atuou no Brasil oitocentista. Provável introdutor da fotografia estereoscópica no país, Klumb obteve o título de "photographo da Casa Imperial". Autor do livro de fotografias *Doze horas em diligência: guia do viajante de Petrópolis a Juiz de Fora*, o que tornou-o um dos pioneiros da edição de livros de fotografia no Brasil.

KOPKE JÚNIOR, Henrique (1848-1917) – Nascido em Portugal e falecido em Niterói. Naturalizado brasileiro, residiu em Petrópolis até 1904, quando passou a habitar em Niterói, ambas cidades do estado do Rio de Janeiro. Atuou como vereador em Petrópolis e diretor da Secretaria do Interior e Justiça do estado do Rio de Janeiro. Fotógrafo amador.

LAFITAU, Joseph-François (1681-1746) – Nascido e falecido em Bordéus, França. Foi um missionário jesuíta francês, etnólogo e naturalista que trabalhou no Canadá. É mais conhecido pelo uso do método comparativo no campo da antropologia, pela descoberta do ginseng e por seus escritos sobre os nativos norte-americanos iroqueses.

LANGSDORFF, Georg Heinrich von (1774-1852) - Nasceu em Wollstein, no condado de Nassau-Usingen, e faleceu em Freibur im Breisgau (Alemanha). Médico, naturalista e explorador. Residiu no Rio de Janeiro a partir de 1813, estudando história natural. Publicou *Plantes recueillies pendant le voyage des Russes autour de Monde* em colaboração com F.D.L. von Fischer, uma síntese de sua pesquisa em Santa Catarina.

LEÃO, Manoel Coelho (1735-1794) – Nascido em Recife. Mestre da capela da Catedral de Mariana, bastante atuante entre 1755 a 1792, recebeu várias provisões consecutivas para esse cargo, na maioria das vezes acumulando a função de organista.

LISBOA, João de Sousa (?-1778) – Coronel de ordenança, cavaleiro da Ordem de Cristo, comerciante e contratador em Minas entre 1740 e 1770. Um dos mais poderosos cobradores de impostos e contratantes de Minas. Porém, em 1764, teve seus bens confiscados pelo não cumprimento das condições dos contratos. A Coroa aceitou sua argumentação de que a Guerra dos Sete Anos, envolvendo disputas pelo controle da bacia da Prata entre Portugal e Espanha, inviabilizou a concretização do que fora acordado. Ainda assim, em seu inventário, acumulava várias dívidas.

LISBOA, José Felipe Corrêa (?-?) – Mestre de capela da Catedral, de Mariana em torno de 1817 a 1823; retornou à função aproximadamente em 1832, durante um ano. Também atuou junto à Ordem Terceira de São Francisco de Mariana e à Confraria de Nossa Senhora das Mercês de Mariana.

LISBOA, José Joaquim (1775-?) – Nasceu em Vila Rica. Alferes, transferiu-se para Lisboa, onde ainda vivia em 1811. Autor da obra *Descrição Curiosa das principais produções, rios e animais do Brasil, principalmente da capitania de Minas Gerais*. Em 1812, foram publicadas as Liras oferecidas ao Senhor João Anastácio Carvalhosa Henriques, por Joaquim José Lisboa, "brasiliense".

LOBATO, José Bento Renato Monteiro (1882-1948) - Nasceu em Taubaté e faleceu na cidade de São Paulo. Formado em Direito, foi um escritor, ativista, diretor e autor de importantes traduções. Renomado autor da literatura infanto-juvenil do país, foi também fundador da primeira editora brasileira, a "Monteiro Lobato e Cia", em 1918. Residiu em 1927, por 4 anos, nos Estados Unidos em missão diplomática, como adido comercial.

LOBO, Antônio de Souza (1840-1909) - Nasceu em Campos, estado do Rio de Janeiro e faleceu na cidade do Rio de Janeiro. Foi pintor, professor, fotógrafo e restaurador brasileiro. Formado na Academia Imperial de Belas Artes, lecionou pintura no Liceu de Artes e Ofícios, na década de 1870. Em sua atuação, foi pioneiro no uso da fotografia e na adoção de técnicas de pintura, em especial no ensino da arte.

LOBO, Jerônimo de Souza (1780-1810) – Nasceu e faleceu em Vila Rica, atual cidade de Ouro Preto. Compositor, organista, violinista, flautista. Foi organista da Matriz de N. Sra. do Pilar na freguesia de Pilar ou do Ouro Preto, em Vila Rica. Entre suas obras estão: *Domingo de Ramos, Matinas de Santo Antônio* e *Responsórios de São Francisco de Assis*, entre outros.

LOBO, João de Deus de Castro (1794-1832) – Nasceu em Ouro Preto e faleceu na cidade de Mariana. Estudou música no Seminário de Mariana. *É um dos maiores nomes da música religiosa mineira do início do século XIX. Incorporou o classicismo e o romantismo em suas obras, influenciado pela ópera italiana. Destacam-se a Missa em Ré Menor*, as *Matinas de Natal*, a *Missa e Credo a 8 Vozes* e *e Abertura em Ré Maior*.

LOBO DE MESQUITA, José Joaquim Emerico (1746-1805). Nasceu em Vila do Príncipe, atual Serro e faleceu no Rio de Janeiro. Foi organista, maestro, compositor e professor. Atuou como organista da Igreja do Carmo, em Vila Rica (atual Ouro Preto), até 1800. No ano seguinte mudou-se para o Rio de Janeiro. Na capital da Colônia, continuou a compor e tocar órgão na Igreja da Ordem Terceira do Carmo. Deixou 40 obras inéditas, descobertas pelo musicólogo uruguaio Francisco Curt Lange entre 1944 e 1959.

LUTERO, Martinho (1483-1546) - Nasceu e faleceu em Eisleben, Sacro Império Romano-Germânico. Foi um monge agostiniano e professor de teologia que se tornou uma das figuras centrais da Reforma Protestante Contestava o poderio da Igreja Católica, o comércio de cargos eclesiásticos, a venda de dispensas, de indulgências e de relíquias sagradas. Lutero propôs, com base em sua interpretação da Bíblia, especialmente da Carta de Paulo aos Romanos, que a salvação não poderia ser alcançada pelas boas obras ou por quaisquer méritos humanos, mas tão somente pela fé em Cristo Jesus. Suas proposições constituíram o fundamento para criação da Igreja Luterana.

MACHADO, Simão Ferreira (?-?) – Residente em Lisboa e, em seguida, em Minas. Narrou o Triunfo Eucarístico, uma festividade realizada em 1733 na cidade de Vila Rica, atual Ouro Preto, estado de Minas Gerais, que marcou a trasladação do Santíssimo Sacramento da Igreja do Rosário e a sua condução triunfal até a Igreja do Pilar.

MACHADO FILHO, Aires da Mata (1909-1985) - Nasceu em Diamantina e faleceu em Sete Lagoas, municípios do estado de Minas Gerais. Atuou como filólogo, professor e linguista. Devido a um problema de visão, aprendeu o método braille no Instituto Benjamim Constant do Rio de Janeiro. Em Belo Horizonte, completou o curso de Direito da Universidade de Minas Gerais e depois formou-se em Filologia Românica. Foi redator do jornal *Minas Gerais*, órgão da Imprensa Oficial de Minas Gerais. Colaborou ainda em muitos jornais, como no *Estado de Minas*. Foi o criador da CMFl - Comissão Mineira de Folclore e seu presidente até a década de 1980.

MARIA I (1734-1816) - Nasceu no Paço da Ribeira, em Lisboa, Portugal e faleceu no Rio de Janeiro. Primeira rainha reinante de Portugal, filha do rei D. José I e de Dona Mariana Vitória de Bourbon. Governou a partir de 1777, mas em 1792 passou a regência a seu filho, posteriormente D. João VI, em função seu estado de saúde mental.

MARTIUS, Carl Friedrich Philipp von (1794-1868) - Nasceu em Erlangen e faleceu em Munique, Alemanha. Médico e botânico, lecionou botânica na Universidade de Berlim e foi diretor do jardim botânico de Munique. Veio ao Brasil como um dos integrantes da Missão Austríaca, que acompanhou a imperatriz Leopoldina na ocasião de seu casamento com D. Pedro I. Permaneceu no país entre 1817 e 1820, tendo como companheiro de viagem o zoólogo Johann Baptist von Spix. Um dos mais importantes naturalistas que estudaram o Brasil, especialmente a região da Amazônia.

MARY, Benjamin (1792 -1846) - Nasceu em Liège, Bélgica e faleceu em Bagnères-de-Luchon, França. Pintor, desenhista e diplomata belga, o primeiro embaixador da Bélgica no Brasil, onde viveu e trabalhou de 1834 a 1838.

MASCARENHAS, Francisco dé Assis (1805-1868) – Nasceu em Goiás Velho, Goiás. Magistrado e político. Governou a província de Goiás entre 1839 e 1842. Como magistrado, atingiu o mais alto posto da classe no Brasil Império, o de ministro do Supremo Tribunal de Justiça. Foi conselheiro de Estado, senador e governador das capitanias de Goiás, Minas Gerais e São Paulo.

MATOS, Raimundo José da Cunha (1776 -1839) – Nasceu na cidade de Faro, Algarves (Portugal) e faleceu no Rio de Janeiro. Viveu por 18 anos na costa africana do Império luso, nas ilhas de São Tomé e Príncipe. Como artilheiro, cursou as matemáticas, bem como geografia e topografia. Militar, permaneceu no Brasil após a emancipação política. Até a independência, defendia o projeto de união dos dois reinos, em relação paritária, considerando a separação um fratricídio; a partir de 1822, reconheceu-se nos quadros administrativos do Império brasileiro. Foi deputado na Assembleia, contrário à política externa britânica e a favor da posição independente do Brasil na questão do tráfico negreiro. Em 1838, foi um dos proponentes da criação do Instituto Histórico e Geográfico Brasileiro. Publicou diversos trabalhos, entre corografias, itinerários, dicionários, além de memórias e relatórios à Sociedade Auxiliadora da Indústria Nacional, na qual atuou como secretário.

MAWE, John (1764-1829) - Nasceu em Derbyshire e faleceu em Londres (Inglaterra). Naturalista, mineralogista e comerciante de minerais, dedicou-se por quinze anos a viagens marítimas com fins científicos e comerciais. Em 1804, seguiu em viagem pelo Rio da Prata, mas foi preso em 1805, no contexto da disputa entre Inglaterra e Espanha, sob suspeita de ser um espião inglês. Foi libertado em 1806, com a chegada das tropas britânicas, seguindo viagem para o Brasil. Aportou em Santa Catarina em 1807. No Rio de Janeiro, foi recebido por D. João VI em 1808, e com apoio de d. Rodrigo de Sousa Coutinho, o conde de Linhares, foi o primeiro estrangeiro a obter permissão para visitar as jazidas das

Minas Gerais e outras regiões do Brasil entre os anos de 1809-1810. Seus relatos de viagem foram publicados em 1812. Esta obra foi traduzida para várias línguas, mas somente em 1944 para o português. Retornou à Inglaterra em 1811, abriu uma loja em Londres e escreveu vários livros sobre mineralogia.

MELO, Sebastião José Carvalho e, marquês de Pombal (1699–1782) – Nasceu em Lisboa e faleceu em Pombal (Portugal). Em 1733, ingressou na Academia Real de História. Posteriormente, tornou-se embaixador de Portugal na Inglaterra. Trabalhou ainda em Viena, na Áustria, antes de se tornar **secretário de Estado dos Negócios Estrangeiros e da Guerra** (1750-1755) e, em seguida, **Secretário de Estado dos Negócios Interiores do Reino (1755-1777).** Realizou uma série de mudanças na gestão do Reino de Portugal que ficaram conhecidas como "reformas pombalinas". Muitas dessas tiveram impacto direto na colônia portuguesa.

MELLO, Guilherme de (1867-1932) - Guilherme Theodoro Pereira de Mello, nasceu em Salvador e faleceu no Rio de Janeiro. Nome pouco lembrado pela musicologia nacional. Sua obra *A música no Brasil desde os tempos coloniais até o primeiro decênio da República*, publicada em 1908, na cidade de Salvador (Bahia) é considerada o primeiro livro do gênero da musicologia brasileira.

MELLO MORAIS FILHO, Alexandre José de (1844-1919) – Nasceu em Salvador e faleceu no Rio de Janeiro. Na ortografia da época, era conhecido como Mello Moraes Filho. Doutorou-se pela Faculdade de Medicina de Bruxelas. De volta ao Brasil, atuou como jornalista, dedicou-se à poesia e foi Diretor do Arquivo Municipal do Rio de Janeiro. No campo histórico, produziu *Crônica Geral do Brasil 1500-1700* (1886), *Crônica geral e minuciosa do Império do Brasil desde a descoberta do Novo Mundo ou América até 1879* (1879) e *História do Brasil-Reino e Brasil Império*. Em 1882, dirigiu a *Revista da Exposição Antropológica Brasileira*, dedicada a estudos sobre os povos indígenas. Em seu livro *Fatos e memórias*, publicado em 1904, reconstitui o cotidiano carioca do período.

MENDES, Julia Brito (?-?) – Foi pianista e autora da obra *Canções populares do Brasil*, datada de 1911 No seu livro, reúne por volta de 130 modinhas e lundus, com partituras. Na capa consta a informação de que reunira uma "coleção das mais conhecidas e inspiradas modinhas brasileiras, acompanhadas das respectivas músicas, a maior parte das quais transladadas da tradição oral pela distinta pianista".

MENDONÇA, Francisco Xavier Furtado de (1701-1769) – Nasceu em Mercês, Lisboa, e faleceu em Vila Viçosa, Évora (Portugal). Foi administrador colonial português e capitão general do Exército. Era irmão do Marquês de Pombal. Foi o fundador das cidades de Soure e São Domingos do Capim, no Pará. Ademais, foi governador geral do Estado do Grão-Pará e Maranhão de 1751 a 1759 e secretário de Estado da Marinha e do Ultramar entre 1760 e 1769.

MENEZES, Artur de Sá (? – 1709) – Possivelmente nascido em Lisboa e aí falecido. Governador da capitania do Rio de Janeiro entre 1697-1702, portando também a patente de capitão-general. Buscou favorecer a exploração das minas descobertas pelos paulistas, fazendo várias viagens a São Paulo e ao território das minas. Durante sua administração, dispôs sob seu governo a região de São Paulo e a Colônia do Sacramento.

MEYERBEER, Giacomo (1791–1864) – Ao nascer, em terras da atual Alemanha, recebeu o nome de Jakob Liebmann Meyer Beer, e faleceu em Paris. De família judaica e possuidora de vastos recursos financeiros, se tornou um grande compositor, pianista e maestro. O estilo Grande Ópera de Meyerbeer foi concebido mesclando o gênero orquestral germânico com a tradição vocal italiana. Foi ainda diretor geral da música da Prússia.

MIGUELZINHO DUTRA [Miguel Arcanjo Benício de Assunção Dutra] (1812-1875) – Nasceu em Itu, São Paulo, e faleceu em Piracicaba, também estado de São Paulo. Filho do ourives Tomás da Silva Dutra (s.d.-1835), avô do pintor, escultor e musicista Joaquim Miguel Dutra (1864-1930) e bisavô dos pintores Antônio de Pádua Dutra (1905-1939), Alípio Dutra (1892-1964), Archimedes Dutra (1908-1983) e João Dutra (1893-1983). Foi pintor, arquiteto, entalhador, escultor, ourives, poeta, decorador de igreja e musicista. Sua produção é considerada uma das mais importantes fontes de documentação iconográfica do estado de São Paulo do século XIX.

MONLEVADE, Jean-Antoine Felix Dissandes de (1791-1872) – Nasceu em Guéret (França) e faleceu na atual cidade de João Monlevade, Brasil. Foi um especialista em mineração francês, formou-se Engenheiro de Minas. Chegou ao Brasil em 1817, tendo fundado em 1825 a primeira usina siderúrgica do país. Jean comandou também, na Província de Minas Gerais, um estudo mineralógico e geológico do solo do lugar, pesquisa a qual resultou na descoberta de vastas forjas propícias para a produção de ferro. Ao chegar às terras do antigo Arraial de São Miguel, Jean Antoine deu início, por volta de 1818 à construção de sua residência, que teria o nome de Solar da Fazenda Monlevade.

MOREAU, François René (1807-1860) – Nasceu em Rocroi, na França e faleceu no Rio de Janeiro. Foi um pintor, fotógrafo e professor. Era irmão do também pintor Louis Auguste Moreaux. A partir de 1838, viajou pelo Brasil, fixando-se, posteriormente, no Rio de Janeiro. Deu aulas em seu *ateliê* e atuou ainda como caricaturista. Além da pintura de retratos, dedicou-se também à pintura histórica.

MORAES E SILVA, Antônio (1755-1824) – Nasceu no estado do Rio de Janeiro e faleceu em Pernambuco. Diplomou-se em direito civil e canônico pela Universidade de Coimbra e atuou como lexicólogo. Uma de suas produções mais conhecidas é o *Dicionário da Língua Portuguesa* ("Dicionário Morais"). Foi o tradutor de uma *História de Portugal composta em inglês por uma sociedade de literatos*, publicada em Lisboa em 1802. Morais da Silva também exerceu a advocacia em Pernambuco e dedicou-se à lavoura do açúcar em Muribeca (hoje parte do município de Jaboatão dos Guararapes), freguesia de que era regente. Em 1806 foi alvo de investigação pela Inquisição, com base em uma denúncia oriunda de Pernambuco, mas o seu processo seria arquivado em Lisboa.

NEPOMUCENO, Alberto (1864-1920) – Nascido em Fortaleza e falecido no Rio de Janeiro. Compositor, pianista, organista e regente. Considerado um dos mais importantes compositores nacionalistas e um dos protagonistas da canção de câmara brasileira, tendo insistido na necessidade de utilização do idioma nacional na música de concerto, como mais uma forma de nacionalizar a linguagem musical.

NERY, Frederico José de Sant'Anna (1848-1901) – Nasceu em Belém do Pará e faleceu na mesma cidade. Também conhecido como Barão de Santa-Anna, Nery era considerado um homem ilustre e suas obras fizeram muito sucesso na época, como, por exemplo, *Folclore brasileiro*, de 1889. Era ainda jornalista, pianista e fez alguns estudos literários. Se tornou um dos principais divulgadores da região amazônica no exterior.

NEVES, Inácio Parreiras (1730-1794) – Nasceu em Ouro Preto e faleceu na mesma cidade. Se tornou um cantor e maestro muito conhecido na região de Vila Rica, onde nasceu e viveu. Ademais, se destacou como compositor e organista de música barroca. Parte considerável de sua produção musical está perdida. Do que restou, destacam-se *Credo, Ladainha e Oratória ao Menino Deus para a Noite de Natal* (1789), considerado o único auto de natal em língua portuguesa.

NEWMAN, John Henry (1801-1890) – Nasceu em Londres e faleceu em Edgbaston (Inglaterra). Inicialmente foi sacerdote anglicano, integrando o "Movimento de Oxford", voltado às fontes dos primeiros séculos do cristianismo na busca por uma via média entre o que considerava uma excessiva laicização protestante e uma corrupção do catolicismo. Em 1845, converteu-se ao catolicismo, ordenou-se padre em 1847, abriu e dirigiu em Birminghan o oratório São Felipe Néri e atuou como reitor da Universidade Católica da Irlanda. Em 1879, foi nomeado cardeal pelo papa Leão XIII. Beatificado em 2010 e canonizado em 2019.

NÓBREGA, Manoel da (1517-1570) – Nascido em Sanfins do Douro, Alijó (Portugal) e falecido no Rio de Janeiro. Sacerdote jesuíta português, veio na primeira missão feita pela Companhia de Jesus na América. A serviço da Coroa portuguesa, sua missão era a catequização dos povos indígenas. Seus escritos e cartas enviados aos superiores constituem importantes documentos sobre a América Colonial portuguesa e os povos indígenas.

NORTH, Marianne (1830-1890) – Nascida em Hastings e falecida em Alderley, Inglaterra. Botânica e pintora. Viajou a diversos países, como Canadá, Estados Unidos, Jamaica e Índia. Residiu um ano no Brasil, entre 1872 e 1873.

OLIVEIRA, Manoel Dias de (1734/5–1813) - Compositor mineiro. Seu local de nascimento é desconhecido; veio a falecer em Vila de São José, atual Tiradentes. Contemporâneo da Inconfidência mineira, foi o principal músico na Comarca do Rio das Mortes, atuou principalmente na Vila de São José, São João Del Rey e Congonhas do Campo. Os manuscritos de suas obras encontram-se espalhados em vários arquivos musicais das cidades históricas mineiros

PAIS, Garcia Rodrigues (?- 1738) – Nascido possivelmente no Serro e falecido em Paraíba do Sul. Sertanista. Filho primogênito do bandeirante Fernão Dias Paes Leme e cunhado de Manuel Borba Gato. Integrou em 1674 a bandeira do pai em busca de esmeraldas, que apesar do fracasso, foi responsável pela exploração inicial do território mineiro, onde posteriormente seriam descobertas minas de ouro.

PALESTRINA, Giovanni Pierluigi (?- 1594) - Compositor nascido na Palestrina e falecido em Roma (ambas localidades da Itália) no período da Renascença. Foi influente no desenvolvimento da música sacra católica. Direcionou suas composições para uma maior inteligibilidade textual a partir do domínio da técnica da polifonia, ou seja, emprego de duas ou mais vozes em tom rítmico e melódico.

PASSOS, Elysio Pereira dos – Fotógrafo da cidade de Vassouras, estado do Rio de Janeiro.

PEDRO II (1825-1891) – Nascido no Rio de Janeiro e falecido em Paris. Imperador do Brasil. Filho de Pedro II e Leopoldina da Áustria, foi o segundo e último monarca do Império do Brasil. Figura popular entre os súditos, sofreu o golpe de Estado responsável pela proclamação da República no país. Viveu em exílio na Europa até sua morte.

PEIXOTO, Antônio da Costa (?-?) - Natural de Entre Douro e Minho (Portugal), chegou a Vila Rica no início do século XVIII, buscando enriquecer com o garimpo. Aprendeu a linguagem da escravaria local, produzindo um manuscrito intitulado *Obra nova da língua geral da mina (1741)*, hoje tido como raro documento linguístico sobre a linguagem falada pelos escravos.

PEREIRA, Nuno Marques (1652-1728) – Nascido em Cairu e falecido em Lisboa. Padre e escritor do período colonial. Autor da obra *Compêndio narrativo do peregrino da América*, viveu na América portuguesa na segunda metade do século XVII e primeira metade do século XVIII. Seus escritos possuem cunho moralista.

PFLÜGER, Bernhard (?-?) - Pastor vindo da Alemanha. Inicialmente atuante em Rio Novo, Espírito Santo, e em seguida em Petrópolis, de onde dirigia-se para assistir a comunidade luterana de Juiz de Fora a partir da década de 1870.

PINTO, Alexina de Magalhães (1870–1921) – Nascida em São João del Rei e falecida em Petrópolis. Educadora e escritora. Tida como pioneira no ensino infantil do Brasil, publicou coletâneas de livros para crianças do período: *Nossas Histórias* (1907), *Os nossos brinquedos* (1909), *Cantigas de Criança e do Povo e Danças Populares* (1916), *Provérbios, m*áximas e observações usuais (1917) e *Cantiga das Crianças e dos Pretos* (s/d).

PIO X, papa (1835-1914) – Nascido e batizado com nome de Giuseppe Melchiore Sarto em Riese e falecido em Roma (Itália). Líder da Igreja Católica Apostólica Romana de 1903 até o ano de sua morte. Foi o 257º papa da Igreja católica. Tido como antimoderno e conservador, foi responsável por uma série de reformas litúrgicas, no Direito Canônico e na administração da igreja. Foi canonizado em 1954.

PIRES, Cornélio (1884-1958) – Nascido em Tietê e falecido em São Paulo. Jornalista, folclorista e empresário paulista. Etnógrafo da cultura caipira, registrou em inúmeros escritos o dialeto, o vocabulário, as expressões, as músicas e os costumes da cultura interiorana do Estado de São Paulo. Incentivou em sua atividade, o lançamento da música caipira de raiz em discos na nascente indústria fonográfica brasileira.

PITTA, Sebastião da Rocha (1660-1738) – Nascido e falecido em Salvador. Historiador, poeta e advogado. Formado pela Escola dos Jesuítas da Bahia e pela Universidade de Coimbra, foi autor da obra intitulada *História da América Portuguesa* (1730). Letrado, o autor é tido como referencial para no estudo da história da historiografia brasileira.POHL, Johann Baptist Emanuel (1782-1834) – Nasceu em Česká Kamenice (Boêmia) e faleceu em Viena, ambos na Áustria atual. Médico, geólogo, botânico e desenhista. Estudou na Universidade de Praga e atuou como médico, geólogo e botânico. Foi conservador do Real e Imperial Gabinete de História Natural do Imperial Museu do Brasil, em Viena. Integrou a Missão Austríaca ao Brasil, em decorrência do casamento da arquiduquesa Maria Leopoldina de Áustria com o príncipe D. Pedro de Alcântara, futuro imperador D. Pedro I. Veio como encarregado da mineralogia, assumindo depois a de botânica. Integraria a expedição dessa Missão por províncias brasileiras, mas se desligou do grupo, traçando seu próprio roteiro de viagem de quatro anos pelo interior do Brasil, entre 1817 e 1821. Vitimado pelas febres tropicais, regressou a Europa em 1821, com grandes coleções de espécimes geológicas e naturais, depositadas no Museu de Viena. Também produziu um livro de botânica, intitulado Ícones e descrições de plantas do Brasil até agora inéditos (*Plantarum Brasiliae icones et descriptiones hactenus ineditae*).

PONTÉVEL, Domingos da Encarnação (1722-1793) – Nasceu em Santarém, Portugal, no Patriarcado de Lisboa e faleceu em Vila Rica, atual cidade de Ouro Preto. Religioso e bispo de Mariana a partir de 1779. Ordenou 125 padres. Durante seu governo aconteceu o movimento da Inconfidência Mineira, que teve a participação de pelo menos oito padres.

PORTUGAL E CASTRO, Manuel Francisco Zacarias de (1787-1854) – Nasceu em Campo Grande, Olivais, hoje Lisboa e faleceu em Lisboa. Foi um administrador colonial e governador-geral da capitania de Minas Gerais de 1814 a 1821. Nomeado governador da Ilha da Madeira em 1826, e governador da Índia até 1830. Além disso, foi ministro da Marinha e do Ultramar de Saldanha e ministro dos Negócios Estrangeiros no mesmo governo, entre 1846 a 1847.

PORTUGAL E VASCONCELOS, Pedro de Almeida (1688-1756) – Nascido no Alentejo e falecido em Lisboa, em Portugal. Terceiro Conde de Assumar, primeiro Marquês de Castelo Novo e primeiro Marquês de Alorna. Chegou ao Brasil em julho de 1717. Terceiro governador e capitão-mor da Capitania de São Paulo e Minas do Ouro. Conhecido pela repressão praticada contra a Sedição de Vila Rica, Revolta de Felipe dos Santos (1720).Também desempenhou o cargo de vice-rei da Índia.

PROENÇA, Bernardo Soares de (?-1730) – Nascido em Portugal e falecido no atual município de Magé, estado do Rio de Janeiro. Vindo para a América Portuguesa, tornou-se proprietário de terras na região de Suruí, capitania do Rio de Janeiro. Sargento-mor, procedeu à abertura do Atalho do Caminho Novo.

RAMOS, Arthur de Araújo Pereira (1903-1949) - Nasceu no município de Pilar, atual Manguaba, Alagoas e faleceu em Paris. Doutor em Ciências Médicas Cirúrgicas, seu trabalho foi voltado para o âmbito da Psiquiatria. Em 1941, fundou a Sociedade Brasileira de Antropologia e Etnografia, tornando-se presidente. Foi membro de diversas instituições científicas brasileiras, como a Sociedade Brasileira de Neurologia e Psiquiatria e a Liga Brasileira de Higiene Mental. Um dos principais intelectuais de sua época, teve grande destaque nos estudos sobre os africanos escravizados no Brasil e seus descendentes, e foi também importante no processo de institucionalização das Ciências Sociais no país.

RIBEIRO, Darcy (1922-1997) – Nasceu em Montes Claros, estado de Minas Gerais, e faleceu em Brasília. Antropólogo, educador e romancista. Conhecido por seus textos voltados para relação indígena e a educação brasileira.

RIBEIRO, Manoel do Couto (?-?) – Cônego e escrivão da Catedral de Mariana durante o século XVIII.

RICORDI, Giulio (1840-1912) – Nasceu e faleceu em Milão, Itália. Foi editor musical e compositor. Dirigiu a editora da família, a Casa Ricordi, de 1888 a 1912.

RIEDEL, Augusto (1836-c.1877) – Nascido na atual Alemanha e falecimento em local desconhecido. Fotógrafo. Mestre de embarcação, transitou entre Brasil, Europa e Estados Unidos no início de 1863 e fim de 1865, segundo registros do Porto do Rio de Janeiro. Em 1868, participou da expedição que Luís Augusto de Saxe-Coburgo-Gota, o Duque de Saxe (1845-1907), genro de d. Pedro II (1825-1891), realizado pelo interior do Sudeste e do Nordeste brasileiro.

RIOU, Édouard (1833-1900) – Nasceu em Ille-et-Vilaine e faleceu em Paris (França). Pintor e ilustrador. Autor das ilustrações de seis romances de Júlio Verne e de inúmeras outras obras renomadas. A colaboração com o escritor Júlio Verne começou em 1865, com a publicação de *Cinco semanas em um balão*.

ROCHA, Francisco Gomes da (1764-1808) – Nasceu em Ouro Preto e faleceu no Rio de Janeiro. Um dos principais músicos de Vila Rica (atual Ouro Preto). Foi cantor, regente e fagotista no Regimento de Dragões da Vila. Apenas restaram 5 manuscritos de suas obras, dentre as 200 peças que teria composto: *Invitatorio a 4; Novena de N. S. do Pilar; Spiritus Domini; Vidi acquam a 4 e Vidi acquam a 8.*

RODRIGUES DE CARVALHO, José (1828-1887) – Nasceu e faleceu em Lisboa, Portugal. Pintor romântico. *O cego rabequista*, pintada em 1855, é considerada uma de suas obras mais reconhecidas. Ela foi exibida na Exposição Universal de Paris em 1855 e na Exposição Internacional do Porto em 1865.

ROMERO, Sílvio Vasconcelos da Silveira Ramos (1851-1914) - Nasceu em Lagarto, Sergipe e faleceu no Rio de Janeiro. Crítico, ensaísta, folclorista, polemista, professor e historiador. A sua contribuição à historiografia literária brasileira é uma das mais importantes de seu tempo

ROSSINI, Gioachino (1792-1868) – Nascido em Pesaro, Estados Papais (Itália) e falecido em Passy, Paris. Compositor conhecido por suas óperas, especialmente *O Barbeiro de Sevilha* (1816), *Cinderela* (1817) e *Semiramide* (1823). De suas últimas óperas dramáticas em larga escala, a mais ouvida é *William Tell* (1829).

ROUSSEAU, Jean-Jacques (1712-1778) - Nasceu em Genebra, Suíça e faleceu em Ermenonville, França. Filósofo iluminista precursor do romantismo, teórico político, escritor e compositor autodidata. Procurou entender uma visão acerca do comportamento humano no chamado estado de natureza. Uma de suas obras revolucionárias mais conhecidas é *Do Contrato Social,* de 1762.

ROTTERDÃ, Erasmo de (1466-1536) – Nascido em Rotterdam, Holanda, e falecido na Basileia, Suíça. Teólogo e filósofo humanista neerlandês que viajou por toda a Europa. Considerado um humanista cristão, era a favor da reforma interna da Igreja Católica.

RUGENDAS, Johann Moritz (1802-1858) – Nascido em Augsburg e falecido em Weilheim, territórios da atual Alemanha. Pintor, desenhista, gravador. Pertencente à sétima geração de uma família de desenhistas, pintores, gravadores e impressores. Seu trabalho *Viagem Pitoresca Através do Brasil* retrata, por meio de gravuras, cenas referentes à expedição do Barão Georg Heinrich von Langsdorff ao Brasil. O pintor participou dessa viagem aos 19 anos de idade.

SÁ, Manuel Ferreira da Câmara Bittencourt Aguiar e (1762-1835) – Nascido em Minas Gerais e falecido na Bahia. Em 1787, concluiu o curso de Leis e Filosofia Natural em Coimbra, onde foi colega de José Bonifácio. Posteriormente, liderou um grupo de naturalistas financiado pelo governo português para viagens científicas. Em 1808, volta ao Brasil para administrar a Real Extração de Diamantes. É autorizado a fundar, com parte dos lucros dessa atividade, uma usina de ferro em Serro Frio. Ficou então conhecido como “Intendente Câmara”. Em 1821, elegeu-se deputado às Cortes de Lisboa. Foi também presidente da Assembleia Constituinte de 1823, quando propôs a criação de uma universidade no Rio de Janeiro, denominada Instituto Brasílico. Foi senador de 1827 a 1835.

SAINT-HILAIRE, Augustin François César Prouvençal de (1779-1853) - Nasceu em Orleans e faleceu na mesma cidade (França). Oriundo de família nobre, teve formação em comércio e indústria no norte da Europa, a fim de dirigir uma empresa familiar de refinaria de açúcar, o que lhe propiciou domínio do inglês e do alemão, primordial à sua trajetória científica e cultura literária. Tinha grande interesse na literatura romântica e nos diários de viagem. Retornando à França, dedicou-se à história natural, optando por estudar botânica. Em 1816, integrou a delegação do Duque de Luxemburgo (cujo objetivo era resolver o conflito que opunha Portugal e França quanto à posse da Guiana, passado o período napoleônico). Retornando à França em 1822, após seis anos no Brasil, e apesar de uma doença nervosa que o limitava, dedicou-se a organizar seus escritos por 30 anos. Ele construiu uma carreira científica e uma imagem pública notáveis. Foi nomeado Cavaleiro da Legião de Honra em 1826, membro da Academia de Ciências em 1830 e em 1834 tornou-se professor de botânica na Faculdade de Ciências de Paris. Aposentou-se em 1852 e faleceu no ano seguinte.

SANTOS, Felipe dos (c.1680-1720) – Tropeiro português e fazendeiro participante do movimento contra tributação metropolitana que ficou conhecido como "Revolta de Vila Rica" (1720). Foi morto pelas autoridades metropolitanas por sua participação no movimento.

SANTOS, Joaquim Felício dos (1822-1895) - Nasceu em Serro e faleceu em Diamantina, estado de Minas Gerais. Professor, jurista, jornalista, historiador e político. Fundou em Diamantina, em 1860, o primeiro jornal da cidade, *O Jequitinhonha*, do qual foi editor até o ano de 1869. Em 1890, foi eleito primeiro presidente do Senado republicano.

SCHELLING, Friedrich Wilhelm Joseph von (1775-1854) – Nascido em Leonberg, atual Alemanha, e falecido em Bad Ragaz, atual Suíça. Filósofo, representante do idealismo alemão. Sua trajetória foi marcada pela constante busca de um sistema que permitiria conciliar a natureza, espírito humano com o Absoluto.

SILVA, Arsênio Cintra da (1833-1883) – Nasceu em Recife e faleceu em Salvador. Fotógrafo, pintor, e professor de pintura. Durante a década de 1860, trabalhou como retratista. Documentou os festejos do casamento da Princesa Isabel e do Conde d'Eu, a 15 de outubro de 1864, no Largo do Paço, Rio de Janeiro.

SILVA, Cândido Inácio da (1800-1838) – Nascido e falecido no Rio de Janeiro. Poeta, violinista, cantor e compositor. Aluno de José Maurício Nunes Garcia, com quem aprendeu teoria e canto. Reconhecido pelas modinhas e lundus de sua autoria, escritas durante o Primeiro Império. Dentre suas composições, destacam-se o lundu *Lá no Largo da Sé Velha* e a modinha *Quando as glórias que gozei*. Também compôs obras de cunho religioso e óperas

SILVA, Francisco Xavier da (1838-1922) – Nasceu em Castro, Paraná, e faleceu no Rio de Janeiro. Foi um advogado, magistrado e político. Foi governador do Paraná em quatro ocasiões e também senador pelo mesmo estado.

SILVA, José Joaquim de Lima e (1787-1855) – Nasceu e faleceu no Rio de Janeiro. Primeiro e único visconde de Magé. Militar e político. Em 1823, foi presidente da então província da Bahia, por um breve período.

SILVA, Matias Barbosa (?-1742) – Nascido em Portugal. Foi mestre de campo nomeado pelo capitão-general Artur de Sá e Menezes em 1700 e depois coronel de cavalaria. Fundador do núcleo de povoamento em Minas Gerais que deu origem à cidade de Barra Longa. Detinha enorme fortuna.

SILVA LOBO, Manuel Teles (1800-1855) – Nasceu na Bahia e estudou em Coimbra. Atuou junto às tropas de Lord Cochrane nas lutas pela independência travadas no Maranhão. Presidente da província do Maranhão entre 1824 e 1825.

SOUSA, Irineu Evangelista de (1813-1889) – Nascido em Arroio Grande, Rio Grande do Sul, e falecido em Petrópolis, estado do Rio de Janeiro. Conhecido como Barão de Mauá. Industrial e político. Pioneiro da industrialização no Brasil, foi responsável por grandes obras, como a fundação de um estaleiro, da Companhia Fluminense de Transporte e da primeira estrada de ferro ligando o Rio de Janeiro a Petrópolis. Investiu como sócio nas ferrovias do Recife e de Salvador.

SPIX, Johann Baptiste von (1781-1826) – Nasceu em Höchstadt an der Aisch, atual Alemanha (1781). Naturalista conhecido pelo trabalho realizado com seu colega Carl von Martius, em viagem para o Brasil em 1817, no âmbito da Missão Austríaca que acompanhou a imperatriz Leopoldina para casar com D. Pedro I. A expedição, que durou até 1820, percorreu diversas regiões: Rio de Janeiro, Minas Gerais, Bahia, Pernambuco, Piauí, Maranhão e Belém, subindo o rio Amazonas por três anos. Foi formada uma coleção com cerca de 6.500 espécies de plantas, diversos espécimes zoológicos e muitos artefatos indígenas. Após seu retorno à Europa, foram nomeados cavalheiros e passaram a integrar várias academias científicas prestigiadas. No entanto, enquanto Martius deu prosseguimento à carreira, Spix, adoecido, faleceu seis anos após esse retorno.

STRÖLLE, Gottlieb (?-?) – Pastor residente em Petrópolis, estado do Rio de Janeiro. Para atender seus fiéis em atendimento espiritual, deslocava-se uma vez por mês de Petrópolis, permanecendo em Juiz de Fora por três dias.

SWENDENGORG, Emanuel (1688-1772) – Nasceu em Estocolmo, Suécia, e faleceu em Londres. Polímata, espiritualista, cientista, inventor, místico e filósofo. Fundou a primeira revista científica da Suécia, onde publicou obras nos campos da geologia, da biologia, da astronomia e da psicologia. Deu origem a uma nova religião, o swedenborgianismo. Em 1714, fez o esboço de uma "máquina de voar", que foi considerada pela Academia Real Britânica de Aeronáutica como o primeiro projeto racional de um avião.

TAUNAY, Nicolas Antoine (1755-1830) – Nasceu e faleceu em Paris. Pintor, ilustrador, professor. Em 1805, retratou as campanhas de Napoleão na Alemanha. Com o fim do império napoleônico, veio para o Brasil como integrante da Missão Artística Francesa. Chegou ao Rio de Janeiro em 1816 e tornou-se pensionista de D. João VI e membro da Escola Real de Ciências, Artes e Ofícios, futura Academia Imperial de Belas Artes. Em 1821, após desentendimentos surgidos pela nomeação do diretor da Escola Real, retornou à França.

TEIVE, Joaquim Lopes de Barros Cabral (1816-1863) – Nasceu e faleceu no Rio de Janeiro. Pintor, desenhista, cenógrafo e professor, caricaturista. São de sua autoria as pinturas do teto e laterais da capela-mor da igreja de Nossa Senhora Mãe dos Homens, na Rua da Alfândega, Rio de Janeiro.

TRINDADE, Gabriel Fernandes da (1799/1800-1854) – Nasceu em Vila Rica e faleceu no Rio e Janeiro. Violinista, cantor tenor e compositor. Transferiu-se para o Rio de Janeiro por volta de 1805. Conhecido como autor de modinhas. Ele é autor de canções e de duetos para dois violinos. Data de 1834 a publicação das primeiras de suas canções de salão.

TSCHUDI, Johann Jakob von (1818-1889) – Nasceu em Glarona e faleceu em Lichtenegg (Suíça), Estudou ciências naturais e medicina nas universidades de Neuchâtel, Leiden e Paris. Em 1838, viajou ao Peru, onde explorou e colecionou plantas nos Andes. Em 1860, era o embaixador suíço designado no Brasil, permanecendo até 1868, altura em que de novo se dedicou a explorar o meio rural e a colecionar para os museus de Neuchâtel, Glarus e Friburgo.

VARELA, Fagundes (1841-1875) – Nasceu no atual município de Rio Claro, no estado do Rio de Janeiro e faleceu em Niterói. Estudou Direito em São Paulo. Sua poesia apresenta características da segunda e da terceira geração de poetas românticos do Brasil. É patrono da Academia Brasileira de Letras.

VARNHAGEN, Francisco Adolfo de (1816- 1878) – Nasceu em Vila de Sorocaba, São Paulo, e faleceu em Viena. Estudou Matemáticas no Real Colégio Militar da Luz, Diplomática na Torre do Tombo, na Academia de Marinha, e terminou seu preparo como engenheiro militar em 1839, na Real Academia de Fortificação, Artilharia e Desenho. Foi militar, diplomata e historiador, autor de vários estudos, entre os quais a primeira grande obra de síntese sobre a história do Brasil: *História Geral do Brasil*, publicada em dois volumes entre 1854 e 1857. Também deixou relevante trabalho de crítica literária.

VASCONCELOS, Simão de (1597-1671) - Nasceu no Porto, em Portugal e faleceu no Rio de Janeiro. Veio para o Brasil em 1615, onde se tornou jesuíta; Além de padre era também professor de Humanidades, Teologia Escolástica e Moral. Em 1643, tornou-se vice-reitor do Colégio da Bahia onde atuou durante dois anos. Também exerceu o cargo de reitor do Colégio do Rio de Janeiro em 1646, retornando ao cargo pela segunda vez em 1670.

VIANNA, Oliveira **(1883-1951)** - Nascido em Rio Seco de Saquarema, estado do Rio de Janeiro, e falecido em Niterói. Estudou no colégio Carlos Alberto, em Niterói, e diplomou-se pela Faculdade Livre de Direito do Rio de Janeiro, em 1906. Em seguida foi nomeado professor de Direito Criminal da Faculdade de Direito do Estado do Rio de Janeiro, em Niterói, onde se tornou professor titular, em 1916. Ocupou sucessivos cargos no Ministério da Justiça e foi nomeado para ministro do Tribunal de Contas da República, em 1940. Integrante da Academia Brasileira de Letras.

VINCENT, Frank (1848-1916) – Nasceu no Brooklyn, em Nova York, de família abastada. Dedicou-se às viagens exploratórias, excursionando entre as décadas de 1870 e 1970 por vários países ao redor do mundo. Considerado o primeiro americano a relatar uma viagem ao Camboja. Visitou a Minas de Morro Velho, Minas Gerais, em 1889. Publicou dezenas de livros que ganharam notoriedade em sua época e ajudaram a popularizar a literatura de viagem. Também foi um grande coletor de arte, doando várias peças ao Metropolitan Museum of Art, em Nova York.

VICENTE, Gil (1465-1536) - Nasceu em Guimarães e faleceu em Évora, Portugal. Foi um dramaturgo e poeta, o representante maior da literatura renascentista de Portugal antes de Camões; figura importante do humanismo literário lusitano.

XAVIER, José Maria, padre (1819-1887) - Nasceu em São João del Rei, Minas gerais. Foi um padre católico e um compositor de música sacra brasileiro. São conhecidas mais de cem peças musicais por ele compostas, muitas de grandes dimensões. Suas *Matinas do Natal* foram editadas na Alemanha, em raro exemplo de música sacra oitocentista mineira com partitura impressa.

WESLEY, John (1703-1791) - Nasceu em Epworth e faleceu em Londres (Inglaterra). Anglicano, conheceu o pietismo alemão no navio que o levava como missionário para a colônia da Geórgia, cheia de prisioneiros ingleses. Voltando a Londres, estabelece contato com os morávios, redundando numa conversão de tipo pietista, em 1738. Querendo renovar a Igreja Anglicana, Wesley encontra inicialmente certa oposição. Impedido de pregar nas igrejas, o faz ao ar livre, e o movimento, com isso, atrai as classes populares. John Wesley e George Whitefield anunciam uma mensagem de conversão que apela para uma considerável mudança de vida (a santificação). Wesley estrutura o movimento, e no fim da vida, ele consagra, sem permissão eclesial, bispos nas colônias que se tornaram os Estados Unidos, acontecimento que leva a um cisma entre a Igreja da Inglaterra e os adeptos desse novo método, os "metodistas".

ZIMMERMANN, J. H. – Editora de Leipzig especializada na edição de partituras.

Índice de Imagens

Vermelho Marinho